高等院校应用型教材——经济管理系列

电子商务

戴恩勇　袁　超　杨跃飞　主　编

陈　樱　陈三保　吴盛兴　副主编

清华大学出版社
北京

内 容 简 介

本书在系统地介绍电子商务概念和理论的基础上，注重企业进行电子商务活动的实用性和可操作性，理论与实际并重，站在管理者的视角，针对电子商务专业的初学者以及非电子商务专业的大学生，对知识体系进行了整合。本书共分 9 章，系统地介绍了电子商务概述、电子商务技术、电子商务模式、移动电商、直播电商、跨境电商、网络营销、电子支付、电子商务物流及供应链管理等内容。

本书内容全面、结构新颖、重点突出、理论与实践紧密结合，既可作为高等院校本科及专科电子商务专业、物流管理专业、国际贸易专业、市场营销专业、新媒体营销专业和国际商务专业的教材，也可作为各类成人高等教育教学用书，以及社会各类企事业单位相关人员的培训教材和自学参考书。

本书封面贴有清华大学出版社防伪标签，无标签者不得销售。

版权所有，侵权必究。举报：010-62782989，beiqinquan@tup.tsinghua.edu.cn。

图书在版编目(CIP)数据

电子商务 / 戴恩勇，袁超，杨跃飞主编. -- 北京：清华大学出版社，2024.7. -- (高等院校应用型教材).
ISBN 978-7-302-66647-9

Ⅰ.F713.36

中国国家版本馆 CIP 数据核字第 2024NJ5916 号

责任编辑：陈冬梅　陈立静
封面设计：李　坤
责任校对：周剑云
责任印制：沈　露

出版发行：清华大学出版社
　　　　　网　　址：https://www.tup.com.cn，https://www.wqxuetang.com
　　　　　地　　址：北京清华大学学研大厦 A 座　　邮　编：100084
　　　　　社 总 机：010-83470000　　邮　购：010-62786544
　　　　　投稿与读者服务：010-62776969，c-service@tup.tsinghua.edu.cn
　　　　　质量反馈：010-62772015，zhiliang@tup.tsinghua.edu.cn
　　　　　课件下载：https://www.tup.com.cn，010-62791865
印 装 者：小森印刷霸州有限公司
经　　销：全国新华书店
开　　本：185mm×260mm　　印　张：23　　字　数：558 千字
版　　次：2024 年 8 月第 1 版　　印　次：2024 年 8 月第 1 次印刷
印　　数：1~1200
定　　价：65.00 元

产品编号：095979-01

前　言

党的二十大报告指出："加快发展数字经济，促进数字经济和实体经济深度融合。""非接触经济"的繁荣、新一代数字技术的突破创新、消费者需求和行为模式的变化，推动了电子商务行业从传统电商向"新电商"升级，新业态、新模式不断涌现，技术层面的广泛渗透和应用层面的深度融合，催生出社交电商、直播电商、跨境电商、兴趣电商、信任电商、共享经济、反向定制等新模式。电商经济已成为连接企业生产端和居民消费端、畅通国内、国际双循环的重要力量。技术的发展和社会化大生产打破了原来生产和消费之间的平衡，现在的生产和消费不再过分依赖传统经济中的生产资料或生产过程，更多的是对信息资源的开发利用，于是交易方式逐渐发生了变化，更多地依赖互联网技术进行线上交易，这就产生了电子商务。电子商务并不仅是简单的买卖双方通过电子商务交易平台进行商品或服务的交易，还包括电子商务经营者利用、实施的经营战略，对目标市场的选择，服务对象的定位，经营的规模、销售方法、服务等。本书正是基于这种认识而编写的。

本书共分 9 章。第 1 章从电子商务的产生与发展入手，通过介绍电子商务的定义、功能和特征，引申出电子商务的行业新应用，同时介绍了电子商务对当今社会的影响。最后重点介绍了电子商务的法律环境。第 2 章从计算机网络技术基础入手，通过介绍计算机网络的概念、网络的形成与发展，引申出网络互联技术，同时介绍了计算机网络技术的新应用和电子商务网站建设。第 3 章着重阐述了电子商务模式与传统商务模式的区别，在介绍电子商务运营流程和交易流程的基础上，重点分析了电子商务的交易模式，最后介绍了电子商务在我国发展面临的问题及电子商务发展的主要创新模式。第 4 章从移动电商的概念和特点入手，通过介绍移动电商与传统电商的差异、发展现状与发展趋势，详细分析了移动电商的应用，最后重点介绍了移动网点的主要形式与主要的移动网店平台。第 5 章着重阐述了直播电商的发展历程与原因，在介绍直播电商的内涵和本质的基础上，重点分析了直播电商的特征，最后介绍了直播电商的商业模式和发展趋势。第 6 章从跨境电商的含义入手，重点阐述了跨境电商的概念和跨境电商的分类，在介绍跨境物流和跨境支付的基础上，重点分析了主要的跨境电商平台及其特点。第 7 章从网络营销产生的背景入手，介绍网络营销的含义和网络营销的特征，同时分析了传统市场营销与网络营销的联系，最后重点介绍了网络市场调研、网络营销策略和常用的网络营销方法。第 8 章从电子支付的含义和特征入手，通过介绍电子支付的概念、电子支付的特点与分类，引申出电子支付系统的定义，同时介绍了电子支付工具、网上银行与手机银行。最后重点介绍了移动支付。第 9 章介绍了电子商务物流的概念及其发展、物流的功能和特征，以及电子商务配送，并探讨了供应链管理。附录 A 和附录 B 为拓展阅读内容，分别介绍了新零售和客户关系管理方面的知识。

本书具有如下特点。

(1) 适用面广。围绕电子商务的核心知识，结合国内外电子商务的最新发展动态和研究成果，系统地介绍和分析了电子商务的整套知识体系。每一章都由一个典型的案例引出后文要介绍的内容，激发读者的阅读兴趣，让读者更好地掌握相关的电子商务知识。

(2) 实用性强。按照正常、合理的教学顺序设计教材结构与内容，突出教学与管理实践相结合，既重视了电子商务的基本理论，又密切联系实际，更加贴近教学与教改的需要，更有利于培养实用的电子商务专业相关人才。

(3) 理论系统性强。本书力求对一些基本概念进行详细准确的定义，使读者对电子商务的基本理论和模式有一个清晰的认识，能够全面地理解和掌握电子商务的相关知识。

本书由戴恩勇、袁超、杨跃飞担任主编，陈樱、陈三保、吴盛兴担任副主编。参加编写的人员分工如下：长沙学院戴恩勇(第 1、2 章，附录 A、附录 B)、陈樱(第 3 章)，长沙经济技术开发区建设工程质量安全监督站陈三保(第 7 章)，湖南大众传媒职业技术学院袁超(第 4、5 章)，长沙百川超硬材料工具有限公司总经理杨跃飞(第 6、8 章)，长沙市鑫豹供应链管理有限公司吴盛兴(第 9 章)。全书由戴恩勇负责设计、策划、组织和定稿，袁超和杨跃飞负责统稿，李秀君、张嘉宾、方子玲、唐小妹、肖晶瑛、文友等同学负责图片整理和数据搜集等工作。在本书的编写过程中，我们查阅了大量国内外同行、专家的研究成果，在此一并向有关人士致以诚挚的谢意。此外，对本书在编写过程中参阅的大量教材、专著与期刊，我们已在参考文献中尽可能地逐一列出，如有疏漏，敬请原作者见谅。

尽管我们做了大量的准备，尽心竭力地想使本书能最大限度地满足读者的需要，但是由于编者学术水平有限，肯定存在不足和偏颇之处，敬请各位专家、读者提出意见并及时反馈，以便逐步完善。

本教材为湖南省普通高等学校教学改革研究立项项目(项目编号：HNJG—2022—0303)阶段性成果。

编　者

目 录

第1章 电子商务概述 1
1.1 电子商务的产生与发展 3
1.1.1 电子商务产生的背景 3
1.1.2 电子商务产生的现状 5
1.1.3 电子商务发展的阶段 11
1.2 电子商务的内涵 11
1.2.1 电子商务的定义 11
1.2.2 电子商务的功能与特征 14
1.2.3 电子商务的分类 17
1.3 电子商务的行业新应用 21
1.3.1 在线教育 21
1.3.2 互联网医疗 24
1.3.3 在线旅游 27
1.4 电子商务对当今社会的影响 30
1.4.1 电子商务对社会经济的影响 30
1.4.2 电子商务对企业的影响 31
1.4.3 电子商务对个人的影响 32
1.5 电子商务的法律环境 34
本章小结 34
思考与练习 34

第2章 电子商务技术 36
2.1 计算机网络技术 38
2.1.1 网络的基本概念 38
2.1.2 网络互联 42
2.2 计算机网络技术的新应用 43
2.2.1 物联网 43
2.2.2 大数据 46
2.2.3 区块链 48
2.2.4 人工智能 50
2.2.5 推荐系统 52
2.3 电子商务网站建设及相关技术 57
2.4 电子商务安全保障技术 57
2.4.1 电子商务的安全技术架构 57
2.4.2 加密技术层 58
2.4.3 安全认证层 61
2.4.4 交易协议层 62
2.4.5 数字签名 64
2.4.6 CA 认证技术 68
2.4.7 防火墙技术 71
2.4.8 虚拟专用网技术 72
2.4.9 安全协议 74
本章小结 79
思考与练习 79

第3章 电子商务模式 80
3.1 电子商务模式概述 82
3.1.1 传统商业模式及其特点 82
3.1.2 电子商务模式与传统商业模式的区别 84
3.1.3 电子商务构成要素 85
3.1.4 电子商务的模式类型 87
3.2 电子商务的流程 91
3.3 电子商务的交易模式 91
3.3.1 B2B 电子商务模式 91
3.3.2 B2C 电子商务模式 95
3.3.3 C2C 电子商务模式 99
3.3.4 O2O 电子商务模式 101

3.3.5　C2B 电子商务模式 104
3.4　电子商务创新模式 108
　　3.4.1　智能电子商务 108
　　3.4.2　社区电子商务 109
　　3.4.3　电子服务 111
　　3.4.4　C2C2B 114
本章小结 115
思考与练习 115

第4章　移动电商 116

4.1　移动电商概述 117
　　4.1.1　移动电商的概念和特点 117
　　4.1.2　移动电商的分类 119
　　4.1.3　移动电商与传统电商的
　　　　　差异 126
　　4.1.4　移动电商发展现状与发展
　　　　　趋势 126
　　4.1.5　移动电商的相关技术 128
4.2　移动电商的应用 128
　　4.2.1　移动营销服务 128
　　4.2.2　移动信息服务 136
　　4.2.3　移动商务服务 142
　　4.2.4　其他移动电商服务 147
4.3　移动网店 147
　　4.3.1　移动网店的主要形式 147
　　4.3.2　部分移动网店平台简介 148
本章小结 159
思考与练习 160

第5章　直播电商 161

5.1　直播电商的产生与发展动力 163
　　5.1.1　直播电商的发展历程 163
　　5.1.2　直播电商兴起的原因 164
　　5.1.3　直播电商的发展动力 166
5.2　直播电商的内涵与发展现状 168
　　5.2.1　直播电商的内涵与本质 168
　　5.2.2　直播电商的发展概况 171
　　5.2.3　淘宝直播电商平台的发展
　　　　　现状 176

5.2.4　直播电商的优势 177
5.3　直播电商的特征 179
　　5.3.1　直播创新电商新形态 179
　　5.3.2　直播电商的传播特征 179
　　5.3.3　直播电商的传播要素分析——
　　　　　以淘宝直播为例 184
　　5.3.4　直播电商的媒介价值 184
5.4　直播电商的商业模式和发展趋势 185
　　5.4.1　直播电商的商业模式 185
　　5.4.2　直播电商的未来发展 189
　　5.4.3　直播电商的发展趋势 190
本章小结 193
思考与练习 193

第6章　跨境电商 195

6.1　跨境电商概述 198
　　6.1.1　跨境电商的含义 198
　　6.1.2　跨境电商的分类 205
　　6.1.3　中国跨境电商的发展历程
　　　　　和发展趋势 209
6.2　跨境物流与支付 213
　　6.2.1　跨境物流 213
　　6.2.2　跨境支付 219
6.3　主要的跨境电商平台 227
　　6.3.1　全球速卖通 227
　　6.3.2　亚马逊 228
　　6.3.3　易贝 229
　　6.3.4　Wish 231
　　6.3.5　敦煌网 233
　　6.3.6　各平台特点分析 235
本章小结 237
思考与练习 237

第7章　网络营销 239

7.1　网络营销概述 241
　　7.1.1　网络营销的含义 241
　　7.1.2　传统市场营销与网络营销 243
　　7.1.3　电子商务与网络营销 247
　　7.1.4　网络营销的职能 249

7.2	网络市场调研	253
	7.2.1 网络市场调研的含义	253
	7.2.2 网络市场调研的步骤	255
	7.2.3 网络市场调研的方法	256
7.3	网络营销策略与网络广告	256
	7.3.1 网络营销策略	256
	7.3.2 网络广告	259
7.4	常用的网络营销方法	262
	7.4.1 搜索引擎营销	263
	7.4.2 病毒性营销	265
	7.4.3 网络社群营销	269
	7.4.4 自媒体营销	270
	7.4.5 软文营销	272
	7.4.6 网络直播营销	274
	7.4.7 短视频营销	276
本章小结		277
思考与练习		277

第 8 章 电子支付 279

8.1	电子支付概述	281
	8.1.1 电子支付的含义和特征	281
	8.1.2 常用的电子支付系统	286
8.2	电子支付工具、网上银行与手机银行	289
	8.2.1 电子支付工具	289
	8.2.2 网上银行	294
	8.2.3 手机银行	297
8.3	第三方支付与移动支付	301
	8.3.1 第三方支付简介	301

	8.3.2 第三方支付平台的交易流程	305
	8.3.3 典型的第三方支付平台	305
	8.3.4 移动支付	311
8.4	互联网金融	313
本章小结		314
思考与练习		314

第 9 章 电子商务物流及供应链管理 315

9.1	电子商务物流	318
	9.1.1 物流的基本概念及其发展	318
	9.1.2 物流的功能及其特征	325
	9.1.3 电子商务物流的新特点	330
	9.1.4 电子商务环境下物流的实现模式	332
9.2	电子商务配送	332
	9.2.1 电子商务的物流配送流程	332
	9.2.2 电子商务物流配送中心	336
9.3	供应链管理	338
	9.3.1 供应链与供应链管理	338
	9.3.2 供应链管理方法	345
	9.3.3 电子商务环境下的供应链	353
本章小结		354
思考与练习		355

附录 A 新零售 356

附录 B 客户关系管理 357

参考文献 358

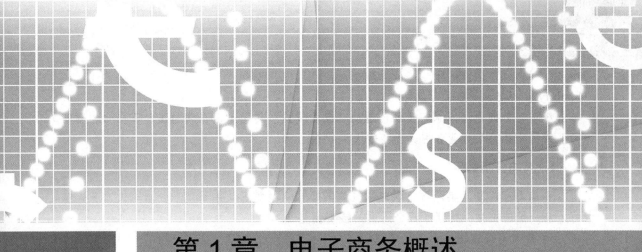

第 1 章 电子商务概述

【学习目标】

- 熟悉电子商务产生的背景。
- 熟悉电子商务发展的阶段。
- 掌握电子商务的定义。
- 掌握电子商务的功能与特征。
- 熟悉电子商务的分类。
- 熟悉电子商务的行业新应用。
- 熟悉电子商务对当今社会的影响。

【案例导入】

京东(股票代码: JD),中国自营式电商企业,创始人刘强东担任京东集团董事局主席兼首席执行官。其旗下设有京东商城、京东金融、拍拍网、京东智能、O2O 及海外事业部等。2013 年正式获得虚拟运营商牌照。2014 年 5 月在美国纳斯达克证券交易所正式挂牌上市。2015 年 7 月,京东入选纳斯达克 100 指数和纳斯达克 100 平均加权指数。2016 年 6 月与沃尔玛达成深度战略合作,1 号店并入京东。

2017 年 1 月 4 日,中国银联宣布京东金融旗下支付公司正式成为银联收单成员机构。2017 年 4 月 25 日,京东集团宣布正式组建京东物流子集团。2017 年 8 月 3 日,2017 年"中国互联网企业 100 强"榜单发布,京东排名第四位。2019 年 7 月,发布 2019《财富》世界 500 强,京东位列第 139 位。2021 年在《财富》世界 500 强中,京东排名第 59 位。

2018 年 3 月 15 日,京东成立了"客户卓越体验部",整体负责京东集团层面客户体验项目的推进。2018 年在《财富》世界 500 强中,京东排名第 181 位。2018 年 7 月 24 日,京东增资安联财险中国的方案获得了银保监会的批准。9 月 4 日,京东集团与如意控股集团签署了战略合作协议。2019 年 8 月 22 日,京东进入 2019 中国民营企业 500 强前十名;2019 中国民营企业服务业 100 强发布,京东集团排名第 4 位。2019 年 9 月 7 日,中国商业联合会、中华全国商业信息中心发布 2018 年度中国零售百强名单,京东排名第 2 位。2019 年 10 月,在福布斯全球数字经济 100 强榜中,京东排第 44 位。2022 年 1 月 18 日,京东集团宣布与全球顶尖互联网基础设施的领先提供商 Shopify 达成战略合作,成为

Shopify 首个中国战略合作伙伴。

经过多年的迭代，京东集团已经从"自营模式"转向"以自营为主，以平台为辅"的商业模式，并且平台业务占比逐步增大。

【思考与分析】

总体而言，京东集团商业模式围绕为网络大众消费者及第三方平台商家提供多、快、好、省的价值主张，构建了四个方面的核心优势。

1) 最大的自建物流和仓储系统

京东集团的物流集成设施是中国电商领域中规模最大的，具有中小件、大件、冷藏冷冻仓配一体化服务电商物流仓储系统，在全球也处于领先地位。2020 年，京东物流助力约 90%的京东线上零售订单实现当日达和次日达，客户体验持续领先全行业。截至 2021 年 9 月 30 日，京东物流运营约 1300 个仓库，包含京东物流管理的云仓面积在内，京东物流仓储总面积约 2300 万平方米。京东是拥有中小件、大件、冷链、B2B、跨境和众包(达达)六大物流网络的企业。

2) 自主研发的信息系统

信息系统是京东集团的软实力，它保证了京东的运营效率，也是京东的核心优势之一。自成立以来，京东的信息系统主要包括了管人、管钱、管物等功能。管人是指公司的人力资源系统，管钱是指公司的财务信息系统，管物是指库存管理、物流管理等信息系统。并且京东的信息系统是根据业务发展的需要适时更新和升级的，这得益于京东拥有自身的技术研发团队。京东集团的信息系统非常强大，它把下单、支付、发货流程细分为 34 个环节，这个系统小到可以监督配送员用了多少胶带和纸箱，大到可以直接在线向供应商下订单。自 2008 年该系统就能满足订单查询和跟踪功能，用户可以直接查询物流信息，解决了物流矛盾。京东集团所有的工作人员都是基于信息系统开展工作的，京东集团的信息系统真正连接了业务和运营环节的线上与线下的每一个环节，是京东集团的核心优势。

3) 渠道商业化，重视合作方

京东集团打通了供应商渠道，进货成本更低，保证了价格方面的优势。京东集团早期并不能直接跟厂商、供应商进行资金往来，而是通过中间的经销商。其主要原因是供应商不愿直接向京东集团提供赊销而承担坏账风险，而是更愿意将风险转移给经销商。

2012 年与 2013 年，京东集团启动了渠道商业化战略，不再跟经销商合作，而是与品牌商直接合作，为此，京东集团甚至放弃了赊购，而是直接向供应商付现赢得信任。目前，京东对供应商的付款周期为 40 天左右，与供应商达成了互利共赢的局面。京东集团的渠道商业化战略取得了良好的效果，赢得了更多的产品渠道，同时也获得了许多优质的供货商伙伴。目前，京东集团和各种产品的各类品牌厂商都有长期的合作，销售的电商产品质量有保证，且产品价格比线下实体店要低，既有价格优势，又有品牌优势，为京东集团带来了良好的客户基础。

4) 打造完美的用户体验

京东集团自成立以来，持续不断地完善用户体验，主要包括以下三个方面。

第一，坚守正品行货，不卖假货的底线。京东集团早期在品类选择上就很严格，在京东集团成立的前 7 年，京东集团只做了五个品类，主要原因就是选择容易保证产品质量的品类，防止品类过多导致假货泛滥，从而影响用户体验。

第二，实行低价销售。京东集团的销售毛利率很低，因为其一直保持低价策略，京东集团一直努力节约成本和提高效率，将利润让利给消费者和供应商。

第三，打造无缝的完整服务链条。从用户下单到最后交易真正完成，包括退换货完成，京东集团大概有 34 个大的节点，100 多个具体流程动作，只有所有流程保证不出问题，才能满足用户体验。为此，京东集团一方面保证配送人员的服务质量，为配送员提供有竞争力的收入和成长空间；另一方面也实行一套严格的管理制度。京东集团依靠自身物流系统、信息系统、财务系统的支撑，将产品、价格、服务这三个决定用户体验的因素有效地进行了融合，打造了完美的用户体验。

(资料来源：衷诚武. 案例分析：京东商业模式解析[EB/OL].(2019-07-11) [2024-05-30].https://zhuanlan.zhihu.com/p/73204258?utm_source=qq)

【引言】

改革开放以来，中国将经济发展的关注点放在了经济的总量和规模上，虽实现了高速增长，取得了举世瞩目的成就，但多年来粗放式高速增长的背后，造成资源利用率低、经济效率低下、环境污染日益严重等问题。为解决这一问题，党的十九大报告指出，我国经济已由高速增长阶段转向高质量发展阶段，为实现经济发展方式的转变，须不断加强互联网开发与应用，以更高的技术水平推动经济高质量的发展。电子商务是互联网信息技术与经济系统在相互融合过程中的重要产物，其本质上是一种新的经济形态，蕴含着促进消费、加大投资、增加出口的巨大潜力。

2020 年中国全国电子商务交易额达 37.21 万亿元，2021 年上半年中国电子商务交易额达 9.61 万亿元。2021 年，全国网上零售额达 13.1 万亿元，比上年增长 14.1%，预计中国 2025 年全国网上零售额将达到 17 万亿元。2021 年我国跨境电商交易规模达 14.6 万亿元，其中，出口跨境电商交易规模占比 77.6%，达到 11.33 万亿元。由此可见，电子商务已深刻地影响着中国经济的发展与运行。电子商务基于 5G、工业互联网、数据中心、云平台、物联网等新技术应用，实现了资源合理分配和共享，为我国经济高质量深入发展与完善提供了新的路径、手段与动力。

1.1 电子商务的产生与发展

电子商务对整个人类来说都是一个新生事物，它的产生有其深刻的技术背景和商业背景，生产力发展的客观要求和 IT 业的技术发展既是它的产生原因，也是它的发展动力。

1.1.1 电子商务产生的背景

电子商务的产生，是 20 世纪世界经济与社会发展发生重大变化的结果。这一时期的重大经济背景，就是经济全球化与社会信息化两大基本趋势。经济全球化与信息技术革命正在推动资本经济转变为信息经济和知识经济，强烈地影响着国际经济贸易环境，加快世界经济结构的调整与重组，不仅对商务的运作过程和方法产生了巨大的影响，甚至对人类的思维方式、经济活动方式、工作方式和生活方式也产生了重要影响，这种影响直接催生了电子商务。电子商务产生的背景如图1-1所示。

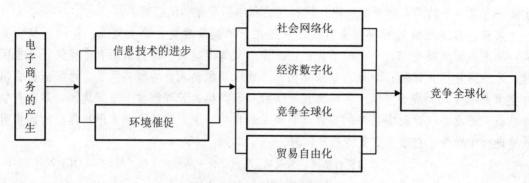

图1-1 电子商务产生的背景

1. 环境压力成为电子商务发展的巨大动因

当今社会的宏观环境和微观环境正在创造一个高度竞争的、以客户为中心的商务环境，而且环境变化之迅速令人难以捉摸。有人说，未来唯一不变的就是变，由此导致的后果就是企业在市场上的生存压力越来越大。当前企业面临的主要经营压力如表1-1所示。

表1-1 企业面临的主要经营压力

市场和经济压力	社会环境压力	技术压力
激烈的竞争	劳动力性质的改变	技术迅速过时
经济全球化	政府管制的解除	不断出现新的技术和创新
区域性贸易协定	政府补贴的减少	信息爆炸
一些国家劳动力廉价	道德与法律的重要性增加	技术性价比迅速下降
市场频繁而重大的变化	企业社会责任的增加	
买方市场的形成	政策变化迅速	

面对压力，企业要想更好地生存，必须及时做出反应，不断进行管理创新。战略系统的采用、建立商业联盟、持续地改进和业务流程再造(BRP)已成为公认的企业面对压力的有效反应，如图1-2所示。

对于企业的有效反应，电子商务可以起到有力的支持作用。例如，基于网络技术的电子商务可以加速产品或服务的开发、测试和实现的步伐，信息共享可以推进管理授权和员工内部协作，电子商务可以帮助减少供应链延迟和存货量，消除其他低效率现象等。电子商务与消费者互动交流，是实现批量定制的理想工具。

2. 社会为电子商务发展提供了优良的环境

(1) 安全交易协议的制定。1997年5月31日，由美国维萨信用卡(VISA)和万事达信用卡(MasterCard)国际组织等联合制定的电子安全交易协议(transfer protocol secure electronic

transaction，SET)出台，该协议得到了大多数厂商的认可和支持，为开发电子商务提供了一个关键的安全环境。

(2) 政府的支持与推动。自 1997 年欧盟发布了欧洲电子商务协议，美国随后发布了"全球电子商务纲要"以后，电子商务受到世界各国政府的重视，许多国家的政府开始尝试"网上采购"，这为电子商务的发展提供了有力的支持。

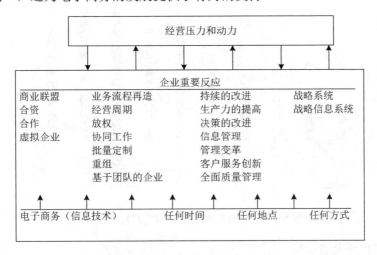

图 1-2　企业面对压力的有效反应

3. 技术进步成为电子商务产生和发展的基础条件

电子商务产生于 20 世纪 60 年代，发展于 90 年代，其产生和发展的重要条件主要有以下三点。

(1) 计算机的广泛应用。最近 40 年来，计算机的处理速度越来越快，处理能力越来越强，价格越来越低，为电子商务的应用提供了基础。

(2) 网络的普及和成熟。由于互联网逐渐成为全球通信与交易的媒体，全球上网用户呈几何级数增长的趋势，互联网快捷、安全、低成本的特点为电子商务的发展提供了应用条件。

(3) 信用卡的普及应用。信用卡以其方便、快捷、安全等优点而成为人们消费支付的重要手段，并由此形成了完善的全球性信用卡计算机网络支付与结算系统，使"一卡在手，走遍全球"成为可能，同时也为在电子商务中实施网上支付提供了重要手段。

1.1.2　电子商务产生的现状

1. 我国电子商务快速发展

1) 我国电商交易额逐年上涨

近年来，我国政府继续出台财政政策加快中小企业应用电子商务。国内外环境均利好我国企业间电子商务的发展，而在网购市场中，企业加大移动端布局，移动购物发展迅速，成为拉动网购市场发展的重要力量，进而推动电子商务整体市场增长。

根据商务部的数据，2011—2020 年间，我国电子商务交易额持续增长，2020 年，全国电子商务交易额达 37.21 万亿元,同比增长 4.5%。其中,商品类电商交易额为 27.95 万亿元,服务业电商交易额为 8.08 万亿元,合约类电商交易额为 1.18 万亿元。2011—2020 年我国电子商务交易规模及其增长情况如图 1-3 所示。

图 1-3　2011—2020 年我国电子商务交易规模及其增长情况

2) 网络零售额水涨船高

近年来,网络的应用得到了普及和推广,电商的发展越来越完善,公众可以利用传统渠道和网络渠道购买各类产品,零售商与厂商从中嗅出了商机,他们开辟了自己的电子渠道为公众提供便捷的购物服务。如今,公众的生活质量有了明显提高,居民的网购需求大幅度增加,网络零售交易额不断增加,它为国民经济的增长做出了巨大的贡献。网购已经成为消费者生活的一个重要组成部分。

2011 年以来,中国网络零售市场飞速发展,网上零售额规模快速扩大,但近年来增速逐渐放缓,由 2011 年的 53.7%下降至 2020 年的 10.9%。根据商务部的数据显示,2020 年我国网上零售额达 11.76 万亿元,同比增长 10.9%。其中,实物商品网上零售额达 9.76 万亿元,同比增长 14.8%。农村网上零售额达 1.79 万亿元,同比增长 8.9%。农产品网上零售额达 4158.9 亿元,同比增长 26.2%。2011—2020 年我国网上零售额及其增长情况如图 1-4 所示。

2011—2020 年我国网上零售在社会消费品零售总额的占比快速增加,2020 年已达到 30.00%,较 2011 年的 4.30%提高了 25.70 个百分点。从趋势上看,预计未来我国网上零售在社会消费品零售总额的占比仍将保持增长。2011—2020 年网上零售额占社会消费品零售总额的比重如图 1-5 所示。

如今,电商产业的发展越来越成熟,网络零售市场规模逐渐扩大,最初,一、二线城市是电商企业的主要业务范围,如今它们的业务范围已经覆盖到了三、四线城市,并且正在向乡镇扩展。

3) 2021 年上半年我国网购用户规模超 8 亿人

比起传统零售交易,电商具有自身的优越性,因此网购者数量不断增多,中国电子商务研究中心调查发现:截至 2021 年 6 月,我国网络购物用户规模达 8.12 亿人,较 2020 年 12 月增长 2965 万人,占网民整体的 80.3%。2011—2020 年我国网上零售额及其增长情况如图 1-6 所示。

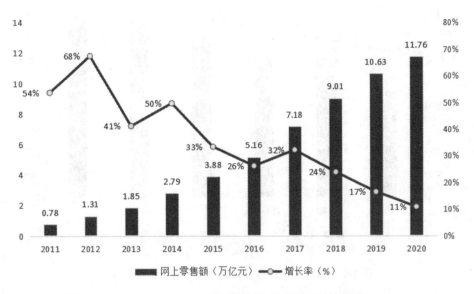

图 1-4　2011—2020 年我国网上零售额及其增长情况

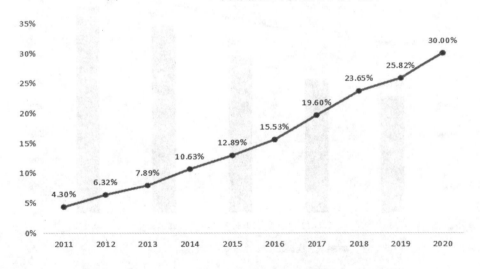

图 1-5　2011—2020 年网上零售额占社会消费品零售总额的比重

4）手机网购使用率近八成

近年来，中国移动端电子商务市场快速发展，原因有三：一是电商企业纷纷发力移动端，相关产品不断推出，并且推出促销活动；二是手机用户数量和用手机上网的用户数量攀升、智能手机及平板电脑的普及、上网速度加快、无线宽带资费下调等外部条件也促进了移动端网购的发展；三是移动改变了人民生活方式的方方面面，移动购物属于新兴事物，吸引了部分网购用户到移动端。

截至 2020 年年底，我国手机网络购物用户规模达 78 058 万人，较 2020 年 3 月增长 7309 万人，占手机网民规模的 79.2%。2011—2020 年我国手机网络购物用户规模及使用率如图 1-7 所示。

电子商务

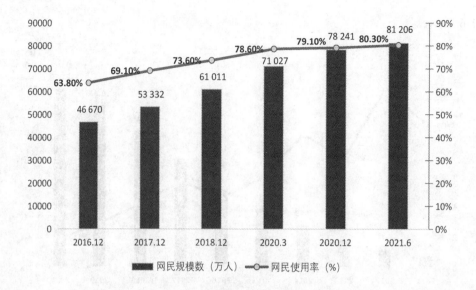

图 1-6　2011—2020 年我国网上零售额及其增长情况

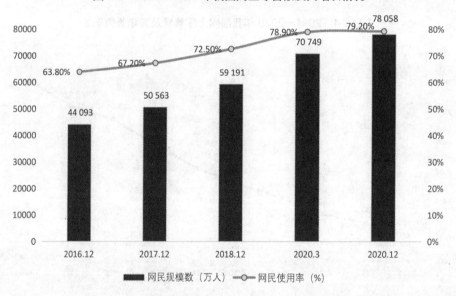

图 1-7　2011—2020 年我国手机网络购物用户规模及使用率

2. 政府部门越来越重视电子商务产业

最近几年，我国政府对电商的发展投入了较多的关注，为推动电商实现快速发展，我国专门针对电商制定了多项政策，这些政策的出台和实施为电商的发展创造了良好的条件。2014 年，李克强总理在政府工作报告中提到：要促进信息消费，实施"宽带中国"战略，在全国推行"三网融合"，鼓励电子商务创新发展。可见，我国政府非常重视电商的发展，并努力为电商营造良好的发展空间。截至 2021 年 12 月，我国针对电子商务制定的法律制度有以下几个。

2005 年，我国制定了《电子签名法》。这些法律的制定和实施为电商的发展指明了方向，并对其行为进行了有效约束和限制，有利于电商实现健康、规范的发展。当前版本为2019年4月23日第十三届全国人民代表大会常务委员会第十次会议修正。

2005年，我国发布了《国务院办公厅关于加快电子商务发展的若干意见》(国办发〔2005〕2号)，提出我国促进电子商务发展的一系列举措。

2007年，商务部发布了《关于网上交易的指导意见(暂行)》，其宗旨为：贯彻落实《国务院办公厅关于加快电子商务发展的若干意见》(国办发〔2005〕2号)文件精神，推动网上交易健康发展，逐步规范网上交易行为，帮助和鼓励网上交易各参与方开展网上交易，警惕和防范交易风险。

2007年12月，为进一步贯彻落实《国务院关于促进流通业发展的若干意见》(国发〔2005〕19号)和《国务院办公厅关于加快电子商务发展的若干意见》(国办发〔2005〕2号)，结合我国电子商务发展的新情况，商务部发布了《关于促进电子商务规范发展的意见》。

2008年，商务部发布了《电子商务模式规范》。该规范根据国家相关法律法规和规章制度以及《互联网信息服务管理办法》的规定，参照中华人民共和国商务部《关于网上交易的指导意见(暂行)》(2007)，同时依据相关科技成果和实践经验制定而成。

2009年，为贯彻落实《国务院办公厅关于搞活流通扩大消费的意见》(国办发〔2008〕134号)和《国务院办公厅关于加快电子商务发展的若干意见》(国办发〔2005〕2号)，商务部发布了《关于加快流通领域电子商务发展的意见》。

2010年，为了规范网络商品交易及有关服务行为，保护消费者和经营者的合法权益，促进网络经济持续健康发展，国家工商行政管理总局发布了《网络商品交易及有关服务行为管理暂行办法》。

2013年，商务部制定了《关于促进电子商务应用的实施意见》，对电商发展的任务及目标做出了规定；同时提到，要将电商发展成服务和产品的主要流通方式，电商销售额应保持在18万亿元以上，利用电商开展的进出口贸易活动完成的销售额在我国贸易总额中所占比重要超过10%，在我国社会零售总额中，电商零售额所占比重应超过一成，超过80%规模的企业要利用电商开展业务工作。为避免电商行业出现各类问题，如泄露买家信息、价格战、欺诈等，全国人大拟定出台了专门的电商法律。

2013年年底，由全国人大牵头成立了《电子商务法》起草小组，进行了电商立法规划。到2018年8月31日，中华人民共和国主席习近平签署中华人民共和国主席令(第七号)，《中华人民共和国电子商务法》由中华人民共和国第十三届全国人民代表大会常务委员会第五次会议于2018年8月31日通过。

3. 电子商务服务提供行业逐渐壮大

电商的迅猛发展推动了与之有关的服务业的发展，其中，与电商有着紧密联系的行业是快递业和第三方支付业。最近几年，在电商的促进下，这两个行业的发展步伐在不断加快。

《中国互联网发展报告2021》显示，截至2021年6月，我国网民规模为10.11亿，互联网普及率达71.6%。2020年，全国电子商务交易额达到37.21万亿元，网络支付交易金额为2711.81万亿元。亚马逊和京东等一些电商企业为消费者提供了货到付款服务，它们的一些交易费用由快递代收，这部分费用不在统计范围内。可见，电商在快速发展的同时，与之有关的第三方支付平台获得了良好的发展条件。在现代服务业中，快递业和电商是两个重要的部分，电商在发展过程中不能缺少快递业，快递业的发展也不能脱离电商，二者相辅相成、相互促进。

中国电商研究中心调查发现，近年来，我国超过七成的电商业务是在快递的辅助下完成的，而快递业从电商中获得的营业收入在总收入中所占比重超过了 50%。这足以证明快递业和电商之间存在密不可分的联系。

国家邮政局监测数据显示，2021 年全国快递业务量累计完成 1083 亿件，同比增长 29.9%；业务收入累计完成 10 332.3 亿元，同比增长 17.5%。其中，同城业务量累计完成 141.1 亿件，同比增长 16.0%；异地业务量累计完成 920.8 亿件，同比增长 32.8%；国际/港澳台业务量累计完成 21.0 亿件，同比增长 14.6%。

4. 电子商务平台呈寡头化趋势

电子商务平台是一个为企业或个人提供网上交易洽谈的平台。企业电子商务平台是建立在 Internet 网上进行商务活动的虚拟网络空间和保障商务顺利运营的管理环境；是协调、整合信息流、货物流、资金流有序、关联、高效流动的重要场所。企业、商家可充分利用电子商务平台提供的网络基础设施、支付平台、安全平台、管理平台等共享资源有效地、低成本地开展自己的商业活动。

平台型电商也被称为联营电商模式，它和自营电商模式存在着显著的差异。在该模式下，电商平台通常由中间商来建立，运营工作也由它们负责，中间商为买家和商家提供多种服务，主要包括售后、认证、物流、支付等。天猫和淘宝电商平台通过实施平台化运营获得了较多的收益，最近几年，一些电商公司开始效仿它们，积极建立自己的平台。京东最初采用 B2C 自营模式，2010 年年底建立了开放平台，并为一些商家提供了入驻平台的机会，2012 年继续扩大开放平台，并宣布可以和一些电商公司及商家建立合作关系，共同利用物流平台发展业务；2011 年，当当网制定了开放平台的策略；2012 年，苏宁易购开放了自己的平台。经过几年的发展，平台化电商阵营开始形成，它是由成千上万的中小商家利用自营电商平台为买家提供零售业务服务的方式构成的。电商实施平台化运营能够在较短的时间内扩大自身规模，增加交易量，实现规模经济，这与网络经济的发展方向相统一。

近年来，电子商务平台的"寡头化"趋势日益明显，呈现以阿里系和腾讯、拼多多、京东系、抖音等为代表的少数电子商务平台崛起的状态。

5. 电子商务行业纵向一体化趋势明显

随着电商的快速发展，与之相关的服务业也开始蓬勃发展起来。快递物流、支付平台等与之存在密切联系的产业发展步伐日益加快。但是，这些产业和电商行业的发展步伐并不一致，快递业经常出现仓库爆仓、快递延迟、物品丢失等问题，支付行业经常出现诈骗等问题。这说明电商产业链并没有达到完善、规范的要求。

电商产业在与其他产业合作时，遇到的突出问题是交易成本问题，电商平台既要考虑成本、价格问题，还要协调好买家、卖家、厂商、供应商之间的关系。服务产业和电商产业都具有自身的特点，二者在建立纵向合作关系时遇到了许多问题。

为了避免出现这类问题,许多电商公司开始改进运营方式。阿里巴巴出资建立了支付宝平台,这使淘宝消费者的资金安全获得了有效保障,增强了网络消费者对淘宝购物的信心。亚马逊和京东建立了自己的物流体系,能够及时将商品送到消费者手中。最近几年,工行、邮政、顺丰等金融公司、快递公司也纷纷向电商领域进军,它们都构建了专业的电商平台。

1.1.3 电子商务发展的阶段

电子商务的发展至今大约经历了五个阶段,包括电子邮件的第一阶段、信息发布的第二阶段、电子商务的第三阶段、全程电子商务的第四阶段,以及发展至今的智慧电子商务第五阶段(见图 1-8)。

图 1-8 电子商务发展阶段

第一阶段:电子邮件阶段。这个阶段可以认为是从 20 世纪 70 年代开始,平均的通信量以每年几倍的速度增长。

第二阶段:信息发布阶段。从 1995 年起,以 Web 技术为代表的信息发布系统,爆炸式地成长起来,成为当时 Internet 的主要应用。

第三阶段:EC(Electronic Commerce),即电子商务阶段。之所以把 EC 列为一个划时代的东西,是因为 Internet 的最终主要商业用途,就是电子商务。

第四阶段:全程电子商务阶段。随着 SaaS(Software as a Service)软件服务模式的出现,软件纷纷登录互联网,延长了电子商务链条,形成了当下最新的"全程电子商务"概念模式。

第五阶段:智慧电子商务阶段。2011 年,互联网信息碎片化以及云计算技术愈发成熟,主动互联网营销模式出现,i-Commerce(individual commerce)顺势而出,电子商务摆脱生搬上互联网的传统销售模式,以主动、互动、用户关怀等多角度与用户进行深层次沟通。

1.2 电子商务的内涵

1.2.1 电子商务的定义

电子商务并非新兴之物。早在 1939 年电报刚刚出现的时候,人们就开始了对运用电子手段进行商务活动的讨论。当贸易开始以莫尔斯码点和线的形式在电话中传输的时候,就标志着运用电子手段进行商务活动进入了新纪元。而伴随着互联网技术和信息技术的日臻成熟,网络用户数量迅猛增加,互联网已经进入社会的各行各业,与人们的日常工作和生活紧密地联系在了一起。互联网技术在全球的广泛使用,标志着人类社会开始进入了信息经济时代。

电子商务最常用的英文名称是 E-commerce 和 E-business。commerce 的意思是商务,是指商品买卖或者贸易生产;而 business 的意思是商业商务、工作或交易活动。business

的概念比 commerce 更宽泛。但从名称的内涵来看，commerce 偏重描述交易双方或多方之间的关系，而 business 更专注商业贸易业务本身及它的内部流程。所以我们一般将 E-business 称为电子业务，将 E-commerce 称为电子商务。然而，迄今为止还没有一个较为全面的、具有权威性的、能够为大多数人所接受的电子商务的定义。各种组织、政府、企业、学术研究机构都在依据自己的理解和需要为电子商务下定义，其中一些定义较为系统和全面，本书将选取国内外部分代表性定义。

1. 国际组织与政府对电子商务的定义

国际商会(ICC)于 1997 年从商业角度首次提出了电子商务的概念：电子商务是指对整个贸易活动实现电子化。

联合国经济合作和发展组织(OECD)在有关电子商务的报告中对电子商务的定义是：电子商务是发生在开放网络上的包含企业与企业之间(business to business)、企业和消费者之间(business to consumer)的商业交易。

世界贸易组织(WTO)电子商务专题报告中将其定义为：电子商务是通过电子信息网络进行的生产、营销、销售和流通等活动。

美国政府在其《全球电子商务纲要》中，比较笼统地指出，电子商务是通过互联网进行的各项商务活动，包括广告、交易、支付、服务等，全球电子商务范围涉及世界各国。

加拿大电子商务协会认为，电子商务是通过数字通信技术进行商品和服务的买卖及资金的转账，它还包括公司间和公司内利用电子邮件、电子数据交换、文件传输、传真、电视会议、远程计算机联网所能实现的全部功能(如市场营销、金融结算、销售及商务谈判等)。

欧洲议会给出的关于电子商务的定义是：电子商务是通过电子方式进行的商务活动。它通过电子方式处理和传递数据，包括文本、声音和图像。它涉及许多方面的活动，包括货物电子贸易和服务、在线数据传递、电子资金划拨、电子证券交易、电子货运单证、商业拍卖、合作设计和工程、在线资料、公共产品获得等。它包括了产品(如消费品、专门设备)和服务(如信息服务、金融和法律服务)、传统活动(如健身、教育)和新型活动(如虚拟购物、虚拟训练)。

全球信息基础设施委员会(GHC)电子商务工作委员会报告草案中对电子商务的定义是：电子商务是运用电子通信作为手段的经济活动，通过这种方式人们可以对带有经济价值的产品和服务进行宣传、购买和结算。这种交易方式不受地理位置、资金多少或零售渠道、所有权的影响。公有企业、私有企业、政府组织、各种社会团体、一般公民、企业家都能自由地参加的广泛的经济活动，其中包括农业、林业、渔业、工业、私营和政府的服务业。电子商务能使产品在世界范围内交易并向消费者提供多种多样的选择。

2. 企业对电子商务的定义

IBM 公司对电子商务的定义是：电子商务包括三个部分，即企业内部网、企业外部网、电子商务。它所强调的是在网络环境下的商业化应用，不仅是硬件和软件的结合，也不仅是我们通常意义下强调交易的狭义电子商务，而是把买方、卖方、厂商及其合作伙伴在互联网(Internet)、企业内部网(Intranet)和企业外部网(Extranet)结合起来的应用。

HP 公司也对电子商务、电子业务、电子消费和电子化世界的概念下了定义。它对电子商务的定义是：通过电子化手段来完成商业贸易活动的一种方式；电子商务使我们能够以电子交易为手段完成物品和服务的交换，是商家和客户之间的联系纽带。它包括两种基本形式：商家之间的电子商务及商家与最终消费者之间的电子商务。对电子业务的定义是：一种新型的业务开展手段，通过基于互联网的信息结构，使公司、供应商、合作伙伴和客户之间，利用电子业务共享信息。电子业务不仅能够有效地加强现有业务进程的实施，而且能够对市场等动态因素做出快速响应并及时调整当前业务进程。更重要的是，电子业务本身也为企业创造出了更多、更新的业务操作模式。对电子消费的定义是：人们使用信息技术进行娱乐、学习、工作、购物等一系列活动，使家庭的娱乐方式越来越多地从传统电视向互联网转变。

3. 中国对电子商务的定义

下面是我国政府相关部门对电子商务做出的定义。

(1) 国家发改委、国务院信息化工作办公室联合发布的我国《电子商务发展"十一五"规划》中首次提出：电子商务是网络化的新型经济活动。

(2) 国务院信息化工作办公室在 2007 年 12 月提交的《中国电子商务发展指标体系研究》中，将电子商务定义为：通过以互联网为主的各种计算机网络所进行的，以签订电子合同(订单)为前提的各种类型的商业交易。

(3) 商务部在 2009 年 4 月发布的《电子商务模式规范》中对电子商务的定义是：依托网络进行货物贸易和服务交易，并提供相关服务的商业形态。

其他的定义还有以下几种。

(4) 电子商务是指一种广泛的关于产品和服务的在线商业活动，或者指任意一种各方通过电子化形式而非物质交换或直接物质接触而达到相互影响的商业交易模式。

(5) 电子商务是指以数字化电子手段实现整个商业活动的各个环节。它包括商业信息的发布与检索、电子广告、电子合同签署、电子货币支付和售前、售后服务等一系列过程。其显著的特点在于实现商务活动的有效连接，旨在尽可能减少面对面接触和手工处理环节。

4. 本书的理解

参考以上观点，本书从广义和狭义两个方面介绍电子商务的定义。

1) 广义的电子商务

广义的电子商务，是指使用各种电子工具从事商务活动。这些工具包括从初级的电报、电话、广播、电视、传真到计算机、计算机网络、国家信息基础结构、全球信息基础结构和因特网等现代系统。电子商务不仅涉及电子技术和商业交易本身，而且涉及金融、税务、教育等社会其他层面。

对上述广义电子商务的定义，可以从以下三个方面进行分析和理解。

(1) 电子商务采用现代信息技术提供交易平台。交易各方将自己的各类供求愿望通过交易平台发布或收集，一旦确定了交易对象，交易平台就会协助完成合同的签订、分类、传递和款项的收付、结转等全套业务，为交易双方提供一种"双赢"的最佳选择。

(2) 电子商务的本质是商务，现代信息技术是手段。电子商务的目标是通过先进的信息技术支持来完成商务活动。所以信息技术要服务于商务，满足商务活动的要求，商务活动是电子商务永恒的主题。从另一个角度来看，商务也是在不断发展的。电子商务的广泛应用将给商务本身带来巨大的影响，从根本上改变人类社会原有的商务方式，给商务活动注入了全新的理念。

(3) 对电子商务的全面理解应从"现代信息技术"和"商务"两个方面思考。一方面，电子商务所包含的"现代信息技术"应涵盖各种以电子技术为基础的现代通信方式；另一方面，对"商务"一词应从广义上理解，商务是指契约性和非契约性的一切商务性质的关系所引起的种种事项。用集合论的观点来分析，电子商务就是现代信息技术与商务两个子集的交集。

2) 狭义的电子商务

狭义的电子商务，是指个人和企业之间、企业和企业之间、政府与企业之间及企业与金融业之间仅仅通过因特网进行的钱和物的交易活动。从这个角度讲，可称电子商务为电子交易或电子贸易。电子交易=网络+交易，是传统交易活动的电子化和网络化。

在网络环境下，多主体按照一定的协议，高效率、低成本地从事以货币、商品和服务交换为内容的各种活动。现代电子商务一般是以因特网为交易平台，交易双方借助建立在因特网平台上的电子商务网站开展商务活动。电子商务的主体除了交易双方以外，还包括为完成交易而提供服务支持的参与方，如认证中心、银行等。电子商务协议是保障电子商务活动顺利进行的约定，它包括相关的法律、商务规则和网络安全措施等。电子商务中的"商务"与传统的商务概念和内涵一致，主要指货币、商品(包括有形商品和无形商品)和服务的交易行为。

1.2.2 电子商务的功能与特征

1. 电子商务的功能

电子商务可提供网上交易和管理等全过程的服务，因此，它具有广告宣传、咨询洽谈、网上订购、网上支付、电子账户、服务传递、意见征询、交易管理等各项功能。

(1) 广告宣传。电子商务是指企业在 Internet 上发布各类商业信息，客户可借助网上的检索工具迅速地找到所需商品的信息，而商家可利用网上主页和电子邮件在全球范围作广告宣传。与以往的各类广告相比，网上的广告成本最低廉，而带给顾客的信息量却最丰富。

(2) 咨询洽谈。电子商务可借助非实时的电子邮件、新闻组和实时的讨论组来了解市场和商品信息、洽谈交易事务，如有进一步的需求，还可用网上的白板会议(whiteboard conference)来交流即时的图形信息。网上的咨询和洽谈能超越人们面对面洽谈的限制，提供多种方便的异地交谈形式。

(3) 网上订购。电子商务可借助 Web 中的邮件交互传送实现网上的订购。网上的订购通常是在产品介绍页面提供十分友好的订购提示信息和订购交互格式框。当客户填完订购单后，通常系统会回复确认信息单来保证订购信息的收悉。订购信息也可采用加密的方式使客户和商家的商业信息不被泄漏。

(4) 网上支付。电子商务要成为一个完整的过程，网上支付是重要的环节。客户和商家之间可采用信用卡账号实施支付。在网上直接采用电子支付手段可省略交易过程中很多人员的开销。网上支付需要更可靠的信息传输安全性控制以防止欺骗、窃听、冒用等非法行为。

(5) 电子账户。网上的支付必须有电子金融来支持，即银行或信用卡公司及保险公司等金融单位要为金融服务提供网上操作的服务。而电子账户管理是其基本的组成部分。信用卡号或银行账号都是电子账户的一种标志。而其可信度需配以必要技术措施来保证，如数字凭证、数字签名、加密等，这些手段的应用提供了电子账户操作的安全性。

(6) 服务传递。对于已付款的客户应将其订购的货物尽快地传递到他们的手中。而有些货物在本地，有些货物在异地，电子邮件能在网络中进行物流的调配。而最适合在网上直接传递的货物是信息产品，如软件、电子读物、信息服务等，它能直接将货物从电子仓库中发到用户端。

(7) 意见征询。电子商务能十分方便地采用网页上的"选择""填空"等格式文件来收集用户对销售服务的反馈意见，这样使企业的市场运营能形成一个封闭的回路。客户的反馈意见不仅能提高企业售后服务的水平，更能使企业获得改进产品、发现市场的商业机会。

(8) 交易管理。整个交易的管理将涉及人、财、物多个方面，企业和企业、企业和客户及企业内部等各方面的协调和管理，因此，交易管理是涉及商务活动全过程的管理。电子商务的发展，将会提供一个良好的交易管理的网络环境及多种多样的应用服务系统，这样能保障电子商务获得更广泛的应用。

2. 电子商务的基本特征

1) 普遍性

电子商务作为一种新型的交易方式，将生产企业、流通企业以及消费者和政府带入了一个网络经济、数字化生存的新天地。

2) 方便性

在电子商务环境中，人们不再受地域的限制，客户能以非常简捷的方式完成过去较为繁杂的商业活动。如通过网络银行能够全天候地存取账户资金、查询信息等，同时使企业对客户的服务质量得以大大提高。

3) 整体性

电子商务能够规范事务处理的工作流程，将人工操作和电子信息处理集成为一个不可分割的整体，这样不仅能提高人力和物力的利用率，也可以提高系统运行的严密性。

4) 安全性

在电子商务中，安全性是一个至关重要的核心问题，它要求网络能提供一种端到端的安全解决方案，如加密机制、签名机制、安全管理、存取控制、防火墙、防病毒保护等，这与传统的商务活动有着很大的不同。

5) 协调性

商业活动本身是一种协调过程，它需要客户与公司内部、生产商、批发商、零售商之间的协调。在电子商务环境中，它更要求银行、配送中心、通信部门、技术服务等多个部门的通力协作，电子商务的全过程往往是一气呵成的。为了提高效率，许多组织都提供了交互式的协议，电子商务活动可以在这些协议的基础上进行。传统的电子商务解决方案能协调公司内部的工作，电子邮件就是其中一种，但那只是协调员工工作的一小部分。

利用因特网将供应商、客户连接至企业内部管理系统，使得采购、销售和生产等环节协调起来，为企业节省了时间、提高了效率、消除了信息孤岛、减少了纸张开支和库存带来的成本。

6) 集成性

电子商务是一种新兴产物，其中用到了大量新技术，但这并不是说新技术的出现就必然导致原有技术、设备的死亡。因特网的真实商业价值在于协调新旧技术，使用户能更加行之有效地利用他们已有的资源和技术，更加有效地完成他们的任务。电子商务的集成性，还在于事务处理的整体性和统一性，它能规范事务处理的工作流程，将人工操作和电子信息处理集成为一个不可分割的整体，这样不仅提高了人力和物力的利用率，也提高了系统运行的严密性。为了帮助企业分析、规划其电子商务发展战略，IBM 公司建立了一种可伸缩型的网络计算模型(network computing framework，NCF)。这种模型是开放的，并且是在现实产品和丰富的开发经验的基础上提出的。

7) 高效性

电子商务在时间和空间上所具有的优势使得它具有比传统商务更高的效率。网上购物为消费者提供了一种方便、快捷的购物途径，为商家提供了一个遍布世界各地的、有巨大潜力的消费者群。因此，无论是对大型企业，还是对中小型企业，甚至对个体经营者来讲，电子商务都是一种机遇。

电子商务的高效性体现在很多方面，如电子商务可拓展市场、增加客户数量。企业通过信息网络记录下客户的每次访问、购买情况、购物动态和客户对产品的偏爱等，这样，通过统计这些数据，便可以获知客户最想购买的产品，从而为产品的生产和开发提供有效的信息。网络营销还可以为企业节省大量的开销，如无须营业人员、实际店铺，并可以提供全天候的服务，增加销售量，提高客户满意度和企业知名度等。

8) 便捷性

"足不出户即可获得所需商品"的梦想在电子商务时代变成了现实。在电子商务环境中，传统交易在时间和空间上的限制被打破，客户不再像以往那样因受地域的限制而只能在一定的区域内、有限的几个商家中选择交易对象，寻找所需商品。他们不仅可以在更大范围，甚至可以在全球范围内寻找交易伙伴、选择商品，更重要的是，他们的目光不仅仅集中在商品的价格上，服务质量的好坏在某种意义上也已成为影响商务活动成功与否的关键因素。

企业将客户服务过程转移到开放的网络上后，过去客户要大费周折才能获得的服务，现在只要用一种非常便捷的方式就能获得。例如，将一笔资金从一个账户转移到另一个账户或支票户头上，查看一张信用卡的收支情况、查询货物的收发情况，乃至寻找或购买稀有产品等，都能方便实时地完成。可见，电子商务提供给客户的是一种查询、购买和服务的便捷性。

9) 虚拟性

电子商务市场环境建立在以因特网为基础的网络之上，它的主要商务活动，如产品发布、交易、结算等都是数字化的，犹如在因特网上形成了一个跨越全球的虚拟市场，冲破了传统商务的时空限制。借助网络，网上交易不受时空制约，消费者不仅可以与国内经营者交易，而且可以和世界范围内的任何经营者进行交易。任何一个企业都可以利用这个虚拟市场向全世界推销自己的产品，这也正是电子商务能在如此短的时间里得到巨大发展的原因之一。

1.2.3 电子商务的分类

电子商务革新了传统商务活动的运作手段。电子商务可以按照不同的标准划分为不同的类型。从电子商务定义的范围来看，电子商务可以分为广义电子商务和狭义电子商务；从电子商务的发展历程来看，电子商务可以分为传统电子商务和现代电子商务。传统电子商务是指运用非因特网形式的电子工具，如使用电话、传真和电视等手段开展的商务活动。下面针对现代电子商务按照参与主体、网上支撑平台、交易内容、交易性质和交易的地域范围划分的类别作介绍。

1. 按参与电子商务的主体分类

按参与电子商务的主体分类，电子商务主要有六类：①企业对消费者的电子商务模式(business to consumer，B2C)；②企业对企业的电子商务模式(business to business，B2B)；③生产企业对零售商对消费者的电子商务模式(business to business to consumer，B2B2C)；④企业对政府的电子商务模式(business to government，B2G)；⑤消费者对消费者的电子商务模式(consumer to consumer，C2C)；⑥企业与员工之间的电子商务模式(business to employee，B2E)。

1) 企业与消费者之间的电子商务

企业与消费者之间的电子商务是指通过网上商店实现网上在线商品零售和为消费者提供所需服务的商务活动。这是大众最熟悉的一类电子商务类型，目前，在因特网上有许多各种类型的虚拟商店和虚拟企业，提供各种与商品销售有关的服务。

通过网上商店买卖的商品可以是实体化的，如书籍、鲜花、服装、食品、汽车、电视等；也可以是数字化的，如新闻、音乐、电影、数据库、软件及各类基于知识的商品；还可以是各类服务，如安排旅游、在线医疗诊断和远程教育等。开展 B2C 业务的网站可以是传统实体企业，如国美(www.gome.com.cn)、戴尔(www.dell.com.cn)等；也可以是专门从事网上销售的虚拟企业，如易趣(www.ebay.com.cn)等。B2C 引发了商品营销方式的重大变革，无论是企业还是消费者都从中获益匪浅。

2) 企业与企业之间的电子商务

企业与企业之间的电子商务是指在因特网上采购商与供应商谈判、订货、签约、接收发票和付款以及索赔处理、商品发送管理和运输跟踪等所有活动。企业间的电子商务具有供应商管理、库存管理、销售管理、信息传递和支付管理等功能，通过这些功能的应用可实现减少订货成本，缩短周转时间，降低存货成本，促进存货周转，安全及时地传递订单、发票等所有商务文档信息，以及进行网上电子货币支付等业务。

B2B 方式是电子商务应用中最重要和最受企业重视的一种形式，目前在电子商务的交易额中所占的资金额度也最大。在互联网的高速发展下，我国电子商务行业交易金额逐年增长，商务部的数据显示，2020 年全年电子商务交易额为 37.21 万亿元，同比增长 4.5%，2021 年上半年达 9.61 万亿元。在我国电子商务市场中主要以 B2B 为主。据统计，2020 年我国电子商务 B2B 市场规模为 31.2 万亿元，同比增长 20.46%。

B2B 不仅适用于大企业之间，利用企业间专门建立的网络完成买卖双方的交易；也适用于中小企业，通过诸如阿里巴巴之类的中介机构建立的平台，为每笔交易寻找最佳的合作伙伴，完成从订购到结算的全部交易行为。

3) 企业与政府之间的电子商务

企业与政府之间的电子商务涵盖了政府与企业间的各项事务，包括政府采购、税收、商检、管理条例发布和法规政策颁布等。

政府在电子商务活动中扮演着双重角色：既是电子商务的使用者，进行商业购买活动，又是电子商务的宏观管理者，对电子商务起着扶持和规范的作用。政府作为消费者，可以通过因特网发布自己的采购清单，公开、透明、高效、廉洁地完成所需物品的采购。政府对企业的宏观调控、指导规范、监督管理职能通过网络以电子商务的方式更能得到充分地发挥。借助于网络及其他信息技术，政府职能部门能更及时全面地获取所需信息，做出正确决策，做到快速反应，迅速、直接地将政策法规及调控信息传达给企业，起到管理与服务的作用。

4) 消费者与消费者之间的电子商务

消费者与消费者之间的电子商务是指消费者之间通过因特网进行相互的个人交易，如个人拍卖等形式。这种模式为消费者提供了便利与实惠，成为电子商务迅速普及与发展的重要形式。C2C 目前主要表现为网络拍卖。今后随着各种技术的进步，以及网上支付形式的变化和电子货币的推广与使用，可以相信网上 C2C 形式的电子商务也将像现实社会中的自由市场一样得到发展。

5) 企业对零售商、对消费者的电子商务

中国电子商务在经营模式上不断地进行探索，企业对零售商对消费者的电子商务模式就是这种探索的产物。从字面上看，B2B2C 是 B2B 与 B2C 两种模式的结合。第一个 B 指的是厂商，第二个 B 指的是零售商，C 指的是消费者。

据业内人士分析，之所以在美国没有产生这种模式，是因为美国的工业化程度非常高，各个领域各个行业都有很好的工业化体系，所以不需要把 B2B 和 B2C 连接。但我国大环境不成熟，正好需要一个中间平台。此类电子商务网站为生产企业和零售商提供了一个资源整合的平台，在虚拟意义上形成了一个厂商与零售商的大联盟，即多个 B 对多个 B 与对 C(nB2nB2C)，着重解决了电子商务中配送瓶颈的问题。消费者登录此类网站后，先查找、购买商品，订购后，网站系统将针对此商品进行定位检索，找到距离购买人最近的零售商后，由该商店提供送货，方便快捷。对于零售商的网上采购，也是同样的道理。利用这一模式开展电子商务的企业应紧紧把握住提供平台这个环节，使拥有同一行业资源的企业联合起来，利用所提供的平台进行信息的采集、整理、整合，从而通过优势互补为共同的客户提供服务并赚取利润。

6) 企业与员工之间的电子商务

企业与员工之间的电子商务模式为企业员工提供基于互联网的工具以及由这些工具所启动的服务。B2E 最初的重点是为员工提供服务，如向员工提供自助服务、电子学习、沟通渠道、社区服务和知识管理等一系列的服务。

随着 B2E 向"对泛企业的商务"(business-to-extended enterprises)模式的发展，一些企

业正在拓宽 B2E 的范围。这些企业建立了可以向企业外部开展服务的模式与结构，向合作伙伴提供类似于向员工提供的服务，向客户提供经过筛选的服务。B2E 成为许多企业转型的平台，如今，B2E 还被进一步用来改变企业与合作伙伴和客户的关系。

B2E 将使人力资本管理以及员工关系管理从诸如员工福利、人事、薪资等人力资源的传统事项，发展到为企业员工以及管理层提供服务的综合性系列工具。该系列工具能通过增强合作、知识管理、电子学习、知识创新等，提高企业及员工的生产力。

2. 按网上支撑平台分类

按所利用的计算机网络划分，电子商务有基于企业内部网、基于企业外部网、基于互联网三种类型的电子商务。

1) 基于企业内部网的电子商务

企业内部网是采用互联网技术和产品所建立起来的企业内部专用网络，是一个针对企业的人员、信息的集成机制。在企业的生产经营中，企业内部网是生产管理的工具，也是产品设计的资源，还是巨大的数据库。比如，可以在企业内部网上召开在线会议，发布经营计划、工艺流程说明、产品研制说明、设计跟踪、生产质量和交付程序、在线报表，利用网络进行信息跟踪，开展内部信息管理等。

基于企业内部网的电子商务可以在企业内部普及电子邮件，保证企业各部门和人员可以充分享用互联网的全部功能，减少传统信息传递过程中的丢失和歪曲的可能性。企业内部网与互联网连接，其间用防火墙(firewall)隔离，从而实现了开放性与安全性的统一。企业内部网可以保障企业内部有关信息的安全，不受外部非法访问，同时，还可充分发挥企业内部信息系统的全部功能。目前，很多国内知名的大企业(如海尔、联想等)利用企业内部网建立了企业内部集生产、管理、资金划拨为一体的网络集成管理系统，进行企业内部的电子商务活动，降低了企业内部管理成本和费用，加速了企业内部的资金周转和使用效益，获得了较好的效果。

2) 基于企业外部网的电子商务

企业外部网是互联网的另一种应用，是企业内部网的外部扩展和延伸。运用万维网技术扩展一个企业的内联网，形成企业间或同一企业不同地区间的企业外部网，加快和提高了企业与供应商和客户以及企业各地区部门之间的联系速度和效率。随着现代信息技术的发展，企业联盟之间、合作伙伴之间都建立了彼此联系的企业外部网。

企业外部网既利用了互联网的方便，又提供了有安全性能的商品交易与行政作业环境。它能使企业和其他企业及相关机构如材料供应商、部件供应商、产品批发商、用户、银行、工商管理、税务部门等彼此互访外部网，开展商品交易及相关作业。同时，由于企业内部网置于防火墙之后，拒绝非法外来访问，从而使得这种商务活动具有与电子数据交换、企业内部网同样的安全性。

基于企业外部网的电子商务的业务流程在企业的内部和外部间流动，更多的动态信息包括商业文件也在网上进行传送。通过互联网来实现企业内部网之间的连接，既能够利用互联网覆盖面广的优点，扩大企业合作面，同时又能利用互联网使用成本低廉的长处，降低企业成本。

3) 基于互联网的电子商务

基于互联网的电子商务是指在因特网上进行的各种形式的电子商务业务，所涉及的领域广泛，诸如在线产品信息发布、在线订货、物流管理等，全世界各个企业和个人都可以参与。

基于因特网的电子商务具有交易主体庞大、交易范围广泛、交易过程完整等特点。基于因特网的电子商务不受地域范围的限制，理论上，它既是一个全球市场环境，也是一个地域市场环境，还可以是一个行业市场环境。由于互联网功能齐全，如电子邮件、电子公告和新闻组、在线交谈、文件传输、远程登录、信息检索等功能，为开展各种内容的商务活动提供了技术支持，因此，基于因特网的电子商务基本上涵盖了贸易活动及相关行政作业的全部内容。

互联网是一个开放性网络，具有全球性、互动性、连接方便、连接费用低、信息资源及表现形式丰富和使用方便等特点，这使得基于因特网的电子商务拥有极其庞大的用户群，从企业到政府部门、社会团体，直到普通消费者。但是，互联网是一个开放网络，存在各种安全风险，开展电子商务对于安全技术及电子商务政策、法规建设有着很高的要求。

3. 按交易内容分类

按照商务活动的交易内容分类，电子商务可分为间接电子商务和直接电子商务。间接电子商务是指有形货物的电子订货与付款活动，它仍然要利用传统渠道(如邮政服务或商业快递)送货。直接电子商务是指无形货物或者服务的订货与付款等活动，如某计算机软件、娱乐内容的联机订购、文件查询、信息咨询、产品售后服务或全球规模的信息服务等。

4. 按交易性质分类

按照电子商务活动的交易性质，电子商务又可分为以下三类。

(1) 国际贸易型电子商务。这是指在基于国际贸易业务中各类电子单证报文数据交换业务，主要涉及海关、商检、税务、担保、保险、银行以及交易双方的各种商业往来单证。

(2) 普通贸易型电子商务。这是针对一般商贸过程的电子贸易业务，是内贸业务中的电子数据交换，涉及工业贸易业务和商业贸易业务两类应用业务。

(3) 金融服务型电子商务。这是针对支付和清算过程的电子金融业务，主要涉及银行、工商、税务、保险以及交易双方的各种转账往来凭证。这类电子商务主要包括电子支付手段、资金清算方式和信用卡结算方式等。

5. 按交易的地域范围分类

按交易的地域范围，可以将电子商务划分为本地电子商务、区域电子商务、国家电子商务、国际电子商务四种类型。它们之间的差别主要表现在对于电子商务系统和电子商务环境方面有着各自特定的要求。

1) 本地电子商务

本地电子商务是指交易双方都在本地范围内，利用本地的电子商务系统开展商务活动。发展社区的电子商务是我国电子商务发展的一个方向。电子商务应该重视本地化服务，同时网络消费者在同等情况下也会优先从本地网站购买商品，这样在支付、配送和售后服务等方面会有很大便利性。本地电子商务系统是开展全国和全球电子商务的基础系统,因此,建立和完善本地电子商务信息系统是最终实现全球电子商务的一种途径。

2) 区域电子商务

区域电子商务是指在某一地理区域范围内进行的网上电子交易活动。因为其交易的地域范围较大,所以对软硬件和技术要求较高。区域电子商务要求在区域范围内实现商业电子化、自动化,实现金融电子化,要求交易各方具备一定的电子商务知识、经济能力和技术能力,并具有一定的管理水平和能力等。

3) 国家电子商务

国家电子商务是指在本国范围内开展的电子商务。在这种电子商务应用中,交易双方及相关部门分别处在国内的不同地区,利用本国电子商务开展商品交易和相关行政作业。国家电子商务在构成要素和连接网络上与区域电子商务没有本质区别,只不过在范围和规模方面提升到了国家层面。国家电子商务要求具有一个全国性的电子商务环境,比如,要在全国范围内实现商业电子化、自动化,实现金融电子化等。

4) 国际电子商务

国际电子商务是指在全世界范围内进行的电子交易活动,参加电子商务的交易各方通过网络进行贸易活动。它涉及有关交易各方的相关系统,如买卖方国家进出口公司系统、海关系统、银行金融系统、税务系统、保险系统等。

综上所述,电子商务的分类可以按电子商务的参与主体、网上支撑平台、交易内容、交易性质及交易的地域范围等进行分类,如表1-2所示。

表1-2 不同标准的电子商务分类

分类标准	分 类
参与主体	B2C、B2B、B2G、C2C、B2B2C、B2E
网上支撑平台	基于企业内部网、基于企业外部网、基于互联网的电子商务
交易内容	间接电子商务、直接电子商务
交易性质	国际贸易型电子商务、普通贸易型电子商务、金融服务型电子商务
交易的地域范围	本地电子商务、区域电子商务、国家电子商务、国际电子商务

1.3 电子商务的行业新应用

1.3.1 在线教育

1. 在线教育的定义

在线教育即 E-Learning,知行堂将 E-Learning 定义为:通过应用信息科技和互联网技术进行内容传播和快速学习的方法。E-Learning 的"E"代表电子化的学习、有效率的学习、探索的学习、经验的学习、拓展的学习、延伸的学习、容易使用的学习、增强的学习。美国是 E-Learning 的发源地,有60%的企业通过网络的形式对员工进行培训。1998年以后,E-Learning 在世界范围内兴起,从北美、欧洲迅速扩展到亚洲地区。近年来,越来越多的国内企业对 E-Learning 表示了浓厚兴趣,并开始实施 E-Learning 解决方案。

顾名思义,在线教育是以网络为介质的教学方式,通过网络,学员与教师即使相隔万里也可以开展教学活动。此外,借助网络课件,学员还可以随时随地进行学习,真正打破了时间和空间的限制。对于工作繁忙、学习时间不固定的职场人而言,网络远程教育是最方便不过的学习方式。

如图 1-9 所示,在线教育的形式较多,比如:学而思,新东方,中华会计网,微课网,粉笔网、多贝网、华图网校、新浪公开课、新东方在线、扇贝网、百度文库、知乎、豆丁网、有道网等是针对在校学生,上网人员进行技术学习,而一些会计网则是代替课堂教育。对于网校,利用好就是自己的财富;利用不当,便是浪费资源。选择网校,一定要选择比较著名的网校,切不可因贪图便宜而上当受骗。

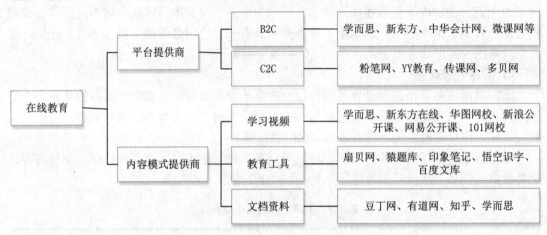

图 1-9　在线教育形式

2. 电子商务在教育行业的应用现状

1) 远程教育借助电子商务技术发展得如火如荼

远程教育在当前主要依靠的是网络技术,在网络时代里,远程教育以视频、文字、图片等为载体,将教育培训的内容传播给受教育者,并且在这种知识传播的过程中,达到了知识共享的目的。正是远程教育基于网络技术的发展下,电子商务才得以在教育领域获得应用。电子商务营造的网络环境,可以为远程教育提供更方便、更快捷的内容。其主要表现如下。

(1) 新一代数字图书馆的出现,使用户可以非常经济实惠地利用大量信息,获取极丰富的知识资源。

(2) 电子出版社全面开发知识资源,通过协议让数字图书馆出售书籍,或者以自己的电子商务运作模式进入市场。

(3) 专门的知识和信息中介公司可以实现知识超市共享,极大地丰富网络的知识量,并为传播远程教育进行服务,增加电子商务教育市场的透明程度。

(4) 商务职业介绍所可以以电子商务为基础,帮助一些毕业于远程教育并且获得学位的相关人员寻找到相应的工作。

2) 大众对网络教育的培训机构认可

网络教育被定义为在虚拟网络环境里，以现代学习理论、教育思想作为指导，使网络教育充分发挥其特有功能，同时利用它的丰富资源，为教育培训者和需要培训的学生提供一个良好的网络环境和网络培训课程，传递多种数字化网络教学内容，将学生视为核心并开展非面授型的教育。培训教师可以在网络的帮助下更便利地为学生提供远程教学服务，使学生在任何地点、任何时间都能够接受教育，同时学生也能够在网上下载相应的教程进行学习。现在很多网络教育培训机构，比如北京四中的网校、101 网校及各大网络学院运作非常成功，它们通过网络授课为学生提供丰富多样的教育服务和网上答疑，保证授课和作业的顺利完成。这些成功的网络教育培训机构使得网络远程教育逐渐被大众认同。

3. 电子商务在教育行业的应用模式

在线教育也称远程教育、网络教育，即为了教育、培训和知识管理而进行的在线信息传递。教与学可以不受时间、空间和地点等条件的限制，知识获取渠道灵活多样。

1) B2C 在线教育模式

B2C 在线教育模式在在线教育行业中占比约 47%，为在线教育的主流模式，如猿题库、51Talk、91 外教等。B2C 的授课形式也在不断地演变，从录播课程到直播，从大班课到一对一模式。

51Talk(www.51talk.cn)以 B2C 模式切入非应试英语培训市场，利用互联网思维从大量试听课程用户中筛选出小部分付费用户来进行一对一服务。51Talk 一对一模式的师资是最具性价比的菲律宾外教资源。51Talk 利用在线教育平台，对接菲律宾的廉价教育资源，在成本压缩后，将培训价格降低到原先的 1/5，迅速地以低价策略扩大了市场份额。

2) C2C 在线教育模式

C2C 在线教育模式经常是通识类课程的教学平台，集众人之力，为平台提供更全面的内容支持。比如，面向白领人群的"荔枝微课"(www.lizhiweike.com)采用的就是学习与分享的 C2C 模式。谁先抢占了机构、老师、用户，谁就抢占了市场先机。BAT：百度传课、淘宝教育、腾讯课堂，各自与自己的核心业务保持一致。

3) O2O 在线教育模式

O2O(online to offline)在线教育模式主要是通过线上将用户和流量引导到线下，学习场景放在线下进行。O2O 教育平台更多的是将机构和教师的信息集中起来，然后分发给用户，它能够在一定程度上提升用户的筛选效率和选择空间，并且能为中小机构带来流量，如家教 O2O 模式等。

4) B2B 在线教育模式

B2B 在线教育模式的原型是由早期门户网站(如百度、搜狐、新浪)为教育培训机构提供信息浏览，并通过用户导流，帮助教育培训机构将普通用户转化成付费用户的。比较常见的 B2B 包括为 B 端企业用户提供在线教育平台以及相关服务工具，向学校、社会培训机构提供多媒体学习内容和平台，如 2015 年新东方发布"新东方教育云"。"校宝在线"成立于 2010 年，是教育信息化综合服务提供商，是培训学校的 ERP。基于多年的行业沉淀以及阿里巴巴、蚂蚁金服等优质战略资源的整合，校宝在线除了为全日制学校与教育培训机构提供 SaaS(Software as a Service，软件即服务)信息化服务外，还进一步提供了金融服务、内容服务和营销服务等增值服务。

目前,校宝在线的产品已经全面覆盖全日制学校领域及教育培训机构,解决招生、教学、教务、财务等全方位运营及管理难题,持续地从不同的层面为用户提供优质体验,产品体系包括校宝 ERP、校宝秀、校宝收银宝、校宝家、校宝智慧校园、校宝 1Course、校宝学院、校宝安心保等。

1.3.2 互联网医疗

1. 互联网医疗的定义

互联网医疗,是互联网在医疗行业的新应用,包括以互联网为载体和技术手段的健康教育、医疗信息查询、电子健康档案、疾病风险评估、在线疾病咨询、电子处方、远程会诊、远程治疗和康复等多种形式的健康医疗服务。

互联网医疗,代表了医疗行业新的发展方向,有利于解决中国医疗资源不平衡和人们日益增加的健康医疗需求之间的矛盾,是卫生部门积极引导和支持的医疗发展模式。

2020年防疫期间,中国许多医院和互联网健康平台纷纷推出在线医疗服务。

2. 发展现状

医疗行业发展及相关政策如图 1-10 所示。2015 年 7 月国务院发布《关于积极推进"互联网+"行动的指导意见》,对"互联网+医疗"做出明确说明,提出推广医疗卫生在线的新模式,并对移动医疗、远程医疗、互联网健康服务、医疗数据共享和医疗大数据平台等给出具体的指导意见,指出"发展基于互联网的医疗卫生服务,鼓励第三方机构成立信息共享平台"。

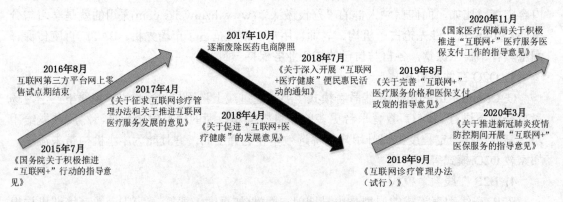

图 1-10 医疗行业发展及相关政策

2018 年 7 月 17 日,国家卫生健康委员会和国家中医药管理局组织制定了《互联网诊疗管理办法(试行)》《互联网医院管理办法(试行)》《远程医疗服务管理规范(试行)》。

2020 年防疫期间,中国许多医院和互联网健康平台纷纷推出在线医疗服务。

2020 年 2 月 21 日,《关于加强医疗机构药事管理 促进合理用药的意见》发布,明确指出要规范"互联网+药学服务",浙江、山东等地也出台相关举措积极探索互联网购药，主要网络售药平台也对个人健康信息登记和疫情防控相关提示进行了规范。

2020年4月7日，国家发展和改革委员会、中央网信办发布了《关于推进"上云用数赋智"行动培育新经济发展实施方案》，其中首次从国家层面提到互联网医疗可以首诊，并纳入医保。新文件的发布似乎为互联网医疗首诊开放带来了转机，但部分卫生医疗领域的专家对此持谨慎态度。

2020年7月22日，国务院办公厅印发了《关于进一步优化营商环境更好服务市场主体的实施意见》，提出在保证医疗安全和质量的前提下，进一步放宽互联网诊疗范围，将符合条件的互联网医疗服务纳入医保报销范围，制定公布全国统一的互联网医疗审批标准，加快创新型医疗器械审评、审批并推进临床应用。

中国互联网络信息中心近日发布的第48次《中国互联网络发展状况统计报告》显示，截至2021年6月，中国在线医疗用户规模达2.39亿。工信部、国家卫健委日前公布了"5G+医疗健康应用试点项目名单"，5G赋能下，互联网医疗将会实现更多可能。

3. 电子商务在互联网医疗上的应用

电子商务时代的到来，彻底改变了商业流程，在医疗卫生领域也产生了多方面影响。互联网医疗运营如图1-11所示。电子商务可以更加方便医院采购设备、物资、药品；可以对病人提供快捷、方便、不受地域限制的各种新服务模式。

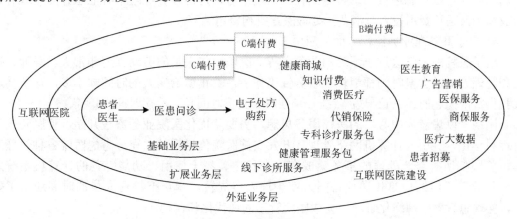

图1-11 互联网医疗运营

1) 建立电子商务网络系统

现如今，Internet已经成为人们继广播、报纸、电视、杂志之后的第五种媒体——数字媒体。借助Internet这一强有力的工具，医院可以方便快捷地把医院的服务信息发向全世界每个角落。所以建立国际互联网站是医院发展电子商务的第一步，并且可以大大提升医院的对外形象窗口以及社会知名度。

目前在建的"中国医药卫生电子商务网"是我国第一家大型医药专业电子商务网络系统，在全国10个大中城市建立了地区网站，形成了以中心城市辐射周边地区并覆盖全国的网络系统。该系统还将陆续建立100个地区服务网站，与互联网相连，形成覆盖全国，并与世界相连的医药网络系统，并且以网络形式提供现代高科技的服务保障平台，开展信息交流、科研教学、统计分析、生产管理、信息检索、电子商务等全方位服务。

2) 电子商务在医药分离方面的应用

随着医疗制度改革的深入，医药分离成为改革发展的必然趋势。卫生管理部门提出政府药品采购的设想，电子商务系统是实现这一设想所必需的技术支撑环境。这种电子商务建设的目标是以医疗机构、医药公司、银行、药品生产单位、医药信息服务提供商以及保险公司为网络成员，通过 Internet 网络应用平台，为用户提供安全、可靠、开放并易于维护的医药贸易电子商务平台。

通过电子商务技术，建立一个覆盖整个医药购销过程的虚拟市场，使得药品流通中的买方和卖方平等地面对一个公平透明的市场渠道，而在这个渠道中进行的所有的药品购销行为都会通过现代化的信息采集手段记录下来，并经过相应的信息处理后成为各级相关政府部门执法监督的依据。这样一种市场渠道以及相应交易模式的形成，不仅可以提高药品流通的效率，降低药品流通的成本，也对于规范我国药品生产、流通、销售中的不正当竞争行为有着重要意义。

3) 电子商务在医疗保险方面的应用

随着医疗制度改革的深入，医疗保险信息系统的开发应用成为该行业信息化建设的一个发展趋势。医疗保险信息系统是涉及医疗单位、保险管理机构、参保单位以及居民的财务清算的管理系统。目前国内已有个别地区建立了网络化的医疗保险信息系统。医疗机构将病人刷卡记账信息通过网络传送到社会保险中心，再由社会保险中心汇总并处理政府、企业和个人医疗费用投入与消费，处理医疗机构费用结算。

4) 电子商务在业务流程方面的应用

由于医院患者就医过于烦琐的业务流程，医院工作人员的劳动强度非常大。医师、护士和管理人员的大量时间都消耗在事务性工作上，真正留给病人的时间却不多，这便会造成我们常常提起的"三长一短"(挂号、候诊、交费时间长，看病时间短)现象。

围绕"以患者为中心"的医疗服务思想，需要从优化医院业务流程开始，使医院业务流程科学化，并引入计算机网络管理，开发实施医院信息系统，充分考虑医院各种管理工作，将医院所有需要处理的事务集成在一个稳定、易于使用、功能完善的计算机系统之上，让计算机网络信息传递代替病人或护理人员周转，真正把护理人员的时间还给了病人，实现患者就医网络化管理，完成医院管理的现代化和自动化。

智能卡将在医药卫生系统广泛应用。目前在个别医院里出现了 IC 卡进行电话预约挂号，随着以病人为中心的管理模式逐渐被广泛接受，付费、查询、保健、急救医疗等领域都将出现智能卡的使用。

5) 电子商务在电子病历方面的应用

电子病历是指计算机化的病历，它能实现病人信息的采集、加工、存储、传输、服务。通过电子病历，可以把病人的病历及曾经拍过的影像清清楚楚地展现在电脑显示器上，通过精确的计算机描述，以及通过查询、统计、分析医疗数据，可以查找规律，寻求原因，从而促进医疗行业自身的发展。

目前，我国医院的电子病历系统发展缓慢，原因主要有以下几个。

(1) 电子病历缺乏法律的支撑。

(2) 电子病历信息的隐私性存在巨大风险。

(3) 电子病历缺乏技术标准和行业标准。

针对上述问题，首先需要国家相关部门制定相应的法律条文来保障电子病历的法律效力；其次是通过数字证书确认医护人员的网上身份和行为，为医院建立基于 PKI/CA 的安全基础平台，为各应用系统提供安全保证；最后是建立电子病历的技术标准和行业标准。

从总体趋势来看，电子商务仍是未来的发展方向，它为世界经济的发展注入了新的活力。电子商务在医疗卫生领域的应用越来越多，医疗卫生领域的电子商务化是时代发展的必然趋势。

1.3.3 在线旅游

1. 在线旅游的定义及发展历程

在线旅游(online travel agency，OTA)，是旅游电子商务行业的专业词语，是指旅游消费者通过网络向旅游服务提供商预订旅游产品或服务，并通过网上支付或者线下付费，使各旅游主体可以通过网络进行产品营销或产品预订。

OTA 的出现将原来传统的旅行社销售模式放到网络平台上，更广泛地传递了线路信息，互动式的交流更方便了客人的咨询和订购。在线旅游的发展历程如图 1-12 所示。

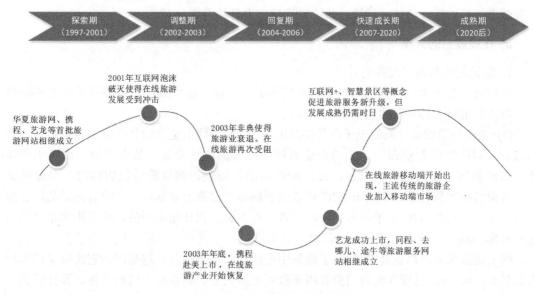

图 1-12 在线旅游的发展历程

2. 在线旅游的应用

随着用户群体从 PC 端向智能手持设备方面的大量转移，以及旅游用户预订习惯的转变，移动互联时代下的在线旅游市场极大改善了用户的消费体验之外，移动互联在 OTA 模式中占据了重要位置。

(1) 移动定位服务。基于位置的服务(location based service，LBS)被称作移动定位服务，通过一组定位技术获得移动终端的位置信息，以移动通信网络和卫星定位系统的结合来实现，实现各种与位置相关的业务。在旅游中，移动定位服务包括导航服务、位置跟踪服务、安全救援服务、移动广告服务，相关位置的查询服务等。比如根据当前定位位置，通过在线旅游服务商的 App 等相关应用，可以查询附近的酒店、旅游景点、娱乐设施等相关信息，可以进行选择预订的同时，通过地图应用的导入，实现空间到达导航。

(2) 移动支付。移动支付通常称为手机支付，就是用户使用移动终端(一般是手机)对所消费的商品或服务进行账务支付的一种服务方式。移动支付对实物货币有着可替代性作用，不受时空限制，具有先天优势，在当前的消费行为中起着重要作用。移动支付服务的水平，将成为改善用户体验的重要组成部分。

(3) 移动信息服务。移动信息服务是指用户在移动过程中自动接收到的来自广告商或其他目标客户群体的相关针对性信息。很多人在进入某地时会自动收到当地的欢迎信息。移动互联网最关键的应用是高度个性化、高度相关性的信息传递，这些信息是由客户定制的，包括客户个人信息及其想达到的目的。因而，对目标客户或者是进入到一定旅游区域的用户进行相关信息的推送，可以引导其消费行为。

(4) 移动信息互动服务。这是一种基于移动互联网的为目标用户发布大容量及强交互性内容的信息发布服务。相关数据显示，旅游市场传统业务的交易量的增长率逐年下降，而自助游呈现爆炸式增长。当前的网络问答社区以及搜索服务为自助游提供信息支持的同时，更能满足这个时代用户对于个性化的追求。通过移动互联网服务，旅游者不必在旅游出发前进行旅游行程的详尽安排，就可以直接出发开始自由旅行。

3. 在线旅游的分类

1) 常见的旅游电子商务的分类

旅游电子商务按照不同的标准，有不同的分类方法。根据旅游电子商务应用的不同领域，可将旅游电子商务归纳为以下三种形式。

(1) 企业与消费者之间的电子商务(B2C)。B2C 是指网上企业销售产品、服务给消费者的过程。对于旅游行业而言，旅游企业对旅游散客的电子商务，基本等同于旅游电子零售。旅游散客通过网络获取信息，设计旅游活动日程表，预订旅游饭店客房、车船机票等，或报名参加旅行团，都属于 B2C 旅游电子商务。对旅游业这样一个游客地域高度分散的行业来说，旅游 B2C 电子商务方便旅行者远程搜索、预订旅游产品，克服距离带来的信息不对称。通过旅游电子商务网站订房、订票，是当今世界应用最广泛的电子商务形式之一。网上旅游服务可以说是 B2C 电子商务中最成功的一个部分，这是因为它所吸引的客户人数最多。Internet 已成为旅游消费者用来查找旅游去处、查找最合适的价格、预订机票、预约租车、预订旅馆和预订观光行程时最常用的一种工具。旅游 B2C 电子商务还包括旅游企业对旅游者拍卖旅游产品，由旅游电子商务网站提供中介服务，组织旅游企业将旅游闲置资源公布到网上，组织旅游者之间竞价的拍卖服务，有效地平衡了旅游市场供求，从而成为一种有生命力的网上交易服务形式。

(2) 企业与企业之间的电子商务(B2B)。B2B 是指网上企业与企业之间的购买、销售和交换产品、服务和信息的过程。这是电子商务中业务量最大的一种类型。在旅游电子商务中，B2B 交易形式主要包括以下几种情况。

① 旅游企业之间的产品代理。如旅行社代订机票与饭店客房；旅游代理商代售旅游批发商组织的旅游线路产品。

② 组团社之间相互拼团。即当两家或多家组团旅行社经营同一条旅游线路，并且出

团时间相近，而每家旅行社只拉到为数较少的客人，这时，旅行社征得游客同意后可将客源合并，交给其中一家旅行社操作，以实现规模运作，从而降低成本。

③ 旅游地接社批量订购当地旅游饭店客房、景区门票。

④ 客源地组团社与目的地地接社之间的委托、支付关系等。

旅游业是一个由众多子行业构成，需要各子行业协调配合的综合性产业，食、宿、行、游、购、娱各类旅游企业之间存在复杂的代理、交易、合作关系，旅游 B2B 电子商务有很大的发展空间。旅游企业之间的电子商务又分为两种形式。一是非特定企业之间的电子商务，它是在开放的网络中对每笔交易寻找最佳的合作伙伴。一些专业旅游网站的同业交易平台就提供了各类旅游企业之间查询、报价、询价直至交易的虚拟市场空间。二是特定企业之间的电子商务，它是在过去一直有交易关系或者今后要继续进行交易的旅游企业之间，为了共同的经济利益，共同进行设计、开发或全面进行市场和存量管理的信息网络，企业与交易伙伴之间建立信息数据共享、信息交换和单证传输。如航空公司的计算机预订系统是一个旅游业内的机票分销系统，它连接航空公司与机票代理商（如航空售票处、旅行社、旅游饭店等）。机票代理商的服务器与航空公司的服务器是在线实时连接在一起的，当机票的优惠和折扣信息有变化时，会实时地反映到代理商的数据库中。机票代理商每售出一张机票，航空公司数据库中的机票存量就会发生变化。B2B 电子商务的实现大大提高了旅游企业间的信息共享和对接运作效率，也同时提高了整个旅游业的运作效率。

(3) 消费者与消费者之间的电子商务(C2C)。C2C 是指提供给个人之间在网上进行旅游服务或旅游产品交易的，一般由第三方经营的旅游电子商务平台完成。由于 C2C 的规模很小，交易主要集中于农家旅馆及旅游产品网上交易，本书不作详细介绍。

2) 按经营模式的不同划分

旅游电子商务按经营模式的不同，可划分为自营、代理、零售和动态打包四类，如表 1-3 所示。

表 1-3 按经营模式的不同划分

自营	代理	零售	动态打包
产品自主研发、资源直采，产品从生产到服务都是由企业自己来做，如途牛的海外直采、携程自营等	供应商提供产品给在线旅行社(OTA)，在线旅行社来帮助其运营，如同程出境、途牛的度假代理业务等	类似"淘宝"的模式，在线旅行社只提供流量入口，不涉及资源采购及咨询服务，如飞猪、马蜂窝、美团旅行等	适用于自由行。在线旅游平台提供如机票、酒店签证、目的地玩乐、接送机等单项资源给用户，自己组合打包成一条线路，如携程、途牛等

3) 在线旅游的旅游产品的类型

(1) 观光旅游产品：自然风光、名胜古迹、城市风光等。

(2) 度假旅游产品：海滨、山地、温泉、乡村、野营等。

(3) 专项旅游产品：文化、商务、体育健身等。

(4) 生态旅游产品：生态旅游最初作为一种新的旅游形式出现，主旨是保护环境、回归自然，它改变了以往的旅游发展模式。但如今的生态旅游从概念、方式等方面都有了很大的创新，它已成为旅游业可持续发展的核心要求。

(5) 旅游安全产品：旅游保护用品、旅游意外保险产品、旅游防护用品，这些都是保障游客安全的产品。

1.4　电子商务对当今社会的影响

电子商务不仅是交易手段的变化，更是经济结构和运作方式的变革。它以前所未有的方式将商务活动拓展到虚拟空间，扩大了交易机会，降低了交易成本，提高了交易效率，增强了企业在全球化经济环境中的市场竞争力。不仅如此，电子商务的发展还促进了国际分工的再调整和国际市场的重新划分，开拓了新的生产领域和销售领域。因此，电子商务对于世界经济格局和贸易体制的改变，以及产业结构和就业结构的改变，具有深远而重大的影响。

1.4.1　电子商务对社会经济的影响

电子商务的发展给社会带来重大变革。在政治方面，它会提高政府的工作效率，推动民主化进程；在经济生活方面，它会加速全球经济一体化进程；在文化生活方面，网络媒体拓宽了信息渠道，使思想文化更加多元化；在工作方式上，出现了按个人方便的时间上下班的弹性工作制或在家办公制。

1. 构建了一个虚拟的全球性市场

计算机网络构建了一个虚拟空间，电子商务则构建了一个虚拟的全球性市场。在这个虚拟空间中，距离和时间没有了限制。在虚拟市场中，企业可以方便地建立网站、组建虚拟商场，通过网络进行商务谈判，签订电子合同，实施电子支付。在这个虚拟市场中，企业的经营规模不受限制，业务范围不受地区和国界的限制，交易活动可以在任何时间、任何地点进行。

在传统贸易中，许多企业缺乏进出口渠道，从事国际贸易对它们来说是可望而不可即的。因特网是一个面向全球的开放性网络，企业可以在任何一个地方上网，它的影响范围可以是全世界。电子商务为企业打开了一条进行国际贸易的通道，有利于全球性的、统一的、开放型的市场体系形成。

2. 创建了新型商务模式

(1) 电子商务定义了新的商务模式。传统商务的推销员满天飞和采购员遍地跑的现象大大减少，消费者在商场中精疲力尽地寻找所需商品的现象也大大改观。现在，消费者只要轻轻点击鼠标就可以浏览和购买各类商品，而且还能得到在线服务。

(2) 电子商务改变了人们的消费方式。网上购物的最大特征是消费者具有极大的自主性，购物主动权掌握在消费者手中。在网上购物时，消费者能以一种轻松自由的自我服务的方式完成交易。

3. 重塑市场主体

电子商务作为新的经济运行方式将带来社会经济生活的巨变，许多新兴行业、新型企业将被催生，与此同时，经济结构调整、产业结构重组也将淘汰一批不适应网络经济需求的企业。那些适应网络经济发展、尊重市场规律、机制灵活、讲求信誉的企业将会成为网络经济时代的宠儿。

电子商务的出现还带动了一系列相关产业的发展，为企业开拓网络市场创造了新的商机，造就了一批全新的电子商务企业。电子商务使中小企业能以较低的成本进入全球电子化市场，拥有和大企业一样的信息资源，增强了中小企业的竞争力。

4．增加新的就业机会

电子商务的发展将形成庞大的信息服务业市场，需要大量的计算机网络技术人才和电子商务管理人才，增加新的就业机会。因此，可能会出现"白领"增多、"蓝领"减少的现象。

5．给金融机构带来变革

电子商务的支付与结算需要电子化金融体系的密切配合，加快建立银行之间、银行与企业之间的资金清算和金融管理信息系统，使企业和个人能够随时随地实施电子支付、实时完成电子交易势在必行。在网络时代，金融服务的要求可以简单概括为：在任何时间、任何地点提供任何形式的金融服务。显然，这种要求只能在网络上实现，而且这种服务需求也迫使传统金融业进行大规模调整，主要表现为在更大范围内、更高程度上运用和依托网络拓展金融业务。这种金融业务是全方位的，覆盖银行、证券、保险和理财等领域的"大金融"服务。

6．推动信息产业发展和部门的信息化

电子商务的发展推动了信息产业的发展和传统产业部门的信息化。随着电子商务活动范围和深度的增加，信息网络将不断发展与完善，从而促进信息产业的发展。国家将加大对信息基础设施的投资，改善基础设施的功能。企业将加强内部信息系统的建设。信息产业逐渐成为国民经济中具有先导性的产业，它在经济增长中的贡献份额也将逐年增加。

1.4.2 电子商务对企业的影响

因特网所具有的开放性、全球性、低成本和高效率的特点，已成为电子商务的内在特征，并使电子商务大大超越了作为一种新的贸易形式所具有的价值。它不仅会改变企业本身的生产、经营和管理活动，而且将影响到整个社会的经济运行与经济结构。

1．改变了经营思想

电子商务时代的经营思想与信息技术是密不可分的。通过因特网进行电子商务活动，首先，企业要转变传统的时空概念。从时间上看，电子商务活动没有时间的中断，没有8小时工作制的概念。从空间上看，电子商务依靠的是虚拟空间，商务活动主客体主要通过因特网彼此发生联系。其次，在电子商务时代，注意力已成为企业相互争夺的重要资源，通过因特网进行电子商务活动，企业和消费者都是主动的，企业必须吸引足够多的消费者的注意力。最后，电子商务意味着小企业和大企业之间竞争的机会均等，速度、质量、成本、服务和信用是企业在竞争中获胜的法宝。

2. 提高企业运作效率

电子商务可以极大地提高企业的运作效率。网络通信的方便性缩短了商业交易所需的时间，企业内部信息化管理优化了资源配置，缩短了生产周期，使企业可以为顾客提供个性化的定制服务，做到及时生产。电子商务物流的发展提高了配送效率。

3. 生产经营方式的改变

企业不再把传统工业经济时代沿袭下来的数量和产值作为追求的目标，而是将满足顾客需求作为出发点，要求重视客户关系管理和供应链管理，提高企业反应速度。"柔性制造""计算机集成制造系统""及时生产"的运用将成为发展方向。

4. 企业组织管理形式的变化

电子商务的发展将会导致企业组织形式的变化，企业内部信息管理系统的运用减少了企业的中间管理层。企业中间管理层将从层次型的"金字塔"结构转向基于信息的扁平结构。这种扁平的管理组织结构有利于把市场信息、技术信息和生产活动结合在一起，使企业管理者能够对市场变化快速做出反应。

1.4.3 电子商务对个人的影响

电子商务的出现与迅猛发展不仅改变了我们记录和传播信息的符号，也改变了我们的交易方式，而且对我们的思维方式、工作方式和学习方式都将产生根本性的影响。

1. 电子商务对思维方式的影响

在人类社会由低级向高级发展的进程中，其思维方式也由低级向高级发展。技术的进步不断创造出新的思维方式，而新的思维方式又反过来影响人类社会的发展，形成一个发展的良性循环。

在人类对信息处理的发展过程中，经历了语言的产生、文字的出现、印刷术的发明、广播电视的应用和网络技术的应用五次飞跃。每一次飞跃都促进了人类文明的发展与进步，也极大地促进了人类思维方式的变革，使人类思维方式由简单型思维发展到智能型思维。从前的观念和思维方式总是有一定的限制，信息化的出现与以往变革的不同之处在于，它突破了时空限制。信息时代的思维方式与信息技术密切相关。"数字化"改变了我们记录和传播信息的方式，使人类的知识面临空间的选择和重新构造。通过网络，我们不仅可以共享全球知识库，而且可以交换知识。网络可以将每一种技术迅速传遍世界，人类的思维方式也将被重新构造。

信息化是电子商务的基础，电子商务以信息技术为根本而展开，是信息技术的商业化应用。它不仅使人类的思维方式发生变革，对商家和消费者也具有影响力，这种影响主要表现在以下两个方面。

1）时空观念的转换

传统的时空观念正在商家和消费者之间发生变化。电子商务是通过网络开展的，当商家通过网络进行商务活动时，首先必须对传统的时空概念进行修正。从空间概念上看，电子商务所构成的新的空间范围以前是不存在的。它有两个显著的特点：第一，它没有地域限制，是一个依靠因特网的虚拟空间范围；第二，这个空间范围内的主体主要通过因特网彼此发生联系。从时间概念上看，电子商务没有时间上的间断，在线商店是 24 小时营业的。电子商务正在通过虚拟手段缩小传统市场时间和空间的界限。这样一个虚拟市场不需要修建商场建筑，没有店面租金成本，没有商品的库存积压，经营规模不受限制，除商品本身外，其他一切涉及商品交易的手续(如合同、资金和运输单证等)都以虚拟方式出现。

2) 低成本扩张的可能性

电子商务的大规模推广应用使得人们对资本和利润关系的认识发生了改变，使低成本的扩张成为可能。

低成本扩张在传统工业中常常被认为是一件非常困难的事。按照传统工业经济的盈利规则，从起点到目的地，绕的弯子越大，获得的利益就越被社会认可；绕的弯子越小，获得的利益就越不被社会认可。网络技术的发展、电子商务活动的开展，从根本上说，就是缩小中间路径，缩小生产者和消费者之间的时间路径、空间路径和人际路径。网络将企业所需的信息瞬间传遍万水千山，使被资本拉开距离的生产者和消费者重新紧密地联系起来。资本使生产和消费分离，而网络使生产和消费融合。

2. 电子商务扩充了人们的工作方式、学习方式和生活方式

1) 工作方面

由于电子商务具有快捷、安全和广域性的特点，因此，人们的办公方式又多了一种选择。对于营销人员来说，整个交易过程，包括业务洽谈、合同签订、发货和运输、结算支付等都可以在网上进行，不必把宝贵的时间花在路途中。对于企业管理者来说，可以方便地坐在家中或办公室处理各种事务，通过电子商务系统了解企业的销售和采购情况，了解客户对产品和服务的需求，掌握企业的资金流动情况，利用电子邮件或 BBS 对下级管理部门传递计划和下达指令。对于专业设计人员来说，同样可以在家中工作，通过电子邮件与客户联系，在网上与客户对设计方案进行讨论和交流，及时把设计成果传递给客户。电子商务的发展将促使各行业的分工发生变化，随着网上消费的增多，物流配送业和信息服务业等行业将空前发展，这些新的行业需要大量的信息技术和管理人才，将会为社会提供许多新的就业机会。

2) 学习方面

随着因特网的广泛应用，教育的内容和形式也相应地发生了变化。在因特网上开设网络大学进行远程教育的形式，已被众多大学所采用。美国和欧洲的许多知名大学，都开设了自己的网络大学。国内的清华大学、哈尔滨工业大学、浙江大学和湖南大学等许多高校也陆续开设了网络大学，并受到人们的欢迎。网络大学以计算机技术和网络通信技术为依托。在教育方式上，交互式的网络多媒体技术给人们的学习带来了很大的方便，远程的数字化课堂也使很多人的教育问题得到了解决。讲课、作业和讲评等一切教育活动都可以在网络上进行。

3) 生活方面

随着电子商务的发展，在因特网上已形成了一个没有国界的虚拟社会，人们在这个虚拟的社会中可以做许多以前从未想过的事情。坐在家里的计算机前，你可以在任何时间进入任何一家网上商店浏览商品。在网上，人们可以广泛地交流，获得更多、更具体的信息，可以不受时间和地点的限制，足不出户地和朋友们一起聊天。网上娱乐形式也更加丰富，电子游戏、网络音乐盒、视频点播等带给了我们不一样的乐趣。

电子商务带给人们更多的选择和便利，它改变着人们的生活方式、消费观念和娱乐形式，使人们的生活质量得到空前的提高。

1.5 电子商务的法律环境

具体内容请扫描下方二维码。

本 章 小 结

随着技术革命和产业革新进一步深入演变，以大数据为基础的互联网信息技术繁荣发展，互联网信息技术已经成为重要的发展要素，以网络虚拟交易为代表的电商经济正在成为经济社会发展的重要推动力，各级政府纷纷把握发展趋势，积极推动电子商务的发展。电子商务是依托互联网发展而成长起来的一种新兴经济，我们一般认为电子商务就是依靠现代化的手段进行商务活动，这种商务活动包含了商品交易、线上支付、在线交流等内容。也有学者提出运用发达的信息技术手段使得电子商务降低了交易成本，交易变得更加方便高效、更加现代化。从信息传输的角度来看，电子商务利用信息技术实现有效贸易；从工作流程来看，电子商务是交易过程的自动化技术应用；从服务角度来看，电子商务可以简化流通环节，降低交易成本，提高产品质量。

本章主要从电子商务的产生与发展入手，通过介绍电子商务的定义、功能和特征，引申出电子商务的行业新应用，同时介绍了电子商务对当今社会的影响，最后重点介绍了电子商务的法律环境。通过本章的学习，读者可以对电子商务的基本概念与电子商务的行业新应用有一个初步的认识，明确现代企业在现阶段全球网络经济多元化的发展过程中掌握和了解电子商务的必要性。

思考与练习

1. 简述电子商务产生的背景。
2. 简述电子商务发展的阶段。
3. 简述电子商务的定义。
4. 简述电子商务的功能与特征。
5. 简述在线教育的定义。

6. 简述互联网医疗的定义。
7. 简述在线旅游的定义。
8. 综合分析电子商务对当今社会的影响。

【课程思政】

近年来，随着经济全球化的不断推进，网络和计算机技术的迅猛发展，电子商务成为引领中国经济发展的新动能。《"十四五"数字经济发展规划》明确了"十四五"时期推动数字经济健康发展的指导思想、基本原则、发展目标、重点任务和保障措施。数字经济的发展离不开电子商务的支持。电子商务通过销售和采购的数字化，形成了实体经济全链条数字化的强大驱动力，一直处于实体经济数字化转型的最前沿；同时也是数字经济中发展空间最大、创新最活跃的重要组成部分。这一重要论断为新时代电商行业发展擘画了深远蓝图，坚定了深耕电商行业的发展信心。通过本章的学习，可以进一步理解电子商务要素和规律，了解电子商务模式背后的技术和市场变化，发展对应的创新能力，深入探讨电子商务对社会生活、经济转型等方面产生的巨大影响，以及如何发挥电商的积极作用，助力全面推进社会主义现代化国家建设。

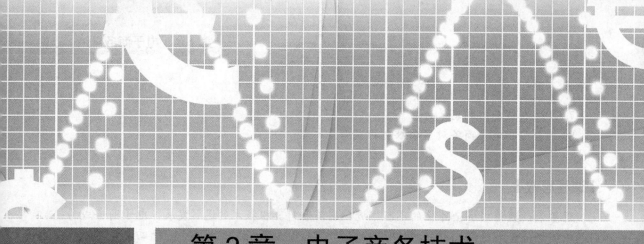

第 2 章　电子商务技术

【学习目标】
- 掌握计算机网络的定义。
- 熟悉计算机网络的主要功能。
- 熟悉计算机网络的基本分类。
- 熟悉互联网、内联网、外联网三者的区别。
- 掌握计算机网络技术的新应用。
- 熟悉网站建设的目标。
- 熟悉电子商务网站运行环境。
- 掌握电子商务的安全技术架构。
- 熟悉数字签名中的问题与改进。
- 熟悉防火墙的实现技术。
- 熟悉 VPN 技术的结构。

【案例导入】

2019 年 1 月 21 日，据中国之声《新闻纵横》报道，经常网购的朋友昨天(2019 年 1 月 20 日)可能听说了这样一件事，拼团购物 App "拼多多"被曝出现了 "优惠券漏洞"。有网民表示，只要领取面值为 100 元的优惠券，就可以只花不到五角钱充值 100 元话费，而且还可以通过注册新账号的方式无限制地领券。消息曝光后，有大批用户开始连夜"薅羊毛"，利用无门槛优惠券来充值话费、Q 币。

相关漏洞曝光后，引发了舆论关注，甚至一度有媒体称拼多多此轮损失达 200 亿元。那么，拼多多对此如何回应，又采取了哪些应急举措？对于此次漏洞造成的损失，拼多多、"羊毛党"和普通消费者们分别有怎样的责任呢？

公开报道显示，优惠券漏洞大约在 20 日凌晨被发现，每一个注册用户可以随意领取 100 元无门槛优惠券，而大多数 "上车"的网友都选择了充值话费或者 Q 币，并且晒出了自己的 "战果"。根据截图显示，用户利用该优惠券充值 100 元话费只需要支付不到 0.5 元钱。

拼多多则在 20 日中午 12 点发表了声明，称有黑灰产团伙(也就是通过虚假账号注册进行非法交易等行为的团伙)通过一个过期的优惠券漏洞盗取数千万元平台优惠券,进行不正当牟利。针对此行为,平台已在第一时间修复了漏洞,并针对涉事订单进行溯源追踪,同时已向公安机关报案,并将积极配合相关部门对涉事黑灰产团伙予以打击。

【思考与分析】

一场漏洞引发的"薅羊毛狂欢"暂告结束,然而这背后依然有诸多问题有待回答。

首先,拼多多损失了多少?网传是"200亿元人民币"。对此,拼多多公关部门予以否认,只承认最终损失数额低于千万元人民币。

其次,已经使用了优惠券的用户是否会被追回已经消费了的订单?充值到账的话费和Q币会被追回吗?对此拼多多公关部负责人没有回应。

北京市律师协会律师葛友山表示,拼多多是否追回需要分情况讨论。葛友山说:"在这个事件中,拼多多首先要对善意消费者的消费行为进行保护,普通消费者合理、善意取得的优惠券,拼多多应该兑付承诺或者完成交易行为。对于恶意的、'充值巨大金额'的用户,拼多多也可以启动它的维权程序,可以否认交易结果并向法院申请撤销交易合同。"

很多没"上车"的网友感慨"一觉醒来损失一个亿",而许多已经领取了该优惠券但尚未使用的网友则表示,目前账户内的100元无门槛优惠券已被回收,拼多多补偿了一张5元无门槛优惠券。

第三,幕后团伙如何追责?拼多多方面表示,此次事件背后有黑灰产团伙进行不正当牟利。湖南金州律师事务所律师邢鑫表示,如果拼多多声明属实,相关团伙则涉嫌构成盗窃罪等。本案如果经公安机关侦查查明是因黑灰产团伙以非法占有为目的,明知被害单位拼多多的平台存在过期的优惠券系统漏洞,利用该漏洞盗取平台优惠券,数额特别巨大,其行为已涉嫌构成盗窃罪;如果其中还存在提供侵入、非法控制计算机信息系统的程序、工具等行为,造成经济损失,情节特别严重的,其行为已涉嫌构成非法获取计算机信息系统数据、非法控制计算机信息系统罪。

近年来,网络黑灰产已经成为一个庞大、复杂、隐蔽、高效的产业链,"薅羊毛"就是其盈利模式之一。

电子商务研究中心主任曹磊说,今天的职业"羊毛党"已形成一个黑灰产业链,且呈现团伙化、规模化、自动化的趋势,其危害不容小觑。这样的"羊毛党"如今遍布互联网,通过利用优惠漏洞低价买进高价卖出,大量获利。根据《民法典合同篇》的相关规定,如果此次拼多多出现优惠券漏洞是黑产"羊毛党"恶意利用拼多多,这类交易属于存在"重大误解"订立的合同,可以要求撤销。

那么,平台方的漏洞究竟如何产生?黑灰产团体的"盗取"行为究竟该如何定义?拼多多方面未予以回应。曹磊认为,此次拼多多出现漏洞,一种可能是平台出现业务策略漏洞,另一种可能是遭到有预谋的黑灰产组织操作,但目前来看后者的可能性比较大。

最后,拼多多在《用户守则》中写道:用户不得利用拼多多平台外挂或利用拼多多平台当中的BUG漏洞来获得不正当利益。这是不是意味着此次事件,拼多多不用担责?对此,邢鑫律师认为,拼多多方面不能就此完全撇清责任。他表示:"本案中拼多多自身在风险控制、预警机制、技术和运营的防漏洞等方面存在一定的责任。如果最终拼多多的无门槛优惠券活动被认定为普通的互联网促销活动,除了前面讲到的那些有组织作案的黑灰产团伙使用大量新注册账号的'薅羊毛'行为,其他的损失拼多多很有可能要自己承担。"

(资料来源:央广网. 拼多多平台现漏洞被盗数千万优惠券[EB/OL].(2019-01-21)[2024-05-30].https://baijiahao.baidu.com/s?id=1623244018100225135&wfr=spider&for=pc)

【引言】

电子商务被认为是通过信息技术(IT)将企业、用户、供应商及其他商贸活动涉及的职能机构结合起来的应用,是完成信息流、物流和资金流转移的一种行之有效的方法。随着 Internet 的普及以及 WWW 服务的提供,可以声、文、图并茂的方式体现商品的特征,并尽可能地方便用户。Internet 潜在地对其他产业的影响,使得电子商务在国内外再次掀起热潮,电子商务亦被列为未来十大 IT 主导技术之一,迎接新的"电子商务时代"成为人们讨论的主题。由于电子商务是在开放的网上进行的贸易,大量的商务信息在计算机上存放、传输,从而形成信息传输风险、交易信用风险、管理方面的风险、法律方面的风险等各种风险。为了对付这种风险,迫切需要研究和开发专门的技术和系统。随着电子商务的发展,安全问题更加重要和突出,要想解决好这个问题,必须以安全技术和标准作保障。安全是一个"相对的"词汇,电子商务的发展促使了对安全技术进行不断的探索研究和开发应用,以建立一个安全的商务环境。

2.1 计算机网络技术

网络已经成为当今社会最流行的词汇之一,但是网络的实质到底是什么?这个问题到现在还没有一个统一的、被认同的答案。

2.1.1 网络的基本概念

1. 计算机网络的概念

计算机网络是计算机技术与通信技术相结合的产物,人们对于计算机网络的含义往往有着不尽一致的理解,但是有一个共同的认知点:计算机的互联与资源共享。一般来说,我们可以将计算机网络定义为:计算机网络是用不同形式的通信线路将分散在不同地点并具有独立功能的多台计算机系统互相连接,按照网络协议进行数据通信,实现资源共享的信息系统。

这里,连接有两重含义:一是指通过传输介质和传输设备建立的物理上的连接;二是由一些网络软件实现的逻辑上的连接。

与单台的计算机系统相比,计算机网络最主要的功能就是资源共享,具体表现在通信、资源共享和提高计算机系统的可靠性三个方面,如图 2-1 所示。

(1) 通信。即在计算机之间传送数据。例如文件传送(FTP)、电子邮件(E-mail)、网络传呼(QQ、微信)、IP 电话、万维网(WWW)、电子布告栏(BBS)等。

(2) 资源共享。即实现计算机硬件资源、软件资源和信息资源的异地互用。"共享"是指可以互通有无和异地使用。例如，使用异地的大型计算机进行本地计算机无法进行的计算，使用浏览器从其他计算机中获取信息等。

(3) 提高计算机系统的可靠性。在计算机网络中，各台计算机间可以互为后备，从而提高了计算机系统的可靠性。

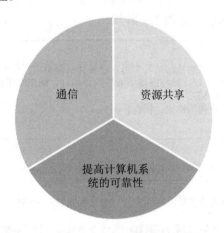

图 2-1　计算机网络的主要功能

2. 计算机网络的形成与发展

计算机网络的形成与发展经历了四个阶段，如图 2-2 所示。

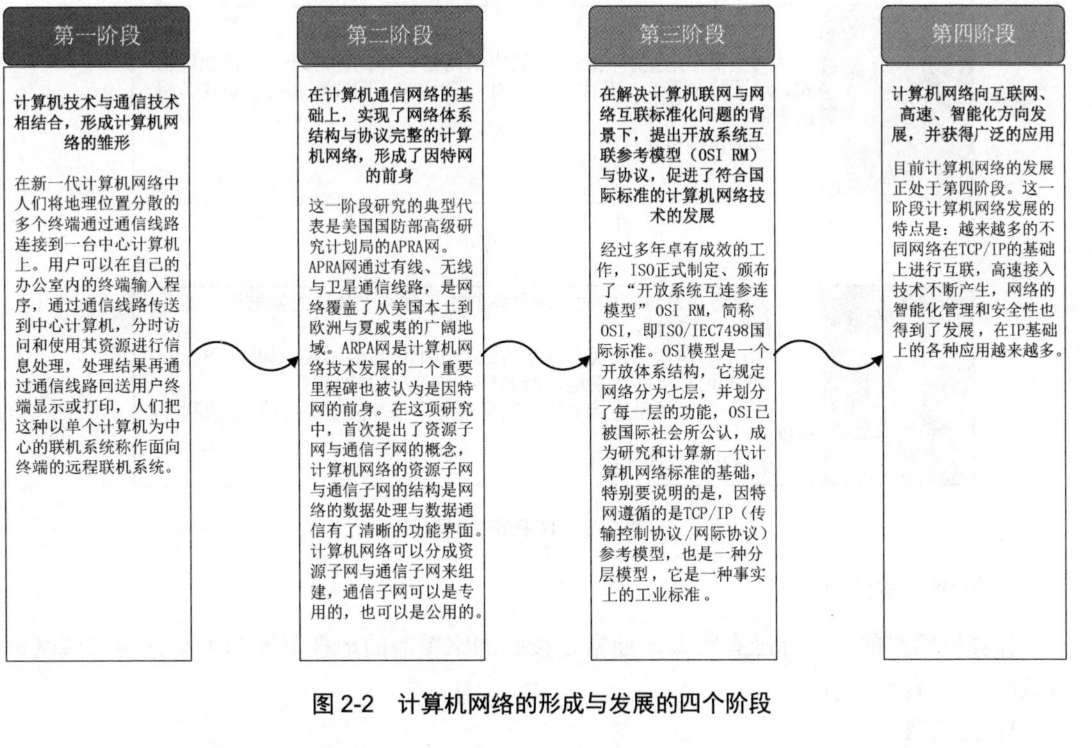

第一阶段	第二阶段	第三阶段	第四阶段
计算机技术与通信技术相结合，形成计算机网络的雏形	在计算机通信网络的基础上，实现了网络体系结构与协议完整的计算机网络，形成了因特网的前身	在解决计算机联网与网络互联标准化问题的背景下，提出开放系统互联参考模型（OSI RM）与协议，促进了符合国际标准的计算机网络技术的发展	计算机网络向互联网、高速、智能化方向发展，并获得广泛的应用
在新一代计算机网络中人们将地理位置分散的多个终端通过通信线路连接到一台中心计算机上。用户可以在自己的办公室内的终端输入程序，通过通信线路传送到中心计算机，分时访问和使用其资源进行信息处理，处理结果再通过通信线路回送用户终端显示或打印，人们把这种以单个计算机为中心的联机系统称作面向终端的远程联机系统。	这一阶段研究的典型代表是美国国防部高级研究计划局的APRA网。APRA网通过有线、无线与卫星通信线路，是网络覆盖了从美国本土到欧洲与夏威夷的广阔地域。ARPA网是计算机网络技术发展的一个重要里程碑也被认为是因特网的前身。在这项研究中，首次提出了资源子网与通信子网的概念，计算机网络的资源子网与通信子网的结构是网络的数据处理与数据通信有了清晰的功能界面。计算机网络可以分成资源子网与通信子网来组建，通信子网可以是专用的，也可以是公用的。	经过多年卓有成效的工作，ISO正式制定、颁布了"开放系统互连参考模型"OSI RM，简称OSI，即ISO/IEC7498国际标准。OSI模型是一个开放体系结构，它规定网络分为七层，并划分了每一层的功能，OSI已被国际社会所公认，成为研究和计算新一代计算机网络标准的基础，特别要说明的是，因特网遵循的是TCP/IP（传输控制协议/网际协议）参考模型，也是一种分层模型，它是一种事实上的工业标准。	目前计算机网络的发展正处于第四阶段。这一阶段计算机网络发展的特点是：越来越多的不同网络在TCP/IP的基础上进行互联，高速接入技术不断产生，网络的智能化管理和安全性也得到了发展，在IP基础上的各种应用越来越多。

图 2-2　计算机网络的形成与发展的四个阶段

3. TCP/IP 模型

在 Internet 中包含的网络是各种各样的，其中设备的硬件组成以及运行的协议也不相同。要想使大家协调工作，必须有一个大家都公认的协议，这就是 TCP/IP 协议组，它的前身是 APARNET 的通信协议。由于 Internet 的巨大成功，TCP/IP 已经成为世界公认的事实上的网络标准。TCP/IP 模型是在物理网基础上建立的，它自下而上分成物理链路层、网络层、运输层、应用层共四层，如图 2-3 所示。

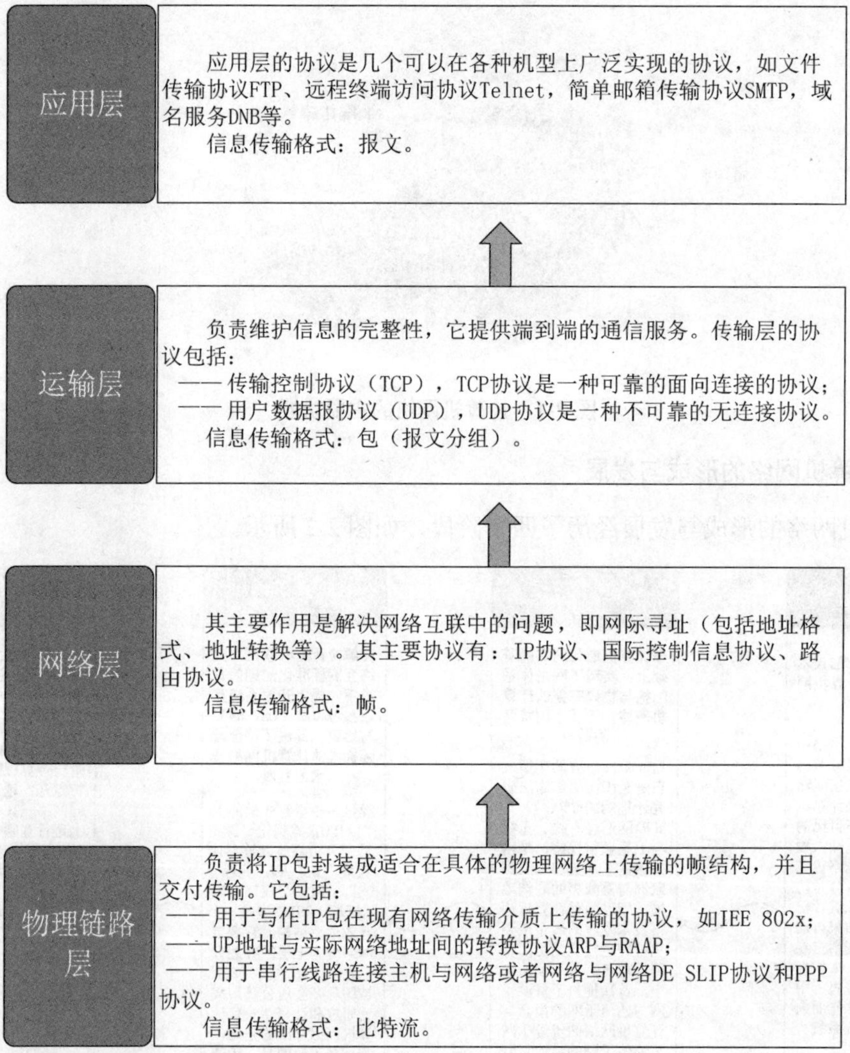

应用层
应用层的协议是几个可以在各种机型上广泛实现的协议，如文件传输协议FTP、远程终端访问协议Telnet、简单邮箱传输协议SMTP、域名服务DNB等。
信息传输格式：报文。

运输层
负责维护信息的完整性，它提供端到端的通信服务。传输层的协议包括：
——传输控制协议（TCP），TCP协议是一种可靠的面向连接的协议；
——用户数据报协议（UDP），UDP协议是一种不可靠的无连接协议。
信息传输格式：包（报文分组）。

网络层
其主要作用是解决网络互联中的问题，即网际寻址（包括地址格式、地址转换等）。其主要协议有：IP协议、国际控制信息协议、路由协议。
信息传输格式：帧。

物理链路层
负责将IP包封装成适合在具体的物理网络上传输的帧结构，并且交付传输。它包括：
——用于写作IP包在现有网络传输介质上传输的协议，如IEE 802x；
——UP地址与实际网络地址间的转换协议ARP与RAAP；
——用于串行线路连接主机与网络或者网络与网络DE SLIP协议和PPP协议。
信息传输格式：比特流。

图 2-3 TCP/IP 模型

4. 网络基本分类

计算机网络的分类标准有很多，通常是按照网络覆盖的地理范围的大小分为局域网、城域网、广域网三类。

1) 局域网

局域网(local area network，LAN)是计算机硬件在比较小的范围内由通信线路组成的网络。一般限定在较小的区域内，通常采用有线的方式连接起来。局域网一般在距离上不超过 10 公里，通常安装在一个建筑物或校园(园区)中。覆盖的地理范围从直径几十米到数公里。例如，一个实验室、一栋大楼、一个校园或一个单位。将各种计算机、终端与外部设备互联成网。网上传输速率较高，通常为几百 kb/s 至 100 Mb/s，由学校、单位或公司集中管理。通过局域网各种计算机可以共享资源，由于覆盖的地理范围比较小，一般可以预知网络上的传输时间。

局域网一般为一个部门或单位所有，建网、维护以及扩展等比较容易，系统灵活性高。其主要特点如下。

(1) 覆盖的地理范围较小，只在一个相对独立的局部范围内联，如一座建筑内。
(2) 使用专门铺设的传输介质进行联网，数据传输速率高(10Mb/s～10Gb/s)。
(3) 通信延迟时间短，可靠性较高。
(4) 局域网可以支持多种传输介质。

局域网的类型很多，若按网络使用的传输介质分类，可分为有线网和无线网；若按网络拓扑结构分类，可分为总线型、星型、环型、树型、混合型等；若按传输介质所使用的访问控制方法分类，又可分为以太网、令牌环网、FDDI 网和无线局域网等。其中，以太网是当前应用最普遍的局域网技术。

2) 城域网

城域网(metropolitan area network，MAN)规模局限在一座城市的范围内，即 10～100 km 的区域。覆盖的地理范围从直径几十公里至直径数百公里。城域网基本上是局域网的延伸。它像是一个大型的局域网，通常使用与局域网相似的技术，但是在传输介质和布线结构方面牵涉范围较广。

城域网可分为三个层次：核心层、汇聚层和接入层。

(1) 核心层主要提供高带宽的业务承载和传输，完成和已有网络(如 ATM、FR、DDN、IP 网络)的互联互通，其特征为宽带传输和高速调度。
(2) 汇聚层的主要功能是给业务接入节点提供用户业务数据的汇聚和分发处理，同时要实现业务的服务等级分类。
(3) 接入层利用多种接入技术，进行带宽和业务分配，实现用户的接入，接入节点设备完成多业务的复用和传输。

3) 广域网

广域网(wide area network，WAN)跨越国界、洲界，甚至全球。其采用的技术、应用范围和协议标准方面有所不同。覆盖的地理范围从直径数百公里至直径数千公里，甚至上万公里，可以是一个地区或一个国家，甚至世界几大洲。

网络上的计算机称为主机(host)，主机通过通信子网连接。通信子网的功能是把消息从一台主机传输到另一台主机上。网上传输速率与通信介质有关，通常为几 kb/s 至几十 Mb/s，一般由有关国家管理。通信子网由传输信道和转接设备两部分组成。传输信道用于在机器之间传送数据。转接设备是一种特殊的计算机，用于连接两条甚至更多条传输线。当数据从传输线到达时，转接设备必须为它选择一条传递用的输出线。

在历经使用了链式局域网、令牌环、与 AppleTalk 技术后，以太网和 Wi-Fi(无线网络连接)是现今局域网中最常用的两项技术。

2.1.2 网络互联

1. 内联网

近年来,因特网技术已经发展成为以 TCP/IP 和万维网技术为核心的信息技术。特别是万维网技术的发展和普及,使得因特网技术更加成熟和完善。在局域网内部,同一网络连接不同类型的计算机已成为许多机构必须面对并要着手解决的问题,只有解决了这一问题,才能使各个机构共享信息并保护自己已经拥有的投资。由于这些计算机可能是个人计算机和运行 UNIX 操作系统的小型机或大型机,而且硬件的体系结构不同,操作系统也可能不一样,因此网络系统要处理复杂的硬件和软件,就导致了管理员的负担加重。这一问题迫使许多单位不得不指定使用统一的硬件和软件平台,以保证网络顺利地建立和管理。因特网技术的出现和发展给这些问题的解决带来了新的希望和转机。信息技术人员从这次成功中看到了该信息技术的新价值,将因特网技术和产品引入企业或机构内部网络,创造出一种全新的内部网络,即内联网。

内联网也叫企业内部网,是指利用互联网技术构建的一个企业、组织或者部门内部的提供综合服务的计算机网络。

内联网是基于万维网的专用网络,它在局域网中使用因特网应用软件。从技术的角度讲,内联网和因特网没有太大的差别,只是访问内联网需要授权。一般来说,内联网是局限于企业或机构内部的因特网。与因特网相比,内联网具有如下优点:在网络安全方面提供了更加有效的控制措施,克服了因特网在安全保密方面的缺点;内联网属于具体的企业或机构所有,对外界的开放是有限制的,可防止外来的入侵和破坏,适用于金融、保险、政府机构等对安全要求严格的单位;为了确保安全,有些内联网同因特网在物理上是隔离的,有些则是连入因特网,但会利用防火墙技术保护内部网络的安全。在确保安全的同时,内联网在企业或机构内部同样具有开放性和易操作性。

内联网作为用于企业内部信息建设的重要组成部分,它主要利用因特网上的服务方式为企业内部提供服务,主要有万维网、电子邮件技术、BBS 和新闻组、FTP 和 Gopher 等。

内联网主要应用于领导决策的多媒体查询,远程办公,无纸公文传输,公告、通知发布,专题讨论,人事管理或人力资源管理,财务与计划,企业动态与企业刊物,形象宣传与联机服务,等等。

2. 外联网

如果一个公共网络连接了两个或两个以上的贸易伙伴,一般被称为企业的外联网,它是内联网的一种延伸。

外联网给企业带来的好处有:提高了生产效率;信息可以以各种形式体现;降低了生产费用;实现了跨地区的各种项目的合作;可为客户提供多种及时有效的服务。

外联网有以下三种实现方式。

(1) 公共网络。如果一个组织允许公众通过任何公共网络(如因特网)访问该组织的内部网,或两个及更多的企业同意用公共网络把它们的内部网连在一起,这就形成了公共网络外部网。

(2) 专用网络。专用网络是两个企业之间的专线连接，这种连接是两个企业内部网之间的物理连接。

(3) 虚拟专用网络(VPN)。这是一种特殊的网络，它采用一种叫作"IP 通道"或"数据封装"的系统，用公共网络及其协议向贸易伙伴、顾客、供应商和雇员发送敏感的数据。

3．因特网、内联网和外联网三者的区别

因特网实际包括了三种互联的形式：内联网、外联网和因特网。从纯技术角度来讲，这三种类型的网络都建在同样的基础设施上，但是它们的应用有很大不同。

内联网用于公司内部的信息交换，库存信息、财务信息、销售信息、人事信息都可以通过内联网从一个部门传到另一个部门，从而减少了很多纸上作业，也缩短了信息周转周期，大大地提高了公司内部的效率。而且，欧美的很多企业正是以内联网作为发展电子商务的第一步。

外联网是一些经营范围相关的公司组织在一起，共同分享彼此的产品、价格、库存等信息，同时也进行着买和卖的交易，这种形式是人们常说的 B2B 的一种。由于网络的作用，减少了经济学中所称的"搜寻成本"(search cost)，从而达到提高效率的目的。

与内联网和外联网对等的因特网则是一个开放的系统，通常实现一对多的交换，如现在的网上售货。

因特网、内联网和外联网三者的区别主要有以下几个方面。

(1) 在操作权限上。因特网提供的服务基本上对用户没有权限控制或很少控制；而内联网提供的控制是很严的。

(2) 在内容上。因特网提供信息的页面以静态为主；而内联网提供的信息内容大部分与数据库有关，即内联网提供的信息内容是动态的，随着底层数据库的变化而变化。

(3) 在服务对象方面。因特网服务的对象是全世界用户；而内联网服务的对象是企业员工。

(4) 在连接方式上。因特网强调各个组织网站之间的连接，无交易的企业、消费者都是它的业务范围；外联网强调各个企业之间的连接，业务范围包括交易伙伴、合作对象、相关公司、销售商店以及主要客户；内联网强调企业内部各部门的连接，业务范围仅限于企业内部。

2.2 计算机网络技术的新应用

2.2.1 物联网

1．物联网的概念

物联网(Internet of Things，IoT)即"万物相连的互联网"，是在互联网基础上的延伸和扩展的网络，它将各种信息传感设备与网络结合起来形成的一个巨大网络，实现任何时间、任何地点，人、机、物的互联互通。

物联网是新一代信息技术的重要组成部分，IT 行业又叫泛互联，意指物物相连，万物万联。由此可见"物联网就是物物相连的互联网"。这里有两层意思：第一，物联网的核心和基础仍然是互联网，是在互联网基础上的延伸和扩展的网络；第二，其用户端延伸和扩展到了任何物品与物品之间，进行信息交换和通信。因此，物联网的定义是：通过射频识别、红外感应器、全球定位系统、激光扫描器等信息传感设备，按约定的协议，把指定物品与互联网相连接，进行信息交换和通信，以实现对物品的智能化识别、定位、跟踪、监控和管理的一种网络。

2. 物联网的特征与功能

1) 物联网的特征

从通信对象和过程来看，物与物、人与物之间的信息交互是物联网的核心。物联网的基本特征可概括为整体感知、可靠传输和智能处理。

(1) 整体感知。可以利用射频识别、二维码、智能传感器等感知设备感知获取物体的各类信息。

(2) 可靠传输。通过对互联网、无线网络的融合，将物体的信息实时、准确地传送，以便信息交流、分享。

(3) 智能处理。使用各种智能技术，对感知和传送到的数据、信息进行分析处理，实现监测与控制的智能化。

2) 物联网的功能

根据物联网的以上特征，结合信息科学的观点，围绕信息的流动过程，可以归纳出物联网处理信息的功能。

(1) 获取信息的功能，主要是信息的感知、识别。信息的感知是指对事物属性状态及其变化方式的知觉和敏感；信息的识别是指能把所感受到的事物状态用一定的方式表示出来。

(2) 传送信息的功能，主要是信息发送、传输、接收等环节，最后把获取的事物状态信息及其变化的方式从时间(或空间)上的一点传送到另一点的任务，这就是通常所说的通信过程。

(3) 处理信息的功能，是指信息的加工过程，利用已有的信息或感知的信息产生新的信息，实际是制定决策的过程。

(4) 施效信息的功能，是指信息最终发挥效用的过程，有很多表现形式，比较重要的是通过调节对象事物的状态及其变换方式，始终使对象处于预先设计的状态。

3. 物联网的关键技术

1) 射频识别技术

谈到物联网，就不得不提到物联网过程发展中备受关注的射频识别技术(radio frequency identification，RFID)。RFID 是一种简单的无线系统，由一个询问器(或阅读器)和很多应答器(或标签)组成。标签由耦合元件及芯片组成，每个标签具有扩展词条唯一的电子编码，附着在物体上标识目标对象，它通过天线将射频信息传递给阅读器，阅读器就是读取信息的设备。RFID 技术让物品能够"开口说话"。这就赋予了物联网一个特性，即可跟踪性，也就是说，人们可以随时掌握物品的准确位置及其周边环境。据桑福德·伯恩斯坦(亚洲)有限公司(Sanford C. Bernstein)的零售业分析师估计，关于物联网 RFID 带来的这一特性，可使沃尔玛每年节省 83.5 亿美元，其中大部分是因为不需要人工查看进货的条码而节省的劳动力成本。RFID 帮助零售业解决了商品断货和损耗(因盗窃和供应链被搅乱而损失的产品)两大难题，仅盗窃一项，沃尔玛一年的损失就达近 20 亿美元。

2) 传感网

MEMS 是微机电系统(micro-electro-mechanical systems)的英文缩写。它是由微传感器、微执行器、信号处理和控制电路、通信接口和电源等部件组成的一体化的微型器件系统。其目标是把信息的获取、处理和执行集成在一起，组成具有多功能的微型系统，集成于大尺寸系统中，从而大幅度地提高系统的自动化、智能化和可靠性水平。它是比较通用的传感器。因为 MEMS 赋予了普通物体新的生命，它们有了属于自己的数据传输通路，有了存储功能、操作系统和专门的应用程序，从而形成了一个庞大的传感网。这让物联网能够通过物品来实现对人的监控与保护。遇到酒后驾车的情况，如果在汽车和汽车钥匙上都植入微型气味感应器，那么当喝了酒的司机掏出汽车钥匙时，钥匙能透过气味感应器察觉到一股酒气，就通过无线信号立即通知汽车"暂停发动"，汽车便会处于休息状态。同时"命令"司机的手机给他的亲朋好友发短信，告知司机所在位置，提醒亲友尽快前来处理。不仅如此，未来衣服可以"告诉"洗衣机放多少水和洗衣粉最经济；文件夹会"检查"我们忘记带什么重要文件了；食品蔬菜的标签会向顾客的手机介绍"自己"是不是真正的"绿色食品"。这就是物联网世界中被"物"化的结果。

3) M2M 系统框架

M2M 是 machine-to-machine/man 的简称，是一种以机器终端智能交互为核心的、网络化的应用与服务。它将使对象实现智能化的控制。M2M 技术涉及五个重要的技术部分：机器、M2M 硬件、通信网络、中间件、应用。基于云计算平台和智能网络，可以依据传感器网络获取的数据进行决策，改变对象的行为进行控制和反馈。拿智能停车场来说，当该车辆驶入或离开天线通信区时，天线以微波通信的方式与电子识别卡进行双向数据交换，从电子车卡上读取车辆的相关信息，在司机卡上读取司机的相关信息，自动识别电子车卡和司机卡，并判断车卡是否有效和司机卡的合法性，核对车道控制电脑显示与该电子车卡和司机卡一一对应的车牌号码及驾驶员等资料信息；车道控制电脑自动将通过时间、车辆和驾驶员的有关信息存入数据库中，车道控制电脑根据读到的数据判断是正常卡、未授权卡、无卡还是非法卡，据此做出相应的回应和提示。另外，家中老人戴上嵌入智能传感器的手表，在外地的子女可以随时通过手机查询父母的血压、心跳是否稳定；智能化的住宅在主人上班时，传感器会自动关闭水电气和门窗，定时向主人的手机发送消息，汇报安全情况。

4) 云计算

云计算旨在通过网络把多个成本相对较低的计算实体整合成一个具有强大计算能力的完美系统，并借助先进的商业模式让终端用户可以得到这些强大计算能力的服务。如果将计算能力比作发电能力，那么从古老的单机发电模式转向现代电厂集中供电的模式，就好比大家习惯的单机计算模式转向云计算模式，而"云"就好比发电厂，具有单机所不能比拟的强大计算能力。这意味着计算能力也可以作为一种商品进行流通，就像燃气、水、电一样，取用方便、费用低廉，以至于用户无须自己配备。与电力是通过电网传输的不同，计算能力是通过各种有线、无线网络传输的。因此，云计算的一个核心理念就是通过不断提高"云"的处理能力，不断减少用户终端的处理负担，最终使其简化成一个单纯的输入输出设备，并能按需享受"云"强大的计算处理能力。物联网感知层获取大量数据信息，在经过网络层传输以后，放到一个标准平台上，再利用高性能的云计算对其进行处理，赋予这些数据智能，才能最终转换成对终端用户有用的信息。

4. 物联网的应用

物联网的应用领域涉及方方面面，在工业、农业、环境、交通、物流、安保等基础设施领域应用，有效地推动了这些方面的智能化发展，使得有限的资源更加合理地使用分配，从而提高了行业效率、效益。在家居、医疗健康、教育、金融与服务业、旅游业等与生活息息相关的领域应用，从服务范围、服务方式到服务的质量等方面都有了极大的改进，大大提高了人们的生活质量；在涉及国防军事领域方面，虽然还处在研究探索阶段，但物联网应用带来的影响也不可小觑，大到卫星、导弹、飞机、潜艇等装备系统，小到单兵作战装备，物联网技术的嵌入有效地提升了军事智能化、信息化、精准化，极大地提升了军事战斗力，是未来军事变革的关键。

2.2.2 大数据

1. 大数据的概念

对于"大数据"(big data)，研究机构高德纳咨询公司(Gartner Group)给出了这样的定义："大数据"是需要新处理模式才能具有更强的决策力、洞察发现力和流程优化能力来适应海量、高增长率和多样化的信息资产。

麦肯锡全球研究所给出的定义是：一种规模大到在获取、存储、管理、分析方面大大超出了传统数据库软件工具能力范围的数据集合，具有海量的数据规模、快速的数据流转、多样的数据类型和价值密度低四大特征。

大数据技术的战略意义不在于掌握庞大的数据信息，而在于对这些含有意义的数据进行专业化处理。换而言之，如果把大数据比作一种产业，那么这种产业实现盈利的关键在于提高对数据的"加工能力"，通过"加工"实现数据的"增值"。

从技术上看，大数据与云计算的关系就像一枚硬币的正反面一样密不可分。大数据必然无法用单台计算机进行处理，必须采用分布式架构。它的特色在于对海量数据进行分布式数据挖掘。但它必须依托云计算的分布式处理、分布式数据库和云存储、虚拟化技术。

大数据需要特殊的技术，以有效地处理大量的容忍经过时间内的数据。适用于大数据的技术，包括大规模并行处理(MPP)数据库、数据挖掘、分布式文件系统、分布式数据库、云计算平台、互联网和可扩展的存储系统。

2. 大数据的特征

(1) 体量(volume)。大数据由大量数据组成，从几个 TB 到几个 ZB。这些数据可能会分布在许多地方，通常是在一些连入因特网的计算机网络中。一般来说，凡是满足大数据的几个 V 条件的数据都会因为太大而无法被单独的计算机处理。单单这一个问题就需要一种不同的数据处理思路，这也使得并行计算技术(例如 MapReduce)得以迅速崛起。

(2) 高速(velocity)。大数据是在运动着的，通常处于很高的传输速度之下。它经常被认为是数据流，而数据流通常是很难被归档的(考虑到有限的网络存储空间，单单是高速就已经是一个巨大的问题)。这就是为什么只能收集到数据其中的某些部分。如果我们有能力收集数据的全部，长时间存储大量数据也会显得非常昂贵，所以周期性地遗弃一部分数据以节省空间，仅保留数据摘要(如平均值和方差)。这个问题在未来会显得更严重，因为越来越多的数据正以越来越快的速度产生。

(3) 多样(variety)。在过去，数据或多或少是同构的，这种特点也使得它更易于管理。这种情况并不出现在大数据中，由于数据的来源各异，因此形式各异。这体现为各种不同的数据结构类型，半结构化以及完全非结构化的数据类型。结构化数据大多被发现在传统数据库中，数据的类型被预定义在定长的列字段中。半结构化数据有一些结构特征，但不总是保持一致(举例来说，JSON 文件)，从而使得这种类型难以处理。更富于挑战的是非结构化数据(例如纯文本文件)毫无结构特征可言。在大数据中，更常见的是半结构化数据，而且这些数据源的数据格式还各不相同。在过去的几年里，半结构化数据和结构化数据成为大数据的主体数据类型。

(4) 准确(Veracity)。这是一个在讨论大数据时经常被忽略的一个属性，部分原因是这个属性相对来说比较新，尽管它与其他的属性同样重要。这是一个与数据是否可靠相关的属性，也就是那些在数据科学流程中会被用于决策的数据。

(5) 精确性与信噪比(signal-to-noise ratio)。在大数据中，发现哪些数据对商业是真正有效的，这在信息理论中是一个十分重要的概念。由于并不是所有的数据源都具有相等的可靠性，在这个过程中，大数据的精确性会趋于变化。如何增加可用数据的精确性是大数据的主要挑战。注意，即使有些数据拥有这四种属性中的一种或多种，也不能被归类为大数据。大数据拥有以上全部四种特性。大数据是一个重要课题，因为它并不容易处理，即使是对于一台超级计算机，也很难独自有效地展开分析。

3. 大数据的应用

(1) 对大数据的处理分析正成为新一代信息技术融合应用的节点。移动互联网、物联网、社交网络、数字家庭、电子商务等是新一代信息技术的应用形态，这些应用不断地产生大数据。云计算为这些海量、多样化的大数据提供了存储和运算平台。通过对不同来源数据的管理、处理、分析与优化，将结果反馈到上述应用中，将创造出巨大的经济和社会价值。大数据具有催生社会变革的能量，但释放这种能量，需要严谨的数据治理、富有洞见的数据分析和激发管理创新的环境。

(2) 大数据是信息产业持续高速增长的新引擎。面向大数据市场的新技术、新产品、新服务、新业态会不断涌现。在硬件与集成设备领域，大数据将对芯片、存储产业产生重要影响，还将催生一体化数据存储处理服务器、内存计算等市场。在软件与服务领域，大数据将引发数据快速处理分析、数据挖掘技术和软件产品的发展。

(3) 大数据应用将成为提高核心竞争力的关键因素。各行各业的决策正在从"业务驱动"转变为"数据驱动"。对大数据的分析可以使零售商实时掌握市场动态并迅速做出应对；可以为商家制定更加精准有效的营销策略提供决策支持；可以帮助企业为消费者提供更加及时和个性化的服务；在医疗领域，可提高诊断准确性和药物有效性；在公共事业领域，大数据也开始发挥促进经济发展、维护社会稳定等方面的重要作用。

（4）大数据时代科学研究的方法、手段将发生重大改变。例如，抽样调查是社会科学的基本研究方法。在大数据时代，可通过实时监测、跟踪研究对象在互联网上产生的海量行为数据，进行挖掘分析，揭示出规律性的东西，提出研究结论和对策。

2.2.3 区块链

1. 区块链的概念

从科技层面来看，区块链(blockchain)涉及数学、密码学、互联网和计算机编程等很多科学技术问题。从应用视角来看，简单来说，区块链是一个分布式的共享账本和数据库，具有去中心化、不可篡改、全程留痕、可以追溯、集体维护、公开透明等特点。这些特点保证了区块链的"诚实"与"透明"，为区块链创造信任奠定了基础。而区块链丰富的应用场景，基本上是基于区块链能够解决信息不对称问题，实现多个主体之间的协作信任与一致行动。

区块链是分布式数据存储、点对点传输、共识机制、加密算法等计算机技术的新型应用模式。区块链是比特币的一个重要概念，它本质上是一个去中心化的数据库，同时作为比特币的底层技术，是一串使用密码学方法相关联产生的数据块，每一个数据块中包含了一批次的比特币网络交易的信息，用于验证其信息的有效性(防伪)和生成下一个区块。

比特币白皮书英文原版其实并未出现 blockchain 一词，而是使用的 chain of blocks。最早的比特币白皮书中文翻译版中，在 2011 年将 chain of blocks 翻译成了区块链，这是"区块链"这一中文词最早的出现时间。

国家互联网信息办公室 2019 年 1 月 10 日发布《区块链信息服务管理规定》，自 2019 年 2 月 15 日起施行。

作为核心技术自主创新的重要突破口，区块链的安全风险问题被视为当前制约行业健康发展的一大短板，频频发生的安全事件为业界敲响了警钟。拥抱区块链，需要加快探索建立适应区块链技术机制的安全保障体系。

2. 区块链的类型与特征

1) 区块链的类型

（1）公有区块链(public block chains，PBC)。公有区块链是指世界上任何个体或者团体都可以发送交易，且交易能够获得该区块链的有效确认，任何人都可以参与其共识过程。公有区块链是最早的区块链，也是应用最广泛的区块链，各大比特币(Bitcoins)系列的虚拟数字货币均基于公有区块链，世界上有且仅有一条该币种对应的区块链。

（2）行业区块链(consortium block chains，CBC)。行业区块链是由某个群体内部指定多个预选的节点为记账人，每个块的生成由所有的预选节点共同决定(预选节点参与共识过程)，其他接入节点可以参与交易，但不过问记账过程(本质上还是托管记账，只是变成分布式记账，预选节点的多少，以及如何决定每个块的记账者成为该区块链的主要风险点)，其他任何人都可以通过该区块链开放的 API 进行限定查询。

（3）私有区块链(private block chains)。私有区块链是指仅仅使用区块链的总账技术进行记账，可以是一个公司，也可以是个人，独享该区块链的写入权限，本链与其他的分布式存储方案没有太大区别。传统金融机构通常想尝试使用私有区块链，而公链的应用，如比特币，已经实现了工业化，私链的应用产品仍然在探索和开发阶段。

2) 区块链的特征

(1) 去中心化。区块链技术不依赖额外的第三方管理机构或硬件设施，没有中心管制，除了自成一体的区块链本身，通过分布式核算和存储，各个节点实现了信息自我验证、传递和管理。去中心化是区块链最突出最本质的特征。

(2) 开放性。区块链技术基础是开源的，除了交易各方的私有信息被加密外，区块链的数据对所有人开放，任何人都可以通过公开的接口查询区块链数据和开发相关应用，因此整个系统信息高度透明。

(3) 独立性。基于协商一致的规范和协议(类似比特币采用的哈希算法等各种数学算法)，整个区块链系统不依赖其他第三方，所有的节点能够在系统内自动安全地验证、交换数据，不需要任何人为的干预。

(4) 安全性。只要不能掌控全部数据节点的 51%，就无法肆意操控、修改网络数据，这使区块链本身变得相对安全，避免了主观人为的数据变更。

(5) 匿名性。除非有法律要求，单从技术上来讲，各区块节点的身份信息不需要公开或验证，信息传递可以匿名进行。

3. 区块链的应用

1) 金融领域

区块链在国际汇兑、信用证、股权登记和证券交易所等金融领域有着潜在的巨大应用价值。将区块链技术应用到金融行业中，能够省去第三方中介环节，实现点对点的直接对接，从而在大大降低成本的同时，快速完成交易支付。

比如，Visa 推出基于区块链技术的 Visa B2B Connect，它能为机构提供一种费用更低、更快速和安全的跨境支付方式来处理全球范围的企业对企业的交易。要知道传统的跨境支付需要等 3~5 天，并为此支付 1%~3%的交易费用。Visa 还联合 Coinbase 推出了首张比特币借记卡，花旗银行则在区块链上测试运行加密货币"花旗币"。

2) 物联网和物流领域

区块链在物联网和物流领域也可以天然结合。通过区块链可以降低物流成本，追溯物品的生产和运送过程，并且提高供应链管理的效率。该领域被认为是区块链一个很有前景的应用方向。

区块链通过节点连接的散状网络分层结构，能够在整个网络中实现信息的全面传递，并能够检验信息的准确程度。这种特性在一定程度上提高了物联网交易的便利性和智能化。区块链+大数据的解决方案就利用了大数据的自动筛选过滤模式，在区块链中建立信用资源，可双重提高交易的安全性，并提高物联网交易的便利程度，为智能物流模式应用节约时间成本。区块链节点具有十分自由的进出能力，可独立地参与或离开区块链体系，不对整个区块链体系产生任何干扰。区块链+大数据的解决方案就利用了大数据的整合能力，促使物联网基础用户拓展更具有方向性，便于在智能物流的分散用户之间实现用户拓展。

3) 公共服务领域

区块链在公共管理、能源、交通等领域都与民众的生产生活息息相关，但是这些领域的中心化特质也带来了一些问题，可以用区块链来改造。区块链提供的去中心化的完全分布式 DNS 服务通过网络中各个节点之间的点对点数据传输服务就能实现域名的查询和解析，可用于确保某个重要的基础设施的操作系统和固件没有被篡改，可以监控软件的状态和完整性，发现不良的篡改，并确保使用了物联网技术的系统所传输的数据没有经过篡改。

4) 数字版权领域

通过区块链技术，可以对作品进行鉴权，证明文字、视频、音频等作品的存在，保证权属的真实性、唯一性。作品在区块链上被确权后，后续交易都会进行实时记录，实现数字版权全生命周期管理，也可作为司法取证中的技术性保障。例如，美国纽约一家创业公司 Mine Labs 开发了一个基于区块链的元数据协议，这个名为 Mediachain 的系统利用 IPFS 文件系统，实现数字作品版权保护。

5) 保险领域

在保险理赔方面，保险机构负责资金归集、投资、理赔，往往管理成本和运营成本比较高。通过智能合约的应用，既无须投保人申请，也无须保险公司批准，只要触发理赔条件，就可实现保单自动理赔。一个典型的应用案例就是 LenderBot，是 2016 年由区块链企业 Stratumn、德勤与支付服务商 Lemonway 合作推出，它允许人们通过 Facebook Messenger 的聊天功能，注册定制化的微保险产品，为个人之间交换的高价值物品进行投保，而区块链在贷款合同中代替了第三方角色。

6) 公益领域

区块链上存储的数据，高可靠性且不可篡改，适合用在社会公益场景中。公益流程中的相关信息，如捐赠项目、募集明细、资金流向、受助人反馈等，均可以存放在区块链上，并且有条件地进行透明公开公示，方便社会监督。

2.2.4 人工智能

1. 人工智能的概念

人工智能的定义可以分为两部分，即"人工"和"智能"。"人工"比较好理解，争议性也不大。有时我们要考虑什么是人力所能及制造的，或者人自身的智能程度有没有高到可以创造人工智能的地步，等等。但总的来说，"人工系统"就是通常意义下的人工系统。

关于什么是"智能"，就问题多多了。这涉及其他诸如意识(consciousness)、自我(self)、思维(mind)(包括无意识的思维 unconscious mind)等问题。人唯一了解的智能就是人本身的智能，这是普遍认同的观点。但是我们对我们自身智能的理解非常有限，对构成人的智能的必要元素的了解也有限，所以就很难定义什么是"人工"制造的"智能"了。因此，人工智能的研究往往涉及对人的智能本身的研究。其他关于动物或其他人造系统的智能也普遍被认为是与人工智能相关的研究课题。

人工智能在计算机领域内得到了越来越广泛的重视，并在机器人、经济政治决策、控制系统、仿真系统中得到了应用。

尼尔逊教授对人工智能下了这样一个定义："人工智能是关于知识的学科——怎样表示知识以及怎样获得知识并使用知识的科学。"而美国麻省理工学院的温斯顿教授认为："人工智能就是研究如何使计算机去做过去只有人才能做的智能工作。"这些说法反映了人工智能学科的基本思想和基本内容，即人工智能是研究人类智能活动的规律，构造具有一定智能的人工系统，研究如何让计算机去完成以往需要人的智力才能胜任的工作，也就是研究如何应用计算机的软硬件来模拟人类某些智能行为的基本理论、方法和技术。

人工智能是计算机学科的一个分支，20 世纪 70 年代以来被称为世界三大尖端技术之一(空间技术、能源技术、人工智能)，也被认为是 21 世纪三大尖端技术(基因工程、纳米科学、人工智能)之一。这是因为近三十年来它获得了迅猛发展，在很多学科领域都获得了广泛应用，并取得了丰硕的成果，人工智能已逐步成为一个独立的分支，无论在理论上还是实践上都已自成一个系统。

人工智能是研究使计算机来模拟人的某些思维过程和智能行为(如学习、推理、思考、规划等)的学科，主要包括计算机实现智能的原理、制造类似于人脑智能的计算机，使计算机能实现更高层次的应用。人工智能将涉及计算机科学、心理学、哲学和语言学等学科，可以说几乎是自然科学和社会科学的所有学科，其范围已远远超出了计算机科学的范畴。人工智能与思维科学的关系是实践和理论的关系，人工智能是处于思维科学的技术应用层次，是它的一个应用分支。从思维观点来看，人工智能不仅局限于逻辑思维，还要考虑形象思维、灵感思维才能促进人工智能的突破性发展。数学常常被认为是多种学科的基础科学，数学也进入语言、思维领域，人工智能学科必须借用数学工具，它们将互相促进而更快地发展。

2. 人工智能的特点

(1) 智能终端和传感器将无处不在，基于大数据的自我学习能力会使智能终端越来越聪明。我们正在进入一个万物智能的时代，智能终端从今天非常有限的种类——个人电脑、手机、智能电视，将扩展到我们身边的所有设备。无论是生活中的空调、加湿器、空气净化器、摄像头，还是路上的汽车、工厂里的机床等，都将具备计算、存储、网络连接的模块，辅之以温度、湿度、距离、红外、颜色、空气质量等各种传感器。各种各样的智能终端不断地感知周围环境，在云端汇聚成几何级数增长的海量数据，并通过算法的不断演进，在云上形成新的认知。

(2) 人与智能终端的交互方式将更加自然，设备会越来越"懂你"。智能终端从 PC 到手机，人机交互方式从键盘+鼠标、触摸，到未来智能互联网时代，随着计算机图像视觉、语音识别和自然语言处理方面技术的进步，人机交互的形态将被重新改写，设备不再是冷冰冰的，而是可以听(listening)、看(seeing)、说(talking)、写(writing)，是一个越来越知心、越来越懂你(understanding)的小伙伴。未来随着云服务的增强，你能体验到更多、更人性化的服务。未来，当你用手机拍摄家里的环境时，你所需要的家居，甚至你还没想到的家居，就会自动出现，因为云大脑已经通过数据积累，知道你缺什么，还知道你喜欢什么样的风格、色彩、样式，你再对它说说话，就能完成采购和预约安装。这时候，手机将不仅是通信工具，更是你生活的助手，它还能基于环境数据，基于家人的生活、身体状况，基于你的日程表，帮你调整好家里的温度、湿度、灯光等，甚至帮你做好饭菜。

(3) 在人工智能+互联网的驱动下,各行各业将越来越"服务化"。不管硬件厂商,还是服务厂商都在整合设备、云和服务,开展集成式的服务创新。在智能互联网时代,客户选择一款产品,不仅看产品本身,更要看产品所连接的服务,没有内容和服务的话,设备就是苍白的。因此,厂家仅仅提供硬件设备将不足以满足客户的需求,连接应用/内容/服务,已成为一个必然的选项,同时借助大数据、人工智能等技术,强化"云大脑",为客户提供具备更高人工智能整合的服务,已经成为大势所趋。在美国有一个流行的设备是亚马逊的 Echo,人们买这个设备,不是为了买音箱,而是为了享受对话式的电子商务服务;谷歌的 Nest 可以控制家里的温度、湿度,人们买这个设备,不是为了买温度计,而是为了享受家庭环境的管理服务;买喜马拉雅的车载设备,不是为了多个播放器,而是为了听它的有声书刊。所以,这就是未来的智能设备。基于人工智能的设备,再加上云服务,这才是智能终端的未来。

(4) 在智能互联时代,更加呼唤开源开放的创新平台,实现依托产业链、生态圈的开放式创新。智能设备多了,它们之间的互联互通、协同应用就变得越来越迫切、越来越重要,因此又要求产业里面能够制定出协议、规范、标准,使更多的厂商能够参与,进行开放式创新。

3. 人工智能的应用

人工智能的应用领域包括:机器翻译、智能控制、专家系统、机器人学、语言和图像理解、遗传编程机器人工厂、自动程序设计、航天应用、庞大的信息处理、储存与管理、执行化合生命体无法执行的或复杂或规模庞大的任务等。

值得一提的是,机器翻译是人工智能的重要分支和最先应用领域。不过就已有的机译成就来看,机译系统的译文质量离终极目标仍相差甚远,而机译质量是机译系统成败的关键。中国数学家、语言学家周海中教授曾在论文《机器翻译五十年》中指出:要想提高机译的质量,首先要解决的是语言本身问题而不是程序设计问题,单靠若干程序来做机译系统,肯定是无法提高机译质量的。另外,在人类尚未明了大脑是如何进行语言的模糊识别和逻辑判断的情况下,机译要想达到"信、达、雅"的程度是不可能的。智能家居之后,人工智能成为家电业的新风口,而长虹正成为将这一浪潮掀起的首个家电巨头。长虹发布两款 CHiQ 智能电视新品,主打手机遥控器、带走看、随时看、分类看功能。

2.2.5 推荐系统

1. 推荐系统的概念

互联网的出现和普及给用户带来了大量的信息,满足了用户在信息时代对信息的需求,但随着网络的迅速发展而带来的网上信息量的大幅增长,使得用户在面对大量信息时无法从中获得对自己真正有用的那部分信息,对信息的使用效率反而降低了,这就是所谓的信息超载(information overload)问题。

解决信息超载问题一个非常有潜力的办法是推荐系统,它是根据用户的信息需求、兴趣等,将用户感兴趣的信息、产品等推荐给用户的个性化信息推荐系统。和搜索引擎相比,推荐系统通过研究用户的兴趣偏好,进行个性化计算,由系统发现用户的兴趣点,从而引导用户发现自己的信息需求。一个好的推荐系统不仅能为用户提供个性化的服务,还能和用户之间建立起密切关系,让用户对推荐产生依赖。

推荐系统现已广泛应用于很多领域,其中最典型并具有良好的发展和应用前景的领域就是电子商务领域。同时学术界对推荐系统的研究热度一直很高,逐步形成了一门独立的学科。

推荐系统有三个重要模块:用户建模模块、推荐对象建模模块、推荐算法模块。推荐系统通用模型如图 2-4 所示。推荐系统把用户模型中兴趣需求信息和推荐对象模型中的特征信息匹配,同时使用相应的推荐算法进行计算筛选,找到用户可能感兴趣的推荐对象,然后推荐给用户。

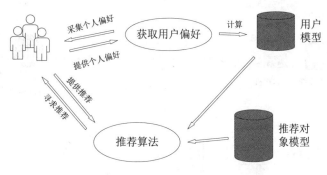

图 2-4 推荐系统通用模型

2. 推荐系统的体系结构

1) 服务器端推荐系统

推荐系统的体系结构研究的重要问题就是用户信息收集和用户描述文件放在什么地方,服务器还是客户机上,或者是处于二者之间的代理服务器上。基于服务器的推荐系统结构如图 2-5 所示。

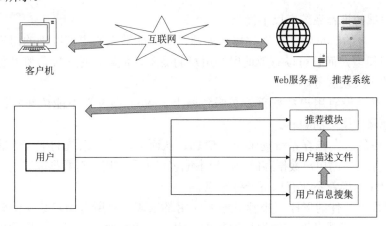

图 2-5 基于服务器的推荐系统结构

最初的推荐系统是基于服务器端的推荐系统,基本结构如图 2-5 所示。在这类推荐系统中,推荐系统与 Web 服务器一般共享一台硬件设备。在逻辑上,推荐系统的用户信息收集和建模都依赖于 Web 服务器。

由此可知，基于服务器端的推荐系统存在的问题主要如下。

(1) 个性化信息的收集完全由 Web 服务器来完成，受到了 Web 服务器功能的限制。

(2) 增加了 Web 服务器的系统开销。

(3) 对用户的隐私有极大威胁。无论是推荐系统的管理者还是入侵推荐系统的人员，都能方便地获取存放在服务器上的用户数据。由于用户的个人数据是有很高价值的，接触到用户数据的部分人会出卖用户数据或把用户数据用于非法用途。

2) 客户端推荐系统

典型的客户端个性化服务系统有斯坦福大学的 LIRA、麻省理工学院的 Letizia、加州大学的 Syskill&Webert、卡内基·梅隆大学的 PersonalWeb-Watcher 等。基于客户端的推荐系统结构如图 2-6 所示。

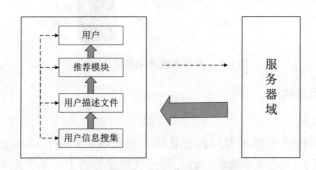

图 2-6 基于客户端的推荐系统结构

基于客户端的推荐系统有以下优点。

(1) 由于用户的信息就在本地收集和处理，因而能够获取丰富准确的用户信息以构建高质量的用户模型，而且可以有效地保护用户的隐私，但缺点是不能借鉴其他用户信息以实现合作式的个性化服务。

(2) 少量甚至没有用户数据存放在服务器上，Web 服务器不能访问和控制用户的数据，能较好地保护用户的隐私。

(3) 用户更愿意向推荐系统提供个人信息，从而提高推荐系统的推荐性能。因为基于客户端的推荐系统中的用户数据存储在用户本地客户机上，用户对数据能够自行进行控制。

基于客户端的推荐系统有以下一些缺点。

(1) 用户描述文件的形成、推荐策略的应用都依赖于对所有用户数据的分析，而基于客户端的推荐系统较难获取其他用户的数据，用户描述文件较难得到，协同推荐策略实施也较难，所以推荐系统要重新设计，尤其是推荐策略必须进行修改。

(2) 个性化推荐处理过程中用户的数据资料还需要部分地传给服务器，存在泄漏隐私的危险，需要开发安全传输平台进行数据传输。

3. 推荐系统在各个领域的应用

1) 电子商务

推荐系统在电子商务领域的应用非常广泛,在各大电子商务平台都有应用,例如在亚马逊、淘宝、京东等。

电子商务平台上商品推荐页主要包括以下三方面内容。

(1) 推荐结果的标题、缩略图以及其他内容属性。

(2) 推荐结果的评分。

(3) 推荐理由。

亚马逊的推荐有以下三种。

(1) 基于用户之前的行为。例如购买过武侠小说,会继续推荐别的武侠小说。

(2) 基于用户的好友关系。例如亚马逊拿到用户的 Facebook 的好友,然后向用户推荐他的好友都买了啥。

(3) 基于物品的相似度。例如购买了该商品的用户还买了哪些商品。

2) 电影和视频网站

这种和电子商务不太一样,这种用户通常只是想看电影,但是并没有很明确的需求要看哪部电影甚至是哪种类型的电影。

从 Netflix 的推荐理由来看,它们的算法和亚马逊的算法类似,也是基于物品的推荐算法,即向用户推荐和他们曾经喜欢的电影相似的电影。

3) 个性化音乐网络电台

个性化推荐的成功应用需要两个条件:第一是存在信息过载,因为如果用户可以很容易地从所有物品中找到喜欢的物品,就不需要个性化推荐了;第二是用户大部分时候没有特别明确的需求,因为用户如果有明确的需求,可以直接通过搜索引擎找到感兴趣的物品。

潘多拉(Pandora)算法主要基于内容,其音乐家和研究人员亲自听了上万首来自不同歌手的歌,然后对歌曲的不同特性(比如旋律、节奏、编曲和歌词等)进行了标注,这些标注被称为音乐的基因。然后,Pandora 会根据专家标注的基因计算歌曲的相似度,并给用户推荐和他之前喜欢的音乐在基因上相似的其他音乐。

Last.fm 是 Audioscrobbler 音乐引擎设计团队的旗舰产品,以英国为总部的网络电台和音乐社区,是世界上最大的社交音乐平台。Last.fm 记录了所有用户的听歌记录以及用户对歌曲的反馈,在这一基础上计算出不同用户在歌曲上的喜好相似度,从而给用户推荐和他有相似听歌爱好的其他用户喜欢的歌曲。

4) 社交网络

社交网络中的个性化推荐技术主要应用在以下三个方面。

(1) 利用用户的社交网络信息对用户进行个性化的物品推荐。

(2) 信息流的会话推荐。

(3) 给用户推荐好友。

5) 个性化阅读

谷歌阅读器(Google Reader)是一款流行的社会化阅读工具。它允许用户关注自己感兴趣的人,然后能看到所关注用户分享的文章。

个性化阅读工具 Zite 则是收集用户对文章的偏好信息,然后通过分析用户的反馈数据不停地更新用户的个性化文章列表。

新闻阅读网站 Digg，首先根据用户的 Digg 历史计算用户之间的兴趣相似度，然后向用户推荐和他兴趣相似的用户喜欢的文章。

6) 基于位置的服务

位置是一种很重要的上下文信息，基于位置向用户推荐离他近的且他感兴趣的服务，用户就更有可能去消费。Foursquare 推出了探索功能，向用户推荐好友在附近的行为。

7) 个性化邮件

通过分析用户阅读邮件的历史行为和习惯对新邮件进行重新排序，从而提高用户的工作效率。

8) 个性化广告

个性化广告投放和狭义个性化推荐的区别是，个性化推荐着重于帮助用户找到可能令他们感兴趣的物品，而广告推荐着重于帮助广告找到可能对它们感兴趣的用户，即一个是以用户为核心，而另一个是以广告为核心。目前的个性化广告投放技术主要分为以下三种。

(1) 上下文广告。通过分析用户正在浏览的网页内容，投放和网页内容相关的广告。代表系统是谷歌的 Adsense。

(2) 搜索广告。通过分析用户在当前会话中的搜索记录，判断用户的搜索目的，投放和用户目的相关的广告。

(3) 个性化展示广告。我们经常在很多网站上看到大量展示广告(就是那些大的横幅图片)，它们是根据用户的兴趣，对不同用户投放不同的展示广告。雅虎是这方面研究的代表。

4. 推荐系统评测

在评测一个推荐算法时，需要同时考虑三方的利益，一个好的推荐系统是能够令三方共赢的系统。在推荐系统中，主要有三种评测推荐效果的实验方法，即离线实验(offline experiment)、用户调查(user study)和在线实验(online experiment)。

1) 离线实验

(1) 优点是不需要真实用户参与，可以直接快速地计算出来，从而方便、快速地测试大量不同的算法。

(2) 缺点是无法获得很多商业上关注的指标，如点击率、转化率等，而找到和商业指标非常相关的离线指标也是很困难的事情。

2) 用户调查

(1) 优点是可以获得很多体现用户主观感受的指标，相对在线实验风险很低，出现错误后很容易弥补。

(2) 缺点是招募测试用户代价较大，很难组织大规模的测试用户，因此会使测试结果在统计意义上有不足。此外，在很多时候设计双盲实验非常困难，而且用户在测试环境下的行为和真实环境下的行为可能有所不同，因而在测试环境下收集的测试指标在真实环境下可能无法重现。

3) 在线实验

(1) 优点是可以公平地获得不同算法实际在线时的性能指标，包括商业上关注的指标。

(2) 缺点主要是周期比较长，必须进行长期的实验才能得到可靠的结果。

2.3 电子商务网站建设及相关技术

具体内容请扫描下方二维码。

2.4 电子商务安全保障技术

2.4.1 电子商务的安全技术架构

电子商务的安全控制体系结构是保证电子商务数据安全的一个完整的逻辑结构，由五部分组成，如图 2-7 所示。电子商务安全体系由网络服务层、加密技术层、安全认证层、交易协议层、商务系统层组成。从图 2-7 中的层次结构可以看出：下层是上层的基础，为上层提供技术支持；上层是下层的扩展与递进；各层次之间相互依赖、相互关联构成统一的整体；各层通过控制技术的递进实现电子商务的安全。

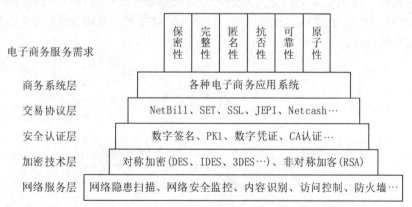

图 2-7 电子商务安全体系结构

电子商务系统是依赖网络实现的商务系统，需要利用因特网基础设施和标准，所以构成电子商务安全框架的底层是网络服务层。它是各种电子商务应用系统的基础，并提供信息传送的载体和用户接入手段及安全通信服务，保证网络最基本的运行安全。为确保电子商务系统的全面安全，必须建立完善的加密技术和认证机制。加密技术是保证电子商务系统安全所采用的最基本的安全措施，它用于满足电子商务对保密性的要求。安全认证层中的认证技术是保证电子商务安全的又一必要手段，它对加密技术层中提供的多种加密算法进行综合运用，进一步满足了电子商务对完整性、抗否认性、可靠性的要求。在图 2-7 所示的电子商务安全体系结构中，加密技术层、安全认证层、交易协议层皆专为电子交易数据的安全而构筑的。其中,交易协议层是加密技术层和安全认证层的安全控制技术的综合运用和完善,它为电子商务安全交易提供了保障机制和交易标准。

基于安全技术层次提供的安全措施,商务系统层就可以满足电子商务对安全的需求。商务系统层包括 BBZ、BCZ、BGZ 等各类电子商务应用系统及商业解决方案。

用于保证电子商务的安全控制技术有很多,其层次各不相同,但并非是把所有安全技术简单地组合就可以得到可靠的安全。清楚了图 2-7 所示的技术层次,通过合理的结合与改进,就可以从技术上实现系统、有效的电子商务安全。

2.4.2 加密技术层

加密技术是电子商务最基本的安全措施。所谓加密,就是通过密码算术对数据进行转化,使之成为没有正确密钥任何人都无法读懂的报文。而这些以无法读懂的形式出现的数据一般被称为密文。为了读懂报文,密文必须重新转变为它的最初形式,即明文。而用来用数学方式转换报文的双重密码就是密钥。在这种情况下,即使一则信息被截获并阅读,这则信息也是毫无利用价值的。

1. 对称密钥加密(private key)

对称密钥加密的过程如图 2-8 所示,加密和解密采用相同的算法,并且只交换共享的私有密钥。如果进行通信的交易各方能够确保在密钥交换阶段未曾发生私有密钥泄露,则可通过对称加密方法加密机密信息,并随报文发送报文摘要和报文散列值,以保证报文的机密性和完整性。密钥安全交换是关系到对称加密有效性的核心环节,目前常用的对称加密算法有 DES、PCR、IDEA、3DES 及最近推广的 AES 等,其中 DES 的使用最普遍,被称为数据加密的标准。

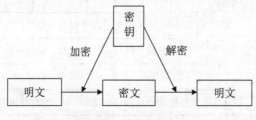

图 2-8 对称密钥加密

数据加密标准(data encryption standard, DES)是 IBM 公司于 1977 年为美国政府研制的一种算法。DES 是以 56 位密钥为基础的密码块加密技术。它的加密过程一般如下。

(1) 一次性把 64 位明文块打乱置换。
(2) 把 64 位明文块拆成两个 32 位块。
(3) 用机密 DES 密钥把每个 32 位块打乱位置 16 次。
(4) 使用初始置换的逆置换。

但在实际应用中,DES 的保密性受到了很大的挑战。1999 年 1 月,电子前沿基金会(EFF)和分散网络用了不到一天的时间,就破译了 56 位的 DES 加密信息。DES 的统治地位受到了严重的挑战。为此,美国推出 DES 的改进版本——三重加密(triple data encryption standard, 3DES),即在使用过程中,收发双方都用三把密钥进行加解密,无疑,这种

3×56 式的加密方法大大提升了密码的安全性，按现在计算机的运算速度，这种破解几乎是不可能的。但是我们在为数据提供强有力的安全保护的同时，也要花更多的时间来对信息进行三次加密和对每个密层进行解密。而且在这种前提下，使用这种密钥的双方都必须拥有三个密钥，如果丢失了其中任何一把，其余两把都成了无用的密钥。这样私钥的数量一下又提升了三倍，这显然不是我们想看到的。于是美国国家标准与技术研究所推出了一个新的保密措施——高级加密标准(advanced encryption standard，AES)来保护金融交易。

美国国家技术标准委员会(NIST)在 2000 年 10 月选定了比利时的研究成果"Rijndael"作为 AES 的基础。"Rijndael"是经过三年漫长的过程，最终从进入候选的五种方案中挑选出来的。

AES 内部有更简洁精确的数学算法，而加密数据只需一次通过。AES 被设计成高速，具有坚固的安全性能，而且能够支持各种小型设备。AES 与 3DES 相比，不仅是安全性能有重大差别，使用性能和资源的有效利用上也有很大差别。AES 与 3DES 相比所具有的巨大优越性如表 2-1 所示。

表 2-1 AES 与 3DES 对比

算法名称	算法类型	密钥长度	速度	解密时间(机器每秒尝试 255 个密钥)	资源消耗	NIST 标准编号
AES	对称 block 密码	128 位、192 位、256 位	高	1 490 000 亿年	低	暂无资料
3DES	对称 feistel 密码	112 位或 168 位	低	46 亿年	中	FIPS 46-3

双方的密钥都处于保密状态，因为私钥的保密性必须基于密钥的保密性，而非算法，这在硬件上增加了私钥加密算法的安全性。但同时我们也看到这也增加了一个挑战：收发双方必须对自己的密钥负责，这种情况使地理上分离显得尤为重要。私钥算法还面临着一个更大的困难，那就是对私钥的管理和分发十分困难和复杂，而且所需的费用十分庞大。比如，一个 n 个用户的网络就需要派发 $n(n-1)/2$ 个私钥，特别是对一些大型的并且广域的网络来说，其管理是一个十分困难的过程，正是这些因素决定了私钥算法的使用范围。而且，私钥加密算法不支持数字签名，这对远距离传输来说也是一个障碍。另一个影响私钥的保密性的因素是算法的复杂性。

2. 非对称密钥加密(public key)

不同于对称加密，非对称加密的密钥被分解为公开密钥和私有密钥，如图 2-9 所示。密钥对生成后，公开密钥以非保密方式对外公开，只对应于生成该密钥的发布者，私有密钥则保存在密钥发布方手里。任何得到公开密钥的用户都可使用该密钥加密信息发送给该公开密钥的发布者，而发布者得到加密信息后，使用与公开密钥相对应的私有密钥进行解密。

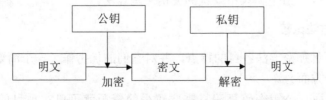

图 2-9 非对称密钥加密

可以看到，由于采取了公开密钥，密钥的管理和分发就变得简单多了，对于一个 n 个用户的网络来说，只需要 $2n$ 个密钥便可达到密度。同时，公钥加密法的保密性全部集中在极其复杂的数学问题上，它的安全性因而也得到了保证。但是在实际运用中，公开密钥加密算法并没有完全地取代私钥加密算法，其中重要的原因是它的实现速度远远赶不上私钥加密算法。

自公钥加密问世以来，学者们提出了许多种公钥加密方法，它们的安全性都是基于复杂的数学难题。根据公钥加密所基于的数学难题来分类，有以下三类系统目前被认为是安全和有效的：大整数因子分解系统(代表性的有 RSA)、椭圆曲线离散对数系统(ECC)和离散对数系统(代表性的有 DSA)。下面进行较为详细的叙述。

目前，常用的非对称加密算法是 RSA 算法，该算法已被 ISO/TC 的数据加密技术分委员会 SC20 推荐为非对称密钥数据加密标准。RSA 算法是由罗纳多·瑞维斯特(Rivet)、艾迪·夏弥尔(Shamir)和里奥纳多·艾德拉曼(Adelman)联合推出的，RSA 算法由此而得名。它的安全性是基于大整数素因子分解的困难性，而大整数因子分解问题是数学上的著名难题，至今没有有效的方法予以解决，因此可以确保 RSA 算法的安全性。RSA 系统是公钥系统最具有典型意义的方法，大多数使用公钥密码进行加密和数字签名的产品、标准使用的都是 RSA 算法。

椭圆曲线加密技术(ECC)建立在单向函数(椭圆曲线离散对数)的基础上，由于它比 RSA 使用的离散对数要复杂得多，而且该单向函数的计算比 RSA 算法要难，所以与 RSA 相比，它有以下几个优点。

(1) 安全性能更高。加密算法的安全性能一般通过该算法的抗攻击强度来反映。ECC 和其他几种公钥系统相比，其抗攻击性具有绝对优势。如 160 位 ECC 与 1024 位 RSA 有相同的安全强度，而 210 位 ECC 则与 2048 比特 RSA 具有相同的安全强度。

(2) 计算量小，处理速度快。虽然在 RSA 中可以通过选取较小的公钥(可以小到 3)的方法提高公钥处理速度，即提高加密和签名验证的速度，使其在加密和签名验证速度上与 ECC 有可比性，但在私钥的处理速度上(解密和签名)，ECC 远比 RSA、DSA 快得多。因此，ECC 总的速度比 RSA、DSA 要快得多。

(3) 存储空间占用小。ECC 的密钥尺寸和系统参数与 RSA、DSA 相比要小得多，意味着它所占的存储空间要小得多。这对于加密算法在 IC 卡上的应用具有特别重要的意义。

(4) 带宽要求低。在对长消息进行加解密时，三类密码系统有相同的带宽要求，但应用于短消息时 ECC 带宽要求却低得多。而公钥加密系统多用于短消息，例如用于数字签名和用于对对称系统的会话密钥传递。带宽要求低，使 ECC 在无线网络领域具有广泛的应用前景。

ECC 的这些特点使它必将取代 RSA，成为通用的公钥加密算法。比如 SET 协议的制定者已把它作为下一代 SET 协议中默认的公钥密码算法。

3. 两类加密方法比较

以上综述了两种加密方法各自的特点，并对它们的优劣作了一个简要的比较，总体来说主要有以下几个方面。

(1) 在管理方面。公钥密码算法只需要较少的资源就可以实现目的，在密钥的分配上，两者之间相差两个指数级别(一个是 n，一个是 n^2)。所以，私钥密码算法不适应广域网的使用，而且更重要的一点是它不支持数字签名。

(2) 在安全方面。由于公钥密码算法基于未解决的数学难题，在破解上几乎不可能。对于私钥密码算法，到了 AES，虽说从理论来说是不可能破解的，但从计算机的发展角度来看，公钥更具有优越性。

(3) 从速度上看。AES 的软件实现速度已经达到了每秒数兆或数十兆比特，是公钥的 100 倍，如果用硬件来实现的话，这个比值将扩大到 1000 倍。

(4) 对于这两种算法，因为算法不需要保密，所以制造商可以开发出低成本的芯片以实现数据加密。这些芯片有着广泛的应用，适合于大规模生产。

纵观这两种算法，一个从 DES 到 3DES 再到 AES，一个从 RSA 到 ECC，其发展角度无一不是从密钥的简单性、成本的低廉性、管理的简易性、算法的复杂性、保密的安全性以及计算的快速性这几个方面去考虑。因此，未来算法的发展也必定是从这几个角度出发的，而且在实际操作中往往把这两种算法结合起来，也许将来一种集两种算法的优点于一身的新型算法将会出现，到那时候，电子商务的实现必将更加快捷和安全。

2.4.3 安全认证层

目前，仅有加密技术不足以保证电子商务中的交易安全，身份认证技术是保证电子商务安全不可缺少的另一重要技术手段。认证的实现包括数字签名技术、数字证书技术和智能卡技术等。

1. 数字摘要

数字摘要(digital digest)是通过使用单向散列函数(hash)将需要加密的明文"摘要"成一个固定长度(128bit)的密文。该密文同明文是一一对应的，不同的明文加密成不同的密文；相同的明文其摘要必然一样。因此，利用数字摘要就可以验证通过网络传输收到的明文是不是初始的、未被篡改过的，从而保证数据的完整性和有效性。

2. 数字签名

数字签名(digital signature)是非对称加密技术和数字摘要技术的应用。其主要方式为报文发送方从报文文本中生成一个 128 位的散列值(或报文摘要)，并用自己的私有密钥对这个散列值进行加密，形成发送方的数字签名；然后，这个数字签名将作为报文的附件和报文一起发送给报文的接收方；报文接收方首先从接收到的原始报文中计算出 128 位的散列值(或报文摘要)，接着再使用发送方的公开密钥来对报文附加的数字签名进行解密。如果两个散列值(或报文摘要)相同，那么接收方就能确认该数字签名是发送方的。通过数字签名能够实现对原始报文的鉴别和确定消息的完整性、不可否认性。

3. 数字时间戳

在电子商务中，需对交易文件的日期和时间信息采取安全措施，而数字时间戳(digital time stamp)服务(DTS service)专用于提供电子文件发表时间的安全保护，该服务由专门的机构提供。所谓的时间戳，是一个经过加密后形成的凭证文档，包括三个部分：需要加盖时间戳的文件的摘要、DTS 收到文件的日期和时间、DTS 的数字签名。加盖时间戳的过程如图 2-10 所示。

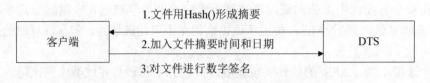

图 2-10　DTS 加盖时间戳的过程

4．数字凭证

数字凭证(digital ID)又称数字证书，是用电子手段来证实一个用户的身份和对网络资源访问的权限。在网上的电子交易中，交易双方出示了各自的数字凭证，并用它进行交易操作。数字凭证的内部格式是由 CCITTX.509 国际标准规定的，包含以下内容：凭证拥有者的姓名、凭证拥有者的公共密钥、公共密钥的有效期、颁发数字凭证的单位、数字凭证的序列号。数字证书的使用涉及数字认证中心(certificate authority，CA)。

5．CA 认证

在电子商务系统中，无论是数字时间戳服务还是数字凭证的发放，都需要由一个具有权威性和公正性的第三方认证机构来承担。CA 正是这样一个受信任的第三方。CA 的主要职能就是发放、管理和维护它所签发的证书，提供各种证书的签发、更新、回收、归档等，是整个系统的安全核心。在非对称私密密钥认证系统中，用户的签名密钥和加密密钥通常是分开的，而 CA 只知道用户的签名公钥，这就降低了系统受到攻击的危害程度，避免了可信第三方被攻击和整个系统陷入瘫痪的严重问题。此外，在认证系统中 CA 只负责审核用户的真实身份并对此提供证明，不介入具体的认证过程，从而缓解了可信第三方的系统瓶颈问题；而且只需管理每个用户的一个公开密钥，大大降低了密钥管理的复杂性。这些优点使得非对称密钥认证系统可用于用户众多的大规模网络系统。

6．智能卡

智能卡(smart card)是一种智能集成电路卡，包括 CPU、EEPROM、RAM、ROM 和 COS(chip operating system)。它不但提供读写数据和存储数据的能力，而且还具有对数据进行处理的能力，可以实现对数据的加密解密，能进行数字签名和验证数字签名，其存储器部分具有外部不可读的特性。智能卡在电子商务系统中有无法比拟的优势。首先，私人密钥和电子证书是保存在智能卡的不允许外读的存储单元中，而且可对智能卡的使用设置个人密码，以此鉴别持卡人是否为该卡的合法使用者；其次，可以承担对信息的加密解密、签名及对签名的验证等事务，减轻了客户端系统的负担。当需要对加密解密算法进行改动或替换时，只需要对智能卡进行相应的改动而无须对客户端系统进行升级。采用智能卡，使身份识别更有效、更安全，智能卡技术将成为用户接入和用户身份认证的首选技术。

2.4.4　交易协议层

除了各种安全控制技术外，电子商务的运行还需要一套完善的交易安全协议。不同的交易协议的复杂性、开销和安全性各不相同，不同的应用环境对协议目标的要求也不尽相同。目前，比较成熟的协议有 SET、SSL、iKP 等基于信用卡的交易协议，netbill、netcheque 等基于支票的交易协议，digicash、netcash 等基于现金的交易协议，匿名原子交易协议，防止软件侵权和非法复制的基于 KPC 的电子软件分销协议等。

1. 安全套接层协议

安全套接层协议(secure socket layer，SSL)是目前使用最广泛的电子商务协议，它由 Netscape 公司于 1996 年设计开发。它位于运输层和应用层之间，能很好地封装应用层数据而无须改变位于应用层的应用程序，对用户是透明的。同时，SSL 只需要通过一次"握手"过程，便可建立客户与服务器之间的一条安全通信通道，保证传输数据的安全。由于 SSL 内置于用户浏览器和商家的 Web 服务器中，故能方便而低开销地进行信息加密，多用于信用卡的传送。然而，SSL 并不是专为支持电子商务而设计的，它只支持双方认证，只能保证传送信息过程中不因被截而泄密，因为商家完全掌握消费者的账户信息，所以不能防止商家利用获取的信用卡号进行欺诈。SSL 满足钱的原子性。

2. 安全电子交易协议

安全电子交易协议(secure electronic transaction，SET)是由 VISA 公司和 Master Card 公司联合开发设计的，用于划分与界定电子商务活动中的消费者、网上商家、交易双方银行、信用卡组织之间的权利义务关系，它可以对交易各方进行认证，可防止商家欺诈。为了进一步加强安全性，SET 使用两组密钥分别用于加密和签名，通过双签名(double signature)机制将订购信息同账户信息链接在一起签名。SET 开销较大，客户、商家、银行都要安装相应软件。SET 满足钱的原子性，但不满足商品的原子性和确认发送的原子性。

3. Netbill 协议

Netbill 协议是由卡内基·梅隆大学(现加州大学伯克利分校)的道格(J.D. Tygar)教授及其同事设计和开发的关于数字商品的电子商务协议，它可以处理大量的微交易。该协议假定了一个可信赖的第三方 Netbill Server，交易包括价格协商、商品传送和支付三个阶段，使用基于计算机网络授权协议(kerberos)的保密密钥加密机制。对能通过网络发送的商品信息，Netbill 协议将商品的传送和支付链接到一个原子事务中，所以它能够满足钱的原子性，还可满足确认发送的原子性。

4. 匿名原子交易协议

匿名原子交易协议(anonymous atomic transaction protocol)是由道格(J.D.Tygar)教授首次提出的具有匿名性和原子性的电子商务协议，对著名的数字现金协议 digicash 进行了补充和修改。该协议改进了传统的分布式系统中常用的两阶段提交(two phase commitment)，引入了除客户、商家和银行之外的独立第四方——交易日志(transaction log)，以取代两阶段提交协议中的协调者(coordinator)，匿名原子交易协议发送信息是级联式的，所以它能够满足原子性和匿名性。

2.4.5 数字签名

数字签名可以实现对原始报文的鉴别与验证，保证报文的完整性和发送方对所发报文的不可否认性。利用公钥体制实施数字签名的过程如图 2-11 所示。

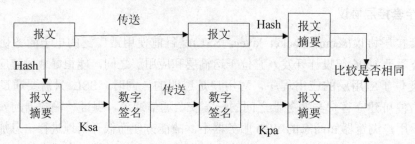

图 2-11 数字签名的过程

数字签名的算法有很多，应用最广泛的三种是 Hash 签名、DSS 签名和 RSA 签名。

1. Hash 签名

Hash 函数也称消息摘要、哈希函数或杂凑函数等，其输入为一可变长的字串 x，返回一固定长度字串 A，该字串 A 被称为输入 x 的 Hash 值(消息摘要)，记作 $A = H(x)$。Hash 函数中的 H 一般满足以下几个基本要求。

(1) 输入 x 可以为任意长度。

(2) 输出数据串长度固定。

(3) 容易计算，给定任何 x，容易算出 $H(x)$。

(4) 单向函数，即给出一 Hash 值 h，很难反向计算出一特定输入 x，使 $h = H(x)$。

(5) 唯一性，又叫冲突性，可分为弱抗冲突和强抗冲突两种。弱抗冲突是指给出一消息 x，找出一消息 y 同 x 相似且 $H(x) = H(y)$ 是计算不可行的。而强抗冲突是指找出任意两条消息 x 和 y，使 $H(x) = H(y)$ 也是计算不可行的。

即使使用的算法不同，但所有的 Hash 值都拥有很多相同的属性。Hash 值的长度由算法的类型决定，与被 Hash 的消息大小无关，一般为 128 或 160 比特信息。即使两个消息差别很小，如差别一两个比特，其 Hash 值也完全不同。利用今天的算法技术，几乎不可能找到两个拥有相同 Hash 值的不同消息。用同一个算法对某一消息进行 Hash 计算只能获取唯一确定的 Hash 值。所有的 Hash 算法都是单向的，也就是说，不能通过 Hash 值来获取原始消息，即使是原始消息的很少一部分信息。所以，有时候一个数据的 Hash 可以作为一个消息的唯一标识来保护消息的完整性。发送者发送数据的同时也把该数据的 Hash 值发送过去。接收者接收到消息以后，首先根据接收到的数据计算其 Hash 值，然后和发送过来的 Hash 值进行比较，就可以判断数据在发送过程中有没有被修改。虽然在某些方面，对一组数据进行 Hash 与校验和 check sum 有些类似，但 Hash 签名也有许多自己的特色，并且对文件中字符的位置非常敏感。例如，文件中的"$l67$"，如果被"761"替代的话，文件的校验可能会相同，但其 Hash 值则会截然不同。

虽然大部分情况下，Hash 函数是不需要密钥的，但根据应用不同，可以给 Hash 函数加上密钥,用以保护 Hash 结果的完整性。可以考虑以下情况,假设发送者利用不带密钥的 Hash 函数对发送的文件产生了一个摘要或数字拇印,然后把该文件和摘要一同发送给接收者。这样就给黑客留下了可乘之机,使其可以对信息进行假冒。黑客首先对网络进行监听,截获发送来的文件,然后对文件进行修改,并利用同样的 Hash 函数对修改后的文件进行处理,产生假冒的 Hash 结果。然后,黑客把修改后的文件和假冒的 Hash 值发送给原始的接收者。接收者根据发送文件检查 Hash,错误地认为文件是完整的。如果发送者使用带密钥的 Hash 函数来产生 Hash 值的话,由于黑客不知道密钥(发送文件的时候一般不会把密钥附带在文件上),所以他即使制作了假冒的 Hash 结果,接收者用密钥进行验证的时候,同样会发现文件遭到了修改,从而保证了传输文件的完整性。利用上述方法产生的 Hash 结果就称为消息校验码(message authentication codes,MAC)。常用的 Hash 算法有 SHAI 和 MD5 等。

为了检验输入信息的完整性,用户应获取输入的原始信息,并利用同样的 Hash 函数对信息进行处理,产生一个新的 Hash 值,然后同其他用户发送来的原始信息的 Hash 值进行比较。如果两者相同,则说明输入信息没有被修改,是完整的,否则就是信息遭到了修改。

虽然 Hash 函数提供了验证完整性的机制,但不是完整的解决方案。如果使用不带密钥的 Hash 函数,则不能保证数据的完整性;如果使用带密钥的 Hash 函数,则能够保证数据的完整性,但必须有一种安全有效的方式把密钥发送给接收者。

2. DSA 签名和 RSA 签名

DSA 是 Schnorr 和 EIGamal 签名算法的变种,被美国国家标准和技术研究所 NIST 作为 DSS 数字签名标准,DSS 是由美国国家标准和技术研究所与国家安全局共同开发的。由于它是由美国政府颁布实施的,所以主要用于与美国政府做生意的公司,其他公司则较少使用,它只是一个签名系统,而且美国政府不提倡使用任何削弱政府窃听能力的加密软件,认为这才符合美国的国家利益。

DSA 位数仅为 160 位,没有太大的意义,也存在系统平台不兼容的问题,而且 DSA 是基于整数有限域离散对数难题的,安全强度和计算速度均低于 RSA 算法。DSA 的两个重要特点是两个素数公开,而 RSA 算法却做不到。DSA 算法的安全性也依赖于有限域上的离散对数问题,其优点是不涉及专利问题。

RSA 是一种流行的加密标准,许多产品的内核中都有 RSA 的软件和类库,早在 Web 飞速发展之前,RSA 数据安全公司就负责数字签名软件与 Macintosh 操作系统的集成,在 Apple 的协作软件 Power Talk 上还增加了签名拖放功能,用户只要把需要加密的数据拖到相应的图标上,就完成了电子形式的数字签名。RSA 与 Microsoft、IBM、Sun 和 Digital 都签订了许可协议,在其生产线上加入了类似的签名特性。与 DSS 不同,RSA 既可以用来加密数据,也可以用于身份认证。和 Hash 签名相比,在公钥系统中,由于生成签名的密钥只存储于用户的计算机中,所以安全系数大一些。用 RSA 或其他公开密钥密码算法进行数字签名的最大方便之处是没有密钥分配问题(网络越复杂、网络用户越多,其优点越明显)。因为公开密钥加密使用两个不同的密钥,其中一个是公开的,另一个是保密的。公开密钥可以保存在系统目录内、未加密的电子邮件信息中、电话黄页(商业电话)上或公告牌里,网上的任何用户都可获得公开密钥。而保密密钥是用户专用的,由用户本身持有,它可以对由公开密钥加密的信息进行解密。RSA 算法中数字签名技术实际上是通过一个哈希函数来实现的。数字签名的特点是它代表了文件的特征,文件如果发生改变,数字签名的值也将发生变化。不同的文件将得到不同的数字签名。一个最简单的哈希函数是把文件的二进制码相累加,取最后的若干位。哈希函数对发送数据的双方都是公开的。

3. 数字签名的保密性

数字签名的保密性在很大程度上依赖于公开密钥。数字签名的加密解密过程和秘密密钥的加密解密过程虽然都使用公开密钥体系,但实现的过程正好相反,使用的密钥对也不同。数字签名使用的是发送方的密钥对,发送方用自己的私有密钥进行加密,接收方用发送方的公开密钥进行解密,这是一个一对多的关系。任何拥有发送方公开密钥的人都可以验证数字签名的正确性。而秘密密钥的加密解密则使用的是接收方的密钥对,这是多对一的关系。任何知道接收方公开密钥的人都可以向接收方发送加密信息,只有唯一拥有接收方私有密钥的人才能对信息解密。这是一个复杂但又很有趣的过程。在实际应用过程中,通常一个用户拥有两个密钥对,一个密钥对用来对数字签名进行加密解密,另一个密钥对用来对秘密密钥进行加密解密。这种方式提供了更高的安全性。又由于加密密钥是公开的,密钥的分配和管理就很简单,而且能够很容易地实现数字签名。因此,公开密钥加密系统并没有完全取代秘密密匙加密系统,这是因为公开密钥加密解密、MD5、SHA 等是基于尖端的数学难题,计算非常复杂,它的实现速度远远赶不上秘密密匙加密系统。因此,在实际应用中可利用二者的各自优点,采用秘密密钥加密系统加密文件,采用公开密钥加密系统加密"加密文件"的密钥,这就是混合加密系统,它较好地解决了运算速度问题和密钥分配管理问题。

4. 数字签名中的问题与改进

以上数字签字的方法是相当简单和理想化的,具体应用中还有一些问题需要解决。

(1) 签字后的文件可能被接收方重复使用。如果签字后的文件是一张支票,接收方很容易多次用该电子支票兑换现金,为此发送方需要在文件中加上一些该支票特有的凭证,如时间戳(但时间戳会有一个时间是否同步的问题)等,以防止上述情况发生。

(2) 数字签名中应用很多的 RSA 算法是基于大数的因子分解难题。由于计算水平的提高,人们逐渐可以用计算机分解更大的数。因此,RSA 算法的密钥也就越来越长,使用 PGP 时要选择 700 比特以上的密钥。在电子商务的 SET 协议中,规定用户使用 1024 比特的 RSA 密钥,认证中心 CA 使用 2048 比特的 RSA 密钥。长密钥带来两个问题:一是运算速度较慢,另一个是密钥的存储和管理问题。如果用 16 位的 IC 卡实现电子钱包,使用 1024 比特的 RSA 算法速度就很慢,要以秒计算。而固化 RSA 算法的 IC 卡或 32 位的 IC 卡价格则较贵。

(3) 公钥算法的效率是相当低的,不宜用于长文件的加密,为此我们采用 Hash 函数,将原文件 P 通过一个单向(one-way)的 Hash 函数作用,生成相当短的(仅几十比特或几百比特)输出 H,即 Hash(P)=H。这里由 P 可以很快生成 H,但由于 H 几乎不可能生成 P,然后再将公钥算法作用在 H 上生成"签字" S,记为 $Ek_1(H)=S$,k_1 为 A 的公钥,A 将(P, S)传给 B,B 收到(P, S)后,需要验证 S 是 A 的签字。若我们有 $H_1=H_2$,即 $Dk_2(S)=$ Hsah(P),

我们才能认为 S 就是 A 的签字。

(4) 如果在 Hash 签名时使用一个密钥 k，让只有知道此密钥 k 的人才能使用 Hash，即用 $H(m, k)$ 代替 $H(m)$，则可以增强 Hash 加密的安全性。以上方法实际上就是把签字过程从原文件上转移到一个很短的 Hash 值上，大大地提高了效率，可以在现代电子商务中广泛应用。

5. 数字签名的发展方向

2000 年 1 月举行的第六届国际密码学会议对应用于公开钥密码系统的加密算法推荐了两种：基于大整数因子分解难题的 RSA 算法和基于椭圆曲线上离散对数计算难题的 ECC 算法。所以，基于 RSA 算法的数字签名还有一定的发展空间。

对于未来的加密、生成和验证数字签名的工具需要完善，只有用 SSL(安全套接层)建立安全链接的 Web 浏览器，才会频繁地使用数字签名，公司要对其雇员在网络上的行为进行规范，就要建立广泛的协作机制来支持数字签名，支持数字签名是 Web 发展的目标，确保数据保密性、完整性和不可否认性才能保证在线商业的安全交易。和数字签名有关的复杂认证能力就像现在操作、应用环境中的口令密码一样直接做进操作系统环境、应用、远程访问产品、信息传递系统及因特网防火墙中，像 Netscape 支持 X.509 标准的 Communicator4.0 Web 客户机软件、Microsoft 支持 X.509 的 Internet Explorer 4.0 客户机软件及支持对象签名检查的 Java 虚拟机等。

6. 数字签名的前景

数字签名作为电子商务的应用技术，越来越受到人们的重视，其中它涉及的关键技术也有很多，并且很多新的协议，如网上交易安全协议 SSL、SET 协议都会涉及数字签名，究竟使用哪种算法、哪种 Hash 函数，以及数字签名管理、在通信实体与可能有的第三方之间使用协议等问题都可以作为新的课题。

同时，数字签名也引起了专家们的担忧，一位技术专家警告：运用越来越广泛的网络安全技术数字签名，今后很可能导致毫无私密可言。在伦敦组织的国际监控论坛上，高级译码专家斯特凡·布兰茨(Stefan Brands)在其发言中警告：数字签名将扩大政府跟踪和身份盗用的可能性。数字签名是为网络用户提供的受密钥保护的唯一身份证明，该密钥向第三方证明文件、信息或交易对象的真实身份。虽然数字签名能打消很多客户的疑虑，但布兰茨相信数字签名同时也会引发"自由"问题。布兰茨博士警告，今后，数字签名使政府很容易跟踪网络用户的在线活动。布兰茨认为，"这些标识符号只会越来越危险，你所做的每一件事都能被自动跟踪，相信不久以后这些标识你身份的符号就像安装在你身上的一个类似电话和监视器的计算机。"

数字签名可以解决否认、伪造、篡改及冒充等问题，具体要求是发送者事后不能否认发送的报文签名；接收者能够核实发送者发送的报文签名；接收者不能伪造发送者的报文签名；接收者不能对发送者的报文进行部分篡改；网络中的某一用户不能冒充另一用户作为发送者或接收者。数字签名的应用范围十分广泛，在保障电子数据交换(EDI)的安全性上是一个突破性的进展，凡是需要对用户的身份进行判断的情况都可以使用数字签名，比如加密信件、商务信函、订货购买系统、远程金融交易、自动模式处理等。在数字签名的引入过程中不可避免地会带来一些新问题,需要进一步加以解决,数字签名需要相关法律条文的支持。

(1) 需要立法机构对数字签名技术有足够的重视,并且在立法上加快脚步,制定有关法律,以充分实现数字签名具有的特殊鉴别作用,有力地推动电子商务以及其他网上事务的发展。

(2) 如果发送方的信息已经进行了数字签名,那么接收方就一定要有数字签名软件,这就要求软件具有很高的普及性。

(3) 假设某人发送信息后脱离了某个组织,被取消了原有数字签名的权限,那么他以往发送的数字签名在鉴定时只能在取消确认列表中找到原有确认信息,这样就需要鉴定中心结合时间信息进行鉴定。

(4) 基础设施(鉴定中心、在线存取数据库等)的费用,是采用公共资金还是在使用期内向用户收费?如果在使用期内向用户收费,会不会影响到这项技术的全面推广?

2.4.6 CA 认证技术

在电子交易中,无论是数字时间戳服务还是数字凭证发放,都不是靠交易双方能够完成的,而是通过一个具有权威性和公正性的第三方来完成。认证中心又称证书授权中心,是一个负责发放和管理数字证书、确认用户身份的具有权威性、公正性和唯一性的服务机构,作为电子商务交易中受信任的第三方,承担非对称密钥密码体系中公钥的合法性检验的责任。CA 的主要任务是受理数字凭证的申请、签发及对数字凭证的管理。CA 中心为每一个使用公开密钥的用户发放一个数字证书,数字证书的作用是证明证书中列出的用户合法拥有证书中列出的公开密钥,CA 机构的数字签名使得攻击者不能伪造和篡改证书。CA 具有以下四大职能。

(1) 证书发放。在做交易时,向对方提交一个由 CA 签发的包含个人身份的证书,使对方相信自己的身份,即数字证书。在网上的电子交易中,如果双方出示了各自的数字凭证,并用它来进行交易操作,那么双方都可不必为对方身份的真伪担心。对于 SET 的用户,可以发给最终用户签名的或加密的证书;向持卡人只能发放签名的证书,持卡人证书中包括了有关持卡人所使用的支付卡的数据和相应的账户信息;向商户和支付网关发放签名并加密的证书,商户证书也包含了有关其账户的信息。支付网关一般为收单行或收单行参加的银行卡组织。所颁发的数字证书符合国内、国际安全电子交易协议标准,因此它是保证电子商务安全的核心。顾客向 CA 申请证书时,可提交自己的驾驶执照、身份证或护照,经验证后,颁发证书,证书包含了顾客的名字和他的公钥,以此作为网上证明自己身份的依据。在 SET 中,最主要的证书是持卡人证书和商家证书。

(2) 证书更新。持卡人证书、商户和支付网关证书应定期更新,更新过程和证书发放过程是一样的。

(3) 证书撤销。证书的撤销可以有许多理由,如私钥被泄密、身份信息的更新或终止使用。对持卡人而言,他需要确认他的账户信息不会发往一个未授权的支付网关,被撤销的支付网关证书应在撤销清单中包括相关的持卡人的信息。持卡人也不愿将任何敏感的支付信息发给商户,因此他需要进一步验证商户证书的有效性。对支付网关而言,需检查持卡人不在撤销清单中,并需与发卡行验证信息的合法性;同样支付网关需检查商户证书不在撤销清单中,并需与收单行验证信息的合法性。

(4) 证书验证。安全电子交易的证书是通过信任分级体系来验证的,每一种证书与发放它的单位相联系,沿着该信任树直接到一个可信赖的组织,我们就可以确认证书的有效性,信任树"根"的公钥对所有 SET 软件来说都是已知的,因此可以验证每一个证书。在双方通信时,通过出示由某个 CA 签发的证书来证明自己的身份,如果对签发证书的 CA 本身不信任,则可验证 CA 的身份,依次类推,一直到公认的权威 CA 处,就可确信证书的有效性。SET 证书是通过信任层次来逐级验证的。每一个证书与数字化签发证书的实体的签名证书相关联。沿着信任树一直到一个公认的信任组织,就可以确认该证书是有效的。例如,C 的证书是由名称为 B 的 CA 签发的,而 B 的证书又是由名称为 A 的 CA 签发的,A 是权威的机构,通常称为 Root CA。验证到了 Root CA 处,就可确信 C 的证书是合法的。在网上购物中,持卡人的证书与发卡机构的证书相关联,而发卡机构证书通过不同品牌卡的证书连接到 Root CA,而 Root 的公共签名密钥对所有的 SET 软件都是已知的,可以校验每一个证书。认证授权机构的可靠程度取决于以下因素:一是系统的保密结构,包括运营程序以及由认证授权机构提供的机械和电子保护措施;二是用于确认申请证书的用户身份的政策和方法;三是进入电子交易的用户是否能依赖由他人证明的身份或证书内容;四是证书申请机构在安全管理方面的经验,特别是其在很长一段时间内提供这些服务的信誉。

1. 基于 Kerberos 协议的认证

Kerberos 协议是一种共享秘密的验证协议,用来在非安全网络中,对个人通信以安全的手段进行身份认证,其运行原理如图 2-12 所示。由图 2-12 可以看出,Kerberos 协议认证分为 4 个基本步骤。

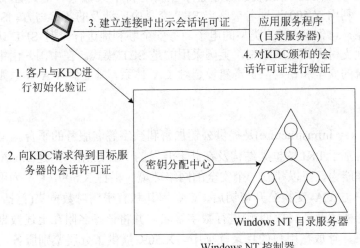

图 2-12 Kerberos 协议认证步骤

第一步,当一个用户初始登录到 Windows NT 时,客户端的 Kerberos SSP(安全性服务接口)得到一个初始的 Kerberos 协议许可证(TGT),Windows NT 把这个 TGT 作为用户登录环境的一部分存储在客户端的许可证缓存中。

第二步，当一个客户端程序试图访问一个服务器上的网络服务时，客户端的运行程序在自己的许可证缓存中检查有无一个有效的访问服务器的会话许可证。如果没有，客户端的密钥分配中心发出一个请求，申请一个访问服务器的会话许可证，然后把申请到的会话许可证缓存到本地。

第三步，客户端在与服务器建立初始化连接时把会话许可证递交给服务器。

第四步，服务器对会话许可证进行验证，由于会话许可证的一部分是使用服务器与密钥分配中心 KDC(key distribution center)之间共享的密钥进行加密，而服务器端的 Kerberos 协议运行程序在缓存中拥有一份复制的共享的密钥，所以服务器不需要连接到密钥分配中心上的验证服务就能够直接对客户端进行验证。但是，在 Kerberos 协议认证机构中，也存在一个安全隐患，即攻击者可以采用离线方式攻击用户口令。如果用户口令被破获，系统将是不安全的。最新的办法是将智能卡引入 Kerberos 协议认证机构，也就是说，结合了基本认证方式中的第一种方法和第二种方法，只修改了用户和认证服务器之间的交互协议，从而提供较高的安全性能。

2. 电子商务的 CA 认证体系

电子商务 CA 认证体系包括两大部分，即符合 SET 标准的 SET CA 认证体系(又叫金融 CA 体系)和基于 X.509 的 PKI CA 体系(又叫非金融 CA 体系)。

1) SET CA

1997 年 2 月 19 日，由 Master Card 和 Visa 发起成立 SETCO 公司，被授权作为 SET 根 RCA。从 SET 协议中可以看出，由于采用公开密钥加密算法，认证中心(CA)就成为整个系统的安全核心。SET 中 CA 的层次结构依次为根认证中心(RCA)、区域性认证中心(GCA)，GCA 下再设持卡人认证中心(CCA)、商户认证中心(MCA)、支付网关认证中心(PCA)。在 SET 中，CA 所颁发的数字证书主要有持卡人证书、商户证书和支付网关证书。在证书中，利用 X.500 识别名来确定 SET 交易中所涉及的各参与方。SET CA 是一套严密的认证体系，可保证 B2C 类型的电子商务安全顺利地进行。但 SET 认证结构适应于卡支付，对其他支付方式有所限制。美国采用的是 SET 模式。在中国，由中国人民银行维护金融支付系统的安全和稳定，负责建设金融 CA 体系，非金融 CA 体系则由中国电信负责建设。

2) PKI CA

PKI(public key infrastructure)是提供公钥加密和数字签名服务的平台。采用 PKI 框架管理密钥和证书，基于 PKI 的框架结构及在其上开发的 PKI 应用，为建立 CA 提供了强大的证书和密钥管理能力，可以建立一个安全的网络环境。根据 X.509，CA 为用户的公开密钥提供证书。用户与 CA 交换公开密钥后，CA 用其私有密钥对数据集(包括 CA 名、用户名、用户的公开密钥及其有效期等)进行数字签名，并将该签名附在上述数据集的后面，构成了用户的证书，存放在用户的目录款项中。X.509 提供了分层鉴别服务，可以有多个层次的 CA(可信任的第三方认证系统)，构成树状的认证层次。在一个证书树上的节点中间进行鉴别时，在证书树上找到共同的祖先节点，就可以完成鉴别。当两个用户分别由不同的 CA 服务时，不同的 CA 要为每个用户建立一个证书(这种签证方式叫交叉签证)。只要保证每一个 CA 是可信赖的，这种证书管理方法就能满足多用户的电子商务网络的需要。PKI CA 增加了网上交易各方明显的信任，也为他们之间的可靠通信创造了条件，并为 B2B 及

B2C 两种电子商务模式提供兼容性服务(特别是用于 B2B 模式的服务)。而 SET CA(支付型认证体系)只适用于部分 B2C。

我国由中国人民银行委托银行卡全国交换中心组织 11 家商业银行设计并兼容服务于 B2B 和 B2C 两种电子商务模式的 CA 体系与 CA 中心，以 PKI 为技术基础和框架结构。

2.4.7 防火墙技术

防火墙是一种形象的说法，它是一种计算机硬件和软件的组合，在因特网与内部网之间建立起一个安全网关，把互联网与内部网(通常指局域网或城域网)隔开，从而保护内部网免受非法用户的侵入。防火墙可以确定哪些内部服务允许外部访问，哪些外部服务可以由内部人员访问，即控制网络内外的信息交流，并提供接入控制和审查跟踪。为了发挥防火墙的作用，来往于因特网的所有信息都必须经由防火墙，防火墙禁止因特网中未经授权的用户入侵，由它保护的计算机系统，只允许授权信息通过。

防火墙从实现方式上可分为硬件防火墙和软件防火墙两类。硬件防火墙是通过硬件和软件的结合来达到隔离内、外部网络的目的，价格较贵，但效果较好，一般小型企业和个人很难实现。软件防火墙是通过纯软件的方式来达到隔离目的，价格低，但这类防火墙只能通过一定的规则来达到限制一些非法用户访问内部网的目的。

1. 防火墙的基本准则

1) 一切未被允许的就是禁止的

基于该准则，防火墙应封锁所有的信息流，然后对希望提供的服务逐项开放。这是一种非常实用的方法，可以营造一种十分安全的环境，因为只有经过仔细挑选的服务才被允许使用。其弊端是安全性高于用户使用的方便性，用户所能使用的服务范围受到限制。

2) 一切未被禁止的就是允许的

基于该准则，防火墙应转发所有的信息流，然后逐项屏蔽可能有害的服务。这种方法构成了一种更灵活的应用环境，可为用户提供更多服务。其弊端是在日益增多的网络服务面前，网管人员疲于奔命，特别是受保护的网络范围增大时，很难提供可靠的安全防护。

2. 防火墙的实现技术

1) 数据包过滤技术

数据包过滤技术是防火墙最常用的技术，它是指通过检查 IP 数据包的源地址、目的地址、所用的端口号和封装协议来决定是否允许该数据包通过。其缺点是无法防止外部主机的 IP 欺骗和 DNS 欺骗，维护比较困难，不支持用户认证。

2) 代理网关技术

代理网关技术也称应用层网关技术，是建立在应用层上的协议过滤和转发控制。其缺点是只能提供有限的服务，在性能和透明度上比较差。

3) 电路级网关技术

电路级网关技术主要是依赖于 TCP 连接，只对数据包起转发作用，不进行任何附加的数据包处理和过滤。其缺点是新的应用出现要求对网关的代码作相应的修改。

3. 防火墙实现的功能

传统防火墙主要实现对内部网络和服务器的保护，利用三端口防火墙可将网络隔离为内部网(Intranet)、中立区(DMZ)、公共网络(Internet)。其网络示意图如图 2-13 所示。

图 2-13　传统防火墙功能示意图

传统防火墙主要有以下功能。

(1) 用 NAT(networks address translation)把 DMZ 区的服务器和内部端口映射到防火墙的对外端口。

(2) 允许因特网公网用户访问到 DMZ 区的应用服务：http、ftp、smtp、dns。

(3) 允许 DMZ 区内的工作站与应用服务器访问因特网公网。

(4) 允许内部企业用户访问 DMZ 的应用：http、ftp、smtp、dns、POP3。

(5) 允许内部企业用户访问或通过代理访问因特网公网。

(6) 禁止因特网公网非法用户入侵内部企业网络和 DMZ 区应用服务器。

(7) 禁止因特网公网用户对内部网 http、ftp、telnet、traceroute、rlogin 等端口访问。

(8) 禁止 DMZ 区的公开服务器访问内部网络。

(9) 透明代理内含用户口令认证，并设置其访问权限。

(10) 设置防黑客或防入侵监测的范围，实行实时防入侵监测。

2.4.8 虚拟专用网技术

1. IP-VPN 的概念

虚拟专用网(VPN)被定义为通过一个公用网络建立一个临时的、安全的连接，是一条穿过混乱的公用网络的安全、稳定的隧道。虚拟专用网是对企业内部网的扩展。虚拟专用网可以帮助远程用户、公司分支机构、商业伙伴及供应商与公司的内部网建立可信的安全连接，并保证数据的安全传输。通过将数据流转移到低成本的网络上，一个企业的虚拟专用网解决方案将大幅度地减少用户花费在城域网和远程网络连接上的费用。同时，这将简化网络的设计和管理，加速连接新的用户和网站。另外，虚拟专用网还可以保护现有的网络投资。随着用户商业服务的不断发展，企业的虚拟专用网解决方案可以使用户将精力集中到自己的经营上，而不是网络上。虚拟专用网可用于不断增长的移动用户的全球因特网接入，以实现安全连接；可用于实现企业网站之间安全通信的虚拟专用线路，用于经济有效地连接到商业伙伴和用户的安全外联网虚拟专用网。虚拟专用网至少应能提供以下功能。

(1) 加密数据，以保证通过公网传输的信息即使被他人截获也不会泄露。

(2) 信息认证和身份认证，保证信息的完整性、合法性，并能鉴别用户的身份。

(3) 提供访问控制，不同的用户有不同的访问权限。

以因特网作为传输媒介，通过添加辅助协议后组建的 VPN 就称为 Internet-VPN 或 IP-VPN，IP-VPN 具有其他 VPN 所不能相比的优势。因特网是全球第一大开放性的互联网络，利用因特网资源作为企业专网的延续，可以节省昂贵的长途租费。权威机构的研究报告显示，IP-VPN 可以节省公司远程接入费用的 60%。同时，企业还可以将复杂的网络管理与维护交予运营商或 ISP，从而大大降低管理费用。IP-VPN 同时还具有很强的扩展能力和灵活性，支持多种接入方式，包括拨号接入、Cable Modem、xDSL 以及 ISDN 等。许多业界人士认为在采用了先进的加密技术后，其安全性甚至超过了专用网。

2. VPN 技术的结构

图 2-14 所示为 VPN 技术的结构示意图。在该图中，有四个内部网络通过公用网连接起来，各个内部网络位于 VPN 设备的后面，同时通过路由器连接到公用网。在这个 VPN 结构中，数据按照严密的算法在公用网中通过多层的虚拟通道(也称隧道)从一端到达另一端。隧道从一个 VPN 设备开始，通过路由器横跨整个公用网到达其他 VPN 设备。通过数字证书来标记整个隧道，并以此来鉴别属于此 VPN 的隧道。隧道的第二层是数据的封装包，到达目标 VPN 设备的是重新封装后的数据。隧道的第三层是身份验证，采用不同的算法来验证信息来源的真实性。隧道的最里层就是用加密来确保它的机密性。隧道处理的结果使得各种被传输的信息只有预定的接收者才能读懂。VPN 系统根据系统设置的安全规则表来实施，对用户来说完全是透明的和自动控制的。在 VPN 系统后面的员工照样上网发送电子邮件或下载文件。由 VPN 系统决定他们的任务哪些需要加密，哪些不需要加密。VPN 区别于一般网络互联的关键在于隧道的建立，然后数据包经过加密后，按隧道协议进行封装、传送以保证安全性。在数据链路层实现数据封装的协议叫第二层隧道协议，常用的有 PPTP、L2TP 等；在网络层实现数据封装的协议叫第三层隧道协议，如 IP Sec；另外，SOCKS v5 协议则在 TCP 层实现数据安全。

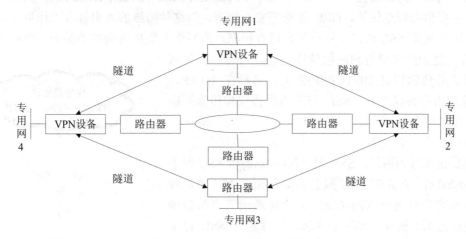

图 2-14　VPN 技术的结构示意图

3. VPN 的发展前景

因特网的迅猛发展给基于 IP 的虚拟专用网带来了前所未有的机遇，随着因特网上安全虚拟专用联网标准的正式确定,英特尔公司将会在其路由器中集成对这些标准的支持。因为明天的创新是建立在今天的标准之上,所以符合标准会给公司在选择最佳未来技术,以满足其具体需求时,提供可选的灵活性。中国的 IP-VPN 可以说还尚未起步,但随着电信业务的进一步发展,必然会有更多的企业、公司构建自己的 VPN,更多的运营商提供 IP-VNP 业务。

2.4.9 安全协议

1. SSL 协议

安全套接层(SSL)协议的最初设计是为了提高应用程序之间数据的安全性。在对电子商务的安全支付的研究中发现,采用 SSL 协议可实现客户机(client)和服务器(server)之间传输数据的加密通信,从此 SSL 协议在电子商务中的应用得到了迅速发展。

SSL 协议主要提供对会话的保护,它提供的与服务器和客户机会话有关的安全服务如表 2-2 所示。

表 2-2 SSL 提供的安全服务

服务类型	作 用
服务器认证	通过服务器具有的特定密钥实现客户机对服务器的认证
客户认证	确信客户具有合法的信用卡号,客户认证为可选项
通信的完整性	防止黑客修改
通信的保密性	支持加密和解密

1) 协议在网络中的位置

由于因特网的开放性,TCP/IP 等网络平台无法提供加密的数据传输方式,因此网络应用程序应提供如口令保护、DES 加密等安全措施,但这种措施的密钥管理工作量大、安全性差,因此采用 SSL 协议对网络平台进行扩充,为网络上数据传输提供保护。在操作系统中,SSL 处于网络平台和应用软件之间,可运行在任何一种可靠的传输协议(如 TCP/IP)之上,运行在 HTTP、FTP 等应用层协议之下。SSL 与应用层协议和传输层协议的关系如图 2-15 所示。

2) SSL 协议的组成

SSL 协议分为两层:SSL 记录层(record)和 SSL 握手层(handshake)。首先在 SSL 握手层使用 SSL 握手协议对服务器和客户机进行双向认证,并确定通信双方数据传输采用的密钥交换算法和加密算法,然后建立 SSL 记录协议处理完整性校验和加密所需的传输密钥。SSL 握手协议是较 SSL 记录协议更高层的协议,必须先执行握手协议才能实现 SSL 记录协议中的加密和完整性校验。SSL 握手协议如图 2-16 所示。

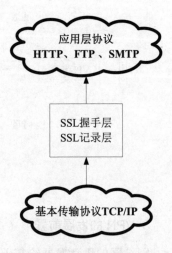

图 2-15 网络平台上的 SSL

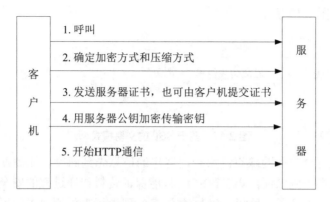

图 2-16　SSL 握手协议

在握手层，客户机浏览器首先向服务器呼叫，即提供一个它所支持的协议版本、加密方法和压缩方式的清单列表。服务器从列表中选择并反馈给客户机，选择的加密方法包括密钥交换算法、加密算法和 Hash 算法。

(1) 密钥交换算法，用来加密在 SSL 记录层数据加密所需的传输密钥，常用的为 RSA。该算法安全程度高，密钥管理简单。

(2) 加密算法。确定在 SSL 记录层采用何种算法加密。一般采用对称加密算法，因为它加密速度快，计算量小，常用的有 DES、RC4 和 3DES。

(3) Hash 算法。用于 SSL 记录层完整性检查，常用的有 MD5 和 SHA。压缩方式为可选项，双方协商不成功或有一方不支持压缩，SSL 将以无压缩方式工作。

为了向客户机证明身份，服务器需提供由认证中心(CA)发放的服务器证书，因为大部分浏览器产品内置了一些基础公共密钥，通过对在该证书公钥的签名认证下可知该服务器的商家是不是一个合法的公司。经过验证后，浏览器中的 SSL 随机产生一个数作为传输密钥，用服务器证书中经过验证的服务器公钥加密后传给服务器，于是就开始了基于 HTTP 的通信。

在 SSL 中，为防止客户欺诈，服务器也可以要求客户机提供浏览器用户的证书，但这需要给所有的用户都颁发证书，因此需要建立公钥基础设施 PKI。

SSL 记录协议定义了会话中传递的所有数据项的基本格式，提供压缩数据、生成数据的完整性检验值，对数据进行加密，标示数据长度，填充流水作业号，并支持不同的加密、解密和杂凑算法。

3) SSL 协议的交易模式

当客户 A 在网上选中了商家 B 的产品并想购买时，需要通过 SSL 握手协议在 A 的浏览器和 B 的 Web 服务器之间进行一系列初始信息的交换，就有关协议版本、会话号、加密方法、压缩方式等达成一致。SSL 所提供的安全服务对终端用户是透明的，通常用户只需用鼠标点击某页上的按钮或指定线段，以此提出与具有 SSL 功能的服务器连接的请求。服务器一般在一个指定的端口(默认为 443)接收 SSL 连接请求，这个端口与用来接收标准 HTTP 请求的端口(默认为 80)不同。在"握手"成功后，浏览器知道已经建立了一条保密连接，可以下载 Web 页面的有关内容，客户输入信用卡卡号等资料，SSL 记录层对此封装传送来实现电子支付，这里，SSL 很好地提供了安全传输信用卡号码的可靠连接。基于

SSL 的交易模式如图 2-17 所示。

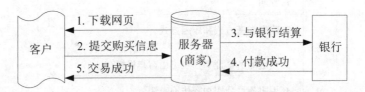

图 2-17　基于 SSL 的交易模式

这种交易模式有两方面的缺点：第一，客户的信息先到商家，让商家阅读，这样，客户资料的安全性就得不到保证；第二，SSL 只能保证资料传递过程的安全，而传递过程中是否有人截取就无法保证了。所以，SSL 并没有实现电子支付所要求的保密性、完整性，而且多方互相认证也是很困难的。

4）基于 SSL 协议的电子商务解决方案

某邮政电子商务系统如图 2-18 所示，该系统采用 SSL 协议保护客户机和服务器之间的通信，在 SSL 的基础上，采用 1024 比特 RSA 加密算法，对客户传给银行的账号密码进行保护，支付网关与银行网络之间采用专线连接，采用 ISO 8583 协议进行通信，采用对称加密算法 128 比特 DES 进行加密保护，保证支付处理的安全、高效、高速。

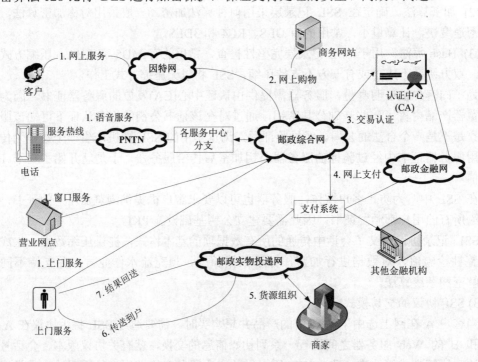

图 2-18　邮政电子商务系统

该系统能实现的功能有：通过因特网分布商品和服务信息，介绍邮政业务，接受订单、查询、投诉；通过金融网实现在线支付功能；后台处理可进行订单管理、查询、投诉处理、函件处理、业务统计、对账处理。该系统集网上信息服务、在线支付、后台订单处理及物品传递等功能为一体，是目前国内较为完整的电子商务解决方案。

2. SET 协议

安全电子交易 SET 是一种电子支付过程标准，用以保护网上支付卡交易的每一个环节，由 VISA 和 Master Card 合作产生，同时采用 IMB、GTE、Microsoft、Netscape、RSA、SAIC、Terisa、VeriSign 等多家公司的技术，是专为网上支付卡业务安全所制定的唯一有意义的标准，保证电子支付卡交易的安全进行。SET 标准主要由三个文件组成：SET 业务描述、SET 程序员指南和 SET 协议描述。

SET 是一个非常复杂的协议，因为它非常详细而准确地反映了网上支付卡交易各方之间存在的各种关系。SET 还定义了加密信息的格式和完成一笔卡支付交易过程中各方传输信息的规则。事实上，SET 远远不只是一个技术方面的协议，它还说明了每一方所持有的数字证书的合法含义，希望得到数字证书以及响应信息的各方应有的动作，以及与一笔交易紧密相关的责任分担。

1) SET 协议的功能

SET 具有强大的加密功能，并保证支付过程中每一步的保密性和可靠性等一系列认证过程，主要包括以下四个方面。

(1) 信息的保密性。SET 通过综合使用对称密钥加密技术、公钥加密技术与 Hash 函数实现信息的保密性。

(2) 确认能力。SET 使用一种认证技术将持卡人和一个专用账号连接在一起，确认能通过数字签名和认证来实现。

(3) 数据的完整性。SET 使用 Secure Hash 和数字签名方法来确保交易的完整性。

(4) 多方的操作性。SET 协议使用的协议和信息格式可以保证在不同的软硬件平台上运行。

2) SET 协议的执行步骤

SET 协议的执行步骤与常规的信用卡交易过程基本相同，只是它是通过因特网来实现的。一项 SET 交易由以下五个部分组成。

(1) 持卡人。持卡人即客户，主要指持有信用卡的消费者。

(2) 商家。商家主要指能支持网络购物的电子商店等提供电子交易服务的企业组织。

(3) 发卡银行。它负责处理信用卡的发放、账目管理、付款清算等。

(4) 收单银行。它主要使用支付系统的专用网关提供各商家的因特网在线借款服务。

(5) 认证中心。它是一个可信任的第三方，能够验证客户、商家和收单银行的身份。

3) SET 协议的工作流程

EST 协议规定的工作流程如下。

(1) 客户向商家发送购货单和一份经过签名、加密的信托书。书中的信用卡号是经过加密的，商家无从得知。

(2) 商家把信托书传送到收单银行，收单银行可以解密信用卡号，并通过认证验证签名。

(3) 收单银行向发卡银行询问，确认用户信用卡是否属实。

(4) 发卡银行认可并签证该笔交易。

(5) 银行认可商家并签证此交易。

(6) 商家向客户传送货物和收据。

(7) 交易成功，商家向收单银行索款。

(8) 收单银行按合同将货款划给商家。
(9) 发卡银行向客户定期寄去信用卡消费账单。
4) SET 协议的交易模式
SET 安全电子交易模式如图 2-19 所示。

图 2-19　SET 安全电子交易模式

(1) 客户资料虽然要通过商家到达银行，但商家不能阅读这些资料，所以 SET 解决了客户资料的安全性问题。

(2) SET 协议解决了网上交易存在的客户与银行之间、客户与商家之间、商家与银行之间的多方认证问题。

(3) 由于整个交易过程是建立在内部网、外部网和因特网的网络基础上的，因此 SET 协议保证了网上交易的实时性。

SET 使用综合的密码技术(包括对称密钥加密技术、公钥加密技术与 Hash 函数)以达到安全交易的要求，从而确保交易的安全性和可靠性。多层次的复杂安全技术使所有的成员都受益，很少有使用者看到它们，并且它们在后台的执行过程是透明的。

3. SSL 与 SET 的比较

SSL 最初考虑作为安全 Web 协议，现在已成为运行于网络 TCP 协议之上的全新协议层，可用于保护正常运行于 TCP 上的任何应用协议，如 HTTP、FTP 或 Telnet 的通信，最常见的是用 SSL 来保护 HTTP 的通信。在电子商务的初期，SSL 协议是为了商家对用户是否付款的担心而设置的，并没有考虑商家是否可信，商家可以知道客户的信用卡号码。随着因特网的发展，参与电子商务的商家越来越多，SSL 并不能保证所有的商家都能保证客户资料的安全性。对此问题，SET 协议能够很好地解决，它充分考虑了商家和客户两方面的数据安全，商家在获得加密的信用卡号码后不能解密，需传给银行解密。

但是在实现一个完整的 SET 交易过程中，需验证电子证书 9 次、验证数字签名 6 次、传递证书 7 次、进行 5 次签名、4 次对称加密和 4 次非对称加密，需花费 1.5～2 分钟甚至更长的时间(新式小型电子钱包将多数信息放在服务器上，时间可缩短到 10～20 秒)。所以 SET 协议虽然安全性好，但过于复杂，价钱昂贵，难以使用。

目前，大部分网站都依靠 SSL 提供安全交易，虽然因特网发展迅速，但目前电子商务多数仍处在交易前和交易中阶段,即通过因特网发布信息,寻找交易机会,真正通过因特网进行电子支付的交易量仍较小,发生欺诈的可能性小,所以,可以预测在未来几年内,使用的安全协议仍然以 SSL 为主。将来,由于 SET 交易的低风险性以及各信用卡组织的支持,SET 将在基于因特网的卡支付交易中占据主导地位。

本 章 小 结

随着 Internet 从启蒙阶段逐步发展到现在的社会化阶段,带动了电子商务技术的革新与发展,电子商务现已成为席卷世界的潮流,它是人类社会商务活动的一次伟大创新。电子商务既是一种商务形式,又是一种在性质、特点、功能上与传统商务有着本质不同的特殊的商务形式。它的运行基础不是现实的物理世界,而是虚幻的网络世界。自 20 世纪 90 年代以来,随着全球经济一体化、信息技术和互联网技术的迅速发展,整个世界进入了知识经济时代,世界各国相继开始建设国家基础信息网络,全球互联网用户数大幅度增加,网上资源日益丰富,电子商务受到越来越多的国家、行业和企业的关注与参与,逐步进入高速发展阶段。

本章主要从计算机网络技术基础入手,通过介绍计算机网络的概念、网络的形成与发展,引申出网络互联技术,同时介绍了计算机网络技术的新应用,最后重点介绍了电子商务网站建设与安全保障技术。通过本章的学习,读者可以对电子商务技术的基本内容与网络新技术的实际应用形成一个初步的认识,明确现代企业在现阶段全球网络经济多元化的发展过程中掌握和了解电子商务技术的必要性。

思考与练习

1. 简述计算机网络的定义。
2. 简述局域网的主要特点。
3. 简述因特网、内联网和外联网三者的区别。
4. 简述物联网的基本定义及特点。
5. 简述人工智能的概念和特点。
6. 简述推荐系统的概念。
7. 分析电子商务网站设计与管理的可行性。
8. 简述防火墙的基本准则。

【课程思政】

本章学习与党的二十大精神紧密相连。技术创新是电子商务领域业态模式创新的基础支撑,把强化技术创新应用作为电子商务高质量发展的首要任务。因此,了解相关电子商务技术具有十分重要的现实价值。通过本章的学习,有利于进一步贯彻党的二十大报告中"推动构建优质高效的服务业新体系"的重要指示,提升读者科学素养和帮助读者树立正确的价值观念。

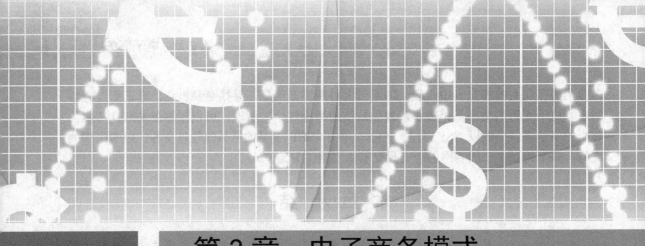

第3章 电子商务模式

【学习目标】

- 了解电子商务模式与传统商业模式的区别。
- 了解电子商务的构成要素。
- 熟悉电子商务的模式。
- 熟悉电子商务的流程。
- 掌握 B2B、B2C、C2C 电子商务交易模式。
- 熟悉电子商务创新模式。

【案例导入】

阿里巴巴于 1999 年 3 月开始创建，投资 50 万元人民币，1999 年 7 月在中国香港成立阿里巴巴中国控股有限公司，即总公司，9 月在杭州成立阿里巴巴中国网络技术有限公司，即中国区总部。这时会员有 2 万，10 月引入 500 万美元风险投资资金。1999 年年底会员达 8.9 万，2000 年 1 月日本互联网投资公司入股 2000 万美元。2000 年会员达到 50 万，2001 年 6 月韩文站在韩国汉城正式开通，2001 年 12 月当月开始盈利。阿里巴巴注册商人会员 100 万，成为全国首家会员超过百万的商务网。2002 年 2 月日本亚洲投资公司投资，2002 年 3 月与商人会员创建诚信的网上商务社区。2002 年 10 月日文网站正式开通，2002 年年底盈利冲破现金盈利 600 万元。2003 年 5 月提前实现当月每日盈利 100 万元人民币，2003 年 7 月 7 日宣布投资 1 亿元建设淘宝网站。

2007 年 11 月 6 日上午 10:00，阿里巴巴正式挂牌港交所，股票代码为 "1688 HK"。其开盘价 30 港元，较发行价提高了 122%。融资 116 亿港元，创下中国互联网公司融资规模之最。

阿里巴巴在中国香港成立公司总部，在中国杭州成立中国总部，在海外设立美国硅谷、伦敦等分支机构、合资企业三家，并在中国超过 40 个城市设有销售中心。

2021 年 11 月，阿里巴巴集团宣布成立"中国数字商业"及"海外数字商业"两大板块。2022 年 1 月，未来图灵与大众网·海报新闻联合发布 AI 明星企业 1 月榜单，阿里巴巴排名第一。

【模式分析】

阿里巴巴是目前国内甚至全球最大的专门从事 B2B 业务的服务运营商。阿里巴巴的运行模式概括起来即为注册会员提供贸易平台和资讯收发，使企业和企业通过网络做成生意、达成交易。服务的级别则是按照收费的不同，针对目标企业的类型不同，由高到低、从粗到精阶梯分布。阿里巴巴其实就是把一种贴着标有阿里巴巴品牌商标的资讯服务贩卖给各类需要这种服务的中小企业，为目标企业提供了传统线下贸易之外的另一种全新的途径——网上贸易。

(1) 依托阿里巴巴网站，中、英、日三语版本汇聚企业会员，整合成一个不断扩张的庞大买卖交互网络，形成一个无限膨胀的网上交易市场，通过向非付费会员、付费会员提供、出售资讯和更高端服务赢得越来越多的企业会员注册加盟。阿里巴巴在充分调研企业需求的基础上将企业登录汇聚的信息整合分类形成网站独具特色的栏目，使企业用户获得有效的信息和服务。

(2) 盈利模式。阿里巴巴网站基本上依靠各付费会员每年缴纳的年费及广告方面的收益。目前它旗下有两个核心服务：一个是诚信通，针对的是经营国内贸易的中小企业，费用为 2800 元/年，属于低端服务。另一个是中国供应商，针对的是经营国际贸易的大中型企业、有实力的小企业、私营业主。费用为 6~12 万/年不等，属于高端服务。除了付费的中国供应商和诚信通会员。阿里巴巴上面还活动着免费的中国商户 480 万家、海外商户 1000 万家，其中有不少企业出口额超过千万美元。从业务角度来看，阿里巴巴的盈利点主要在设企业站点、网站推广、诚信通和贸易通四个方面。

【成功原因】

第一，中国经济的高速发展。众多中小企业进行国际国内贸易的客观需求为阿里巴巴的创立与发展提供了根本保障。为什么阿里巴巴没有出现在美国、日本等其他国家与地区而在中国？这里最重要的因素是"中国制造"的崛起，中国制造业在全球化过程中，国际制造业向我国转移，国内经济连续稳定的发展使我国成为全球制造中心，客观上促进了国际贸易与国内贸易的发展。这些大环境的形成为阿里巴巴提供了发展的机遇与成长的空间。

第二，定位准确。阿里巴巴专做信息流，汇聚大量的市场供求信息。马云认为中国电子商务将经历三个阶段：信息流阶段、资金流阶段和物流阶段。目前还停留在信息流阶段。交易平台在技术上虽然不难，但没有人使用。企业对在线交易基本上还没有需求，因此做在线交易意义不大。这是阿里巴巴最大的特点。就是做今天能做到的事，循序渐进发展电子商务。阿里巴巴在充分调研企业需求的基础上，将企业登录汇聚的信息整合分类形成网站独具特色的栏目，使企业用户获得有效的信息和服务。通过准确地定位于最初做信息交流平台，绕开困难，充分发展，然后在资金流相对解决的时候推出相应的接口工具——支付宝占领先机，并为自己的平台提供强有力的支撑。

第三，优秀的创业团队与企业文化。在互联网泡沫破灭时阿里巴巴的员工只能拿到象征性的 500 元的月薪。但团队成员却没有一人在此时离开，正是这种非凡的团队凝聚力为阿里巴巴的发展提供了最有力的保障。马云作为团队领导核心，其过人的商业天赋、独特的人格魅力是阿里巴巴成功的重要因素。另外作为一个创新型企业，阿里巴巴所用人才按照四年的速度在更新,保持其团队的年轻与时代创新性。

第四,阿里巴巴采用本土化的网站建设方式,针对不同国家采用当地的语言,简易可读,这种便利性和亲和力将各国市场有机地融为一体。阿里巴巴已经建立并运作四个相互关联的网站。英文的国际网站面向全球商人提供专业服务;简体中文的中国网站主要为中国大陆市场服务;全球性的繁体中文网站则为东南亚地区、中国台湾地区和香港地区及遍及全球的华商服务;韩文的韩国网站主要为韩文用户服务。而且即将推出针对当地市场的日文、欧洲语言和南美网站。这些网站相互连接,内容相互交融,为会员提供一个整合一体的国际贸易平台,汇集全球 178 个国家(地区)的商业信息。

(资料来源:搜狐网.阿里巴巴 B2B 模式成功分析[EB/OL].(2017-09-08)

[2024-05-30].https://www.sohu.com/a/190751383_99915362)

【引言】

当代信息技术革命突飞猛进,特别是以因特网为核心的网络技术的发明与广泛应用,使整个人类社会进入了网络经济时代。它的出现迫使公司改变了原有的商务模式,全球范围内的信息资源能够在瞬间共享,不再受时间或地域条件的限制,这就大大提高了生产经营和商务贸易的运营效率;同时,使经营管理和贸易流程中的各项成本大大降低。因此,在商业贸易领域中自然而然地引发了一场交易方式的变革。

20 世纪 90 年代初期,随着以互联网为核心的计算机网络技术的蓬勃发展,依托互联网的电子商务也应运而生。互联网电子商务是以互联网络为架构,以交易双方为主体,以银行支付和结算为手段,以客户数据库为依托的全新商务模式。

电子商务模式如何分类?影响电子商务模式的因素是什么?电子商务模式如何选择?电子商务模式如何评估?电子商务模式如何有效运营?电子商务的基本模式在今后一个阶段会出现什么变化?等等。这一系列问题都值得我们深入研究和探讨。

3.1 电子商务模式概述

3.1.1 传统商业模式及其特点

商业模式,是对一个组织如何行使其功能的描述,是对其主要活动的提纲挈领的概括。它定义了公司的用户、产品和服务,它还提供了有关公司如何组织以及创收和盈利的信息。商业模式与(公司)战略一起,主导了公司的主要决策。商业模式还描述了公司的产品、服务、用户市场以及业务流程。

商业模式就是公司通过什么途径或方式来赚钱。简言之,饮料公司通过卖饮料来赚钱;快递公司通过送快递来赚钱;网络公司通过点击率来赚钱;通信公司通过收话费来赚钱;超市通过平台和仓储来赚钱等。只要有赚钱的地儿,就有商业模式存在。

传统商业的发展经历了近百年的时间,业态也非常丰富,有专业商店、百货店、超级市场、便利店、储物店等。一般来说,服务业的商业模式要比制造业和零售业的商业模式更复杂。最古老也是最基本的商业模式就是店铺模式,具体点来说,就是在具有潜在消费者群体的地方开设店铺并展示其产品或服务。

第3章 电子商务模式

随着时代的进步，商业模式也变得越来越精巧。"饵与钩"模式，或称之为"搭售"模式，出现在 20 世纪早期年代。在这种模式里，基本产品的出售价格极低，通常处于亏损状态；而与之相关的消耗品或服务的价格则十分昂贵。比如，剃须刀(饵)和刀片(钩)、手机(饵)和通话时间(钩)、打印机(饵)和墨盒(钩)、相机(饵)和照片(钩)，等等。"搭售"模式还有一个很有趣的变形：软件开发者们免费发放他们的文本阅读器，但是对其文本编辑器的定价却很高。

到了 20 世纪 50 年代，新的商业模式是由麦当劳和丰田汽车创造的；60 年代的创新者则是沃尔玛和混合式超市；70 年代，新的商业模式则出现在 FedEx 快递和 Toys"R"Us 玩具商店的经营里；80 年代的创新者是百视通、家得宝、英特尔和戴尔；90 年代的创新者则是西南航空、星巴克咖啡等。随着科学技术的不断发展，商业模式也有了多样化的趋势，互联网的免费模式就是其中的典型代表。

每一次商业模式的革新都能给公司带来一定时间内的竞争优势，每一种业态的出现都有其必然性，同时对原有的业态带来一定的冲击。而冲击的产生，恰恰就是因为传统商业模式的弊端和不足。传统商业模式的特点是人云亦云，什么赚钱做什么；简单的商业竞争模式，鱼死网破是终结；着眼当下，唯利是图。具体来说，传统商业模式与电子商务模式相比存在四个方面的弊端与不足。

(1) 制造方面的弊端。在传统商业模式下，厂家的产品一般需要经历中间的代理商、零售商等好几个环节才能到达消费者手中。由于传统商业模式中制造商直接面对的并不是消费者而是中间商、零售商，所以生产商并不能第一时间了解到消费者对于产品的评价及建议、要求，从而具有一定的滞后性。

(2) 运输环节上的弊端。从生产商到中间商再到零售商最后到消费者的售货模式明显不能再满足现代生活的需要，因为这种传统的模式与生产商直接到消费者的无店铺模式相比较，造成了很多人力、物力和财力上的浪费。就拿水果销售来说，传统的销售模式中水果从很远的地方运到中间商再到零售商，在这个运来运去的过程中，不仅增加了交易的成本，而且造成了巨大的浪费，比如许多水果在搬运过程中坏掉。

(3) 成本方面的不足。由于其在生产运输环节的不足，使其交易成本增加，最终导致由于产品价格高而使其竞争力下降，这些都是不利于企业发展的。

(4) 销售方面的不足。随着人们时间观念的增强及社会老龄化的趋势，越来越多的人不愿意采用传统的购物方式买东西。因为传统的购物方式既花费时间又花费精力，而且并不一定能够买到中意的商品。而传统的销售不仅在消费者方面不讨好，而且销售商还要雇佣一大批销售人员，这无疑又增加了销售成本。所以在销售方面，传统商业有着其无法避免的弊端。

每一种新的商业模式的出现，都意味着一种创新、一个新的商业机会的出现，公司必须不断地重新思考它的商业设计。随着(消费者的)价值取向从一个工业转移到另一个工业，公司必须不断改变它们的商业模式。一个公司的成功与否最终取决于它的商业设计是否符合了消费者的优先需求，谁能率先把握住这种商业机遇，谁就能在商业竞争中拔得头筹。

阿里巴巴集团董事局主席马云称，购物狂欢节"双十一"不仅是新零售业态对传统零售业态的一次直接干脆强有力的冲击，也是新的商业模式与传统商业模式之间的巅峰交战，还是中国经济转型的一个信号。对于传统商业模式下的厂商来讲，"双十一"让他们知道，这场巅峰大战可能已经展开，今天的形势彻底变了。

3.1.2 电子商务模式与传统商业模式的区别

1. 二者的运作过程不同

传统商务的交易过程中的实务操作由交易前的准备、交易协商、合同的签订与执行、支付与清算等环节组成。交易前的准备就是交易双方都了解有关产品或服务的供需信息后，就开始进入具体的交易协商过程，交易协商实际上是交易双方进行口头协商或书面单据的传递过程。书面单据包括询价单、订购合同、发货单、运输单、发票、验收单等。接下来是合同与执行过程，在传统的商务活动中，交易协商过程经常是通过口头协议来完成的，但在协商后，交易双方必须要以书面形式签订具有法律效力的商贸合同，来确定磋商的结果并监督执行，以及在产生纠纷时通过合同由相应机构进行仲裁。最后是支付与清算过程，传统的商务活动的支付一般有支票和现金两种方式，支票方式多用于企业之间的交易。

电子商务的运作过程虽然也有交易前的准备、交易协商、合同的签订与执行以及资金的支付等环节，但是交易具体使用的运作方法是完全不同的。在电子商务模式下，交易前的准备、交易的供需信息一般是通过网络来获取的，这样双方信息的沟通具有快速和高效率的特点；贸易的磋商，电子商务中的双方的协商过程是将书面单据变成了电子单据，并且实现在网络上的传递；合同的签订与执行，电子商务环境下的网络协议和电子商务应用系统的功能保证了交易双方所有的交易协商文件的正确性和可靠性，并且在第三方授权的情况下具有法律效力，可以作为在执行过程产生纠纷的仲裁依据；资金的支付，电子商务中交易的资金支付一般采取网上支付的方式。

2. 在电子商务环境下销售商则是商务的主体

传统商务中制造商是商务中心，他们负责组织市场的调研、新产品的开发和研制，最后也是由制造商负责组织产品的销售。所以可以说一切活动都离不开制造商。但是在电子商务环境下则由销售商配合负责销售环节，包括产品网站建立与管理、网页内容设计与更新、网上销售的所有业务及售后服务的设计、组织与管理等，制造商就不再起主导作用。

3. 电子商务和传统商务的商品流转的机制不同

传统商务下的商品流转是一种"间接"的流转机制。制造企业所生产出来的商品大部分经过了一系列中间商，才能到达最终用户手中。这种流转机制无形中给商品流通增加了许多无谓环节，也增加了相应的流通、运输、存储费用，加上各个中间商都要获取自己的利润，这样就造成了商品的出厂价与零售价之间有很大的价差。因此一些制造企业就采取了直销方法(把商品直接送到商场上柜销售)。这种流转方式，使商品的价格得到了下降，深受消费者的欢迎。但是，这种方式并不能给生产企业带来更大的利润，因为直销方式要求制造厂商有许多销售人员经常奔波在各个市场之间。

电子商务的出现使得每一种商品都能够建立最直接的流转渠道，制造厂商可把商品直接送达用户那里，还能从用户那里得到最有价值的需求信息，实现无阻碍的信息交流。

4. 电子商务和传统商务涉及的地域范围和商品范围不同

传统商务涉及的地域范围和商品范围是有限的，而随着因特网的推广与普及，特别是各类专业网站的出现，电子商务涉及的地理范围和时间则是无限的，是超越时空的。

3.1.3 电子商务构成要素

1. 财务

1) 电子商务需要资金的准备

资金的准备可以通过自筹、证券市场融资、风险投资、银行贷款等方式实现筹集。通过证券市场进行融资，属于直接融资活动。它是指企业直接向投资者发行企业债券或股票，以筹集资金用于扩大规模。

风险投资源于英文"venture capital"，含义是具有风险性的投资。其实不然，风险投资既是融资与投资，又涉及经营管理，有人称其为"冒险创新资本运营"，也称创业投资，是集金融、创新、科技、管理与市场于一体的一种新型资金运作模式。完善的风险投资应具有以下三个功能。

(1) 改造公司管理。

(2) 根据全球市场技术发展潮流修订公司战略。

(3) 提供资金。风险投资的介入可以提高创业公司从开拓市场到产业链形成的成功率。

银行贷款是企业募集资金最常使用的方式。现在，通过银行贷款的方式来融资已经相当成熟，无论是政府、银行还是企业自身，都有一套极其可靠的保障机制。

2) 成本结构

成本结构确定了企业在购进生产要素、创造价值以及向目标市场提供价值等商务活动中产生的费用，它是决定商务模式是否具有竞争优势的重要因素。在电子商务模式下，来自传统商务的成本，如厂房、人员、库存等有降低趋势，IT方面的费用却在不断增长。

3) 销售额

销售额是商家销售商品向客户收取的全部价款和价外费用，但不包括收取的销项税额。销售额是衡量电子商务模式的一个重要指标。

2. 从业员工

从业员工是企业中负责电子商务模式组织运营的人员队伍。从业员工的主要职责是为企业迅速获得外界投资者信任、准确捕捉市场信息、构建企业发展战略，等等。

电子商务从业员工是由企业家(entrepreneur)、内企业家(interior entrepreneur)和知识工人(knowledge worker)三部分构成的有机整体。

从企业的电子商务实践来看，较重大的电子商务活动都是由企业家、内企业家和知识工人共同完成的。企业家是指引进电子商务并担任经营管理职责的指挥者，他们是实施电子商务模式的龙头和主导，是企业电子商务活动的倡导者和组织者，他们能站在企业电子商务发展的战略高度，从总体上把握电子商务目标，从战略角度规划电子商务水平，整合企业的各项资源和能力，使企业电子商务的发展更稳健、更持久、更有效。内企业家是指那些在现行公司体制内富有想象力、有胆识、有知识和能力来促成新事物出现的管理雇员，他们是电子商务的关键和中坚，一方面根据企业及本部门或本系统的电子商务发展的需要进行工作，另一方面调动知识工人参与电子商务的积极性并对知识工人提出的优化电子商务业务的建议进行归纳、明晰和升华。知识工人是指具有知识储备的员工，他们是电子商务的源泉和基础。这三部分主体的结构与功能如图3-1所示。

图3-1　电子商务从业员工的结构与功能

3. 信息网络系统

信息网络系统是电子商务的技术支撑体系，电子商务需要信息网络和信息系统的支撑。信息网络是指电子商务各交易实体之间用网络介质构成的一种物理布局。

信息系统包括商品查询信息系统、供货信息系统、认证信息系统、结算信息系统、客户关系管理系统和物流信息系统等。

4. 交易的商品

电子商务交易的商品就是商家提供的产品、服务或信息。商品是电子商务的价值基础，当所提供的商品是一些竞争对手所不能提供的产品时客户才会购买。

好的商品是客户价值最大化与企业价值最大化的结合点，它具有三点要求：一是要针对目标客户清晰的需求偏好；二是要为目标客户创造价值；三是要为商家创造价值。

如果客户感觉到某种商品有某些价值而其他商品不具备时，我们说这种商品是差别化的。商家可以使用八种不同的方法让其商品差别化，即商品特性、时间选择、地域、服务速度、商品组合、联盟、品牌和声誉。

5. 商家

商家，也称为电子商务中的卖家，包括生产厂商、贸易商、(中介)服务商和个人。

6. 客户

客户即商家所提供商品的购买者和使用者群体，包括生产厂商、贸易商、服务商、组织消费者、个人消费者。客户是电子商务活动的终端，也是企业利润的唯一源泉。客户群分为主要客户群、辅助客户群和潜在客户群。好的目标客户群，一是要有清晰的界定，没有清晰界定的客户群往往是不稳定的；二是要有足够的规模，没有足够的客户群规模的企业，其业务规模必然受到局限；三是企业要对客户群的需求和偏好有比较深的认识和了解；四是企业在挖掘客户群时与竞争者比较而言有一定的竞争优势。

一般来说，商家可以通过售前、售中、售后客户管理来获取有效的客户资源。售前客户管理可以通过客户建档、客户档案更新、老客户—新消费的需求诱导、界面友好、客户细分等手段来进行。售中客户管理可以通过参与性服务、连锁效应的方式来进行。售后客户管理可以通过追踪服务、顾客自助服务、情感沟通等途径来完成。

在电子商务环境中，企业的市场管理、销售管理等都产生了很大的变化，企业间的竞争也由于信息网络带来的先进技术而变得更加激烈。但是不管商务模式如何发展，企业要想保持与发展自己的竞争优势，就必须尽可能地提高客户的满意度，建立顾客对电子商务商品的依赖、对企业的忠诚。

客户作为电子商务的关键要素显得十分重要，客户知识是建立和维持良好客户关系的基础。客户知识包括对客户的识别、客户喜欢使用的沟通方式、客户的需求及企业给客户让渡的价值、客户的购买行为以及客户为企业带来的价值。在客户知识中，对客户价值的认识是核心问题。在掌握客户知识的基础上，客户关系职能可为产品创新提供市场需求信息、提供产品的方式及决定具体的交易流程。

7. 支持服务机构

电子商务的支持服务机构是完成电子商务活动中不可缺少的辅助机构，包括金融支付、认证、信用服务和物流配送等服务机构。

8. 组织管理

商家为客户提供商品，需要实施一系列业务活动，实施这一系列业务活动需要组织和管理流程。通过这些活动，商家和客户双方的需要才能得到满足，这是商家价值创造的过程。

组织管理流程包括内部业务流程、外部业务流程和业务流程再造。

内部业务流程包括企业内部各领域内和领域之间的业务工作流。它通过活动、连接、参与者、数据源、工作流应用(工作扩展模型)对各个职能产生影响。

外部业务流程包括企业的各个领域与目标市场以及要素市场的业务工作流。这种业务流的设计、管理就是电子商务的营销管理。

业务流程再造(business process reengineering，BPR)是对组织内部和组织之间的业务过程进行根本性的再思考和重新设计，以实现企业整体效益的显著改进。BPR 的基本内容有活动合并，纵向组织压缩，过程多样化，减少检查、核对与控制，以及单点接触顾客等。BPR 会激发业务流程的创新，这是电子商务中最具创新活力的部分。在流程创新的竞争中，成功的电子商务企业开发了前所未有的商务流程，对推动电子商务的发展起到了重要作用。

成功的创新流程有亚马逊(www.amazon.com)的"一次点击购买"服务方式、易趣网(www.ebay.com)的"在线交易环境中信息展示与管理"流程、在线购票网站(www.priceline.com)的"有条件购买报价买方代理系统"等。这些业务流程在 IT 的支持下为企业获得竞争优势起到了关键作用。

3.1.4 电子商务的模式类型

电子商务模式，是指构成电子商务的诸多要素、各种不同的组合形式及电子商务运营管理的方式与方法。

电子商务构成要素的不同组合形成了不同的模式。按组合要素的不同与其组合作用的不同，电子商务模式可分为电子商务空间模式、电子商务规模模式、电子商务等级模式、电子商务经营范围模式、电子商务运营管理模式。

电子商务要素构成与电子商务模式之间的关系如图 3-2 所示。

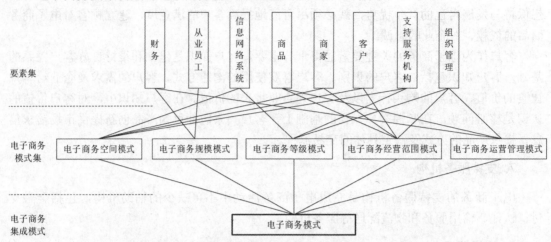

图 3-2　电子商务要素构成与电子商务模式的关系

1. 电子商务空间模式

电子商务空间模式是指按行政区域划分的电子商务模式,由商家、客户、信息网络系统和支持服务机构四要素组合而成。

电子商务空间模式可分为本地区模式、跨地区模式和跨国家模式三种类型。

(1) 电子商务本地区模式是指利用本城市内或本地区内的信息网络实现的电子商务活动,电子交易的地域范围较小。

(2) 电子商务跨地区模式是指在本国或本省范围内进行的网上电子交易活动。跨地区模式交易的地域范围较大,是在全国或全省范围内实现的电子商务活动。它涉及不同地区的工商行政管理、税务、银行等众多部门。

(3) 跨国家电子商务是指在世界范围内进行的电子商务活动,参加电子商务的各方通过网络进行贸易。它涉及有关交易各方的相关信息系统,如买方国家进出口公司系统、海关系统、银行金融系统、税务系统、运输系统、保险系统等。全球电子商务业务内容繁杂,数据来往频繁,要求电子商务系统严格、准确、安全、可靠,应制定世界统一的电子商务标准和电子商务(贸易)协议,使全球的电子商务顺利发展。

这三种模式的比较结果如表 3-1 所示。

表 3-1　电子商务空间模式的类型及其比较

类　型	分类标准	特　点	实　例
本地区模式	行政区域	同一行政区域,范围小,简单	中商网(www.chinaec.com)
跨地区模式	行政区域	跨行政区域,范围较大,较复杂	当当网(www.dangdang.com)
跨国家模式	行政区域	跨国家,范围大,复杂	阿里巴巴(www.china.alibaba.com)

2. 电子商务规模模式

电子商务规模模式是指按电子商务企业或单位的规模划分的电子商务模式,由从业员工数、财务中的销售额两种要素组合而成。电子商务规模模式可分为大型、中型和小型三种电子商务类型。

(1) 电子商务大型规模模式是指企业从事电子商务的从业员工在 400 人及以上,销售额在 15 000 万元及以上的企业或单位。如阿里巴巴为大型规模的电子商务企业,2021 年全年营业额为 7172.89 亿元,净赚 1503.08 亿元,从业员工为 25 万余人。截至 2021 年 9 月 30 日止,京东集团 2021 年第三季度净收入为 2187 亿元人民币(约 339 亿美元),同比增长 25.5%,截至 2021 年 6 月 30 日,京东物流员工人数共 27.36 万人。

(2) 电子商务中型规模模式是指企业从事电子商务的从业员工在 100~400 人之间,销售额在 1000 万~15 000 万元之间的企业或单位。

(3) 电子商务小型规模模式是指企业从事电子商务的从业员工在 100 人以下,销售额在 1000 万元以下的企业或单位。

3. 电子商务等级模式

电子商务等级模式是指按经营服务水平划分的电子商务模式,由信息网络系统、支付服务机构、组织管理三种要素组合而成。

电子商务等级模式按经营服务水平不同可分为初级、中级和高级三种电子商务类型。

(1) 电子商务初级等级模式是指在商务活动中主要实现信息流、商流的网络化,即进行网上发布商品信息、网上签约洽谈等非网上支付型电子商务。它实现初级经营服务的电子商务。

(2) 电子商务中级等级模式是指在商务活动中实现信息流、商流与资金流的网络化,以供应链管理与客户关系管理为基础,实现网上支付型电子商务。它涉及支付服务机构及企业内部的营销管理,实现中级经营服务的电子商务。

(3) 电子商务高级等级模式是指在商务活动中实现信息流、商流、资金流与物流的网络化。网上订货与上下游企业应用集成,及时精益生产,在智能化的基础上实现协同型电子商务。它涉及四个流的高水平组合,实现高级经营服务的电子商务。

这三种模式的比较结果如表 3-2 所示。

表 3-2 电子商务等级模式的类型及其比较

类 型	分类标准	特 点	实 例
初级等级	经营服务的水平	信息流、商流网络化	国美电器(www.gome.com.cn)
中级等级	经营服务的水平	信息流、商流、资金流网络化	前程无忧(www.51job.com)
高级等级	经营服务的水平	信息流、商流、资金流、物流网络化	海尔(www.haier.com)

4. 电子商务经营范围模式

电子商务经营范围模式是按经营业务的种类划分的电子商务模式,由商品、商家、客户和组织管理四种要素组合而成。

电子商务经营范围模式按经营范围不同可分为专业和综合两种类型。

(1) 电子商务专业经营模式是指针对一个行业或某一方面做深、做透的商务模式。这种模式在专业上更具权威，在商品和用户群上更加精确。

(2) 电子商务综合经营模式是指针对多个行业或方面开展的商务模式。这种模式在广度上下功夫。

这两种模式的比较结果如表 3-3 所示。

表 3-3 电子商务经营范围模式的类型及其比较

类 型	分类标准	特 点	实 例
专业	经营范围	专业上权威、精确	携程(www.ctrip.com)；前程无忧(www.51job.com)
综合	经营范围	用户广、跨行业	阿里巴巴(www.china.alibaba.com)

5. 电子商务运营管理模式

电子商务运营管理模式是指电子商务组织、业务流程设计、实施、指挥、控制的机制与方式方法，由财务成本、商品、组织管理三种要素组合而成。

电子商务运营管理模式按运营管理企业数量的不同分为独立运营管理模式和联合运营管理模式两种类型。

1) 独立运营管理模式

电子商务独立运营管理模式是指企业自主运营和管理的电子商务模式，这种模式由一个企业完成商务活动的主体部分。

独立运营管理模式可以有以下两种具体模式。

(1) 企业自主运营模式。从事电子商务的企业自主开通和管理电子商务网站，如海尔、美的、松下、沃尔玛网上专卖店。企业自主运营模式具有以下特点：产品信息更新快，信息准确度高；提供客户定制产品，客户主体为高认知度和高忠诚度的消费者；信誉度高，售后服务有保证，消费者比较放心。

(2) 供应链运营模式。供应链运营模式是一种基于供应链买卖双方之间密切联系的运营模式，通过将供应商融入买方的价值链，或借助供应商的能力来定制产品和服务。这种运营模式的主要出发点是发现、巩固、锁定商务合作伙伴关系。

供应链运营模式的类型具体有渠道分销型、服务型、采购型等。从驱动模式上看，供应链运营模式又可分为买方驱动模式、卖方驱动模式和市场驱动模式。

以卖方驱动模式为例，这种运营方式完全取决于管理决策，而非市场驱动力。

2) 联合运营模式

电子商务联合运营管理模式是指由多个企业共同合作运营和管理所完成的电子商务模式，如由宝钢投资组建的东方钢铁在线(www.bsteel.com)，是钢铁业及上下游企业的协同商务平台。

联合运营模式可以有以下三种具体模式。

(1) 平台运营模式。平台运营模式是指网上交易平台不直接参与交易，只是提供商务活动场所和相关服务，它吸引有关商家和企业参与，为他们进行网上交易提供配套服务，即提供一个集认证、付费、安全、客服和渠道于一体的统一平台。

(2) 联盟运营模式。联盟运营模式是指通过共享电子商务基础设施，把多个竞争对手联合起来进行合作的运营模式。其出发点是解决电子商务中经常会遇到的一些难以逾越的障碍，如商品的交付问题、资金的网上支付安全问题、消费者不信任网上购物等问题。这种模式可实现风险共担、以小博大。它主要体现在企业之间的协同采购模式和协同销售模式上。联盟运营模式可与社会各行业公司建立渠道合作伙伴、技术合作伙伴、服务合作伙伴和客户伙伴关系，实现和同行的竞争对手合作，资源共享、互联互通共享业务平台。

(3) 价值网运营模式。价值网运营模式是指以网络和信息系统作为手段，快速、精确地收集网上各种信息，并与供应商、合作伙伴、分销商和顾客进行分享，用信息连接、协调和控制价值链上的所有活动，使价值链上所有的成员的密切合作，快捷、可靠、高效和动态地为参与者创造更多的价值。

3.2 电子商务的流程

具体内容请扫描下方二维码。

3.3 电子商务的交易模式

电子商务的参与者众多，如企业、消费者、政府、接入服务的提供商(ISP)、在线服务的提供者、配送和支付服务的提供机构等。根据参与者性质来划分，可以分为B(business)、C(customer)、G(government)。由此形成了以下电子商务交易模式：B2B、B2C、C2C、B2M、M2C、B2G、C2G 等。目前应用范围比较广泛的是 B2B、B2C、C2C 三类。

3.3.1 B2B 电子商务模式

1. B2B 电子商务的概念

B2B 指的是 business to business，其中"B"指的是"business"，即商业供应方(泛指企业)，"2(two)"则是"to"的谐音。而 B2B 电子商务是指企业与企业之间通过互联网进行产品、服务及信息交换的电子商务活动。B2B 电子商务平台是指一个市场领域的一种，是企业对企业之间的营销关系。电子商务是现代 B2B 营销的一种具体的主要表现形式。它将企业内部网通过 B2B 网站与客户紧密结合起来，通过网络的快速反应，为客户提供更好的服务，从而促进企业的发展。

B2B 电子商务的涉及面十分广泛，企业通过信息平台和外部网站将面向上游供应商的采购业务和面向下游代理商的销售有机地联系在一起，从而降低彼此之间的交易成本，提高客户满意度。B2B 电子商务是目前电子商务市场的主流部分。

2. B2B 电子商务类型

我国 B2B 电子商务起步相对较晚，有关 B2B 电子商务模式的研究稍显单一。一般将 B2B 电子商务模式区分为两类：一类是依托大型企业自建 B2B 电子商务网站来开展电子商务，这类企业通过电子商务来降低成本，提高产品销售量；另一类是通过第三方电子商务平台开展电子商务和网络营销。业界还会将第三方电子商务平台按照行业领域区分为综合性平台和行业垂直型平台，以此进行细分。往往第三方电子商务平台提供的服务更加丰富多样，比如通过第三方电子商务平台发布和查询供求信息，与潜在客户进行在线交流和商务洽谈、竞买竞卖、物流管理等服务类型。

随着国内企业开展电子商务的需求日益高涨，B2B 电子商务网站提供的服务成为企业关注和考虑因素。国内 B2B 电子商务网站按照服务模式的不同又可分为线上服务和线下增值服务两类。线上服务主要包括企业信息服务、咨询行情服务等；线下增值服务则主要分为展会推广服务等。随着 B2B 电子商务服务企业的增多，其服务模式也呈现出多样化的趋势，以往的研究是从多个角度对 B2B 电子商务服务模式进行分类探讨。

奥利维拉(Oliveira)曾指出，B2B 电子商务能力可由电子服务恢复能力、定制能力、易用性、服务综合性及信息的丰富程度来衡量。

从我国 B2B 电子商务网站的具体情况来看，一方面，面向的客户对象不尽相同，有些网站的服务是面向所有行业的企业，也有一些网站的服务只针对某些特定行业的企业。另一方面，不同的电子商务及其 B2B 网站综合能力和提供服务的差别，致使其提供的信息量、服务的整合度及定制程度都不尽相同。由此，我们可以建立一个二维的分类模型。第一个维度是根据其服务对象的范围，将我国 B2B 电子商务模式区分为面向所有企业的综合性服务和面向行业内企业的行业性服务两种类型；第二个维度是根据 B2B 电子商务主要服务能力的不同划分为基本服务(信息服务)类、专业服务(交易服务)类和资源整合服务三个不同的类型。

综合上述二维分类模型，可将我国 B2B 电子商务服务区分为六种不同类型，如图 3-3 所示。

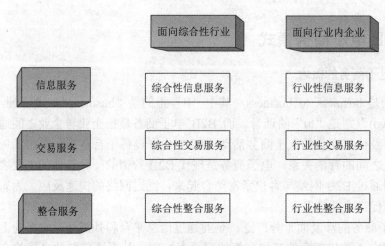

图 3-3　B2B 电子商务商业服务二维分类

B2B 电子商务是商业对商业，或者说是企业之间的电子商务交易模式，即企业与企业之间通过互联网进行产品、服务及信息的交换。目前，世界上 80%的电子商务交易额是在企业之间，而不是企业和消费者之间完成的。

B2B 电子商务模式包括两种基本模式。

1) 面向制造业或面向商业的垂直 B2B

垂直 B2B 可以分为两个方向，即上游和下游。生产商或商业零售商可以与上游的供应商形成供货关系，比如 Dell(戴尔)计算机公司与上游的芯片和主板制造商就是通过这种方式进行合作的。生产商与下游的经销商可以形成销货关系，比如 Cisco(思科)与其分销商之间进行的交易。

2) 面向中间交易市场的水平 B2B

水平 B2B 是将各个行业中相近的交易过程集中到一个场所，为企业的采购方和供应方提供了一个交易的机会，像阿里巴巴、河北建材网、72247 商务网、26 城贸易网、环球资源网、Directindustry 等就属于这种模式。B2B 只是企业实现电子商务的一个开始，它的应用将会不断得到发展和完善，并适应所有行业的企业的需要。

企业要实现完善的 B2B 需要许多系统共同支持，比如制造企业需要有财务系统、企业资源计划(ERP)系统、供应链管理(SCM)系统、客户关系管理(CRM)系统等，并且这些系统能有机地整合在一起实现信息共享、业务流程的完全自动化。B2B 电子商务模式按市场战略的不同又可以分为三种类型，即卖方控制型、买方控制型以及中介控制型。

3．B2B 在线交易流程

1) 常规流程

B2B 电子商务在线交易的常规流程如图 3-4 所示。

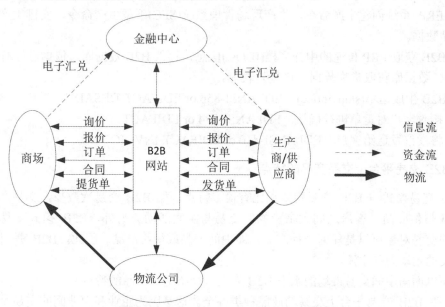

图 3-4　B2B 电子商务在线交易的常规流程

B2B 的交易流程按电子商务交易应遵循的基本程序有以下 10 个方面。

(1) 采购方向供应方发出交易意向，提出商品报价请求并询问想购买商品的详细信息。

(2) 供应方向采购方回答该商品的报价，并反馈信息。

(3) 采购方向供应方提交商品订购单。

(4) 供应方对采购方提出的商品订购单做出应答，说明有无此商品及目前存货的规格型号、品种、质量等信息。

(5) 采购方根据供应方的应答决定是否对订购单进行调整，并最终做出购买商品信息的决定。

(6) 采购方向供应方提出商品运输要求，明确使用的运输工具和交货地点等信息。

(7) 供应方向采购方发出发货通知，说明所用运输公司的名称、交货的时间、地点、所用的运输设备和包装等信息。

(8) 采购方向供应方发回收货通知。

(9) 交易双方收发汇款通知。采购方发出汇款通知，供应方告知收款信息。

(10) 供应方备货并开出电子发票，采购方收到货物，供应方收到货款，整个 B2B 交易流程结束。

如果是外贸企业，中间还将涉及海关、商检、国际运输、外汇结算等业务。

2) 制造业流程

制造业 B2B 电子商务在线交易流程有以下八个方面。

(1) 接收客户订单，解析 EDI 标准数据 EDI ANSI-850 or EDIFACT-ORDERS，保存订单必需数据，存入数据库(database，DB)。

(2) 将订单(purchase order，PO)信息上传至 ERP 系统。ERP 系统创建销售订单，然后将相关信息反馈给 B2B 系统。

(3) B2B 系统反馈订单信息给客户。

(4) ERP 系统创建生产命令，生产现场管理系统(SFC)下载生产命令，安排生产，产生相关产品数据。

(5) B2B 获取 ERP 传递的中介文档(IDOC)信息，存入 B2B 数据库。依据已经有的 Ship ID 从 SFC 数据库获取货物数据、包装列表等。

(6) B2B 生成运单(ship notice)。EDI ANSI-856 or EDIFACT-DESADV，发送给客户。

(7) 接收客户对运单进行确认。EDI ANSI-824 or EDIFACT。

(8) 将发票发送给客户。EDI ANSI-810 or EDIFACT-INVOIC。

4. B2B 交易平台上交易商品的特点

B2B 交易模式与 B2C 交易模式相比有很多特点，如 B2B 交易次数少，交易金额大，适合企业与供应商、客户之间大宗货物的交易与买卖活动。另外，B2B 模式交易对象广泛，它的交易对象可以是任何一种产品，即中间产品或最终产品。因此，B2B 是目前电子商务发展的推动力和主流。

下面以面向中间交易市场的水平 B2B 为主，介绍交易商品的特点。

(1) 在 B2B 交易平台上交易的商品种类齐全。这是因为企业和企业间的交易是大额交易，交易量大，不像普通消费者以日用、休闲、娱乐等消费品为主，单宗交易、数额小。

(2) B2B 交易在线下完成，这和企业之间的大额交易特点有关。B2B 只是一个交易平台，将交易双方汇聚在一起撮合双方的交易。

(3) 交易品的种类不受网络交易的限制。

3.3.2 B2C 电子商务模式

1. B2C 电子商务概念

B2C 中的"B"是"business"，即商业供应方(泛指企业)，"2(two)"则是"to"的谐音，"C"是"consumer"，即消费者。B2C 电子商务是按电子商务交易主体划分的一种电子商务模式，即表示企业与消费者之间的电子商务，具体是指通过信息网络以及电子数据信息的方式实现企业或商家机构与消费者之间的各种商务活动、交易活动、金融活动和综合服务活动，是消费者利用因特网直接参与经济活动的形式。

B2C 是企业对消费者直接开展商业活动的一种电子商务模式。这种形式的电子商务一般以直接面向客户开展零售业务为主，主要借助于因特网开展在线销售活动，故又称为电子零售(电子销售)或网络销售。它是随着因特网的出现而迅速发展起来的，目前在因特网上遍布各种类型的网上商店和虚拟商业中心，提供从鲜花、书籍、饮料、食品、玩具到计算机、汽车等各种消费品和服务。因特网上有很多这种类型电子商务成功应用的例子，如全球最大的虚拟书店亚马逊。为了获得消费者的认同，网上销售商在"网络商店"的布置上往往煞费苦心。网上商品不是摆在货架上，而是做成了电子目录，里面有商品的图片、详细说明书、尺寸和价格信息等。

【案例】

亚马逊公司(www.amazon.com，简称亚马逊；NASDAQ：AMZN)，创立于 1995 年，目前已成为全球商品品种最多的网上零售商和全球第二大互联网公司，亚马逊及其他销售商为客户提供数百万种独特的全新、翻新及二手商品，如图书、影视、音乐和游戏、数码下载、电子和计算机、家居园艺用品、玩具、婴幼儿用品、食品、服饰、鞋类和珠宝、健康和个人护理用品、体育及户外用品、汽车及工业产品等。由于亚马逊提供的亚马逊云服务在 2013 年的出色表现，著名 IT 开发杂志 SD Times 将其评选为 2013 SD Times 100，位于"API、库和框架"分类排名的第二名，"云方面"分类排名第一名，"极大影响力"分类排名第一名。2021 年 6 月 2 日，位列 2021 年《财富》美国 500 强排行榜第 2 名，2021 年 10 月，入选福布斯 2021 全球最佳雇主榜，排名第 4 名。

今天，亚马逊为我们展示出的是一个庞大的以 B2C 为核心的商业模式矩阵。这些模式互相支撑，彼此取长补短，为亚马逊赢得未来 10 年的商业竞争构建了无法被超越的优势。

【思考与分析】

亚马逊的历史几乎反映了电子商务的发展历史，因为它是最成功的电子商务企业之一。它告诉了我们许多有关电子商务问题的基本答案：为什么需要电子商务，电子商务能帮助我们做些什么，如果要开展电子商务业务，我们从哪里开始，过程如何？通过亚马逊案例得到的启示有以下几点。

1) 网上购物的理由

面向消费者进行策划，消费者愿意购买某产品，实际上就认同了该产品所体现的价值，因此客户愿意在网上购物也就认同了这种商业模式的价值。

(1) 多种选择。110万种图书可供选择，利用搜索引擎技术很容易找到你想找的图书。

(2) 方便快捷。没有店铺经营时间的限制，没有地理位置的约束，你可以在任何时间、任何地点，只要能接入互联网，就可以下单购物。

(3) 价格低廉。由于互联网能够降低交易成本以及政府的优惠政策，很多商品都能为客户提供高折扣，亚马逊书店70%以上的图书都能提供令客户满意的折扣。

(4) 服务周到。电子邮件和电话提供客户支持，提供自动的订单确认、订单跟踪以及运输信息查询。

2) 投资的理由

(1) 不需要实体店面。实体店面的投资是昂贵的，而那些有商业价值的所谓黄金地段并不是所有投资人都愿意承担的。

(2) 可以节约人力成本。不需要营业员，不需要销售代表。

(3) 不需要维持大量的库存。可以依靠分销商、按订单生产或进货等，即使是畅销产品库存的数量也并不大。实际上，亚马逊每年的库存周转达19次之多，而传统书店仅为3次左右。

(4) 专注产品设计。由于不直接面对消费者，公司的员工将精力集中在产品设计上。从1995年7月亚马逊开业到2006年年底，亚马逊公司所提供的产品、服务不断更新，特别是其服务和营销理念，很多都成为其他在线公司模仿的样板。

3) 传统书店无法比拟的优势

(1) 历史推荐。你买过什么书吗？如果买过，那么只要你再次登录该网络店铺，或者你留有个人联系的方式，如电子邮件或电话，系统就会给你推荐你感兴趣的书目。

(2) 协同推荐。你想买什么书吗？只要你输入你想要的书名，与此相关的书籍都会推荐给你。如果你愿意提供你的一些个人偏好或资料，系统还能将其他与你具有相似偏好的读者购买图书的习惯告诉你，供你参考。

(3) 货比三家。如果你想在亚马逊网站购买一本有关电子商务方面的图书，输入"electronic commerce"，就会列出一系列相关书籍，并且每本书后面都可能留有其他读者的评价，你还可以通过电子邮件的方式与你感兴趣的读者、作者沟通，能非常方便地比较不同作者的书籍。

(资料来源：胡斌. 电子商务概论[EB/OL].(2020-07-08) [2024-05-30].https://book.qq.com/book-read/32009711/6)

2. B2C电子商务的类型

1) 综合型B2C

综合型B2C是通过发挥自身的品牌影响力，积极寻找新的利润点，培养核心业务。比如，卓越亚马逊，可在现有品牌信用的基础上，借助母公司亚马逊国际化的背景，探索国际品牌代购业务或者采购国际品牌产品销售等新业务。网站建设要在商品陈列展示、信息系统智能化等方面进一步细化。对于新老客户的关系管理，需要精细客户体验的内容，提供更加人性化、直观的服务。选择较好的物流合作伙伴，增强物流实际控制权，提高物流配送服务质量。

2) 垂直型 B2C

在垂直型 B2C 核心领域内继续挖掘新亮点。积极与知名品牌生产商沟通与合作，化解与线下渠道商的利益冲突，扩大产品线与产品系列，完善售前、售后服务，提供多样化的支付手段。

3) 传统生产企业网络直销型 B2C

直销型 B2C 要从战略管理层面明确这种模式未来的定位、发展与目标，协调企业原有的线下渠道与网络平台的利益。实行差异化的销售，如网上销售所有产品系列，而传统渠道销售的产品则体现地区特色；实行差异化的价格，线下与线上的商品定价根据时间段的不同进行设置。线上产品也可通过线下渠道完善售后服务。在产品设计方面，要着重考虑消费者的需求感觉。大力吸收和挖掘网络营销精英，培养电子商务运作团队，建立和完善电子商务平台。

4) 第三方交易平台型 B2C 网站

B2C 受到的制约因素较多，但中小企业在人力、物力、财力有限的情况下，也不失为一种拓宽网上销售渠道的好方法。关键在于，首先，中小企业要选择具有较高知名度、点击率和流量的第三方平台；其次，聘请懂得网络营销、熟悉网络应用、了解实体店运作的网店管理人员；最后，要以长远发展的眼光看待网络渠道，增加产品的类别，充分利用实体店的资源、既有的仓储系统、供应链体系以及物流配送体系发展网店。

5) 传统零售商网络销售型 B2C

传统零售商自建网站销售，将丰富的零售经验与电子商务有机结合起来，有效地整合传统零售业务的供应链及物流体系，通过业务外包解决经营电子商务网站所需的技术问题。其典型代表就是国美。

6) 纯网商

纯网商是指只通过网上销售产品的商家，其销售模式主要有自产自销和购销两种。纯网商是没有线下实体店的。

3．B2C 在线交易流程

以消费者进行网上购物为例，B2C 交易的过程如下(见图 3-5)。

(1) 消费者使用自己的计算机，通过因特网搜索想要购买的商品。

(2) 消费者在网上浏览，选购所需的商品放入购物车内，填写系统自动生成的订货单，包括商品名称、数量、单价、总价等，并注明将此商品何时送到何地以及交给何人等详细信息。

(3) 通过服务器与有关商店联系并取得应答，告知消费者所购货物的单价、应付款数、交货等信息。

(4) 消费者确认上述信息后，用电子钱包付款。在系统中装入并打开电子钱包，输入自己的密码口令，取出其中的电子信用卡进行付款。

(5) 电子信用卡号码被加密发送到相应的银行，网上商店收到订购单，等待银行付款确认。当然，商店不知道也不应该知道顾客的信用卡信息，无权也无法处理信用卡中的钱款。

(6) 如果付款不成功，则说明信用卡上的钱款已经超过透支限额或者是上了黑名单，消费者已不能使用该卡。消费者可再次打开电子钱包，取出另一张电子信用卡，重复上述操作。

（7）如果经银行证明信用卡有效并已授权，网上商店就可以付货，同时销售商店留下整个交易过程中发生往来的财务数据，并出示一份电子收据发送给消费者。

（8）在上述交易成交后，网上商店就按照消费者提供的电子订单，将货物在指定地点交到消费者指定的收货人手中。

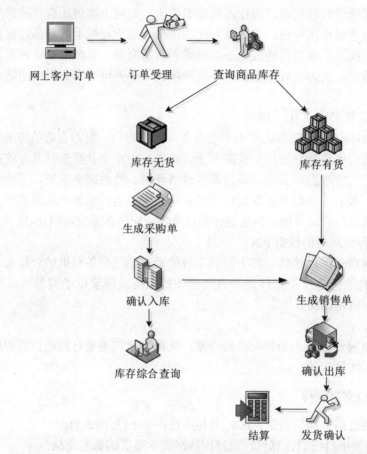

图 3-5　B2C 电子商务模式的流程

就上述电子购物而言，在实际进行过程中，即从顾客输入订货单开始到拿到销售商店出具的电子收据为止的全过程仅用 5~20 秒的时间。这种电子购物方式十分省事、省力、省时。购物过程中虽经过信用卡公司和商业银行等多次进行身份确认、银行授权、各种财务数据交换和账务往来等，但所有的业务活动都是在极短的时间内完成的。总之，这种购物过程彻底改变了传统的面对面交易和一手交钱一手交货及面谈等购物方式，是一种新颖有效、保密性好、安全保险、可靠的电子购物过程。利用各种电子商务保密服务系统，就可以在因特网上使用自己的信用卡放心地购买自己需要的物品。

4. B2C 交易商品的特点

B2C 电子商务模式最大的特点是商品的交易完全通过网络的方式进行，从消费者在网上挑选和比较商品开始,到网上购物支付和物流配送以及售后服务,是一条龙通过网络完成的,企业和消费者之间不进行面对面的交易。因此,B2C 模式交易的商品有如下几个特点。

(1) 适合在网上销售。这是 B2C 电子商务模式对产品的特殊要求。只有能通过电子传输的产品和服务,如电影、Flash、电子杂志等,才适合在网上销售,这样的产品被当作 B2C 电子商务最好的目标产品。在网上实施全天候服务,实时交易,商品传递速度快。

(2) 商品的搜索成本低。这是因为适合做电子商务的商品大多数是书、音乐和光盘等。

(3) 具有标准化、不易变质、适合传递等特征。比如,小型数码产品适合做电子商务,这是因为在网上销售的商品受限较多,如没有库存、不能完全真实地感受信息及物流配送的特点等。

3.3.3 C2C 电子商务模式

1. C2C 电子商务的概念

C2C 中的"C"是"consumer",即消费者,"2(two)"则是"to"的谐音,是消费者对消费者的交易,简单地说就是消费者本身提供服务或产品给消费者。C2C 商务平台就是通过为买卖双方提供一个在线交易平台,使卖方可以主动提供商品上网拍卖,而买方可以自行选择商品进行竞价。其代表是易趣、淘宝电子商务模式。

C2C 是指消费者与消费者之间的互动交易行为,这种交易方式是多变的。例如,消费者可在某一竞标网站或拍卖网站中,同一时间段在线上出价而由价高者得标;或由消费者自行在网络新闻论坛或 BBS 上张贴布告以出售二手货品,甚至是新品,诸如此类因消费者间的互动而完成的交易,就是 C2C 的交易。

目前竞标拍卖已经成为决定稀有物价格的最有效率的方法之一,举凡古董、名人物品和稀有邮票等,只要需求面大于供给面的物品,就可以使用拍卖的模式决定最佳市场价格。拍卖会商品的价格因为欲购者的彼此相较而逐渐升高,最后由最想买到商品的买家用最高价买到商品,而卖家则以市场所能接受的最高价格卖掉商品,这就是传统的 C2C 竞标模式。

在 C2C 竞标网站,竞标物品多样化而毫无限制,商品提供者可以是邻家的小孩,也可能是顶尖跨国大企业;货品可以是自制的糕饼,也可能是毕加索的真迹名画。且 C2C 并不局限于物品与货币的交易,在这虚拟的网站中,买卖双方可选择以物易物,或以人力资源交换商品。例如,一位家庭主妇已准备一桌筵席的服务,换取心理医生一节心灵澄净之旅。这就是参加网络竞标交易的魅力。网站经营者不负责物流,而是协助市场资讯的汇集,以及建立信用评级制度。买卖双方消费者看对眼,自行商量交货和付款方式,每个人都可以创造一笔惊奇的交易。

2. C2C 购物流程

网上有不少 C2C 网站,其购物方式大同小异,以淘宝网的购物流程为例进行说明,如图 3-6 所示。

图 3-6　C2C 电子商务模式购物流程

1) 搜索

搜索有以下几种方法。

第一招：明确搜索词。你只需要在搜索框中输入要搜索的宝贝店铺掌柜名称，然后按 Enter 键或"搜索"按钮即可得到相关资料。

第二招：用好分类。不知道你是否注意到，许多搜索框的后面都有下拉菜单，有宝贝的分类、限定的时间等选项，用鼠标轻轻一点，就不会混淆分类了。比如，你搜索"火柴盒"，会发现有很多汽车模型，原来它们都是"火柴盒"牌的。当你搜索时选择了"居家日用"分类，就会发现真正色彩斑斓的火柴盒在这里。

第三招：妙用空格。要想用多个词语搜索，在词语之间加上空格即可，就这么简单。

第四招：精确搜索。

(1) 使用双引号。比如搜索"佳能相机"，系统只会返回网页中有"佳能相机"这四个字连在一起的商品，而不会返回诸如"佳能 IXUSI5 专用数码相机包"之类的商品(注：此处引号为英文的引号)。

(2) 使用加减号。在两个词语间用加号，意味着准确搜索包含着这两个词的内容；相反，使用减号，意味着避免搜索减号后面的那个词。

第五招：不必担心大小写。淘宝的搜索功能不区分英文字母大小写。无论您输入大写字母还是小写字母都可以得到相同的搜索结果。例如，输入"nike"或"NIKE"，结果都是一样的，因此你可以放心搜索。

2) 联络卖家

请您看到感兴趣的宝贝时，先和卖家取得联络，多了解宝贝的细节，询问是否有货，等等。多沟通能增进您和卖家的了解，避免很多误会。

第一招：发站内信件给卖家。站内信件是只有你和卖家能看到的，相当于某些论坛里的短消息。你可以询问卖家关于宝贝的细节、数量等问题，也可以询问是否有折扣。

第二招：给卖家留言。每件宝贝的下方都有一个空白框，在这里写上你要问卖家的问题。请注意，只有卖家回复后这条留言和答复才能显示出来。因为这里显示的信息所有人都能看到，所以建议你不要在这里公开自己的手机号码、邮寄地址等私人信息。

第三招：利用聊天工具。不同网站支持不同的聊天工具，淘宝是旺旺，拍拍是 QQ，利用它们尽量直接找到卖家进行沟通。

3) 出价及付款

当你和卖家达成共识后，即可点击购买并付款。

4) 收获及评价

当你拿到商品之后，可以对卖家确认收货以及对卖家的服务做出评价。如果对商品很不满意，可以申请退货，或者是换货，细节方面与卖家联系协商。

3. C2C 交易商品的特点

C2C 交易平台上交易的产品丰富多样，并且以个人消费品为主。因为 C2C 交易本质上也是网上撮合成交，通过网上或者网下的方式进行交易。

4. C2C 电子商务的盈利模式

1) 会员费

会员费也就是会员制服务收费，是指 C2C 网站为会员提供网上店铺出租、公司认证、产品信息推荐等多种服务组合而收取的费用。由于提供的是多种服务的有效组合，能适应会员的需求，因此这种模式的收费比较稳定。费用第一年交纳，第二年到期时需要客户续费，续费后再进行下一年的服务，不续费的会员将变为免费会员，不再享受多种服务。

2) 交易提成

交易提成不论什么时候都是 C2C 网站的主要利润来源，因为 C2C 网站是一个交易平台，它为交易双方提供机会，就相当于现实生活中的交易所、大卖场，从交易中收取提成是其市场本性的体现。

3) 广告费

企业将网站上有价值的位置用于放置各种类型的广告，根据网站流量和网站人群精准度标定广告位价格，然后再通过各种形式向客户出售。如果 C2C 网站具有充足的访问量和用户黏度，广告业务会非常大，但是 C2C 网站出于对用户体验的考虑，均没有完全开放此业务，只有个别广告位不定期开放。

4) 搜索排名竞价

C2C 网站商品的丰富性决定了购买者搜索行为的频繁性，搜索的大量应用就决定了商品信息在搜索结果中排名的重要性，由此便引出了根据搜索关键字竞价的业务。用户可以为某关键字提出自己认为合适的价格，最终由出价最高者竞得，在有效时间内该用户的商品可获得竞得的排位。只有卖家认识到竞价能为他们带来潜在收益，才愿意花钱使用。

5) 支付环节收费

支付问题一向就是制约电子商务发展的瓶颈，直到阿里巴巴推出了支付宝，才在一定程度上促进了网上在线支付业务的开展。买家可以先把预付款通过网上银行打到支付宝公司的个人专用账户，待收到卖家发出的货物后，再通知支付宝公司把货款打入卖家账户，这样买家不用担心收不到货还要付款，卖家也不用担心发了货而收不到款。而支付宝公司就可以按成交额的一定比例收取手续费。

3.3.4 O2O 电子商务模式

1. O2O 电子商务的概念

O2O(Online To Offline，或称 O to O)，是线上渠道和线下渠道有机结合的一种电子商务模式。它是指线上营销和线上购买、支付带动线下经营和线下消费，即将线下商务机会与互联网技术结合在一起，让互联网成为线下交易的前台。电子商务由信息流、物流、资金流和商流组成。传统的 B2C、C2C 等电子商务是在线购买、在线支付，信息流、资金流在线上完成，购买的商品经包装后通过物流配送给消费者。与传统电子商务相比，O2O 的信息流、资金流也是在线上完成的，而物流和商流放在线下，让消费者亲自去实体店消费。O2O 的本质是通过线上营销和线下经营来提升服务水平，改善消费体验。它的特点是：推广效果可查，每笔交易可跟踪，按真实交易效果付费，让顾客有更好的体验。

O2O 电子商务使信息流和实物流之间、线上和线下之间的联系变得愈加紧密，拓宽了电子商务的发展方向，使电子商务发展进入新阶段。它将帮助传统的电子商务企业走出红海，让众多创业者看到电子商务所衍生出的一片新蓝海。弗雷斯特研究公司(Forrester Research)发布的数据显示，2014 年美国直接的线上销售额占零售总额的比重将达到 9%，线下消费的比例高达 93%，而中国的这一比例，分别为 3%和 97%。线上销售的市场前景非常广阔，通过 O2O 电子商务，把消费者引入线下消费中占比 90%以上的部分中去。

对于传统企业来说，开展 O2O 模式的电子商务，主要有以下三种方式。

(1) 自建官方商城+连锁分子店铺的形式。消费者直接向门店的网络店铺下单购买，体验服务，在该过程中，品牌商提供在线客服服务，以及随时调货支持(在缺货情况下)，加盟商收款发货。这种方式适合全国连锁型企业。这种方式的好处是可以线上和线下店铺一一对应；缺点是投入大，需要很大推广力度。

(2) 借助全国布局的第三方平台，实现加盟企业和分站系统的完美结合，并且借助第三方平台的巨大流量，能迅速推广带来客户。

(3) 建设网上商城，通过各种促销和预付款的形式，线上销售线下服务。这种形式适合本地化服务企业。

2. O2O 电子商务的参与者角色

企业要想完成 O2O 电子商务的全过程，需要多种角色参与。一个好的 O2O 电子商务模式应该能够实现线上的信息流、资金流和线下的物流和商流无缝连接，为消费者、商家、O2O 运营商、第三方服务提供商等在内的所有利益相关者创造价值，实现持续盈利。O2O 电子商务的参与者角色如图 3-7 所示。

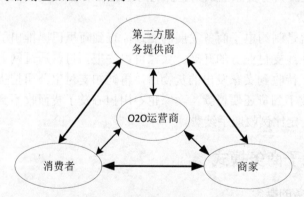

图 3-7　O2O 电子商务的参与者角色

一般来说，O2O 电子商务涉及的参与者主要包括以下四种。

(1) 消费者。从消费者的角度来看，通过 O2O，消费者能够轻松、及时、全面地获取丰富信息，比如优惠券、折扣信息等，能够快速筛选及订购适宜的商家及服务，而且价格非常具有吸引力，甚至可以通过自己的需求而汇聚好友并影响到商家的供应。

(2) 商家。从商家的角度来看，O2O 为商家带来了更多的宣传和展示机会，同时可以通过消费者的支付信息掌握用户资料，通过数据挖掘可以分析消费者的行为，预测购买趋势，便于实现精准营销。

(3) 第三方服务提供商。第三方服务提供商是以第三方的角色向消费者、商家和 O2O 运营商提供专业性服务的厂商。第三方服务提供商主要包括信任认证提供商、第三方支付服务提供商等。例如，信任认证提供商给商户提供资质认证；第三方支付提供商(如支付宝)作为一个信用中介，为商家提供平台保证，协助消费者对服务满意后再付款，提升用户对商家的信任度。

(4) 运营商。O2O 运营商成为连接消费者、商家和第三方服务提供商的纽带，为网上交易的各方提供专业的服务。它能带来大量高黏度的用户推荐，能带来各行各业的商家资源，还能带来充裕的现金流。O2O 运营商打通了线上虚拟渠道与线下实体渠道的消费环节，实现了线上服务与线下服务对接，使得线上渠道和线下渠道的关系从竞争转变为协同。

3. O2O 在线交易流程

要想了解 O2O 电子商务，必须对它的商务交易活动流程进行分析。O2O 电子商务交易活动的流程主要包括线上处理流程和线下处理流程两部分。线上处理流程包括线上撮合、线上支付，线下处理流程包括线下消费和消费反馈。O2O 电子商务的主要交易流程分为以下四个步骤。

(1) 线上撮合。消费者通过线上获取商品或服务信息，做出选择并进行评估，做出购买决策。

(2) 线上支付。经线上撮合后，消费者通过网络银行或第三方支付等在线支付工具进行在线支付或在线预付购买商品或服务，支付成功后，领取数字凭证。

(3) 线下消费。消费者凭借数字凭证或优惠券到线下实体店去消费所购买的商品或服务，实现线下消费。

(4) 消费反馈。消费完成后，对与交易相关的数据进行实时处理，O2O 平台把分析的消费数据提供给商家，并把商品信息和消费反馈信息准确地推送给消费者，这些信息为消费者再次购买商品或服务提供依据。

这样从线上撮合、线上支付、线下消费和消费反馈形成一个完整的 O2O 闭环交易流程，如图 3-8 所示。

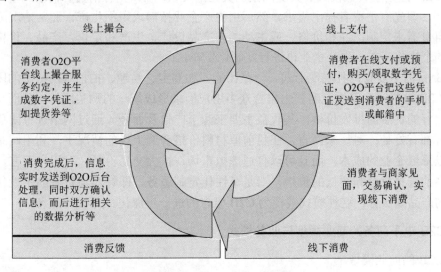

图 3-8　O2O 闭环交易流程

4. O2O 电子商务的盈利模式

根据产品及服务流、信息流和资金流的结构,以及对不同参与者的描述和收益分析,一般来说,O2O 电子商务企业主要是通过以下几个方面获得盈利的。

(1) 产品或服务的差价。一是对于有形产品来说,通过 O2O 平台,减少了中间交易环节,省去了物流费用,大大降低了管理成本等多方面成本,提升了整体利润。二是对于服务产品来说,O2O 平台主要向消费者提供线下服务,提高了客户体验。产品或服务的差价是 O2O 收益的主要来源。

(2) 网络广告营销收入。知名 O2O 运营商可以利用自己网站的知名度和影响力,在网站的首页及其他页面投放其他企业的广告,从广告中获取收益。

(3) 按商家销售付费。对于不同品类的商品,制定不同的付费比例。只有产生实际订单、带来销售收入,商家才支出佣金,因此,对商家来说相对风险小。

(4) 收取会员费。对于面向中间交易市场的 O2O 商户参与电子商务交易,必须注册为 O2O 网站的会员,通过每年交纳一定的会员费的形式来享受网站提供的各种服务。

(5) 其他收入来源。可通过价值链的其他环节实现盈利,比如,为业内厂商提供咨询服务收取服务费;向消费提供增值服务,并收取一定的订阅费。

3.3.5 C2B 电子商务模式

1. C2B 电子商务的概念

C2B 是消费者对企业的一种电子商务模式。C2B 通过聚合消费需求相同、数量庞大的消费者,形成一个巨大的购买群,使消费者直接面对厂家进行集体议价,享受批发价购买单品的价格优势,改变了消费者在传统 C2B 模式中由商家出价的价格劣势地位。C2B 电子商务模式相较于其他类型的模式,要求网民具有更高的网络消费觉悟,网络传播更发达快速。

以消费者为中心、消费者参与设计与生产、消费者主导等属于 C2B 的特征,但这些特征不是 C2B 区别于其他模式的关键因素。真正的 C2B 应该先有消费者需求产生,而后有企业生产,即先有消费者提出需求,然后由生产企业按需求组织生产。通常情况为消费者先根据自身需求定制产品和价格,或主动参与产品设计、生产和定价,产品、价格等彰显消费者的个性化需求,生产企业再进行定制化生产。

C2B 目前主要有两种表现形式。一是团购,如淘宝、易趣、拍拍等网站上的团购业务都属于 C2B 这样一个基本范畴。它集合众多用户需求形成统一的购买团体,从而享受事先与商家定好的优惠的批发价格,其收益主要来源于广告及佣金。通过网络进行团购,对参与者双方都有好处:对厂家而言,在目前原材料价格普遍上扬的情况下,利用网络团购,不仅可以降低企业的成本,而且可以打通虚拟市场,扩大交易份额;对用户而言,则可以享受更多的选择机会和更低的价格。二是个性化定制服务,即针对消费者的个性化需求提供独特的产品或服务。这种模式被视为 C2B 概念的进一步深化,并极具前景。

2. C2B 电子商务的商业模型与业务模式

1) C2B 的商业模型

根据 C2B 的参与主体建立 C2B 商业模型,如图 3-9 所示:C2B 主要参与者包括消费者、生产企业、C2B 电子商务平台、中介服务提供商和基础服务提供商。C2B 以消费者需求产生作为起点，以需求满足作为终点；C2B 电子商务平台收集、聚合消费者需求，整合生产企业生产供应能力，为交易双方提供交易平台；基础服务提供商提供物流、信息流、金融服务等 C2B 的基础服务；中介服务提供商提供法律、设计、定价、咨询、交易等中介服务。

2) C2B 的业务模式

C2B 在宏观层面主要受社会个性解放程度影响，在微观层面主要受交易成本、柔性生产成本、个性需求支付能力和消费者成熟度等因素制约。在交易成本和柔性生产成本不断下降、消费者个性需求支付能力日益增强的情况下，消费者的成熟度就成为决定 C2B 业务模式的关键因素。消费者成熟度是指消费者定制产品和定制价格的能力。

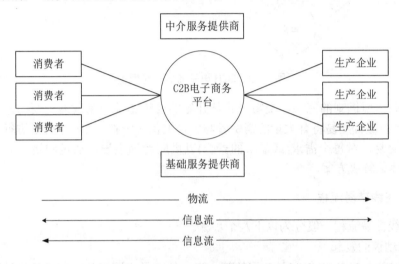

图 3-9　C2B 电子商务的商业模型

在消费者的启蒙阶段，由于消费者尚不具备定制产品和价格的能力，因此交易主要由生产企业或 C2B 电商、中介发起，通过 C2B 电商平台聚合消费者，其典型交易模式为①②或③④②，如图 3-10 所示。本阶段消费者被动参与，当前流行的团购就是这种模式的代表。团购，并不是真正意义上的 C2B 业务，它更多地表现为生产企业的一种促销手段，但团购起到对消费者的启蒙和教育作用，让消费者能更加积极、主动地参与到交易过程中来。

在消费者逐渐了解 C2B 的过渡阶段，消费者对定制产品与定制价格的能力逐渐增加但还没有完全掌握，此时的业务模式主要为中介模式，即消费者委托产品定制和定价中介进行产品和价格的定制，通过 C2B 平台聚集一定数量的相同需求消费者，吸引生产企业的参与。其典型交易过程为⑤④⑦，本阶段消费者有限参与。

在消费者的成熟阶段，消费者已经熟练掌握(或在中介的帮助下熟练掌握)如何定制产品和价格。此时 C2B 的主要业务模式有"招拍挂"，即招标、拍卖和挂牌撮合。招标是指由消费者在 C2B 电商平台上发布产品、价格等需求信息，企业进行投标，由消费者决定中标企业。拍卖是指由消费者制定产品规格，并确定一个起拍价，生产企业进行竞拍，价低者得。挂牌撮合是指由消费者发布产品规格、价格等需求信息，生产企业发布产品规格、价格等供应信息，双方在电子商务平台上进行类似证券交易的撮合交易。其典型交易过程为⑥⑦或⑤④⑦以及①②，本阶段真正实现了消费者主导。

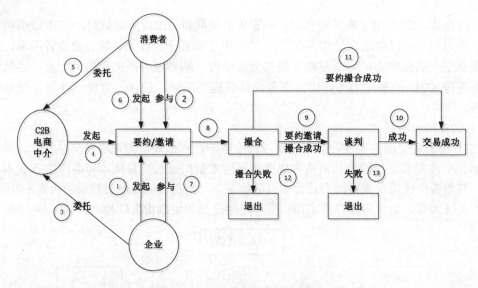

图 3-10　C2B 电子商务交易模型

随着商业信用机制的完善，交易形式从开始的要约邀请交易发展到要约撮合交易，理想的 C2B 要约撮合交易将有大量的消费者与大量的供应者在 C2B 平台上进行类似于证券交易的撮合交易，对每个需求(或需求的聚合)以供应者为主导，通过网络化商业协同为消费者提供一体化解决方案。

3. C2B 在线交易流程

C2B 在线交易流程一般分为以下八个步骤。

1) 需求动议的发起

需求动议的发起是 C2B 交易流程的第一步，往往是由网络社区的意见领袖牵头，并通过多种渠道进行传播。需求动议本身应该有一定的内容和计划。C2B 电子商务中的消费者都存在自己的需求，这是实现 C2B 的前提条件。

2) 消费者群体自觉聚合

C2B 电子商务中的消费者的需求状况并不一致，可能相互之间存在需求的时间差异、需求的细节差异等。这些差异必须取得一致，消费者才能真正聚集起来，其中往往存在一个发起者或者意见领袖，意见领袖可以进行感召。但人心齐才是真正的聚集，因此，要求消费者必须充分自觉。网络消费者的商务自觉现在还处于启蒙阶段，需要慢慢地培养。

3) 消费者群体内部审议

消费者群体是一个目标组织，组织要有明确的一致目标和对外的口径，消费者不同的需求在这里获得一致，并选出民意代表，制定一定的规范和章程。

4) 制定明确的需求计划

消费者群体组织制定出明确的需求计划、谈判计划、采购计划、分配计划等。

5) 选择核心商家或者企业群体

根据需求的情况选择出经核实的核心商家或者企业群体。

6) 展开集体议价谈判

消费者群体代表和企业开展谈判，谈判根据既定的计划来执行，执行过程中可能会适当地对计划做出调整。

7) 进行联合购买

消费者组织根据谈判、议价的结果，决定联合采购的内容、方式及目标。

8) 消费者群体对结果进行分配

消费者组织还需对联合购买的结果进行公平、合理的分配，力图避免消费者组织上层成为中介一样的角色。

4. C2B 电子商务的盈利模式

如果从实现难度及层级来看，C2B 目前存在的盈利模式有以下几种。

1) 聚定制

聚定制，即通过聚合客户的需求组织商家批量生产，让利于消费者。天猫"双十一"的节前预售，即属于这种形式。其流程是先提前交定金抢占"双十一"优惠价名额，然后在"双十一"当天交尾款，这是"双十一"天猫最大的亮点。此类 C2B 形式对于卖家的意义在于可以提前锁定用户群，可以有效缓解 B2C 模式下商家盲目生产带来的资源浪费，降低企业的生产成本及库存成本，提升产品周转率，对于商业社会的资源节约起到了极大的推动作用。聚划算、团购也属于聚定制的一种。

2) 模块定制

聚定制只是聚合了消费者的需求，并不涉及在 B 端产品环节本身的定制。引领 C2B 模块式定制的当属海尔。海尔是国内率先引入定制概念的家电企业。通过海尔商城可以选择容积大小、调温方式、门体材质、外观图案。2013 年上线的青橙手机也属于典型的模块化定制产品，手机摄像头、屏幕、内存等参数均可以实现定制。这一类定制属于 C2B 商业模式里的浅层定制，它为消费者提供了一种模块化、菜单式的有限定制。考虑到整个供应链的改造成本，为每位消费者提供完全个性化的定制还不太现实，目前能做到的更多的还是倾向于让消费者去适应企业既有的供应链。

3) 深度定制

深度定制也叫参与式定制，客户能参与到全流程的定制环节中。厂家可以完全按照客户的个性化需求来定制，每一件产品都可以算是一个独立的库存量单位(stock keeping unit，SKU)。目前，深度定制最成熟的行业当属服装类、鞋类、家具定制。以定制家具为例，每位消费者都可以根据户型、尺寸、风格、功能完全个性化定制，对于现在寸土寸金的户型来说，这种完全个性化定制最大限度地满足了消费者对于空间利用及个性化的核心需求，因此正在蚕食成品家具的市场份额。而深度定制最核心的难题是如何解决大规模生产与个性化定制相背离的矛盾。

如果是从产品属性来划分，C2B 可以分为实物定制、服务定制和技术定制。上面定制案例中提到的服装、鞋、家具等都属于实物定制。不久前，麦当劳公司正在美国加州南部市场测试的"汉堡定制"项目也属于实物定制，该项目为用餐者提供了更多的定制化空间——可以通过安装于 iPad 上的菜单，在 20 种汉堡配料中任意选择搭配。此外，该菜单中还添加了三种全新的高价位特制汉堡。而服务定制大家比较熟悉的就是家政护理、旅游、婚庆、会所等中高端行业。技术定制最前沿的方向是 3D 打印技术，作为科技界的"当红明星"，3D 打印已遍及航空航天、医疗、食品、服装、玩具等各个领域，在拓展自身领地的同时，也潜移默化地改变着人们对于制造业的传统观念。3D 打印机也属于 C2B 时代的产物，如果能解决快速批量定制，将引发下一次工业革命浪潮。

3.4 电子商务创新模式

3.4.1 智能电子商务

1. 智能电子商务的概念

电子商务已经经历了三个阶段。第一阶段是以静态文档 HTML 为主要技术，没有涉及数据库技术，其主要表现形式是通过 Web 服务器提供消息和内容发布，在网上传输、出卖商务信息促进商务开展。第二阶段是以动态交互页面技术为基础，电子商务活动表现在企业与用户之间基于 Web 的订单交易系统直接在网上完成交易，比如网上商店、网上拍卖等，目前的电子商务正处于这个阶段。智能电子商务(intelligent E-commerce，IEC)是电子商务发展的一个新阶段。2000 年，人工智能澳大利亚工作组召开国际会议，会议的主要目标是引导实践者、研究者和开发者探索迅速增长的电子商务智能解决方案。2001 年 11 月，太平洋智能系统会议(pacific asian conference on intelligent systems，PAIS)在韩国举行，此次会议的主题是 IEC，研讨了 IEC 系统及其相关领域的理论与实际应用问题。

对 IEC 目前还没有明确的定义，普遍的观点是：IEC 是运用信息技术、管理思想、计算机技术和人工智能实现商务信息处理的自动化和智能化。国内外学者对通过 Web 使用挖掘来发现规律、模式和知识，从而通过电子商务的智能进行了大量的研究。

基于 Web 使用 IEC 的主要目标是提高电子商务的智能化水平，提供推荐和个性化服务，提升客户的满意度和电子商务获取订单的能力。实际上，Web 日志是 Web 使用的主要对象之一。而对 Web 日志挖掘最重要的两个步骤是：第一步是日志预处理，即用户事务序列的识别、提取；第二步是对提取出来的数据采用某种算法进行处理。

2. 智能电子商务的体系结构

常见的电子商务结构模型如图 3-11 所示，它没有引入与 Web 挖掘相关的服务。客户端通过因特网向 Web 应用服务器发送请求，应用服务器与后台的数据库服务器进行信息交互。应用服务器是电子商务平台部署的地方。目前，应用服务器的典型代表有微软公司的 IIS 服务器和符合 Sun 公司 Java 企业版(java enterprise edition，Java EE)标准的服务器等。

引入数据挖掘的 IEC 模型如图 3-12 所示，它除了包括传统模型的构件外，还添加了中间件服务器和 Web 知识库服务器。应用服务器不仅可以通过中间件服务器和 Web 数据库服务器交互，还可以与 Web 知识库服务器进行信息交流。中间件服务器不但提高了系统的安全性，而且提升了系统的并发速度。当 Web 应用服务器向知识库提出数据挖掘请求后，知识库服务器通过 Web 数据挖掘引擎，对数据库服务器中的某些信息进行处理，并将结果通过中间件服务器返回给应用服务器。Web 知识库服务器中的知识来源于对 Web 应用服务器、中间件服务器和 Web 数据库服务器中的数据进行分析处理得出的规律和模式，如频繁访问路径、相似用户群和相似的 Web 页面等。

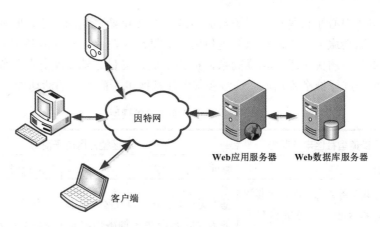

图 3-11 常见的电子商务结构模型

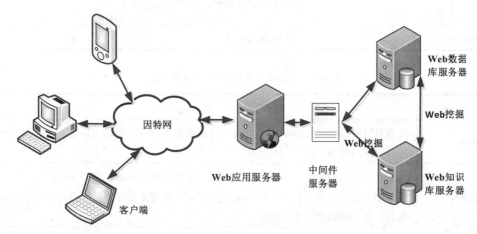

图 3-12 智能电子商务模型

3.4.2 社区电子商务

1. 社区电子商务的概念

社区是指根据地理的划分存在地域上的相对独立性的区域，社区的表现形式除了常见的住宅小区外，还有工业聚集的工业园区，教育组织机构聚集的教育园区、大学城，商务集中的综合商务区，等等。

社区能够保证区域内的人员、资源相对稳定不易流动，通过某些公共接口与外界保持联系。社区最明显的特点就是社区内的个体表现出很大的无差异性，社区内的活动也相对固定。

社区电子商务，是指以成片的社区为服务单位，以物业公司为中介环节，针对社区住户依托数字化网络平台，以集成消费为经营理念，满足社区居民消费需求的商务模式，可以实现社区业主更方便廉价地购物、轻松愉快地休闲以及招之即来的家政服务等，同时实现物业管理商更大的市场发展空间。社区电子商务的分类模型如表 3-4 所示。

从参与者的角度看，社区电子商务可以分三个层次：第一层次是社区居民；第二层次是社区服务中心；第三层次是服务或商品提供商，其中包括商家、物流公司、银行、数字认证中心等。社区服务中心平台是社区居民与服务或商品提供商之间的纽带，它面向社区居民提供商品信息和购物服务，面向提供商提供网上商铺展示商品；社区服务中心平台的后台服务窗口，负责分析居民需求并选择商家，提供配送、支付、辅助服务及其他增值服务，如汇集订单、统一进行价格谈判等。这些参与者在社区电子商务中的活动如表3-5所示。

表3-4 社区电子商务的分类模型

内容	街道型社区电子商务	小区型社区电子商务	
驱动者	政府	物业公司、业主	独立投资者
功能	以公共服务为主，政府色彩浓厚，涉及电子商务的内容很少，且仅提供低层次的信息展示	基本无公共服务，以社区休闲服务为主，涉及电子商务内容较多，且仅提供低层次的信息展示	完全没有公共服务，以商品买卖为主，实现在线交易
网络基础	公共网	内部网居多	公共网

表3-5 社区电子商务参与者及其活动

参与者	活动
社区居民	登录社区网站或通过呼叫中心，选择商品或服务，下订单，在指定时间、指定地点接受订货或服务
社区服务中心	分析居民的消费偏好，选择匹配偏好的企业入驻社区网站，整合网站内容；集中社区订单，统一对外下订单；作为临时配送中心接受集体订货按指定时间、指定地点送货；作为临时银行支付货款
企业	提供居民所需商品和服务

2. 社区电子商务的特点

社区电子商务通过将电子商务网站功能与社区物业管理及居民管理的组织形态有机结合，将社区居民管理、物业管理等要素导入电子商务经营模式，使网站经营能够以居民社区为组织形式，对以社区为单位的客户群体提供有针对性、集约化、可实时控制的特色内容服务与商业交易服务，从而得以在一个有效经营组织框架内，在面对分散的、不可控制的消费者条件时以简单的方法解决商业信用、物流配送和支付等问题。社区电子商务具有以下特点。

1) 服务对象的固定性

一般的电子商务如淘宝网等是面向普通消费者开放的电子商务平台，只要是注册用户就可以在平台上进行交易。而社区电子商务是为社区范围内的人员提供服务的，它的服务对象主要是社区居民。

2) 服务内容的针对性

社区电子商务是以服务为宗旨，为社区居民提供便利。这些决定了其服务内容的针对性。社区电子商务不像一般电子商务平台那样提供种类繁多的商品。社区电子商务主要包括物业管理和生活消费两个方面。物业管理属于公共事业管理，在住宅小区内主要包括各种收费、门禁与停车、便民服务等；生活消费则是居民用于生活和娱乐的开支，包括购物、餐饮、休闲娱乐等。

3) 服务范围区域性

社区居民居住比较集中，相对普通电子商务顾客的分散性而言具有服务范围区域性的特点。服务范围区域性使得社区电子商务更易于发展和推广。社区电子商务可以比较好地解决物流配送、售后服务等电子商务中的核心问题。

3.4.3 电子服务

1. 电子服务的概念

随着互联网应用的飞速发展，电子服务受到越来越多的组织和用户的关注，在人们的生活中发挥着越来越重要的作用。电子服务具有传统服务所不具备的独特优势，例如方便快捷、节省时间、扩大服务使用者的选择范围、降低服务成本、提供个性化服务、增进服务提供者与服务使用者的关系等。电子服务的飞速发展给人们的生活带来了巨大而深远的影响，但是很多民众甚至电子服务从业人员并不清楚电子服务的概念和内涵，很多时候将电子服务与电子商务等概念混为一谈。

电子服务的概念起源于英文单词 E-service，又译为电子化服务、在线服务或线上服务。到目前为止，人们对电子服务这一概念的认识还没有统一，一些企业界人士、组织和学者分别从不同的角度给出了多种关于电子服务概念的表述。

对电子服务的认识可以归结为以下四种类型，即数字化环境下的信息服务、特定领域内的电子服务、信息技术驱动的服务、泛化的电子服务。

1) 数字化环境下的信息服务

这种服务一般称为数字化信息服务。数字化信息服务的关键是整合各种数字化信息资源，使之得到有效利用。数字化信息服务将导致各种类型门户网站的诞生。通过登录特定的门户网站，用户能够得到酒店预订、机票预订、旅行预约等各种服务。

2) 特定领域内的电子服务

电子政务领域的学者一般将电子服务看成政府为社会公众服务的一种手段。这种服务一般称为政府电子化服务，是一种基于电子化网络的政府服务。例如，南京邮电大学经济与管理学院姚国章教授认为："政府电子化服务是指政府机构为了使社会公众更方便、更快捷、更低成本地享受政府服务，充分应用以互联网为核心的信息技术，通过互联网、呼叫中心、电话、信息家电、移动通信等各种途径向社会提供全天候、全方位的政府服务。"又如，长沙理工大学张扬教授认为："政府服务电子化就是通过现代信息技术等电子化手段，使政府为社会提供的政府服务得以充分实现的过程与结果。"

电子商务领域的学者一般将电子服务看成企业实现企业管理与客户服务的一种手段。例如，长沙理工大学汽车与机械工程学院杜荣华教授认为："电子化服务就是基于互联网的客户服务。"苏尔亚查亚(Surjadjaja)等人认为："电子服务运作是指以用户为中心的，从售前服务、交易到售后支持的活动全部通过互联网并基于某种服务协议传递产品或服务。"管理实践派专家张从忠等人认为："电子服务是以互联网为基础的客户服务全套方案。这些应用和工具能提高客户、合作伙伴和潜在客户自我服务的能力并且增强他们通过

Web、网络、局域网或广域网来与企业互动的能力。"

3) 信息技术驱动的服务

这类观点认为电子服务是通过电子媒介来获取和传送的服务。例如，沃斯(Voss)等人认为："电子服务是指通过互联网发布的免费或者付费的服务。"周冠中先生认为："电子服务是将各种服务电子化，并通过互联网将它们紧密串联，使各种传统的服务能够以最有效率的方式进行，从而促成大量、全新的业务出现。"电子服务是一种引导交易，完成某项任务或者解决某个问题的，供用户、商业部门计费使用的，能够预订其他电子服务以完成自身任务以及能够处理自身所产生事件的互联网应用。

4) 泛化的电子服务

以惠普公司为代表的一些 IT 组织将电子服务作为营销主题，目的是将以产品为中心的营销转变为以服务为中心的营销。惠普公司将电子服务定义为"以模块化、高效率、电子化的方式完成工作、任务或交易"，认为"电子服务是一种新的业务模式，采用先进的第二代互联网技术和概念，并结合运用网络上的开放式服务模块为企业、个人和网络上的事物提供个性化及开放式服务"。

由此可见，电子服务首先体现为服务理念的革新，服务理念的革新促进服务模式的革新，服务模式的革新创造新的商机。电子服务正逐渐取代传统的服务运作模式，电子服务提供商对用户而言是透明的，消费者不论何时何地，只要能够通过有线或无线的方式接入各种类型的电子化网络就可以得到应有的服务。

2. 电子服务的基本特征

1) 传递成本低

电子服务企业通常把大量的成本花费在前期的基础设施建设、服务设计等环节，真正用于服务传递的成本很低，有时甚至接近于零。究其原因，主要有以下三点：首先，虚拟网络环境为顾客获取电子服务提供了便利条件，顾客足不出户就可以通过虚拟站点发现他们所需的服务主张，短时间内形成服务采纳决策，这一过程完全在虚拟环境中完成，不存在顾客的物理转移，也不需要顾客付出大量的搜寻、谈判成本。其次，电子服务企业通过广泛应用信息通信技术(information communication technology，ICT)等高新技术得以从劳动密集型向知识密集型转变，传递服务无须专人监控，智能化服务提供系统可以根据顾客发出的指令完成企业与顾客之间的互动，最终通过虚拟渠道把数字化解决方案传递给顾客。因此，企业的人力资源成本、时间机会成本大幅下降。最后，顾客通过企业提供的网络平台可直接链接到自己的账户并完成支付。这种远程支付方式减少了供需双方之间的交易成本，从而大大降低了电子服务的传递成本。

2) 便捷、透明的信息反馈

在电子服务过程中，顾客不必出现在服务提供的物理现场，即可通过虚拟站点把自己的反馈信息传递给服务提供者，完全不受时空的限制。此外，网络环境使得顾客的信息反馈公开、透明，电子服务的其他参与者可在短时间内知道顾客的反馈信息，并把它们作为自己的决策依据，从而提高了决策效率。电子服务的这一特征为服务供需双方提供了大量的机会：服务提供者可全面了解顾客的评价结果，挖掘海量的市场信息，为自己制定战略、改善服务流程提供依据；对顾客而言，他们在接受电子服务之前，可参考既有用户对相关服务的评价，从而做出更加理性的服务采纳决策，进而敦促服务提供者注重服务过程的每一个环节。

3) 持续改进

绝大多数国家尚未对"服务专利保护"立法，致使服务可以被轻易模仿、复制甚至抄袭，服务企业很难长期保持某种策略固定不变，只有不断地改进既有服务，才能提高自己的核心竞争力。电子服务凭借其天然"虚拟化"的属性，可通过互联网在全球范围内进行快速传递，且无须提供者承担高额成本，这无形之中为竞争对手模仿电子服务企业的服务理念和服务模式提供了良机。因此，电子服务企业必须更加注重电子服务的开发速度，缩短开发或升级周期，只有这样才能始终居于行业领先地位，保证自己不被竞争对手所超越。此外，电子服务具有很高的可获得性，这为顾客提供了大量的选择机会，也导致了顾客偏好的多样性和易变性。因此，电子服务企业必须随时掌握市场动态，不断创新，与顾客共同创造具有吸引力的数字化解决方案。只有这样，才能留住顾客，构建可持续的竞争优势。

4) 外包程度高

电子服务的大部分活动发生在"后台"，顾客无须出现在服务的现场，当他们需要体验服务时，只需在"前台"的虚拟站点发出指令，即可通过虚拟渠道便捷地享受服务。在此过程中，传统服务的"不可分离性"特征完全被颠覆，服务提供者无须与顾客面对面地、完全同步地参与服务提供的过程，他们在电子服务发生之前就可以对服务内容进行系统的分解，并依据所掌控的资源把部分电子服务环节外包给全球范围内最恰当的合作伙伴，服务提供者只需完成最终的集成，或者由合作伙伴通过虚拟路径直接将其承包的服务内容传递给顾客。与传统服务相比，电子服务通过外包摆脱了时空的限制，有利于服务提供者整合资源，形成核心竞争力。此外，随着信息技术行业标准化水平的不断提高，一个兼容的环境正在形成，从而能够保证各合作方产出的有效集成，这也为电子服务外包创造了有利条件。

3. 发展电子服务的路径选择

1) 大力推动电子服务基础设施建设和应用

以举办大型公共活动为契机，如亚运会、全运会、大运会或展览会等，推动电子服务的发展；相关政府部门应着力推动以宽带互联网、新一代电信网和数字电视网为核心的现代信息基础设施建设，不断增强信息通信枢纽的辐射能力，提高信息普遍服务能力和普遍服务率等。

2) 统一信息化建设的投入，解决信息孤岛问题

造成目前电子服务特别是电子政府"信息孤岛"的一个重要原因在于各部门的信息化投入渠道不统一，部门利用自筹资金开发的信息不愿与其他部门共享。因此，需要建立信息化专项资金，统一信息化建设投入，从资金源头解决信息孤岛问题。

3) 建立若干的专业电子服务平台

借鉴美国的经验，以电子政务带动电子服务的发展，如建立一个区域性的城市管理信息化整合平台，它是城市管理信息化的枢纽，是为各专业子系统基本信息和分析数据提供交换、汇总、分析、加工的整合平台，可对整个系统网络进行管理，也是城市管理信息化

最终成果的形成者和输出者。

在城市管理信息整合平台上，应该将数据管理分为三个层次：第一个层次是共享层次(即一些诸如自然人、法人、地理空间、宏观经济等基础信息)；第二个层次是目录层次(即一些专业部门的综合管理数据可只形成目录，当其他部门需要时再调出来)；第三个层次是一些具体的实时性的业务信息，应由部门自己管理和使用。

在具体业务上，城市管理信息共享交换平台与各专业子系统之间不存在任何领导与被领导的关系，各专业子系统在一些实时的精细化信息管理方面各司其职，不必向整合平台提供。

4) 加紧完善城市信用体系建设

一是要加强立法，建立健全城市信用体系的法律保障。尽快制定有关的政策法规，规范城市信用建设工作。结合当地实际，借鉴国内外成熟经验，尽快研究制定企业、个人信用制度的暂行办法和实施细则，界定征信行为，规定征信主体，明确征信各方的权利和义务，规范企业、个人信用披露的事项、监管及其机构行为。在立法过程中必须高度重视行政伦理问题，要严格区分公共信息和企业、个人的信用信息。既最大限度地做到信用信息资源的合理开发利用，又要妥善处理好信息公开与依法保护个人隐私、商业秘密和国家信息安全的关系，切实保护当事人的合法权益。

二是要大力建设公开的信用信息库平台，为城市信用提供技术支撑。建设有效的信用信息数据库是电子服务的基石之一。

5) 推广社区综合应用平台，强化基层电子服务技术的应用

长期以来，我国基层管理由于条块分割的原因，"条条"部门在基层建立了许多彼此独立的业务管理和服务系统，设备重复配置、数据重复录入，形成了一个个信息孤岛，造成基层管理效率低、办事难的情况。社区综合应用平台应该以自然人、企业、房屋等城市管理对象数据为基础建立公共数据库，使各"条条"业务系统共享统一标准数据，通过社会管理与公共服务应用系统在"条""块"两个方面的信息交换和资源共享，实现市、区、街政府部门间及上下级政府之间的业务联动，实现条条块块业务在街道社区的一站式综合服务。通过社区综合应用平台推进社区网络建设，促进基层工作人员电子服务意识的提高和基层信息数据的整合共享。

6) 建立健全电子服务评价体系

新的评价体系应该依托城市电子服务信息平台，从区域评价、部门评价和岗位评价三个方面，建立内评价和外评价相结合的监督评价体系。内评价是根据信息平台自动记录的有关数据资料实时生成评价结果，评价对象包括区域、部门和岗位。外评价是对信息平台记录数据不能反映的指标，在征求百姓和有关方面的意见后，进行主观评价。通过科学设计评价指标和利用系统自动生成的方式得出评价结果。

3.4.4 C2C2B

C2C2B 是一类新型电子商务模式，它的创新性在于为所有的消费者提供了新的电子商务交易规则。它改变了人们的生活方式和消费观念，使人们能够利用一个新型商业模式的网站来实现自己的财务自由和时间自由。

C2C2B 这种电子商务模式结合了 C2C 和 C2B 的优势，形成了第四代电子商务模式。在这种模式下，作为个人可以通过介绍他人加入一个更好的交易平台，为他人提供一个消

费或者经营的机会，让他人也来推荐更多的商家入驻或者加盟来获得更大的消费群体，以达到增加销量的目的。在这样一个新的交易平台上，消费者、经营者和商家三方达成平衡式的获利，这种理念也是在国外刚刚兴起的交互式营销的概念。

电子商务由第三代 C2C 模式向第四代 C2C2B 模式转变的过程中，消费者与商家，直销与零售，商家、消费者与营销员逐渐融合，形成一个联合创收平台。这也就是当今时代最先进的营销模式——电子复合。显而易见，这种电子商务模式是最具潮流性的，它符合商业发展的趋势，其商业价值不可估量。

只有想不到的，没有做不到的。在电子商务这个领域里，智能电子商务、社区电子商务、电子服务、C2C2B 等创新模式会越来越多。

本 章 小 结

电子商务的应用领域广泛，遍布社会各个行业。不同行业的运营模式及盈利方式各不相同，导致各行业形成了其独特的电子商务模式。本章所提到的电子商务基本模式指的就是当前电子商务中最常见、应用最广泛的模式。每种模式可能存在于某种特定的行业，也可能是某些行业中的一种特定的业务，它向我们展示了目前最有影响力的，也是应用得最好的一些领域。了解这些内容，对我们进一步学习电子商务很有帮助。

本章着重阐述了电子商务模式与传统商务模式的区别，在介绍电子商务运营流程和交易流程的基础上，重点分析了电子商务的交易模式，最后介绍了电子商务在我国发展面临的问题及电子商务发展的主要创新模式。

思考与练习

1. 简述电子商务模式与传统商业模式的区别。
2. 电子商务的模式有哪些？
3. 简述电子商务"四流"的功能。
4. 简述 B2B 电子商务的概念。
5. 简述 B2C 电子商务的概念。
6. 简述 C2C 电子商务的概念。
7. 简述智能电子商务的概念。
8. 比较 B2B 电子商务模式与 B2C 电子商务模式的不同之处。

【课程思政】

党的二十大报告中提出经济的转型升级，如何打造创新性的电子商务模式对供给侧结构性改革、经济的转型发展具有十分重大的意义。

学习本章内容能一定程度强化就业技能、提升求职机会，通过研究和分析电子商务模式的分类体系，有助于挖掘新的电子商务模式，为电子商务模式创新提供途径，也有助于企业制定特定的电子商务策略和实施步骤，为促进高质量就业出力。

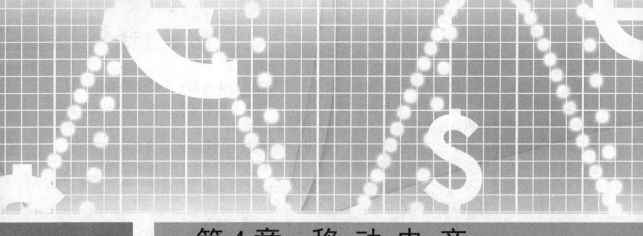

第 4 章 移动电商

【学习目标】

- 掌握移动电商的概念和特点。
- 熟悉移动电商的分类。
- 熟悉移动电商与传统电商的差异。
- 熟悉移动电商的发展现状与发展趋势。
- 熟悉移动营销的概念、目的和特点。
- 掌握移动信息服务的内涵和特点。
- 熟悉移动商务服务的性质与分类。
- 掌握移动网店的概念及其主要价值。
- 熟悉部分移动网店平台。

【案例导入】

美丽说在 2011 年就完成了三轮融资,这也完美地说明了移动电子商务是有盈利模式的。美丽说创办于 2009 年 11 月,是一家基于"推荐导购"模式的社区。从美丽说的三次融资中可以看出,风险投资机构对电商领域的发展是抱有极大期望的。

美丽说获得风投后大量投入资金进行营销推广,同时想方设法增加客户黏度,特别是利用搜索引擎将移动互联网的智能手机用户用 App 手机客户端和互联网 Web 用户捆绑十分成功,同时利用腾讯开发平台的 API 为社交化的 SNS 用户吸引进智能手机中移动电子商务网店,采取巧妙的积分返利和复式营销连环扣方式,让客户介绍更多客户,在微信社交圈中以"核裂变式"迅速发展,让商家欣喜若狂,体会到社交化的 SNS 营销模式的神奇功效。

毋庸置疑的是,无论是从用户需求角度来看,还是从用户体验角度来说,势头强劲的各大消费导购类网站确实为消费者带来了实实在在的方便。但同时我们也必须看到,个别成功创业者背后存在着无数苦苦挣扎的模仿者和企图超越者。美丽说将"推荐购物"和"返利"这两个概念做到了深入人心,也引来了无数同质化的模仿者。这些模仿者用同样的设计和数据,试图在这个领域分一杯羹。

而仔细分析美丽说成功的秘诀,我们从中也可以看出,美丽说的一个特点就是大大缩短了从生产者到消费者供应链的环节,并且以朋友分享的方式经营,"信口碑、信朋友、仿朋友"这是美丽说成功的经营奥秘,也是电子商务成功案例的关键所在。美丽说以消费者需求为核心做好用户体验,同时针对目标客户群体,加大在功能研发及创新方面的投入的资源,同时智能手机的发展、移动电商网店 App 的不断推动也是美丽说成功的关键。

【思考与分析】

从美丽说电子商务成功案例中我们可以看出,随着移动网络的不断优化及新业务的不断涌现,我国的移动电子商务呈现出高速发展的势头,表现在业务量增长迅速、用户接受程度不断提高、用户群进一步细分等方面。作为移动电子商务的成功案例,美丽说成功地创造了卓有成效的商业模型,是移动端流量红利时代和应用市场红利时代发展起来的典型代表。由于商品供大于求,单一渠道发展的增量空间有限,线上和线下均在布局全渠道发展。线下消费体验和线上购物便利的双向需求将带来线上和线下购物期望值的融合,未来线上线下融合是新零售时代的重要发展趋势。

(资料来源:知乎. 三只松鼠率先在短视频直播电商微利时代跑出复活增长模型[EB/OL]. (2024-02-23)[2024-05-30]. https://zhuanlan.zhihu.com/p/683630958)

【引言】

随着互联网技术的高速发展,网民规模持续扩大,中国电子商务市场得到了飞速发展,成为全球规模最大的电商市场。智能移动设备的普及使各大电商平台纷纷推出移动电商以方便消费者进行移动端购物,用户规模随之不断扩大。近年来,随着移动电商行业的整体规模增速逐渐放缓,进入稳步发展时期,市场急需新的带动增长力。与此同时,移动电商的发展使消费者的购物途径愈发丰富,信息与渠道更多元,引发了更多的消费需求,年轻一代消费者逐渐成为重要的消费群体,而新兴消费圈层的出现促使需求愈加多元,消费升级成为大势所趋。在此背景下,各大电商平台纷纷进入社交领域,移动社交作为移动互联网最大的流量入口,其高效的获客和强大的裂变能力吸引了资本的关注,行业规模快速增长。信息技术的发展使移动互联网步入社交媒体时代,人们的消费理念、方式与行为随之发生变化。"粉丝经济"在此背景下应运而生,并逐渐形成了多种商业运营模式。

4.1 移动电商概述

移动电子商务作为一种新型的电子商务方式,利用了移动无线网络的优点,是对传统电子商务的有益补充。尽管移动电子商务的开展还存在安全与带宽等很多问题,但是相比于传统的电子商务方式,移动电子商务具有诸多优势,得到了世界各国的普遍重视,发展和普及速度很快。

4.1.1 移动电商的概念和特点

1. 移动电商的概念

移动电子商务就是利用手机、掌上电脑等无线终端进行的 B2B、B2C、C2C 或 O2O

的电子商务。它将因特网、移动通信技术、短距离通信技术及其他信息处理技术完美地结合，使人们可以在任何时间、任何地点进行各种商贸活动，实现随时随地、线上线下的购物与交易、在线电子支付，以及各种交易活动、商务活动、金融活动和相关的综合服务活动等。移动商务作为新兴事务，不同的学者和专家给出了若干不同的定义，一般认为移动商务(M-commerce)是由电子商务(E-commerce)的概念衍生出来的。

电子商务以 PC 为主要界面，是"有线的电子商务"；而移动商务是那些依托移动通信网络，使用手机、掌上电脑、笔记本电脑等移动通信终端和设备所进行的各种商业信息交互和各类商务活动。移动电子商务的应用范围包罗万象，如在线交易、企业应用、获取信息和娱乐消费，这些服务将会在企业用户、专业人士和消费者中受到广泛欢迎。

2. 移动电商的特点

1) 方便

移动终端既是一个移动通信工具，又是一个移动 POS 机、一个移动的银行 ATM 机。用户可在任何时间、任何地点进行电子商务交易和办理银行业务，包括支付。

移动接入是移动电子商务一个重要的特性，也是基础。移动接入是移动用户使用移动终端设备通过移动网络访问 Internet 信息和服务的基本手段。移动网络的覆盖面是广域的，用户可以随时随地方便地进行电子商务交易。

2) 不受时空控制

移动商务是电子商务从有线通信到无线通信、从固定地点的商务形式到随时随地的商务形式的延伸，其最大优势就是移动用户可随时随地地获取所需的服务、应用、信息和娱乐。用户可以在自己方便的时候，使用智能手机或 PDA 查找、选择及购买商品或其他服务。

在电子商务环境中，人们不再受时空限制，客户能以非常简捷的方式完成过去较为繁杂的商业活动。如通过网络银行能够全天候地存取账户资金、查询信息等，同时使企业对客户的服务质量得到提高。在电子商务商业活动中有大量的人脉资源开发和沟通，从业时间灵活。

3) 安全

移动电子商务与 Internet 电子商务一样，需要具有四个基本特征(数据保密性、数据完整性、不可否认性及交易方的认证与授权)的信息安全。由于无线传输的特殊性，现有有线网络安全技术不能完全满足移动电子商务的基本需求。移动电子商务的信息安全所涉及的新技术包括：无线传输层安全(WTLS)、基于 WTLS 的端到端安全、基于 SAT 的 3DES 短信息加密安全、基于 Signtext 的脚本数字签名安全、无线公钥基础设施(WPKI)、Kjava 安全、Bluetooth/红外传输信息安全等，不一而足。

SIM 卡的卡号是全球唯一的，每一个 SIM 卡对应一个用户，这使得 SIM 卡成为移动用户天然的身份识别工具，利用可编程的 SIM 卡，还可以存储用户的银行账号、CA 证书等用于标识用户身份的有效凭证。使用手机银行业务的客户可更换为大容量的 SIM 卡，使用银行可靠的密钥，对信息进行加密，传输过程全部使用密文，安全可靠，实现了数字签名、加密算法、公钥认证等电子商务领域必备的安全手段，有了这些手段和算法，就可以开展比 Internet 领域更广阔的电子商务应用。

4) 具有开放性、包容性

移动电子商务因为接入方式无线化，使得任何人都很容易进入网络世界，从而使网络范围延伸得更广阔、更开放；同时，使网络虚拟功能更带有现实性，因而更具有包容性。

5) 潜在用户规模大

截止到 2021 年 2 月底，全国移动电话用户总数约为 15.92 亿，移动电话用户普及率达到了 113.9 户/百人，远高于全球移动电话普及率 102.94 户/百人的平均水平。显然，从电脑和移动电话的普及程度来看，移动电话远远超过了电脑。而从消费用户群体来看，手机用户中基本包含了消费能力强且不擅长在网络购物的中高端用户，此为移动电商的潜在用户，而传统的上网用户中以缺乏支付能力的年轻人为主。由此可以看出，以移动电话为载体的移动电子商务不论在用户整体规模上，还是在用户消费能力上，都优于传统的电子商务。

6) 易于推广使用

移动通信所具有的灵活、便捷的特点，决定了移动电子商务是更适合大众化的个人消费领域，比如：自动支付系统，包括自动售货机、停车场计时器等；半自动支付系统，包括商店的收银柜机、出租车计费器等；日常费用收缴系统，包括水、电、煤气等费用的收缴等；移动互联网接入支付系统，包括登录商家的 WAP 站点购物等。

移动支付是移动电子商务的一个重要目标，用户可以随时随地完成必要的电子支付业务。移动支付的分类方式多样，且易于推广使用，其中比较典型的分类包括：按照支付的数额可以分为微支付、小额支付、宏支付等；按照交易对象所处的位置可以分为远程支付、面对面支付、家庭支付等；按照支付发生的时间可以分为预支付、在线即时支付、离线信用支付等。

7) 迅速灵活

它能完全根据消费者的个性化需求和喜好定制、设备的选择以及提供服务与信息的方式完全由用户自己控制，用户可根据需要灵活选择访问和支付的方法，并设置个性化的信息格式。通过移动电子商务，用户能迅速获取所需的服务、应用、信息和娱乐。

4.1.2 移动电商的分类

移动电商包括移动支付、无线 CRM、移动股市、移动银行与移动办公等。

1. 移动支付

移动支付是指交易双方为了某种货物或者业务通过移动设备进行商业交易。移动支付所使用的移动终端可以是手机、PDA、移动 PC 端等，脱机进场交易流程如图 4-1 所示。移动支付是伴随互联网技术的发展逐渐兴起的一种新型支付方式。《2021 年全球支付报告》显示，网络支付占中国所有支付方式的一半。此外，根据中国互联网信息中心的研究数据，中国有 8.72 亿人使用网络支付。移动支付在我国所有的支付方式中的占比达到了 50%，是我国消费者选择最多的支付方式。移动支付方式兴起的背后是网络交易模式的普及，尤其是电子商务的快速发展，极大地改变了居民的传统消费观与支付观，为居民提供了更多的消费选择，电子商务也成为移动支付的重要窗口。甚至可以说，电子商务的交易行为必须依托移动支付完成。移动支付流程如图 4-2 所示。

1) 扫码支付

扫码支付是现在普及度最广、最受商家欢迎的支付方式之一，手机二维码支付产品流程如图 4-3 所示。在二维码支付业务大火的今天,很难想象它曾经被叫停过,但在监管部门的积极处理下,二维码支付业务重新上线,并迅速占领线下支付领域。无论是收款还是付款,都只需打开扫码软件扫描收付款码,即可完成收付,还同时支持多人在线支付,快捷高效的方式吸引了大批商家。扫码支付较大的问题就是二维码调换,身份信息无法准确识别。

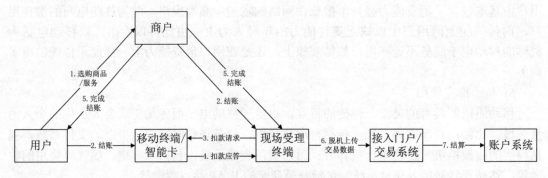

图 4-1　脱机进场交易流程

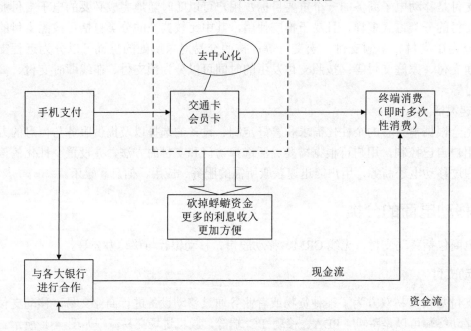

图 4-2　移动支付流程

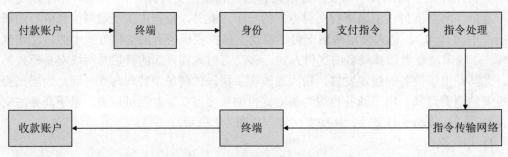

图 4-3　手机二维码支付产品流程

2) 指纹支付

指纹识别技术是凭借着指纹的唯一性，通过对指纹的采样、特征提取来实现身份识别的技术。基于指纹信息的电子支付是一个新的支付方向，与传统的账号加密码或是 IC 卡扫描识别等身份识别方式相比，指纹支付具有更高的安全性、不变性、唯一性、防伪性能好和使用方便等优点。

3) 刷脸支付

刷脸支付是最近几年第三方支付平台着力布局的市场，借此希望打造一个不利用终端设备就可以完成支付的生态圈，刷脸支付后往往需要账号验证，其安全性较高，但刷脸支付的场景布局仍有限，且成本高，需要时间等待。刷脸支付的普及度与使用率较低，暂时未暴露明显的缺陷。

4) 其他支付方式

除以上四种普及率、使用率较高的支付方式外，还有语音支付、虹膜支付、NFC 接触式支付等方式，但因为硬件设备要求较高，且对支付环境、场景有一定要求，暂时普及率比较低，存在的问题正在被积极地解决。

2. 无线 CRM

无线 CRM(W-CRM)是指通过电子移动装置及无线设备创造和交付高度个性化并具有成本效益的销售、营销、服务产品。目前无线设备的种类繁多，分别运行于不同的通信平台和标准之上。PC，PDA，Internet 和无线数据、语音的合成创造了一个功能强大、用途广泛的企业与个人工具。移动设备的流行和销售情况几乎呈指数上升，同时此类设备的范畴和功能也与日俱增。

1) 无线 CRM 的主要应用

(1) 为移动专业人员提供实时无连接的访问能力，以便更有效地管理客户关系和销售流程。譬如无线 CRM 能够完成客户线索产生从市场到销售的无缝过渡。一旦通过 Web、E-mail 等渠道进行登记，客户的信息就能立刻被送往指定的销售人员那里。一条含有客户基本信息的短消息会被发送给销售人员。如需更多信息，销售人员就可以通过 PDA 或手机上网，访问这些信息。移动 CRM 使销售人员对现有客户、潜在客户重要信息的访问不再受地域和时间的限制，从而提高了工作效率。

(2) 授权移动专业人员访问、更新信息，及时响应客户、潜在客户和合作伙伴的需求。销售人员不必回办公室访问客户信息、下订单和进行销售预测，一旦需要，就能现场获得最新的信息，进而最大程度地缩减销售时间。

(3) 为现场服务人员提供在线访问，监测以及更新事件，能使其有效地管理客户服务流程。当某一事件经由 Web、E-mail 或联络中心报告之后，该事件就能自动被分配并发送到某位现场服务人员那里。可以向现场服务人员发送一条与事件信息相关的短消息，包括客户姓名、地址以及问题等。如需更多的信息就可以借助移动设备直接访问。一旦事件进入处理状态，现场服务人员还能求助知识库、更新知识库、定购替换零件或在线关闭该事件等。

2) 无线 CRM 的优势

在一个客户经济时代，各个企业都在实施自己的 CRM 战略，以便为客户提供良好的购买和服务体验。企业通过 CRM 系统来收集客户资料和分析购买行为,并为企业的策略调整提供依据。然而一家实施 CRM 的企业,不光是期望能在办公大楼中拥有深度挖掘客户资源的能力,也希望自己的管理和业务人员在家里、在客户办公室中、在异地他乡都拥有掌控并满足客户需求的本领。因为企业实施 CRM 的关键性目标之一,就是大幅度提高自身掌控客户资源、实时响应和满足客户需求的能力。

采用无线 CRM 系统的主要优势在于以下三个方面。

(1) 缩短冗长的销售周期,使得移动销售及服务专业人员实时鉴别与响应机会,从而缩短销售周期。

(2) 在不增加人员的情况下,实现移动专业人员对重要客户信息的快速访问,提升运作效率及提高效益。

(3) 改善客户满意度。当发生与客户的互动时,使现场销售及服务人员具备监测和响应的能力。

信息技术、无线工具与企业 CRM 系统的结合,使企业能够随时随地和客户保持联系和互动,实时响应客户的需求,除了能够提供给客户优质的服务外,也能最大限度地开拓客户资源,挖掘潜在的销售机会。无线 CRM 系统使企业无论何时、无论何地都能实时访问潜在客户、现有客户、合作伙伴以及供应商的信息,无论是在手机、PDA、手提电脑上,还是在其他移动产品上,都能使移动人员即时管理,同步和共享重要信息,摆脱时间与地域的限制。

3. 移动股市

移动股市服务通过手机服务使您可以随时随地通过手机查询价格和股市行情,还可以进行股票交易。移动股市提供中文菜单界面,只需滚动选择,就能完成多项操作。

(1) 行情查询——可以进行个股查询,还可以查询上证指数、深证指数、恒生指数、道琼斯指数、日经指数、伦敦指数及其他股票信息。

(2) 到价提示——对您心中某股票的价位,可分别做价位设置、查询及清除操作。

(3) 股票交易——当您开好户,设置好券商代码及股东代码,您就可以方便快捷地在手机上对深沪两地交易所的股票进行委托买入、委托卖出、委托撤单、资金查询、股份查询、委托查询、成交查询等各项操作。

(4) 交易信息——可以保存并查询您通过本业务返回的信息。

4. 移动银行

移动银行服务是无线通信技术与银行业务结合的产物。它将无线通信技术的(任何时间、任何地点、任何方式)优势应用到金融业务中,为客户提供在线的、实时的服务。其主要技术模式是以银行服务器作为虚拟的金融服务柜台,客户利用移动支付终端通过移动通信网络与银行建立连接,在银行提供的交互界面上进行操作,完成各种金融交易。

手机银行业务是一项跨行业的服务,是货币电子化与移动通信业务相结合的产物。手机银行丰富了银行服务内涵,使人们不仅可以在固定场所享受银行服务,还可以在旅游、出差中高效便利地处理各种金融理财业务。某手机银行方案如图4-4所示。

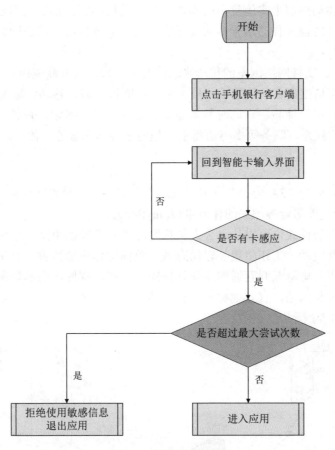

图 4-4　手机银行方案

1) 银行系移动端平台

早期的移动银行一般只是局限于手机银行 App，但科技的高速发展使得银行不能再故步自封，诸如开放支持 API 数据端口，将手机银行 App 升级为综合化服务平台，聚合各种消费场景，为消费者提供"一站式"服务。如今微信已从早期的社交通信工具发展成为移动交互平台，这也是银行的必争之地。通过利用微信公众号和小程序，结合微信自媒体和社会化服务的自身优势，不论是在银行品牌宣传还是在金融服务体验上都是可以得到极大发挥的舞台。未来的移动端平台，主要是支持智能手机、平板电脑等智能终端设备下的诸如手机银行、微信、网络银行、云闪付等软件应用之大成者。所以未来更准确的叫法应该是银行系移动端平台，但为了更贴近用户的理解以及方便阅读，以下还是统称为"移动银行"。

2) 移动银行的特性

(1) 多样性。为了满足用户扩展便携式终端的差异化需求，移动 App、需对接的系统以及移动设备的多样性，增加了设备、系统适配，以及移动应用管理、运维的高度复杂性，企业还将面临与现有系统应用的整合挑战。

(2) 易用性。移动互联网脱胎于 PC 互联网的开放性、互动性的方式。但又由于其便携性，存在交互性很强但限于屏幕较小的特点，这就使得移动 App 的简单易用成为必然，避免用户在手机等移动终端上实施复杂的操作，甚至包括内容，都尽量用最少的文字做最精练的表达，这样才能提升移动端平台的友好度，而不会导致部分用户因为不知该如何操作或嫌麻烦而离开。

(3) 用户至上。支持网络浏览的移动终端的普及，预示着互联网用户基于 PC 的所有需求和使用习惯都会衍生到移动终端上。技术壁垒不断被打破，移动终端拥有着 PC 所不能企及的、更全面的用户体验，它同时具备通话、照相、语音搜索、视频、定位、随身携带等功能，满足用户娱乐、商务等多方面需求，趋向于终端和服务一体化。

5. 移动办公

移动办公也可称为"3A 办公""移动 OA"，即办公人员可在任何时间(anytime)、任何地点(anywhere)处理与业务相关的任何事情(anything)。

这种全新的办公模式，可以让办公人员摆脱时间和空间的束缚。单位信息可以随时随地通畅地进行交互流动，工作将更加轻松有效，整体运作更加协调。利用手机的移动信息化软件，建立手机与电脑互联互通的企业软件应用系统，摆脱时间和场所局限，随时进行随身化的公司管理和沟通，有效地提高了管理效率，推动了政府和企业效益的增长。某移动办公方案如图 4-5 所示。

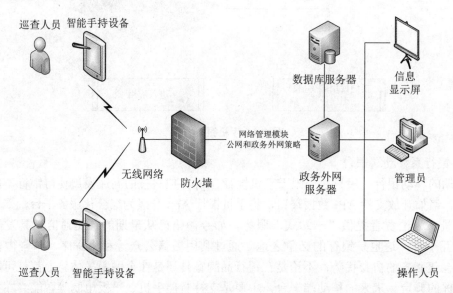

图 4-5 某移动办公方案

1) 移动办公的方式

(1) 笔记本+无线网卡。这种方式的移动办公是由笔记本电脑使用 GPRS/EDGE/CDMA 无线网卡，通过 VPN 防火墙访问单位内部的 Intranet，实现公文办理、库存查询、客户资料查询、内部文件查看等功能。

优点：软件开发工作量小，客户端界面表现和信息量都很强大，接入较容易。

缺点：硬件费用昂贵(笔记本、无线网卡、VPN 部署)，终端携带不方便，待机时间短，在很多场合不方便公开使用。

(2) 短信+彩信。这种方式的移动办公主要以短信和彩信作为数据传输方式，将单位内部应用信息转换为特定的格式后通过短信和彩信通道发送到工作人员手机端，实现信息提醒功能。

优点：硬件成本低，支持终端多。

缺点：安全性差(信息明文传输和存储)，信息量很小，界面表现力差，通信费用昂贵，使用不方便，需要一定的软件开发工作。

(3) WAP。这种方式的移动办公主要依靠 GPRS/EDGE/CDMA 作为数据传输方式，将单位内部的办公信息转换为 WAP 网页的形式进行浏览，实现办公邮件、公文办理、通知通告、信息查询等一般性功能。

优点：支持终端较多，信息量和界面表现较好，使用较方便。

缺点：安全性较差，数据传输量较大，数据传输和解析速度慢，支持文件类型少，需要大量软件开发工作，无法充分使用手机资源，信息及时性差。

(4) 手机智能客户端程序。这是基于推送(push)技术的行业应用平台，主要依靠 GPRS/EDGE/CDMA 作为数据传输方式，通过安全连接将客户应用服务器上的内容(数据)请求推送到客户手机端，使得用户可以随时随地地实现移动办公和移动应用。例如，迪跑微博办公平台就是采用这种实现方式。

优点：支持推送办公(push)，安全性高，速度快，功能强大，界面美观。

缺点：只支持特定的终端；建设成本与使用成本较高。

(5) 扫描仪+SD 卡+干电池。这种方式的移动办公主要以 USB 数据线及读卡器、卡槽来传输数据，将单位内部的文稿纸张、身份证相片等资料通过扫描仪彩色光电传感器转换成电子版图片格式，实现脱机扫描，随身携带的功能，体现移动办公、无纸化办公的新时代。

优点：高效高清，体型小巧，操控按键较为实用，A4 幅面方便扫描说明书等文档。

缺点：手动扫描文件有形变产生。

2) 移动办公的好处

移动办公也可称 3A 办公，即办公人员可在任何时间(anytime)、任何地点(anywhere)处理与业务相关的任何事情(anything)。这种全新的办公模式，可以摆脱时间和空间对办公人员的束缚，提高工作效率，加强远程协作，尤其是可轻松处理常规办公模式下难以解决的紧急事务。因此移动办公具有常规办公模式所无法比拟的优势。

(1) 使用方便。不需要电脑，不需要网线，只要一部可以上网的手机，免去了携带笔记本的麻烦，即使下了班也可以很方便地处理一些紧急事务。

(2) 高效快捷。无论在外出差，还是正在上班的路上，您都可以及时审批公文、浏览公告、处理个人事务等。将以前不可利用的时间有效利用起来，自然就提高了工作效率。

(3) 功能强大。随着移动终端 PDA 功能日益智能化，以及移动通信网络的日益优化，大部分电脑上的工作都可以在 PDA 上完成。

(4) 灵活先进。针对不同行业领域的业务需求，可以对移动办公进行专业的定制开发，大到软件功能，小到栏目设置，都可以自由组装。

(5) 信息安全。通过移动 VPN、专有 APN、SSL、CA 数字签名、GUID 与远程自毁等安全措施，可以保证系统通信数据的安全性。

4.1.3　移动电商与传统电商的差异

移动电子商务是由电子商务(E-commerce)的概念衍生出来的，与传统通过电脑(台式PC、笔记本电脑)平台开展的电子商务相比，拥有更广泛的用户基础，因此具有更广阔的市场前景。相比于传统的电子商务，移动电子商务具有更好的个性化服务，在一定程度上能够给移动用户提供更多动态信息，这给个性化的服务提供并创造了更好的条件，而且移动用户能根据自己的爱好需求来灵活地定制服务和汲取信息。不仅如此，移动电子商务还能快速精准地获取和提供位置信息，与位置相关的商务应用成为移动电子商务领域中的一个重要组成部分。移动电子商务与传统电子商务的区别如下。

1. 网络基础设施不同

移动商务的通信速度受无线电频谱的限制，带宽有限。但无线通信具有地理定位功能，因此移动商务可以充分利用基于位置的服务。电子商务强调的是无差别服务。

2. 移动终端不同

电子商务使用个人计算机(简称 PC)，显示器屏幕大、内存大、处理器快、采用标准键盘，不用考虑电池问题。移动通信设备则相反，屏幕小、内存小、处理器慢、输入不便，电池一次不能使用太久，因此移动商务的信息要简洁，不宜处理复杂应用。

3. 用户群不同

移动商务的潜在用户群远大于电子商务的潜在用户群，但这个群体的分布不均，文化差异大，移动开发中必须更多地处理这种差异。

4.1.4　移动电商发展现状与发展趋势

1. 移动电商的发展趋势

移动电商的发展趋势如表 4-1 所示。

表 4-1　移动电商的发展趋势

1997—1999 电商萌芽期	2000—2007 基础建设期	2008—2014 快速发展期	2015—2018 移动电商新时代	2018 年后 新零售崛起
互联网信息化水平低，在线购物尚不普及，零星的电子商务网站开始出现	1.电商经营体系逐步完善，网民开始购物 2.电商基础设施的建设不断成熟，物流及支付水平不断地得到提高	苏宁、国美等线下企业开始向线上转移，聚美优品、唯品会等特卖垂直细分电商平台发展迅速	1.2015 年移动端交易规模占比超过 PC 端，进入移动电商新时代 2.借助移动端红利，移动电商新势力崛起，市场更加多元化	单一渠道发展增量空间有限，线上和线下渠道合称为新零售发展趋势

1) 企业主导的移动电子商务市场

作为市场经济的主体，企业在未来的商务活动中应用电子商务成为必然。传统的商务活动将逐渐向移动化、个性化发展，移动电子商务能够在满足消费者个性化消费需求的同时，使消费者能够进行随时随地的消费，为消费者和企业提供了更加便利、广阔的平台。中小企业可以充分利用这一特点，拓宽销售渠道，提升企业竞争力，在市场竞争中占据一席之地。

2) 多元化的产业链

随着电子商务的不断发展，其涉及的商务产业类型也将越来越多。这些产业必将通过不断整合形成一条完整的产业链，并向着多元化方向发展。根据消费者的需求，移动电商融入餐饮、服装、娱乐等多种行业，实现电子商务全方位的服务。

3) 使用更具安全性

移动电子商务的使用要求用户必须具备移动电子设备和移动互联网。移动设备小巧便捷，但是也十分容易遗失，一旦遗失，用户的信息安全和财产安全就会受到严重威胁，并且移动互联网中本身存在的安全问题，也会给用户的信息安全造成巨大的隐患。由于电子商务无法对信息进行直接保护，因此，移动电子商务研发者应充分意识到消费者在移动终端使用这一环节的安全问题。随着移动电子商务的进一步发展，相信相关部门也会尽快出台维护消费者权益的法律法规，以保护消费者信息、财产的安全。

4) 加强信息服务

随着大数据时代的到来，人们越来越注重信息的服务，移动电子商务在进行金钱、信息的交易时，也为消费者提供了移动的查询服务，而信息的查询也将向着多元化方向发展，提供给消费者天气、公交线路、游戏下载、电影场次等方面的信息，通过信息服务的加强和相关广告的植入，间接促进了消费，提升了消费者对移动电子商务的认同感。

5) 优化移动终端

随着智能手机的广泛运用，手机的待机时间、屏幕大小和储存空间也对移动电子商务的发展产生了一定的影响。电子设备必将逐渐向更适应移动终端使用的方向发展，而移动终端的开发也需要依据移动电子设备的变化而进行，移动电子商务也会以移动终端的优化为发展基础，不断地向人们提供更加便利、快捷的服务。

2. 移动电商上升趋势的原因

1) 不受时间限制

移动电商有一个很大的优势就是利用移动终端进行电商活动，这些移动终端是可以随时掌握在手中的，例如，手机作为移动终端的一种，已经成为人们必不可少的随身之物。并且无线应用协议(WAP)随时随地都可以将移动终端接入互联网。因此，利用移动终端进行电商活动是不受时间限制的，人们可以随时进行移动电商活动。

2) 不受空间限制

利用移动终端进行电商活动同时也是不受地区限制的，只要能够顺利接入互联网，不管在什么地方都可以进行移动电商活动。现在最普遍的一种现象就是无论任何地方都能看到低头刷手机的人，在任何时间、任何地点，总有利用移动终端进行电商活动的现象。

3) 移动电商的用户群体以年轻群体为主

移动电商的用户主要是具有一定经济基础的成年人,以年轻群体为主。一是年轻群体的劳动能力较强,一般为中高层次的薪资水平群体,他们有足够的经济基础和偿还能力来进行电子商务活动。二是年轻群体的消费能力较强,且消费欲望比较旺盛,因此会有很多用户对移动电商形成依赖。郭芳等学者提出移动电商是电子商务主要的发展趋势之一。三是移动电商的方式本身就具备年轻化的特点,年轻群体目前是智能手机和一些其他移动设备最忠实的用户群体,因移动电商简单方便的优点而备受年轻用户群体的青睐,这也是年轻群体偏爱移动电商的一个重要原因。

4) 领域推广力度强大

目前社会上出现了一个很广泛的现象,就是用户出门不带现金,只需一部手机就能解决大部分问题。目前大部分领域都实现了电子化,用户不管是去超市购物,去餐厅吃饭,还是高速收费站、医院就诊等,各个领域都实现了智能电子化,利用移动设备"扫一扫,刷一刷,点一点"就可以实现各项功能,这一方面体现了移动电商的灵活性,另一方面也体现了在各个领域移动电商的推广力度是不容小觑的。

4.1.5　移动电商的相关技术

具体内容请扫描下方二维码。

4.2　移动电商的应用

4.2.1　移动营销服务

1. 移动营销概述

移动营销是指面向移动终端(手机或平板电脑)用户,在移动终端上直接向目标受众传递个性化即时信息,并与消费者进行信息交互以达到营销目的的行为。移动商务营销的早期阶段被称为移动互动营销或无线营销。移动商务营销在强大的云服务的支持下,通过移动终端获取云营销的内容,从而达到"一对一"互动营销的目的。移动商务营销是网络营销的一部分,它结合了现代网络经济中的"网络营销"和"数据库营销"理论。它也是经典营销的衍生,是各种营销方法中最有潜力的部分,但它的理论体系刚刚建立起来,未来还有相当大的潜力可以挖掘,对于整个电子商务行业而言,移动商务的发展可以看作是未来电子商务的发展。

移动营销是指基于移动互联网技术以面向移动终端个体用户为主的一种营销手段,其初期思想来源于传统市场营销下的网络营销体系,经过数年来的发展逐步衍生出了独有的特性与优势。与传统的市场营销方式相比,其具有实时性、交互性、精准化、个性化等优点，因而近年来广受经营者的青睐，目前主要通过以公众号为主的微信营销以及移动端 App 营销等方式达到构建客户群、提高企业知名度、了解客户偏好等目的。

随着近年来移动互联网技术的不断发展，大众的互联网使用偏好开始逐步向移动端倾斜，移动电子商务在传统电子商务中所占的比重也不断增加，与此同时，作为移动电子商务中重要一环的移动营销也开始越来越受到各行各业的重视，纷纷开始进行或多或少的移动营销活动以期跟上移动互联网的发展潮流而取得对自身发展的益处。但随着移动营销的需求不断增大，其业界平均水准却开始稍显不足，大部分行业人才培养方式都已略有滞后，如何让行业水准的发展速度跟上市场标准的发展速度已成为目前移动营销亟须解决的问题。移动营销系统如图 4-6 所示。

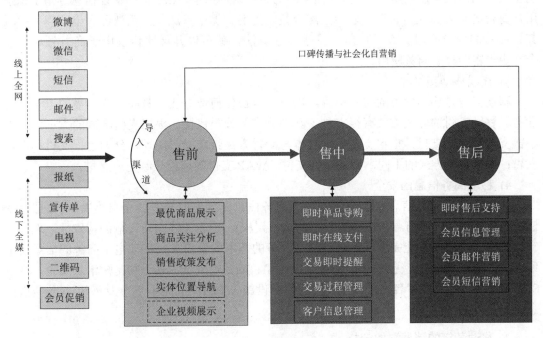

图 4-6 移动营销系统

2. 移动营销的目的

移动营销的目的虽然五花八门，但归根结底是以实现经济效益和社会效益为最终目标的。据此，营销的重点可以分为品牌导向和效果导向。

(1) 品牌导向即通过移动营销提升产品或服务品牌的形象及知名度，获得更多的曝光，将品牌形象根植于受众，广泛传递产品和服务信息。营销活动通常围绕新产品(服务)发布、树立品牌和促销活动展开。就移动营销而言，需要在产品或服务的曝光量与点击量上下足功夫。

(2) 效果导向即通过移动营销增加注册会员、增加订单、增加 App 下载，进而提升浏览者的转化率，完成浏览、关注、转化、下单、完成交易的过程。可以看出，虽然移动营销都是以盈利为目标的，但有些比较注重经济效益，有些能够兼顾到社会效益；效果导向的营销更关注短期的营销成果，而品牌导向的营销更关注长期的品牌忠诚度。

3. 移动营销的特点

1) 全天候移动接入，不受任何限制

移动接入是移动商务的一个重要特性，也是基础。移动接入就是用户使用移动终端设备通过移动网络访问 Internet 信息和服务的基本手段。移动无线网络的覆盖范围是非常宽广的，用户可以随时随地地进行移动商务交易和信息传输。

2) 个人交易信息安全防护好

电话的 SIM 卡号就像每个人的身份证一样，具有唯一性。每个 SIM 卡号只能由一个用户使用，同时具有排他性，这就促使 SIM 卡号成为移动个人用户非常重要的个人身份识别工具，当然还可以利用 SIM 卡存储用户的银行账户信息、CA 证书认证信息等用于识别用户身份的有效凭证。它也可以用来配合数字签名、加密算法、公钥认证等电子商务领域其他必备的安全手段。有了这些工具手段和算法，就可以开展比传统电子商务领域更安全、更丰富的移动商务应用。

3) 在线移动支付

移动支付是移动商务的重要内容，用户可以在任何地方任何时间完成所需的电子支付业务。移动支付的分类方法有很多种，其中典型的分类包括：根据支付金额的大小，分为小额支付和大额支付；根据支付时支付方与受付方是否在同一现场，分为远程支付和现场支付；根据实现方式的不同，分为短信支付、WAP 支付等远程控制完成支付。

4) 移动商务信息的安全

与传统电子商务信息安全相比，移动商务信息安全方面具有四个典型特征(数据保密性、数据完整性、不可否认性和交易方的认证授权)。由于无线网络传输的特殊性，现存的有线网络安全技术不能完全满足移动电子商务的基本安全需求。移动电子商务的信息安全所涉及的新技术包括：无线传输层安全(WTLS)、端到端安全、基于加密短消息安全、基于 Signtext 的脚本数字签名安全、无线公钥基础设施(WPKI)、Kjava 安全及蓝牙/红外传输信息安全等，不一而足。

4. 移动营销的消费群体分析

1) 日本的情况

首先，日本商店的精细化和人性化的购物环境对日本人吸引力巨大。其次，日本商店的体验式服务深入人心，2/3 的日本人不愿意放弃到店享受服务的过程。再次，因为日本的《商业法》"公平竞争原则"规定，公平竞争的核心就是价格竞争，如果同款商品出现倾销有可能被问责，所以在日本线上线下的商品价格变动区间小。最后，日本的店址便利性好。无论是机场、火车站、地铁站、汽车站，还是街道边等，任何有行人经过的地方都有便利店、超市、百货店、自动贩卖机等，满足人们经过购买、专程逛店的种种需求。即使在比较偏远的农村或者小城市，日本人的公共交通便利、自家汽车拥有量高，前往购物中心采买也非常便利。除了上述四个理由外，日本年轻人也喜欢逛商店，以获得店员面对面的专业指导。以购买化妆品为例，有些品质好的商品特别需要现场的试用与专业指导，以确保物有所值，年轻人自然而然选择到店购买。

2) 美国的情况

根据 Placed Insights 数据公司计算结果显示：在 2019 年 4 月间，13 岁及以上美国人访问各家商店次数的百分比，结合美国销售和商店数据，美国生活资讯网站列出最受美国人欢迎的零售商店排名是：沃尔玛(Wal-Mart)、麦当劳(McDonald's)、星巴克(Starbucks)、沃尔格林(Walgreens)、赛百味(Subway)、塔吉特百货(Target)、唐恩都乐(Dunkin' Donuts)和美元树(Dollar Tree)。可以看出，日用品店和食品店占了较大比重，很多美国人选择到店消费。一方面，与开店数量多、分布广泛、停车便利且免费有关，如排在前三位的店分别有5368、13 914 和 14 606 个网点；另一方面，与美国人工成本高，导致的运送价格高、运送速度较慢有关。

3) 中国的情况

以 25 岁到 40 岁的年轻人为例，据 2017 年 8 月埃森哲发布的《全球 95 后消费者调研中国洞察》一文显示：31%的 95 后偏爱实体店购物，80 后和 90 后分别为 34%和 33%。与逛传统实体店不同的是，这些年轻人更倾向于前往具有文化消费和社交特征的实体店消费。一方面，可以满足他们合影、拍照、发布的需要；另一方面，可以在文化消费的同时满足他们物质消费的需求。逛书店、看电影、看演出、桌游等活动，经常与就餐、喝咖啡、品茶一并完成。他们关注个性的满足，需要有不同的品牌服务，是时尚先锋。对于那些中年人或者以家庭为单位的消费者，仍然青睐于购物中心的一站式体验，逛、买、吃、喝、学同时完成，对场所的时尚程度要求容易满足。

5. 移动营销的精准性

面对发展迅速的电子商务，那些喜好逛店、愿意面对面交流、借由社交参与文化活动的人们，依然保留着对实体店铺的依赖。移动营销既要考虑线上的需求，也要顾及线下这部分消费者的意愿。

1) 营销受众人群的精准化分析

鉴于手机在移动应用中的绝对地位，同时手机具有一人一机、独立使用的特征，在进行移动营销时可以充分地把握手机主的多重特性，为机主画像，从而找到移动营销的重点，有针对性地进行营销。

(1) 基本信息。可以根据手机用户的性别特征男或女；年龄特征 15～19 岁、20～29 岁……60 岁以上；地域特征，比如一线城市、沿海城市、内地城市等；作息规律特征；手机型号特征国产品牌、国外品牌及价位，分别采取不同的营销策略。

(2) 产品需求信息。捕获消费者的关注点信息、使用的诉求信息、对价格的期待信息、对品牌的追求情况等，分别采取不同的营销策略。

(3) 兴趣与偏好信息。关注消费者的设备使用偏好、App 使用偏好、消费档次偏好、个人兴趣爱好等信息，分别采取不同的营销策略。

(4) 其他信息。捕获并分析消费者收入信息、从事职业信息、经济实力信息、所属社会阶层信息、个人所在团体信息、新近关注产品信息等，分别采取不同的营销策略。

2) 营销时间的精准性分析

在这里以 App 的六类应用为例，讨论营销时间的精准性。现在已经通过调查方法获得了用户在使用即时通信、网络直播、社交、网络购物、网络新闻和网上外卖类 App 的时间特征，当营销方式试图通过 App 来进行营销时，就要考虑哪些消费者习惯在 8 点主动联络好友、接受新友或者搜索社交好友；哪些消费者习惯在 12 点观看哪类直播；哪些消费者习惯在午夜预订外卖、哪些消费者在中午选择外卖；哪些消费者选择在中午 12 点或者晚上 9 点读取新闻信息；哪些消费者会在什么时间查看网络直播或者短视频。

除 App 外，对于二维码、LBS、微信、微博等都可以制定有针对性的营销时间方案，使得需要的人群在需要的时间接收需要的营销信息。

3）营销地点的精准化分析

利用 LBS 技术，实现营销地点的精确策略。一方面，可以利用移动通信技术和移动互联网技术确定用户所在位置信息；另一方面，可以根据该用户的个人信息特征和时间信息特征等，提供基于位置的信息服务。在国内的服务商中百度、高德、美团占据了很大市场。

百度利用特定位置的商圈，圈定活跃用户，再根据这些用户的特征提供服务。以往的基于营销地点的服务，项目少、精准化程度有限。目前有公司推出了范围在 150 米以内，精确度达到 95%的精准化服务。在基于地点的营销活动的内容中，除保留有机场、高铁站、网吧、家居商城、教育机构、妇产医院、五星酒店、中小学校、电影院、公共事业单位的信息外，还增加了美食、生活服务、金融服务、休闲娱乐等信息。再通过对于这些项目进行细化，更加具体地给出咖啡厅、甜品店、西餐、小吃、宠物服务、房产中介、茶馆、歌舞厅、美术馆、电影院和银行等的准确位置，供移动定位用户选择使用。

4）营销内容的精准性分析

在传统媒体时代，营销通过广播、电视、报纸、杂志、户外广告、口碑广泛传播，营销内容以文字为主。随着传统媒体的发展，图片的应用越来越广泛。互联网出现后，进入了网络媒体时代，营销以网站为主，营销内容以文字+图片+视频为主。4G 普及后，移动设备成为用户的主要上网工具，移动媒体时代拉开序幕，移动设备与资讯、视频、各种平台成为营销主体，文字+图片+视频组合信息成为移动营销的主角。人们放弃了单一的营销方式，采取多种媒体组合的形式，营销平台上也可以接受越来越丰富的资源。一边是多媒体的上传、展示，另一边是多媒体素材的浏览、下载。营销的内容精准因通信技术进步、软硬件设备的推陈出新而变得可能。

举例来说，以往用户可以通过阅读报纸广告、观察汽车图片了解汽车销售信息，网站普及以后，网站提供 360 度汽车内外视角，提供全部参数、价格、服务信息，供购买者参考。现在，借助 AR/VR 等技术和移动通信与互联网技术，可以完成沉浸式体验，所有关于汽车的销售信息都可以如临其境般地呈现出来。无论是否到实体店铺，都可以完成这样的体验，收获这样的营销信息。

6．移动营销的工具分析

1）AR/VR 技术

艾瑞的《2018 年中国 AI 营销应用落地研究报告》显示，广告主对 AR 技术越来越重视。AR/VR、语音广告、互动式广告、视觉识别的应用物联网相关的应用、LBS 应用、程序化的创意应用和广告验证应用等营销新技术，分别有 40%到 13.3%不等的尝试群体。这些营销群体关注新技术的开发情况、新技术的使用情况和新技术被营销受群群体的接受情况。

2）凤巢广告产品

这是百度近几年开发的搜索产品。以往大家打开百度网页，在交互对话框中输入需要查找的关键词时,百度会将找到的信息以文字列表的方式排列出来。现在经过平台的改进,相同的操作将获得与关键词高度相关的图文信息,可以说图文并茂,使浏览者印象深刻,特别是带有企业 logo 的图片,直接可以获得浏览者的认可或者遭到抛弃,提高了浏览的效率。凤巢广告在与浏览者最短的接触过程中,传递出很多信息。

3) 开屏广告

开屏广告是这几年随着 App 应用而出现的广告形式。2018 年 9 月 2 日《人人都是产品经理》对开屏广告是什么进行了说明:开屏广告是在 App 启动时出现的广告,一般展示固定时间(5 秒),展示完毕后自动关闭并进入 App 主页面,计费方式大多是按 CPC(cost per click,每点击成本)。换句话说,如果没有点击也就是没有得到关注,开屏广告营销者就不用付费。目前开屏广告得到腾讯、百度、今日头条等公司的青睐,它们分别利用这个工具形式开发基于移动端的营销产品。

4) 信息流广告

信息流广告是百度 App、百度首页、贴吧、百度手机浏览器平台的资讯流中穿插展现的原生广告,广告即是内容。换句话说,当用户使用百度的上述工具时,随着百度搜索、贴吧信息的浏览或发布,就已经在完成浏览信息的同时吸收到广告信息,上传信息的同时发布了广告内容。信息已经与广告合为一体,所以也称信息流广告。

7. 移动营销应用模式

1) 传统电商模式转变为移动商务模式

传统电商模式转变到移动商务模式主要是由于移动设备终端的发展和普及,之前传统电商用户群体由于移动设备的升级,各种 App 新功能的开发与应用带来了消费模式的变化,一些当今主流的传统电商平台也在积极大力地发展移动商务平台,比如淘宝、拼多多、京东、天猫、当当等知名的传统电商平台,它们也在大力拓展移动商务领域的阵地,对现有的平台资源也是一个强有力的补充和扩展。

2) 新型移动商务商业模式层出不穷

伴随着移动商务的高速发展,产生了一大批依靠移动商务平台发展起来的新型平台。这类平台有一个典型的特征就是专业性和独立性,代表平台有:闲鱼、微店、盒马、苏打优选等。尽管传统的大型电商平台依然占据着较大的市场份额,但是这一类新型平台有效地避开了那些传统大平台的锋芒,独辟蹊径,打造了属于自己独特的平台特色,既有专业性,又有独特的个性,吸引了大批用户的关注。

3) 运营商主导的移动商务模式

由于移动商务的爆发式增长,很多传统的线下运营商为了提高办事效率和用户体验也纷纷加入移动商务这个平台上来,其中主要代表有电力、通信、水务、天然气等传统行业运营商。这类企业都是拥有庞大的用户群体,通过整合自身的线上资源来适应用户和市场的需求,进一步提升了企业的运转效率和服务质量,企业的形象得以提升,市场竞争力不断加强。

4) 金融机构主导的移动商务模式

目前,主流的金融机构也纷纷加入移动商务市场发展中来,如国有的四大银行(中国人民银行、农业银行、工商银行、建设银行)、股份制银行(招商银行、交通银行)、民营银行

(民生银行)、外资银行(兴业银行)等大大小小的金融机构都参与其中,主要是得益于银行有大量的客户资源,金融机构发展本身就依赖市场的资金流动,移动商务也是移动支付领域中非常重要的一块蛋糕,对于金融机构而言,这个市场已然成为炙手可热的领域,既可以分享移动支付带来的大量资金流,又可以在这个平台上开展各类金融领域的业务。

8. 移动营销发展现状

1) 各领域的激烈竞争

近年来,智能手机和平板用户的不断增加,使得各种各样的移动客户端 App 的应用软件在逐年增加。相关资料显示,移动客户端 App 的应用软件涉及音影图像、网上购物、社交网络以及出行必备等 20 多个领域,有 80 多个类别,应用程序达到 150 多万。可以说,移动客户端的 App 应用软件已经全方面地涉及人们的衣食住行了。但涉及的领域有限,相关的企业较多,因此,大多数企业提供的都是同质软件,如在 2018 年 6 月已有 70 多家打车软件;浏览器的种类已超过 60 家;视频和新闻的软件已超过 70 家。目前,各个领域的软件数量仍在不断地上升,可见各企业之间的竞争十分激烈。

2) 趋于饱和的用户

在短短几年的时间里,移动客户端 App 的应用软件已经达到了饱和状态。相关数据显示,截至 2021 年 9 月,交友软件(如 QQ、微信等)的安装用户已达到了 12.6 亿多人,各领域用户安装的数量与前几年相比,呈现直线上升的趋势。目前,对各领域用户人群的简单累加很快就会达到了手机用户网民的使用人数了,移动客户端 App 的推广成就远不如前几年,已经进入了调整阶段。

3) 单一的营销方式

目前,很多企业采取的营销手段主要是通过短信和二维码向客户推销 App 应用软件,这类营销方式在移动客户端发展的早期阶段可能会引起用户的关注,但长期使用这种营销方式,难免会引起用户的反感,甚至个别企业为使用户下载 App 软件,未经客户同意,在介绍的过程中就强行对客户的手机安装 App 软件。不少客户不得不被动接受,从而加重了用户的厌恶情绪。同时,企业在推广 App 应用软件时,常常使用网页链接,很多用户在浏览信息时会莫名其妙地跳出一些链接,并且未经用户的同意,这些网页链接会自动打开,这在一定程度上加重了用户的反感情绪。此外,二维码的设置没有统一的标准,一些不法分子利用二维码不统一的缺陷使二维码成了一种新的病毒,不少用户在扫描二维码时手机就会中病毒,导致个人信息的泄露,不法分子利用用户泄露的信息对用户进行诈骗,从而使消费者的隐私和财产安全受到严重的威胁。

9. 移动营销发展趋势

1) 品牌营销力度会进一步加大

伴随着三大运营商资费的下降,相同业务间的同质化竞争会越来越严重,此时通信运营商基本上就要依赖自身的品牌进行竞争。而品牌营销的市场,主要是通过产品、服务、体验等来支撑品牌的形象,这也是三家运营商需要重点关注的问题。品牌已经成为三大运营商非常重视的一个方面,随着携号转网政策的落地,对于三家运营商而言又是一个验证品牌含金量的试金石,不仅可以提高企业的形象和竞争力,还能够挖掘更多竞争对手的客户。

2) 更多先进技术的运用

今后一大批先进技术会大量运用到移动商务中，比如图像识别技术会成为移动互联网的超级入口，今后可能会出现任何东西都可以进行识别，对应用领域无限制，无论怎么扫也能识别，对用户行为也没有限制，还可以利用图像识别技术拍照购买；还有基于 LBS 技术的应用会大放异彩，LBS 技术的引入和普及，会进一步降低搜索成本，不仅会给用户带来更好的使用体验，也让用户实实在在地享受到移动商务带来的实惠，还可以更优化地锁定目标人群，开展有针对性的移动商务营销，对于商家或者消费者而言都可以从中得到属于自己的那份利益。

3) 线上线下进一步融合

随着互联网的不断发展，传统的营销模式已经不能适应社会发展的需要。调查显示，越来越多的实体企业开展了线上营销的模式，在未来，移动营销势必会整合"线上"和"线下"的资源，利用 O2O 模式在网络经济与实体经济之间建立起一座桥梁，用户可以享受到网络平台带来的便利。在发展网络经济的同时，可以融入更多的实体店的传统因素，发展移动营销的商业模式，使用户觉得既不失传统，又紧跟时代步伐。

5G 网络的进一步覆盖与普及，会促使移动商务的线上线下整合能力得到更进一步的发展，大量的线下实体店会首先选择移动商务平台作为自己业务渠道的重要平台，不仅可以减轻线下实体商店的成本，还可以更好地拓展自己的业务范围，越来越多的线下实体商店选择开设线上平台作为引流及加大成交量的一个重要工具。随着移动商务技术的不断发展，线上线下的融合会进一步加强，对于商家和消费者而言，又多了一个平台渠道可以享受移动商务带来的更好体验。不仅满足了消费者的新鲜感和体验感，又让商家保持了稳定的发展。

4) 大数据将成为移动商务营销的核心引擎

随着互联网和计算机技术逐渐成熟，大数据已经开始渗透到各行各业，它将成为移动商务领域新的利益推动点，精准匹配供求信息、个性化推荐、用户喜好预测、优化页面等都是大数据强势制高点和优势所在。其中，个性化营销可以掌握用户的消费全过程，可以做到对用户的精准判断，根据判断提供精准的匹配推荐，大大地提高移动商务营销的效率和质量。预测也会更加科学，大数据可以提供及时、动态的各项市场数据，企业或商家可以根据这些数据调整供应链和营销策略，使每个环节都可以做到精确掌控，提高决策的科学性及准确度。

大数据时代的到来使得移动营销的各个领域激烈竞争，为移动营销带来了一定的挑战，但移动营销的发展却离不开大数据的支撑。因此，在未来的发展里，移动营销的发展必然会充分利用大数据的优势，对用户的浏览痕迹、交易习惯、用户之间的分享以及他们的评价等痕迹在大数据库中用云计算做出准确的统计，发现其中的规律，掌握用户的喜好和需求，并按照用户的需求提供周到的产品和服务。如淘宝上，可以根据用户的浏览情况，推出用户喜欢的产品，在用户生日的时候进行自动打折服务，使用户能够得到卖家的有偿服务。据 QuestMobile 2021 手机游戏人群洞察报告的数据显示，2021 年 6 月，手游 MAU 达 5.48 亿，呈现出井喷式的增长，在未来，对电脑游戏使用的用户会进一步转向手机游戏。此外，游戏作为文化的一部分，在未来可以和影视以及网络文学进行更加紧密的结合，移动营销在这一方面有着长远的发展前景。未来营销的发展必定会使更多用户享受到大数据提供的便利。

5) 隐私的保护

随着人们安全意识的增强,移动营销对用户隐私的保护必然会成为移动营销的发展趋势。移动营销还会对行业内部工作人员进行相关知识的培训,营造出工作人员保护用户隐私的良好环境,加强行业工作人员的职业操守,科学严格地制定行业准则,相关技术人员不断地研发出防止信息泄露的新技术,从而减少用户隐私的泄露,用户的隐私受到保护已经成为移动营销发展的必然趋势。

目前,新兴的移动商务模式还处于发展阶段,要想将其发展为成熟、完善的商业模式,还要对移动商务模式进行持续的改进和优化。可以预见,基于移动商务的商业模式,有着巨大的潜力和广阔的发展空间,在将来还可以不断创造出更多更好的发展模式,为整个电子商务行业的发展注入源源不断的动力。

移动商务已经成为当今电子商务领域最主流的一种商业发展形势,在这一时代背景下消费者可以利用碎片化的时间进行各种各样的网络活动,包括购物消费、办理银行金融服务、政务办公、远程医疗、远程办公等。随着移动商务技术不断地完善和升级,移动商务的应用模式也在不断增多,比如图像识别技术、基于 LBS 的服务技术、个性化针对性营销、移动社交、线上线下进一步融合等。另外,移动商务的发展呈现出 O2O 化、年轻化、社群化、个性化、智能化的发展趋势,因此为了顺应移动商务的发展趋势,为自身创造更多的发展机会,各个移动电商企业和平台应当对商务模式进行改革和创新,以此来提升用户的体验感,只有当整个社会参与进来,移动商务才会持续高质量地发展,为国家的经济发展注入源源不断的动力和活力。

4.2.2 移动信息服务

移动信息服务是指基于通信网络平台,通过各种移动设备,以无线接入网络的方式实现信息的双向传播。

1. 移动信息服务的内涵

1) 移动信息服务是信息服务的组成部分

信息服务是发生在信息用户与服务职员、信息资源、信息服务系统之间的可以满足用户需求的一种或一系列行为。现代移动信息服务是新兴的信息服务,是信息服务的组成部分。

2) 移动信息服务是面向移动环境下的用户的信息服务

从用户角度看,其所处的环境可以分为固定环境和移动环境。移动是相对于固定而言,区别在于人或物在实体空间位置上的变化状态。固定环境是指人或物处在相对稳定的空间环境。固定信息环境是指固定环境中人们主要用于从事信息活动的空间环境,比如教室、会议室、礼堂、办公室、书房、网吧、图书馆、电影院等。移动环境则是指人或物处在不断变化的空间环境,比如户外运动中、交通过程中、旅途中等。移动信息环境是指移动环境中人们可以兼而(因为在移动环境中,除了记者等专业信息工作者之外,大部分人的第一行为不会是信息行为)从事信息活动的空间环境。移动信息服务是面向移动环境下的用户开展的信息服务,与固定信息服务共同组成信息服务。

3) 移动信息服务是基于现代移动信息技术的信息服务

根据移动信息技术的演变，可以将移动信息服务分成以下发展阶段。

(1) 传统移动信息服务，比如无线广播电台、流动售报、图书馆流动服务等，都是基于传统无线电、机械技术或人工操作而实现的。

(2) 移动通信服务，狭义上是指移动终端通过移动通信网络进行通信，广义上是指手持移动终端通过各种无线网络进行通信。

(3) 移动通信增值服务，是基于移动通信网络实现的短信息、彩信、互动式语音应答(IVR)、彩铃等移动数据服务。

(4) 移动互联网服务。移动通信与互联网的结合产生了移动互联网。相应地，以移动通信网络作为接入网就是狭义上的移动互联网，以各种无线网络作为接入网就是广义上的移动互联网。

面向移动环境下的用户，通过移动/无线信息网络与手持移动信息终端向用户提供的信息服务，就是移动信息服务。移动信息服务系统如图4-7所示。

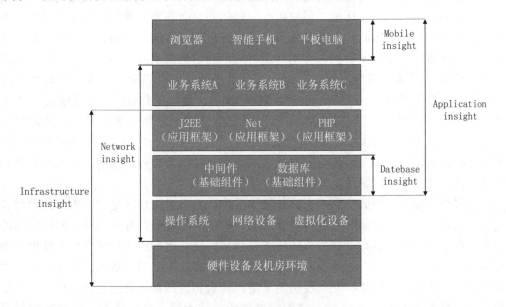

图 4-7　移动信息服务系统

2. 移动信息服务的特点

与固定信息服务相比，移动信息服务的根本特征在于其突破了时空的局限，可以随时随地开展服务。正如一位无线信息技术专家所言，互联网对人们的最大贡献是它用网线把全世界连在了一起，而无线互联网的最大贡献就在于它能够把束缚人们坐在固定位置上网的网线"剪断"。移动信息服务实现了前所未有的"移动性"服务，用户也可以在移动状态下随时随地利用信息服务。

移动信息服务的缺点也很明显。与固定信息服务相比，移动信息服务受到环境、屏幕和输入条件等的限制，环境多变不稳定，移动终端屏幕显示局限大，处理能力不强，操作不够方便，用户使用体验差，这些都是移动信息服务的弱点。尽管有这些缺点，但移动信息服务更受益于跨越各种环境的移动性、可定位性、个性化等特征。

3. 移动信息服务的组成要素

1) 信息服务者

信息服务者是信息服务的主体，包括从事信息服务的机构及机构中的服务人员，是整个信息服务工作的组织者、执行者和管理者。移动信息服务中的信息服务者与其他信息服务中的信息服务者并没有什么区别。目前从事移动信息服务的机构既有新兴的 IT 与通信、网络服务机构，也有传统的新闻出版、文化教育、图书情报等服务机构。

2) 信息用户

信息用户是信息服务的对象，是信息服务内容的接收者和利用者。用户的人口统计特征、信息需求与信息行为特征、经济消费能力等都是信息服务的前提和依据。与固定环境下的信息用户相比，移动环境下的用户在信息需求和信息行为方面有不同的表现。

信息需求是人们为解决各种问题而产生的对信息的必要感和不满足感。根据德尔文(Derwin)的"意义建构"理论，要研究用户的信息需求，需定位于时空中的某一点。该理论认为，用户的信息需求会随着所处情境(situation)而改变，情境是指意义建构时的时空环境。与固定环境相比，移动环境下用户所处的时间和空间都发生变化，并且总是跨越不同地点、跨越不同情境。因此，移动环境下用户的信息需求也因为时间、空间的变化而呈现新的特点。受时间与空间的影响，移动环境下用户的信息需求可以分为与时间相关的需求和与空间相关的需求。用户在移动环境下信息活动的时间特点有临时性、实时性、碎片性，相应的信息需求都是与这些时间特点密切相关的，比如应急处理信息(如通信、办公、商务等)、获取与交流实时信息(如新闻动态、金融行情、比赛直播、个人信息即时交流等)、打发无聊、利用零星或碎片时间交流信息等。用户在移动环境下信息活动的空间特点有本地性、目的地性，因此，相应的信息需求也都是与地理位置相关的，比如与位置相关的信息接收、信息查询、信息交流、信息发布等。

关于移动环境下用户的信息行为，传播学理论认为手机用户既是媒介内容的消费者，又是媒介内容的生产者，同时也是传播者。用户使用的不仅仅是媒介信息，同时使用的还有媒介本身。手机媒体具有独特的媒体特质和传播优势，用户通过使用手机媒体能获得最大程度的满足感，包括随时随地获取信息的满足感；媒体生产与消费的二重性满足了用户自我价值感的实现；个性化和互动性满足了用户探索和尝试新事物的心理需求。移动学习理论认为，情境是移动学习的核心结构，移动通信技术创造更广阔的、更分散的学习情境，移动技术可以支持个性化学习、对话性学习、协作学习、探究性学习等多种类型的学习。移动学习具有学习动机的自发性、学习内容的片段性、学习地点的跨越性、学习目标的自我调节性。移动阅读是用户的主要移动信息行为之一，移动阅读的行为过程包括阅读需求、读物寻求和阅读利用三个阶段。与固定环境下的阅读行为相比，移动阅读行为在阅读时间、内容和方法上都有显著的区别。移动阅读突破了时空的局限，阅读内容以各类新闻、金融财经实时信息、体育实时赛况、其他动态资讯等时间敏感性阅读内容以及与读者所处地理位置相关的信息为主，内容篇幅更倾向于短小精悍，阅读方式主要表现为快餐式阅读。

3) 信息服务内容

信息服务内容是信息用户接收与利用的对象，是信息服务的核心价值所在。移动信息服务在直接采用传统信息服务内容和互联网信息服务内容的同时，还立足于移动用户的独特需求和移动信息技术的独特功用开发新的信息服务内容。移动互联网不仅仅是用手机来上网或者用移动终端来上网,而是已经创造出以前桌面互联网所没有的功能。菲费(Fife)将目前的移动数据服务归为四类:交易、通信、信息和娱乐。国内移动互联网业界大致将其业务形态分为四类:移动社交(包括社区、博客、邮件)、信息服务(包括新闻、搜索、广告、位置服务)、娱乐(包括手机游戏、音乐、视频)、交易(包括电子商务和移动支付)。

与固定环境下的信息服务相比,移动环境下用户的信息行为一般与其所处的时间空间密切相关,相应地,移动信息服务内容具有即时性、位置相关性、个性化等特点。即时性内容是指新闻、金融行情、比赛实况、即时交流等时间敏感性内容。位置相关性内容包括地理位置信息,与地理位置相关的本地或目的地新闻、天气、商业、社交等信息。相比于互联网来说,移动互联网可以实现"用户身份识别"和"位置跟踪",手机等移动终端能"知晓"用户,比如用户在什么地方,经过了哪里,和什么人联系,看什么内容。可见,移动终端的隐私性、身份可识别性,极大地方便了移动信息服务提供满足用户的个性化需要的内容服务。

4) 信息服务系统

信息服务系统是信息服务的物质基础和技术支撑平台。"移动互联网和固定有线互联网的主要区别在于:终端和接入网络以及由于终端和移动通信网络的特性所带来的独特应用。"移动网络和移动终端是移动信息服务的两大基础设施,也是移动信息服务与固定信息服务区别的重要标志。移动信息服务中的联网技术是指用户的手机等移动终端所使用的无线、移动连接方式,既有以 WLAN 为主的无线通信技术,也有以 4G 为主的移动通信技术。移动终端则包括终端类型、配置、功能、软件等,目前的移动终端主要有手机、阅读器、平板电脑等。手机由于其与用户的绑定性强并集成了众多信息功能,正日益成为最重要的移动终端,而智能手机的发展更强化了手机移动终端的优势地位。目前移动终端连接无线/移动网络的技术包括短信息、多媒体信息、浏览器、客户端软件等。

5) 信息服务策略

信息服务策略是指信息服务中的服务方针与方式等,是改善用户体验实现信息服务效能的必要条件。与固定信息服务相比,移动信息服务更注重即时服务、互动性服务、主动服务、个性化服务、加工服务、协同服务等。即时服务是移动信息服务的优势,可以随时随地提供服务,满足用户的即时需求。用户参与的互动性服务是传统信息服务和互联网信息服务的一种,移动信息服务则能发挥移动信息技术的优势,在用户移动的过程中将互动性服务与用户所在的时间、空间结合起来,比如微博、移动社区服务等。主动服务是指移动信息服务者可以根据用户的需求主动推送信息服务,比如基于用户位置的广告发布等。个性化服务是移动信息服务的特色,包括个性化信息推送、个性化分类定制、个性化门户、个性化检索、个性化收藏服务等。加工服务是相对于原始信息提供服务的,是指针对用户所处的移动环境和所持移动终端的特点,对信息内容进行加工、优化,以方便用户迅速接收利用,如导航服务、检索服务、摘要服务等。协同服务是指移动信息服务受限于移动环境与网络、终端条件,主要提供的信息是即时信息、核心信息、线索信息,如果用户需要更详细的内容,则需要与传统信息服务手段、互联网信息服务系统合作为用户服务。

4. 移动信息服务的外部影响因素

信息服务的外部影响因素包括宏观和微观层面的环境因素。各种社会环境是宏观层面的影响因素，技术进步和社会经济节奏的加快，催生了移动信息服务，移动信息服务是社会环境演变的产物，也必将随社会环境的变化而变化。而在微观层面，影响移动信息服务的主要外部因素有移动环境和移动信息技术。移动信息服务是指在全新的移动环境下开展信息服务，强调的是信息服务的环境发生了重大的变化，以及这种变化对信息服务的新影响。

1) 移动环境对移动信息服务的影响

移动环境是指人或物处在不断变化的时空环境。在移动信息服务的过程中，用户及其所持终端是处于移动状态的，也就是说，用户所处的时间、空间是在不断变化中的，是更广阔的、更分散的。这些不同的环境会对用户的各种信息行为和相应的移动信息服务产生影响。一方面信息服务者可以根据各种移动环境设计信息服务，随时随地的服务满足了人们在移动环境下的信息需求。另一方面，移动环境给移动信息服务带来了管理和服务上的新挑战。比如移动环境下用户的时间大多是零碎时间，现场的干扰(视觉、听觉、震动、周围人群等)比较多，信息支撑技术(无线网络的稳定性、成熟性、大量信息及时传输和交互的可行性等)要求比较高。因此，移动环境就对移动信息服务内容、技术与方式等提出了不同于固定信息服务的新要求。由于移动环境下的"碎片"时间，移动信息服务的内容可以分成若干单元，每一单元篇幅不宜太长，以适应用户在移动环境下的时间特点。同时要求无线网络要比较稳定，响应速度要比较快，移动终端上的操作要尽量简易，信息服务方式要尽量快捷。此外，用户在移动环境下的位置特性必然会导致一些与位置相关的信息需求，需要信息服务者提供相应的信息服务。日本最大的无线社交网站 Mixi 的"足迹"功能能帮助其用户在移动过程中跟踪、就近找到自己的好友；美国 Foursquare 社区网站的爆红也是因为其将地理信息和社交网络结合受到了用户的广泛欢迎；以及商家根据用户现场报到次数提供折扣的新颖广告模式，这些都是移动环境的位置特性带来的独特应用。

2) 移动信息技术对移动信息服务的影响

在现代移动信息服务兴起的过程中，移动通信技术和互联网技术的发展发挥了决定性的作用。未来信息技术的创新与发展也必将进一步影响移动信息服务的升级、发展。

(1) 移动通信技术已经发展到第四代(4G)，目前正在向第五代(5G)迈进。5G 在移动设备上有着更快的数据下载和上传速度，系统性能显著提高，包括用户体验到的速率、系统时延、高速移动下的接入等，而且会大大提高诸如视频流以及网络游戏等应用的性能，满足人们的实际需求。

(2) 20 世纪末，互联网由于 Web 技术的使用而取得了极大的成功。未来互联网必将继续向社会的方方面面渗透，更加深刻地影响人类的生活和生产方式。同时，新的体系架构、新的协议、新的技术也将不断出现。下一代网络(NGN)成为通信网络发展和演进的方向，以 IP 技术为中心，可以同时支持语音、数据和多媒体业务。网格计算、云计算、多元化的网络终端等新技术将不断出现，网络服务方式也将在现有技术的基础上不断创新。所有互联网领域的技术发展都将为移动互联网开拓更新、更强的服务功能，推动移动信息服务向新的高度发展。

(3) 移动终端的硬件和软件也在不断发展。移动终端呈现多元化发展趋势，智能手机的比重逐渐加大，非手机型的移动终端越来越多。移动终端的屏幕在保持便携特征的前提下越来越大，可实现视频通话、高清电视、在线游戏等无线宽带服务。软件方面，移动操作系统、浏览器、各种客户端软件、移动搜索等适应移动终端便利操作的技术也将不断出现。这些与移动终端相关的技术发展将大大提升移动信息服务的效果，改善用户的信息利用体验。

5. 移动信息服务的模式

信息服务模式有两种诞生机制，即以信息服务各要素为基础的衍生机制和以发展条件等外围因素为基础的催生机制。

1) 基于组成要素的移动信息服务模式

移动信息服务的基本模式是指对移动信息服务的组成要素及其关系的描述。移动信息服务的组成要素彼此间的关系程度和作用方式不尽相同，这些要素及其相互关系就成了区别不同模式的主要依据。基于组成要素的移动信息服务模式包括主体模式、技术模式、内容模式、服务策略、面向用户的服务模式等。

(1) 从移动信息服务的主体来看，既有独立的移动信息服务机构，比如电信运营商、互联网服务商、移动互联网服务商、移动终端提供商、传统出版机构/广播电视机构、数字(手机)出版技术供应商、图书馆等各类信息服务机构，又有政府、各类企事业单位(其所属的信息部门开展移动信息服务)。

(2) 移动信息服务的技术模式可以分为基于不同通信网络的服务模式，比如基于以WLAN为主的无线通信服务模式和基于以4G/5G为主的移动通信服务模式；基于不同移动终端的服务模式，比如基于手机、阅读器、平板电脑、PDA等的服务模式；基于不同操作系统、短信息、多媒体信息、浏览器、客户端软件等的服务模式。

(3) 移动信息服务已经渗透到各个行业，以及用户生活的方方面面，其内容模式包括：通信(如接入互联网、IM、视频通话、邮件等)、移动社交(如社区、博客、微博等)、信息服务(如新闻、搜索、广告、地图、位置服务、移动教育、出版、图书馆等)、娱乐(如手机游戏、音乐、视频等)、移动电子商务(如银行、支付、炒股、购物、交易、手机广告、企业WAP站点等)、移动政务(如办公、管理等)等。

(4) 从移动信息服务策略来看，移动信息服务模式包括：单向传递服务模式与用户参与服务模式、主动服务模式与被动服务模式、平移服务模式(直接接入互联网、采用传统信息服务内容)与加工服务模式(导航、检索、参考咨询、学科信息门户、专题服务等)、独立服务模式与协同服务模式(与其他信息服务系统合作提供服务)、个性化服务模式等。

(5) 面向用户的服务模式，是指根据用户的不同特征(如年龄、性别、学历、职业/身份等人口统计特征，信息需求与信息行为特征，经济消费能力等)，对用户进行细分，设计相应的移动信息服务模式，以提供针对性的服务。比如面向大学生、年轻上班族、农村居民和商务人士等用户的移动信息服务模式。

2) 移动信息服务的外部主要影响因素

移动信息服务的外部主要影响因素是移动环境和移动信息技术，基于外部因素影响关系的移动信息服务模式主要有即时服务模式、基于位置的服务模式、个性化服务模式等。

(1) 即时服务模式是指根据用户在移动环境下的即时性信息需求依托移动信息服务系统为用户提供所需的信息内容与信息服务，比如新闻、金融行情、比赛实况、即时交流与处理等，是移动服务特色非常显著的信息内容服务模式。

(2) 基于位置的服务模式是移动信息服务者根据用户在移动环境下所处的地理位置，依托移动信息服务系统为用户提供所需的地理信息、与地理位置相关的其他信息服务，比如与位置结合的手机新闻服务、天气预报、社区服务、聊天交友、微博、商务等，也是具有显著移动服务特色的信息内容服务模式。

(3) 个性化服务模式是指移动信息服务者根据手机等移动终端的隐私性、身份可识别性，利用移动信息服务系统建立用户的信息需求模型，面向用户的个性化需求提供有针对性的信息服务，比如个性化门户、个性化检索、个性化收藏服务、个性化订阅服务等。

4.2.3 移动商务服务

移动商务是使用移动终端进行的交易活动，它的特殊之处在于使用移动终端，借助移动通信网络或者移动互联网等无线方式进行交易。

相对于传统的交易而言，移动商务所要借助的媒介是十分特殊的。在传统的交易活动中，买卖双方通过直接接触完成商品所有权或者使用权的转移；而在移动商务活动中，买卖双方并不直接接触，所以除了买方卖方，还必须有第三方的介入才能保证交易的完成。

移动商务服务是一种新兴的现代服务，以支付服务为例，第三方支付服务是一项重要的移动商务服务，它随着电子商务的发展而不断壮大，又随着电子商务向移动商务的延伸而进一步深入到移动商务领域。第三方支付流程如图 4-8 所示。支付企业(如淘宝的支付宝、中国移动手机支付、微信支付)通过与不同的银行合作，为消费者提供多种选择，在快捷、便利等方面对消费者有较大的吸引力；依托其较为完善的信息技术和安全管理平台，为客户网上交易的数据安全和隐私保护等提供了有力保障，并在交易过程中扮演着"准担保者"的角色，利用支付企业自身的品牌知名度以及在银行的信用，在一定程度上缓解了交易双方由于信息不对称而存在的信用问题，提高了消费者参与网络交易的积极性。

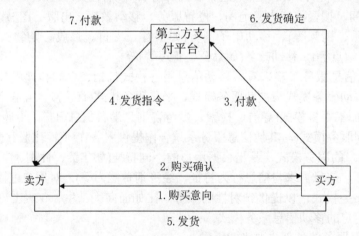

图 4-8 第三方支付流程

除了支付服务外，移动商务服务还包括很多种类，贯穿移动商务活动的全过程，在交易前、交易中、交易后起着重要作用，保证了买卖双方的交易顺利进行。

1. 移动商务服务的性质

1) 移动商务服务的现代性

从人类发明计算机到现在不过短短几十年。在 20 世纪 90 年代，电子商务兴起靠的是日新月异的计算机网络技术。移动商务是电子商务实现方式移动化的产物，电子商务为移动商务提供了观念和资源基础，移动商务又体现了移动通信发展的各项新技术成果，所以移动商务的现代性毋庸置疑。而移动商务服务是包含在完整的移动商务活动过程中的服务活动，没有移动商务，便没有移动商务服务。移动商务服务依靠拥有智能电子系统的移动终端实现，又依托于移动互联网和物联网等现代新型网络和技术，无论是提供搜索、定位还是识别、支付等服务活动，无不体现它的现代性。

2) 移动商务服务的知识性

移动商务服务的知识性实际体现在其实现技术的知识性上。以交易前服务——移动宣传为例，开发能够接收电子广告的智能移动终端，需要开发语言、通信协议的配合，是一项知识密集型的活动；电子广告本身，需要内容提供商进行编辑和采集、广告信息的定位发送等，同样是知识密集型活动。而交易中的服务如移动零售中的商品二维码扫描、移动支付等，交易后的客户评价统计分析、客户行为跟踪挖掘等，都需要知识密集型的技术。

3) 移动商务服务的信息化

移动商务活动是通过智能移动终端，依靠电子信息系统进行的交易活动，它的特点之一是随时随地提供快捷、便利的交易，可大大节约资源和能源的耗费，而这样的快捷便利性归根结底是由移动商务服务的快捷便利性促成的，这是移动商务服务信息传递方便、及时性的体现。无论是移动商务交易前的广告宣传、搜索定位服务，还是交易中的移动支付、身份识别，或者交易后的数据统计，都是依靠现代技术进行的信息采集、信息搜索、信息发布、信息集成、信息分析与处理活动，都是与信息化息息相关的。

2. 移动商务服务的分类

1) 从服务的对象划分

移动商务服务提供商的服务对象包括卖方和买方。根据服务对象划分，移动商务服务可以分为"为卖方提供的服务"和"为买方提供的服务"。实物商品交易领域的卖方包括商场、超市、药店、便利店、报刊亭、书店、餐饮店等实体零售企业；虚拟商品交易领域的卖方包括提供水、电、燃气、公共交通、通信、金融、证券、娱乐、旅游景点等的服务机构，以及数字产品销售企业。无论是实物还是虚拟商品交易领域，买方均为购买各种商品或服务的广大消费者。

2) 从服务的内容划分

从服务内容的角度来看，移动商务服务可以划分为平台类、通信类、信息类、广告类、支付类等服务。

3) 从服务的阶段划分

根据交易过程的各个阶段划分，移动商务服务又可分为售前阶段的服务、售中阶段的服务和售后阶段的服务。在实物和虚拟交易领域，又分别有不同的售前、售中和售后服务。移动商务的阶段划分如表4-2所示。

3. 典型的移动商务服务模式

1) 售前典型服务

售前阶段的移动商务服务是指在移动商务交易之前，为买卖双方提供的相关服务，通过售前服务能够增进买卖双方的相互了解，让买方获得交易相关的信息，感受到附加价值，做好交易的准备。在售前阶段主要有以下几种典型服务。

(1) 虚拟交易平台服务。移动商务中交易双方虽然不直接接触，但是仍然需要一个虚拟的交易平台提供商品展示、供双方交流等，从而确保交易的有效进行。平台的建设、运行和维护可以由卖方承担，也可以由第三方承担，后者便是本书讨论的典型的第三方移动商务服务。移动商务平台服务有代表性的是苹果公司率先推出的移动应用商店 AppStore，后起的中国移动网上商城(移动 MM)、中国电信移动应用商店(天翼空间)、中国联通的沃商城等，都属于这类服务模式。

表 4-2 移动商务的阶段划分表

移动商务服务对象	售前服务	售中服务	售后服务
卖方	虚拟交易平台建设服务 虚拟交易空间装饰服务 店铺信息发布服务 手机客户定位服务 商品信息发布服务 移动广告促销服务 移动优惠券发放服务 商品电子标签手机识别服务 移动通信网、移动互联网接入服务	在线(远程)手机支付服务 现场手机支付服务 移动优惠券兑现服务 手机身份验证服务 物流管理服务 移动通信网、移动互联网接入服务	客户评价服务 客户消费行为分析服务 商店、商品销售排名服务 客户会员服务 移动通信网、移动互联网接入服务
买方	商店、商品、服务信息搜索服务 促销信息获取服务 信息通知服务 实体商店/服务机构定位服务 商品电子标签识别服务 优惠券手机下载服务 移动通信网、移动互联网接入服务	在线(远程)手机支付服务 现场手机支付服务 手机物流跟踪服务 移动通信网、移动互联网接入服务	商品评价、排名服务 积分服务 会员服务 移动通信网、移动互联网接入服务

(2) 商店、商品信息服务。智能手机具有搜索地图的功能，只要用户手机能够装载"谷歌地图"或者"百度地图"等地图软件，能够连接到移动互联网，就可以进行商品、店铺信息搜索和定位服务。用户通过手机搜索商品或店铺信息的具体流程是：打开手机——连接移动互联网——打开地图——输入想查找的位置——查找地图上的地点——查找餐馆、咖啡厅、酒吧、景点、加油站、超市(亦可自己添加)——点击所选位置附近的所需信息——出现商家信息。商家信息包括名称、地址、电话、邮编、网站、评论等。通过这样的搜索，消费者可以在手机上方便快捷地浏览自己需要的信息，而这些信息的发布、功能的支

持，都离不开移动运营商的网络平台建设与服务、地图提供方的数据信息服务。这些买卖双方之外的第三方提供了整个搜索过程所需要的终端、软件、渠道、技术、信息编辑、生成、传递等服务。

(3) 手机定位服务。移动公司在各个地区设有基站，基站负责支持手机终端的通话等功能。当客户手机处于开机状态时，相隔固定的时间会与基站进行联系，确认手机的当前状态。当客户使用位置查询服务的时候，基站会与所查询的手机进行通信，然后根据信号的反馈时间计算手机当前的大概位置。其具体过程是：打开"SIM 卡应用"——选择位置服务——选择"你在哪里(输入对方手机号)"或者"我在位置"——可获知所要查询的手机的位置。

(4) 手机广告促销服务。很多顾客会注册商场或超市等消费场所的会员，一般会填写包括手机号码等在内的会员信息。通过移动运营商的通信网络，商家可以将商品广告宣传、优惠信息、促销信息等直接发送到消费者的手机中。消费者也可以主动获取广告和优惠、促销等信息。比如，通过安装在消费者手机上的移动购物客户端，消费者可以预先选定自己感兴趣的各类商场、超市、专卖店、影院、餐馆等，进而定制这些商家的促销信息，或者为免受干扰，可以在方便的时间主动浏览和获取相关信息。手机广告促销服务还可以和手机定位服务结合使用，对于消费者预先设定的某些消费场所，一旦走路和开车经过时，会有相关信息主动推送到手机上。这些服务的目的是促成更多更有效的交易活动，服务的提供方往往是若干家第三方服务机构，包括移动通信运营商、广告商、位置服务商、软件开发商、智能终端商等。

(5) 商品标签手机识别服务。任何商品都有一个条形码标签或二维码标签，消费者可通过手机识别获得有关商品的更多信息，以便更好地做出购物决策。为实现这一功能，消费者只需用手机下载安装一个软件，就可以通过扫描商品的标签获得与产品相关的额外的信息和服务。例如，消费者可以获得商品的原产地信息、物流过程、原材料配方、使用说明、相关商品信息等。由于在商品包装或价签上印上消费者所需的所有信息是不现实的，所以这项服务可以更好地满足消费者的需求。手机标签识别的实现机制如图 4-9 所示，消费者用手机扫描商品的二维码，连接到网络并得到商品的额外信息。

图 4-9 手机标签识别的实现机制

(6) 移动优惠券服务。假设一位消费者走在路上，看到街边广告板上有一个商品的广告，他打开手机的蓝牙功能并靠近，便可下载一张电子优惠券，提示他当天可以在任何一家连锁店中享受七折优惠消费，之后他可以用手机查询最近的商店位置，动身前往。这就是一种典型的手机优惠券服务场景。在消费者提前认可的情形下，商家还可以直接向消费者的手机终端发放优惠券，此时的手机被用来作为接收、管理和使用优惠券的工具。

2) 售中典型服务

顾名思义，售中服务是商品交易进行过程中的服务。它是促成移动商务交易的核心活动。典型的售中移动商务服务有以下几种。

(1) 移动支付。移动支付(mobile payment)也称为手机支付,就是允许移动用户使用其移动终端(通常是手机)对所消费的商品或服务进行账务支付的一种服务方式。移动支付是将用户手机的 SIM 卡与用户本人的资金账户(银行账户或第三方支付账户)建立一一对应的关系,通过手机与收款设备之间的通信或感应完成支付。目前的移动支付是基于 RFID(radio frequency identification,无线射频识别)技术实现的,在技术上已没有障碍,关键是解决好商业模式和产业链协作的问题。移动支付应用领域如图 4-10 所示。

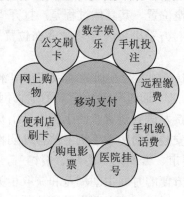

图 4-10　移动支付应用领域

(2) 身份验证服务。因为手机的私人属性,所以用手机识别身份,其安全性是可以得到保证的。客户在网站或实体商店进行注册、消费时,可以通过向手机发送随机验证码,消费者接收随机验证码,并且输入正确后才能够进行注册和消费。通过这样的方式,保证注册者、消费者等都是账户本人,对信息盗用等起到了一定的遏制作用。

(3) 物流跟踪服务。消费者通过电子交易平台(互联网终端或移动互联网终端)购买实物商品,或者在实体商店购物后需要远程运输时,或者到专门的快递公司寄送函件、包裹时,想要获得自己所购商品实时的物流信息,就可以通过手机物流跟踪服务来实现。

(4) 售后典型服务。售后服务是指商品交易完成后,第三方服务机构为买卖双方提供的一系列服务。好的售后服务在客户关系维系、客户黏度保持以及客户再购买行为意愿等方面都起着关键的作用。

(5) 客户关系管理服务。卖方都希望与消费者建立长期的买卖关系,获得忠诚顾客的长期价值。客户关系管理服务包括分析客户的行为、进行个性化推荐、进行个性化关怀、提供消费积分和老顾客优惠等服务。这些服务可以由有实力的卖方自己实现,也可以由专业的第三方服务商来完成。在客户授权的前提下,第三方服务商(例如移动运营商)可以整合更多的客户消费信息进行客户行为挖掘,为卖方提高推荐、促销的命中率提供更有价值的帮助,同时也能够为消费者提供更个性化的、有价值的服务。

(6) 排名、评价服务。在电子商务时代,商品、商家的评价和销量排名是消费者作出购物决策的重要参考依据,在移动商务中也不例外。不仅买方需要这些信息,作为优秀的卖方,排名和评价也是一个展示自己、赢得商誉的重要途径。例如淘宝网为商家、商品提供了评价、排名服务,甚至还引入了商家对消费者的评价,尽管绝大多数商家会给顾客一个好评,但这项服务的引入也确实在某种程度上规范了某些难缠顾客的过激言行,因为绝大多数人都希望展现自己的美德和优势给众人,尤其在可以记录、传播迅速的网络时代。为了保证评价的客观性、价值性，排名和评价服务需要由独立的第三方服务提供商来提供。

(7) 全程性服务。在以上所有的服务(售前、售中及售后，面向消费者或者商家)过程中，涉及消费者和商家远程交互的，都需要移动通信网或者移动互联网这样的环境，否则双方的信息不能够互相传达。这里为商家和消费者交互提供平台和环境的便是移动运营商。移动运营商通过建设和维护基站、通信网络等，使买卖双方之间的信息能够通过电子的方式有效传递，是以上所有第三方移动商务服务必不可缺少的生长土壤。

4.2.4　其他移动电商服务

移动电商的应用除了以上介绍的移动营销、移动信息服务和移动商务服务，还包括移动支付服务、移动办公服务和移动娱乐服务等一系列移动服务。

4.3　移 动 网 店

4.3.1　移动网店的主要形式

1．网店的概念

所谓网店(或称为网络商店、网上商店)，是指建立在第三方提供的电子商务平台上的、由商家自行开展电子商务的一种形式，正如同在大型商场中租用场地开设商家的专卖店一样。网上购物是电子商务的典型应用之一，网上商城是实现网上购物的安全、便捷的途径。

2．网上商店的主要价值

网络营销不等于网上销售，但网上销售渠道扩展也是网络营销的功能之一，除了自行建立并经营具备网上交易功能的网站之外，开设网店也是一种建立网上销售渠道的方式。网店既有网上销售的功能，也具备一定的营销价值。

1) 拓展网上销售渠道

销售渠道建设是营销策略中的重要内容，随着市场竞争的日益激烈，建立网上销售渠道成为重要的竞争手段之一。在目前网上销售环境还有待进一步完善的阶段，这种简单易行的网店可以在一定程度上满足企业网上销售的需要，对于没有建立企业网站或者不具备电子商务功能的网站，网上商店将发挥一定的补充作用，即使对于电子商务网站，也可以合理利用电子商务平台提供的强大功能。

2) 增加顾客信任

在条件相近的情况下，消费者总是更加偏向在知名度高的网站购物，这就是品牌效应。不仅在实体商店中如此，网店的品牌知名度对用户购买决策同样具有重要影响，而且由于网上购物不受地理位置的局限，消费者的这种偏向可能会更强烈一些。由于大型电子商务平台采取统一的顾客服务政策，并且对网上商店的行为具有规范和约束的职能，因此，建立在知名电子商务平台上的网店会比一般企业网站销售更有保障，因此网上商店更容易获得顾客的信任。

3. 网店的优势与劣势

1）网店的优势

(1) 可以在家里逛商店，订货不受时间限制。

(2) 可以获得大量的商品信息，可以买到当地没有的商品。

(3) 网上支付比传统现金支付更加安全，可避免现金丢失或遭到抢劫。

(4) 从订货、买货到货物上门无须亲临现场，既省时又省力。

(5) 由于网上商店省去了租店面、招雇员、存储保管等一系列费用，总的来说其价格较一般商场的同类商品更便宜。

2）网店的劣势

(1) 当创业者经营一家网上商店的时候，创业者的一切行动将受到互联网服务提供商的限制。

(2) 只要是涉及金钱的交易就必然会存在风险，网络这一新兴的交易平台在创造财富神话的同时，也存在很多问题，比如诚信问题。

4.3.2 部分移动网店平台简介

1. 淘宝网

淘宝网是亚太地区最大的网络零售商圈，由阿里巴巴集团在 2003 年 5 月创立。淘宝网是中国深受欢迎的网购零售平台，拥有近 5 亿的注册用户数，每天有超过 6000 万的固定访客，同时每天的在线商品数已经超过了 8 亿件，平均每分钟售出 4.8 万件商品。随着淘宝网规模的扩大和用户数量的增加，淘宝也从单一的 C2C 网络集市变成了包括 C2C、团购、分销、拍卖等多种电子商务模式在内的综合性零售商圈。目前，淘宝网已经成为世界范围的电子商务交易平台之一。

1）网站特色

(1) 初期营销。

① "农村包围城市"。由于国家加大了对短信的规范力度，使得一大批中小型网站和个人网站失去了利润来源而难以为继。淘宝网将广告放到这些小网站上面，通过广告宣传，让广大消费者知道了有这么一个 C2C 电子商务网站。

② 淘宝网与 MSN 等门户网站联盟。由于人们对淘宝网的看法已经发生了很大的转变，因此，淘宝网开始组建战略联盟。

③ 利用传媒做市场宣传。淘宝网从 2004 年的北京国际广播电视周开始，就利用热卖的贺岁片提高了其知名度，而且还把道具拿到网上拍卖。

(2) 网站质量。

① 网站界面设计。淘宝网不断地改进和创新，使得网站的画面更加简洁。

② 客服中心。一旦用户有什么不明白的问题，就可以到客服中心的页面下方寻求解决，客服中心包括：帮助中心、淘友互助吧、淘宝大学和买/卖安全四大板块。

③ 虚拟社区。淘宝的虚拟社区建立的成功，促进了消费者的信任。虚拟社区下设建议厅、询问处、支付宝学堂、淘宝里的故事、经验畅谈居等板块。

(3) 免费优势。

淘宝网在 2003 年 7 月成功推出之时,就以 3 年"免费"牌迅速打开中国 C2C 市场,并在短短 3 年时间内,替代 eBay、易趣坐上中国 C2C 老大的交椅。2005 年 10 月 19 日,阿里巴巴宣布"淘宝网将继续免费 3 年"。2008 年 10 月 8 日,淘宝在新闻发布会上宣布继续免费。

① 信用体系。淘宝网的实名认证。一旦淘宝发现用户注册资料中的主要内容是虚假的,淘宝可以随时终止与该用户的服务协议。利用网络信息共享优势,建立公开透明的信用评价系统。淘宝网的信用评价系统的基本原则是:成功交易一笔买卖,双方对对方作一次信用评价。

② 交易平台。为了解决 C2C 网站支付的难题,淘宝打造了"支付宝服务"技术平台。它是由浙江支付宝网络科技有限公司与公安部门联合推出的一项身份识别服务。支付宝的推出,解决了买家对于先付钱而得不到所购买的产品或得到的是与卖家在网上的声明不一致的劣质产品的担忧;同时也解决了卖家对于先发货而得不到钱的担忧。

③ 安全制度。淘宝网也注重诚信安全方面的建设,引入了实名认证制,并区分了个人用户与商家用户认证,两种认证需要提交的资料不一样,个人用户认证只需提供身份证明,商家认证还需提供营业执照,一个人不能同时申请两种认证。

④ 网店过户。淘宝网"网店过户"线上入口 2013 年 7 月 24 日开放,网店经营者只要满足一些必要条件,即可向平台提出"过户"申请;过户后网店信誉保持不变,所有经营性行为都会统一被保留。同时,淘宝对店铺过户双方也有一定约束,如原店铺参加签署的各类服务协议,过户后被一并承接。

2) 淘宝网店的营销推广

淘宝网店是 C2C 电子商务非常典型的模式,因为无过高的开店门槛,操作起来便捷,所以人们普遍接受。淘宝网店已成为电子商务的一种主导形式。人们参与淘宝网店,主要是借助这个平台获取更多的利润,然而,并非所有的淘宝网店都能盈利。在实际运营中,淘宝店铺要注重运营策略及营销推广手段。淘宝店铺的构成与构建如图 4-11 所示。

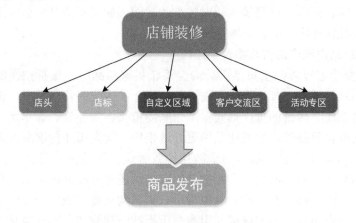

图 4-11 淘宝店铺的构成与构建

(1) 淘宝网店店内推广运营攻略及手段。

① 分析商品基本信息的推广要点。淘宝网店快速发展,我们常常听到淘宝店铺月入

过万的消息，淘宝网带来的利润让人羡慕，此外，购物范围越来越广。和传统零售模式相比，淘宝网店以网页陈列的形式实现商品展示，顾客主要通过淘宝店铺中商品图片及商品名称、介绍等来了解商品，为此，做好商品信息介绍是淘宝网店运营策略及推广手段。顾客搜索淘宝商品时，很多时候借助关键词来实现，淘宝网店可充分利用关键词提升网店浏览量。编辑商品名称时，添加一定的字符容量，尽可能多地使用关键词，借助消费者对关键词的搜索，来提升店铺商品被发现的概率。通常来说，商品属性及品牌、评价等是编辑商品不可缺少的关键词。描述商品时，着重说明商品价值及优势，如商品型号及生产工艺等，消除消费者因看不到实物而产生的疑虑。编辑商品图片时，尽可能地呈现原有图片的面貌，多向消费者展示商品细节，保持画面的美观，提高消费者的视觉冲击，刺激消费者的购买欲望。

② 利用聊天平台、优惠、促销等多种推广形式。首先，在淘宝网店购买商品的买家往往通过阿里旺旺和卖家联系，淘宝网店可借助网站聊天设置开展日常推广工作。一旦商家离开电脑前，通过自动回复设置补充说明产品促销及信息以引起顾客注意，同时也可缓解顾客等待的焦虑心情。或者通过买家群，以群发店铺最新信息的方式，明确买家最新购买动向。其次，淘宝店家可结合买家购买力，设置 VIP 会员制。以营销学审视，优惠仅适用会员，这看似不平等的游戏规则反倒能让大众接受。此外，卖家提供的优惠越大，越能促使买家二次购买。VIP 会员制可结合买家购买金额设置不同的级别，在店铺最显眼之处将设置信息公布出来，使所有符合标准的顾客都能享受 VIP 会员制中的相应折扣。不仅如此，淘宝店铺还可结合经营状况及节假日开展各种促销活动，如秒杀、限时打折等均可提升店铺浏览量及成交量，同时使店铺信誉更高。此外，淘宝店铺也可结合买家购买力，以发送产品宣传册或者是赠品的形式，让买家收到商品同时，对店铺有更多的了解。

③ 合理调整店铺商品下架时间，跟踪老顾客。宝贝在下架数小时前，尤其是最后几十分钟内，有利于获得最靠前的搜索排名，也就是说，这段时间最能引来流量。如果宝贝都是在同一时间批量上架，也在同一时间批量下架，将会产生流量增多的情况。那么，何时为宝贝最有利的下架时间？首先要找好店铺最佳时间。通常来说，一周下架时间集中在周二、周三、周四、周六、周日等人相对较少的时间。如果不清楚本店宝贝最有利的下架时间，可使用工具软件将下架时间调整到最合适。

(2) 淘宝网站站内推广运营攻略及手段。

① 利用淘金币进行店铺宝贝推广。淘金币让买家高品质、低折扣换购商品，对卖家而言，是一种精准导购的 SNS 营销实践平台，整合了传统的营销手段，使商家承载量更大，精准化品牌推广。传统的推广形式多是一些闷枪头、淘便宜、爆单品，使用淘金币是让买家更诚心淘购自己品牌，也能让品牌更好地推广。淘金币还能够驱除恶意卖家、恶意成交及恶意评价。淘金币通过抽奖、金额兑换或者是折扣兑换的形式进行抽兑，只需以"0 元起拍"的形式竞拍。如果是卖家赞助的宝贝，还可在商家促销信息栏中，填写店铺促销的相关信息。淘金币是淘宝网的虚拟货币，买家购买商品成功后，可获得一定量的淘金币。店家设置淘金币后，买家就可使用淘金币折抵一部分现金购买商品。淘金币可以说是品牌换购或者是折扣中心，几乎所有的淘宝网店均有淘金币，在淘宝积分中，使用频率最高。对卖家而言，淘金币是一种优惠活动，买家可使用淘金币兑换自己喜爱的宝贝，并通过淘金币获得打折优惠。在卖家看来，淘金币是一个不错的推广平台。淘金币使用者均

有两心或者是更多等级,这些人是淘宝购买人群中购买力最大、最活跃的一部分人群,所以,借助淘金币平台,可为淘宝店铺卖家带来更多的买家。此外,淘金币平台还能展示店铺商品,提升店铺曝光率及品牌,形成良好的店铺品牌形象。而且淘金币于 7 天时间内,减少了店铺爆款时间,提高店铺流量及全店营业额。

② 利用淘宝直通车推广店铺。淘宝直通车是经常使用的推广工具,也是淘宝店铺的运营特定功能,对不同级别的卖家均适用。竞价付费后,淘宝店家可通过搜索的方式展示网店商品。操作起来十分便捷,卖家仅需要做的就是登录直通车,选定网站需要推广的产品,添加相应的标题、类目及关键词等。为了吸引更多的客户资源,设置网店直通车的关键词时,以贴切、热门、使用频率高为好。淘宝直通车计费开始于买家点击,先前的推广均是免费的,扣费多少随买家点击量的增减而增减,卖家需结合竞价自由设置推广价值。利用淘宝直通车推广店铺不仅提升了店铺宝贝的曝光率,而且通过精确地搜索针对性定位买家。淘宝店家可于不同阶段合理使用淘宝直通车,合理设置因点击而产生的费用,确保推广点击费用在预期可控范围内。

③ 借助友情链接、添加消保等进行运营推广。在淘宝店铺左下方位置,设置了"友情链接",一般情况下,可设置 35 个友情店铺链接,卖家与卖家之间通过交换友情店铺链接的方式让彼此的店铺出现在对方店铺中,以提升顾客流量。友情店铺链接坚持互不冲突的原则,此外,彼此间最好有一定的关联性,顾客群间有一定接近性,才能引起顾客兴趣,进入友情店铺。除了上述一些外,淘宝店铺还通过增加消保的形式来实现运营和推广。在淘宝首页的搜索中,前面几十页的店铺通常添加了消保店铺,如果没有添加消保店铺,就无法被消费者搜索到,加入消保,也提升了买家对卖家的店铺的信任度,有助于商品成交。

④ 利用淘宝帮派提升店铺影响力。将卖家和买家聚集在淘宝店铺平台,网店利用帮派增加人脉,提升店铺影响力。当前淘宝帮派众多,不定期举办拍卖,同时以发帖的形式发布广告位,淘宝店铺可参与到帮派的各种活动中,积累人脉的同时,也提升店铺人气。淘宝店铺于帮派内发布迎合大众需求的性价比较高的商品,拉拢帮派成员,搞好商品促销及宝贝拍卖,如满送、包邮等,同时引导顾客购买店铺商品。此外,赞助帮派活动,无须花费过高的成本,可把店铺商品当作帮派活动赞助品,借助这种机会,在店铺内打广告,实现店铺商品推广的目的。店铺还可实现新老顾客间的互动,提升店铺和买家间的黏性,增加店铺人群及人气。

(3) 淘宝的特色经营管理。

① 强大的管理功能。在淘宝网的页面设计中,色彩以鲜艳的橙色、红色为主。首页很整齐,有条理,有序,有层次感,且体现了淘宝网的精神:简单、简约。登录淘宝网首页后通过搜索引擎,可以直接又方便地在淘宝网淘到想要的宝贝;或者点击"高级搜索",能缩小搜索范围,更方便地查找宝贝。通过价格、通过店主名字、通过店铺名称都可以迅速找到想要的宝贝。在后台有功能强大的二级栏目,包括"我要买""我要卖""我的淘宝""社区(即互动论坛)""交易安全""帮助中心",可以使买卖方快捷、方便地交易。正是有了强大的管理功能,所以淘宝网在面对竞争对手时,能更好地为用户服务。

② 方便的网上买卖系统。一方面,通过电子商务平台为买卖双方提供了一个在线交

易平台，卖方可以主动提供商品上网销售或拍卖，而买方可以自行选择商品进行竞价和购买，不再受时间和空间的限制，广泛方便的比价、议价、竞价过程节约了大量的市场沟通成本。另一方面，参与的群体庞大，选择的范围更广。

③ 安全的支付系统——支付宝。支付宝的引进在更深层次上为交易安全提供了保障。在淘宝网的交易过程中，买家看好货物后，可以通过支付宝先将钱交给淘宝网，得到淘宝网确认到款后，卖家才放心地向买家发货。而淘宝网亦在买家确认对商品满意后才将钱款打入卖家的账号。支付宝为监督买家和卖家的信用提供了完整的解决方案。支付宝的实施过程中同样引入了第三方监督机制，用户通过银行和淘宝网的 B2C 接口向淘宝网支付汇款，以银行为信用中介，淘宝网给客户提供了资金流向的监督保证。通过与银行的携手合作，将达到客户、银行、淘宝网的三赢局面，而这种三赢，实质上就是客户、淘宝网与银行之间建立的一种良性互动的诚信监督机制的外显。

④ 人性化的聊天交流工具。阿里旺旺(淘宝版)是阿里巴巴为商人量身定做的免费网上商务沟通软件。它能轻松找客户，发布和管理商业信息，及时把握商机，随时洽谈做生意。

(4) 淘宝外部推广运营手段及广告论坛。

① 利用人脉、论坛增强网店推广。第一，店内推广及淘宝店外推广不包括在内，淘宝网站还可充分采用外部推广手段。刚开始成立店铺时，卖家可积极利用人脉关系，将网站介绍给自己的亲朋好友，以人脉挖掘潜在客户，提升店铺的品牌形象。第二，淘宝店铺还可以充分利用推广论坛，于专业或者是知名板块推广自己的产品，通过发帖子的形式推广自己的店铺，让更多的消费者接触到店铺信息。

② 利用淘宝客推广网店。淘宝客是帮助卖家推广产品，商品成交后，获取佣金的一部分群体。淘宝客有两种推广形式：其一是个人推广；其二是网站推广。淘宝推广付费按照成交量的多少来定，淘宝客首先要做的是从卖家推广专区获取推广产品的代码，然后把推广代码及链接发送给潜在买家，当买家通过这个链接进入淘宝店铺购买商品，交易成功后，淘宝客便可获取卖家付给的佣金。"淘宝客推广"是针对卖家店铺之外的一种推广形式，利用淘宝宣传，获取淘宝店铺之外的人力及流量，吸引更多的买家。此外，淘宝客展示商品，点击量及推广无须花费任何费用，仅仅是成交后，卖家才向淘宝客支付佣金。此外，卖家还可设置佣金比例，灵活掌握支出成本。

③ 利用搜索引擎、微博等推广店铺。搜索引擎推广主要是根据买家对关键词的搜索获得店铺网址、名称及经营范围的一种推广方式。利用这种推广方式，店铺检索量大增，为宝贝提供了更多展示的机会。当前微博使用普遍，淘宝店铺为微博推广范畴之一，借助微博，发送产品相关信息，吸引潜在的客户群体，以微博转发及信息传播的形式，使店铺推广向着良性发展。

2. 京东

京东，中国自营式电商企业(发展历程如图 4-12 所示)，旗下设有京东商城、京东金融、拍拍网、京东智能、O2O 及海外事业部等，在线销售包括计算机、手机及其他数码产品、家电、汽车配件、服装与鞋类、奢侈品、家居与家庭用品、化妆品与其他个人护理用品、食品与营养品、书籍与其他媒体产品、母婴用品与玩具、体育与健身器材以及虚拟商品等，共 13 大类 3150 万种 SKU 的商品。

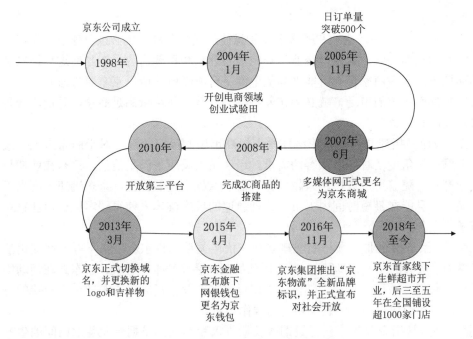

图 4-12 京东的发展历程

1) 战略目标

京东的战略目标主要分为两个板块,分别为业务增长战略和竞争战略。

(1) 在业务增长方面,京东首先采用一体化的战略目标,京东将交易、仓储、配送、营销、售后等环节融合在一起,并通过持续降低成本实现多环节的盈利。其次,京东采用多元化的战略目标,京东最初以 3C 数码产品为主,后逐渐拓展到家电、母婴、服饰等领域,实现了产品多样化。

(2) 在竞争战略方面,京东不仅体现了成本战略,更体现了差异化战略。所谓成本战略,是指京东在保证质量的同时尽量使货物成本最低化,既要保障消费者有能力购买,又要保障各品牌商取得利润,从而促成整个产业的良性发展。京东商城和其他电商平台最大的区别就是京东有自己的物流体系,能够控制整个供应链,减少了中间很多环节,从而提高配送速度,并提升服务质量。

2) 市场定位

京东强调"品质京东",他们的口号是"多快好省,只为品质生活"。对于消费者而言,他们认为在京东购物省心,不用担心买到假货。在传统品类上,京东已成为中国最大的 3C 品类,并凭借更具竞争力的价格快速占据市场份额。根据 eMarketer 的报告显示,京东在 2020 年占市场份额为 25%,远远超过苏宁易购平台。同样是自营型 B2C 电子商务模式的苏宁相比京东来说,市场份额占比仅为 6.2%,主要是因为苏宁销售的品类一直以大家电为主,没有像京东一样发展到多个品类;其次是因为苏宁易购在转变成网上销售时,不仅经验积累得不多,而且线上线下没能做到互相扶持,线上价格和实体店的价格不一致,线下服务又不能提升线上体验,不仅没有发挥出最大优势,反而有些互相制约。

3) 营销模式

4R 营销组合理论即关联(relevancy)、反应(reaction)、关系(relation)和回报(reward)四个

要素的营销组合模型。

(1) 关联。4R 理论认为,企业和顾客之间要想彼此互利互赢,就必须要建立、保持并发展与顾客之间的长期关联,这也是企业经营的核心理念和重要内容。在当前这种极具竞争力的市场环境下,很多商家极有可能被其他电商平台所吸引,所以京东要想盈利,在电商行业中占据长期而稳定的市场,就必须在业务、需求等方面尽量满足商家,并形成一种互助、互求、互需的关系。

(2) 反应。反应是指建立急速供应链体系,提高市场的反应速度。对于商家来说,最重要的是站在顾客的角度及时倾听顾客的需求,迅速做出反应来满足他们。京东在前期只销售一些电子产品,随着用户规模越来越庞大,需求也越来越多样化,京东迅速了解当下顾客所需产品,并且能在最短时间内上市,这种急速的供应链体系使得顾客更加信任京东这个网络商城。

(3) 关系。关系是指企业必须与顾客建立合作伙伴关系。京东会经常举办一些促销活动,比如优惠力度较大的 6·18 活动,参与活动的商品涵盖数十个种类。京东还在活动中为消费者提供了超级秒杀日、超级品牌日、满减日等多个营销活动。京东通过它独特的方式吸引消费者,与他们建立了一个长期稳定的合作关系。

(4) 回报。回报是指企业为了获得短期或长期收入和利润,发掘企业各部门间的生产潜力,合理组织工作,不断开发产品和开拓市场。京东在促销、广告、库存等方面完全体现了合理追求企业回报的要求。京东的盈利来源于直接销售收入、第三方平台收入、广告收入和资金沉淀收入,其中最主要的盈利收入是直接销售收入。

4) 目标客户

每当提到 B2C 电子商务时,人们难免会将天猫和京东作对比,而天猫和京东的目标用户群的差异主要是由于天猫、京东的市场定位和销售品类以及性别偏好造成的。首先从性别比例上分析,天猫用户的女性消费群体较多,因为天猫的人气商品是箱包服饰,更加受女性欢迎,这一点与京东的消费群体恰恰相反。京东用户男女比例为 3:2,男性占比较大最主要的原因是男性更加喜欢数码家电等。其次从年龄分布上分析,使用天猫购物的用户每个年龄段都涉及,而据调查可知,京东的主要消费群体为 20~35 岁的人群,包括公务人员、公司白领、在校大学生和其他网络爱好者。尽管 35 岁以上的消费者购买力更强一些,但是京东认为大学毕业生是"潜力股",所以京东力图将这些大学毕业生逐渐培养成京东的潜在消费群体。从地区分布来看,因为天猫共享淘宝网的用户群,因此用户多分布于二、三线城市,价格被大多数人所接受。京东用户更注重生活品质,并且所销售的 3C 品类比起箱包服饰来说价格更贵一些,因此京东用户多分布于超一线城市和一、二线城市。从 App 使用习惯来看,两者并无太大区别。

5) 核心能力

京东商城的成功主要是源于其体系的完善。京东在商品价格、物流服务、在线服务、售后服务等方面将"品质京东"体现得淋漓尽致。京东以较低的价格买入商品,又以低于市场的价格销售商品。京东在成立初期便创立了自己的快递公司,京东自营物流赢得多数人的认可,并且京东在物流配送方面和服务质量上都要优于其他电商平台。此外,京东在北京等城市优先推出"211"限时达配送服务,在全国实现"售后 100 分"的服务承诺,而且还推出了"价格保护""延保服务"等特色服务,最大限度地解决消费者的后顾之忧,保护了消费者的利益,使消费者用得放心。即便消费者由于各种原因想要退货,京东也会毫不犹豫地满足顾客,进行闪电退款或者上门换新等服务。京东的核心能力不是一蹴而就的,是京东在长期发展中积累出来的,随着经济的快速发展,京东也会达到一个新的层次。

3. 拼多多

拼多多,是国内移动互联网的主流电子商务应用产品,专注于 C2M 拼团购物的第三方社交电商平台,成立于 2015 年 9 月,用户通过发起和朋友、家人、邻居等的拼团,可以以更低的价格,拼团购买优质商品。

1) 拼多多商业模式分析

拼多多于 2015 年上线,短短 7 年时间就成为中国用户规模最大的电商平台。其核心竞争优势体现在运用创新化的商业模式,提供低价优质的商品。通过缩短供应链,实现 C2M(customer-to-manufacturer,用户直连制造)模式,减少中间诸多环节,避免了中间商赚差价的现象,因此,同一件产品在拼多多平台往往是最实惠的价格。

拼多多平台最初的销售对象主要是农产品,且与前人不同的是采取了 C2M 商业模式,首创了货找人、人以群分的拼购社交新电商模式。在商业模式的指引下,拼多多懂得"人性",把帮用户省钱做到了极致。下面通过商业画布这一工具来依次逐项地阐述拼多多的商业模式(见表 4-3)。

表 4-3 拼多多商业模式画布

客户细分	有闲暇时间的消费者、小微企业
价值主张	免去诸多中间环节,实现 C2M 模式,提供物有所值的商品和互动式购物体验的"新电子商务"平台
关键业务	销售产品
核心资源	用户流量
重要合作	腾讯、合作店铺、快递公司
客户关系	社交平台、用户黏性
渠道通路	微信裂变营销、网络
成本结构	收入成本、运营成本
收入来源	市场服务、商品销售

从表 4-4 可以看到,商业模式画布一共分为九部分。

(1) 客户细分。拼多多客户细分为消费者和小微企业。消费者主要定位在三、四线城市,这类消费者对价格的敏感性较高,不太注重商品品牌效应,更关注商品本身的实用性,这就是所谓的"长尾理论"。长尾理论由克里斯·安德森(Chris Anderson)提出,他认为未来商业不应该仅仅关注"畅销商品",由"冷门商品"组成的长尾也有巨大的商业价值。而拼多多的分享营销活动,正是因为看到了尾部消费群体的庞大力量,看到了"冷门商品"的价值,通过拼购模式挖掘了尾部市场的潜力。根据分析,这些消费者的共同特征是有闲暇时间,这一点在三至六线城市和农村体现得尤为明显。而小微企业本身投入不多,希望通过低成本走量获取较高的利润。

① 客户情况分析。

城际分析：拼多多在一、二线城市，相较于淘宝和京东来说，略显劣势。由此说明拼多多主要专注于下沉市场，且慢慢向中高端市场发展的趋势。拼多多用户主要集中在三线及以下城市，占比达 71.7%，略高于淘宝和京东用户。

年龄分析：相比于其他综合电商，拼多多的使用人群中，36 岁以上用户占比达 46.6%，其中 31~45 岁用户人群占比均高于淘宝和京东的人数，说明拼多多的主要客户年龄集中在 31~45 岁，且 31~35 岁的人群最为显著。

用户性别分析：据不完全统计，目前拼多多的女性消费者达 65.60%，男性消费者为 34.4%，可以看出女性消费者是男性消费者的两倍，而其他综合电商女性用户和男性用户处于相对平衡的状态。从性别方面来看，相较于其他传统电商，拼多多的女性用户较突出，如图 4-13 所示。

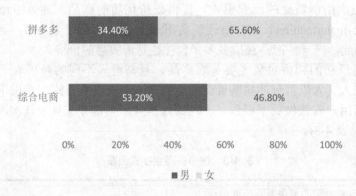

图 4-13　用户安装 App 性别比

综上所述，拼多多的目标人群多为家庭主妇、刚参加工作的年轻人、学生和退休老人，以三线及以下城市居多。这类人时间充裕，愿意花时间省钱，对价格敏感，对商品质量要求不高。而随着淘宝消费的升级和京东的保障，这些对价格敏感的人需要找到像拼多多这样有趣的平台进行网购。拼多多探索到了产品价值主张与客户群需求痛点之间的平衡，为实现价值创造最大化打下了基础。

② 小微企业。拼多多客户的另一端是小微企业，这些企业大部分是原先被淘宝强制关闭的小厂商店铺。拼多多的定位是下沉市场，因此拼多多抓住了这部分小厂商的供应来源，给它们提供较低的准入门槛，为这些小微企业提供了交易平台。随着拼多多的不断发展壮大及年度活跃数的增加，因准入门槛低和对产品质量方面管理的欠缺，也受到了用户的一些质疑。此时拼多多意识到关键任务还是要培养高质量的商家，需要发展一些品牌商家入驻，通过建立"品牌馆"增加平台商品的品质感。对小微企业进行投资，让它们给客户提供更好的服务和更加具有价值的产品，以此来增强用户的黏性。

(2) 价值主张。在价值主张方面，强调制造业与消费者的对接，省去诸多中间环节，实现 C2M 模式，价格优势由此体现。对于消费者，除了便宜，还需要具备趣味性。拼多多起初创业于游戏公司，在此经验之上，拼多多融入了多多爱消除等一些类似的游戏，通过游戏既能给用户带来趣味性，又能增加用户在平台的停留时间，从而增加商品的成交概率。

(3) 关键业务。拼多多的关键业务就是通过"拼购"的方式销售产品。由于拼团价比单买价便宜许多,大部分消费者会选择拼团价。消费者选择拼团后,为了尽快拼团成功,就会将商品链接分享到诸如朋友圈、微信群之类的社交平台,如图 4-14 所示。这个过程在很大程度上会起到宣传的效果,使拼多多获取到更多的用户和市场,这也是拼多多快速崛起的关键原因所在。关键业务除了营销手段,商品同样重要,为了提供尽可能低的价格,拼多多团队选择了 C2M 模式,让消费者与生产商直接对接,减少了中间诸多环节,降低了传统中间商的供应成本。

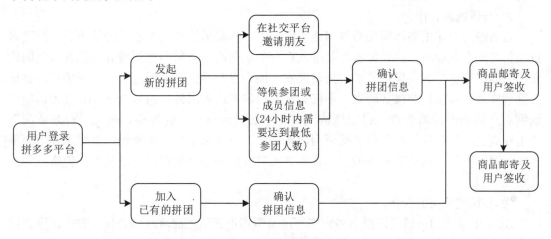

图 4-14 拼多多购物流程图

(4) 核心资源。任何一个电商平台,其最核心的资源就是用户流量。有了流量,才能给电商平台注入新的血液。对于电商行业"先驱者"的淘宝、京东而言,现有的用户流量已经处于瓶颈状态,拼多多要想有立足之地,只有在商业模式上创新。截至 2021 年一季度,拼多多年活跃买家数达 8.238 亿,再次稳居行业第一。同期,阿里巴巴年活跃买家数为 8.11 亿,京东为 4.998 亿(见图 4-15)。

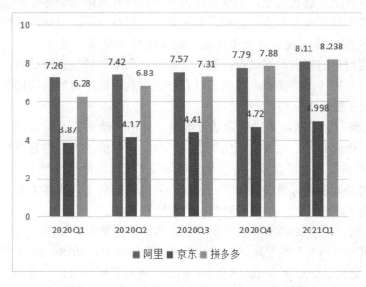

图 4-15 2021 年一季度企业用户活跃度比较

(5) 重要合作。拼多多的重要合作关系主要体现在三方面：腾讯、店铺、快递公司。

① 与腾讯的合作。

现在无论城市，无论年龄，大部分人都有着微信这一项通信工具，有一些人可能不知道淘宝和支付宝，但拥有微信的人肯定会知道微信支付这一项功能，而拼多多运用了微信人群多的这一优点来给自己引流。和微信的合作引来的流量肉眼可见，砍价、拼团，只要动动手指点击链接就能完成，拼小圈还能看见好友购买的物品，也能让朋友看见自己购买的物品，是一个购物分享的好地方。

② 与店铺的合作。

与店铺的合作主要体现在与贫困地区的合作。拼多多结合国家农业经济生态，打造自身的扶贫助农新业态，并且将农产品融入自身的电商产品，努力在消费者与扶贫县之间建立一个网络服务平台，促进消费又扶贫助农，助力农产品生产又促进农业经济增长，将扶贫落到实处，实现精准扶贫助农。不仅如此，拼多多还利用先进的分布式 AI 技术，精准识别农产品的潜在消费者，有效地解决了农产品"市场小"的弊端。例如"丹东草莓""不知火丑柑"这种从前只在县城范围内售卖的"小众水果"，如今已通过拼多多电商平台成为网络爆款。扶贫助农不但帮助贫困县脱贫，也为消费者提供了质量高、价格低的蔬菜水果。

③ 与快递公司的合作。

2020 年 4 月 19 日晚，拼多多宣布与国美零售正式达成深度战略合作。首先，国美拥有家电行业丰富的运营管理经验和供应链资源。拼多多可以借此扩充自身的产品品类，在家电电商领域扩大自身的成本优势，提高客单价。其次，拼多多可以利用国美线下售后中心提供线下售后服务，改善拼多多"价低质劣服务差"的消费者印象。最后，利用国美自有的物流网络提高平台其他大件物流的配送效率，降低大件物流的配送成本。

(6) 客户关系。在客户关系方面，拼多多遵循的是"人为先"原则，以消费者的行为为导向，通过相互之间的分享来达到某种同质需求，让用户体验到趣味性，实现"货找人"新模式，有效激发潜在需求，汇聚显性需求。通过打造爆款来建立产品与客户的深度关系，主要体现在以下两个要点。首先，要了解用户群体。可从最简单的用户信息开始，例如，用户的性别、常住城市、工作性质、日常消费习惯等。其次，从用户角度介绍产品。第一是挖掘用户的痛点和需求点；第二是解释产品如何解决用户痛点，满足用户需求点。找准用户，并抓住用户痛点、需求点，在打造爆款提高用户黏性的同时，处理好客户关系，保证产品质量至关重要。

(7) 渠道通路。渠道通路是指企业通过沟通、分销和销售渠道向客户传递价值主张。拼多多作为一个电商平台，主要的销售渠道是网络。而智能手机目前是各种技术集中的中心，是 APP 运行的载体，可以说拼多多是在市场技术成熟的情况下产生的。且拼多多进入电商时，所有的基础设施都准备就绪，它是站在巨人的肩膀上，直接拿前人创造的有利条件加以利用。有了这些基础，拼多多就可以顺利地推广自己的平台。

(8) 成本结构。拼多多的成本主要分为三方面：销售费用、管理费用和研发费用。除管理费用外，另外"两费"均呈现逐年递增态势。具体来看，2018—2020 年，其销售费用依次为 134.42 亿元、271.74 亿元、411.95 亿元；研发费用为 11.16 亿元、38.70 亿元、68.92 亿元；管理费用则为 64.57 亿元、12.97 亿元、15.07 亿元。由此可以看出拼多多的主要成本是研发费用和销售费用两部分，说明公司越来越重视技术开发，加大平台研发的资金投入。

(9) 收入来源。拼多多的收入来源主要分为两方面：在线市场服务和商品销售。具体来看，2018—2020 年，其主营业务收入依次是 131.2 亿元、301.4 亿元、594.9 亿元。其中全年归属于普通股股东的净利润分别为-103.0 亿元、-69.68 亿元、-71.80 亿元。由此可以看出拼多多在"百亿补贴"的政策实施下，实现了用户规模的快速增加，营收呈逐年大幅度增长的趋势，但公司仍处于逐年亏损状态，说明拼多多必须在更底层、根本问题上采取行动，在核心科技和基础理论上寻找扭亏为盈的答案。

2) 拼多多商业模式总结

在对拼多多商业模式有了一个较为具体的分析之后，发现拼多多与其他电商巨头差异仍较明显，但对于拼多多这样一个刚成立 7 年的年轻科技公司来说，这家神奇增长的公司仅用 2 年时间 GMV 就破 1000 亿元(京东用了 10 年，淘宝用了 5 年)。目前其活跃用户为 8.238 亿，市值 2000 亿美元。拼多多所在的领域是实物电商，是红海中的红海，其取得的成绩在业界几乎堪称奇迹。由此说明拼多多商业模式是较为成功的。

3) 拼多多未来的发展方向

(1) 推动 C2M 模式和新品牌计划。推动 C2M 模式和新品牌计划有利于提升供应链效率，进一步为消费者降价，并让拼多多与中国的制造商们联系更紧密。如拼多多通过运用 C2M 模式，直接与贫困地区的农户对接，不仅降低了农产品消费的不必要成本，还提升了消费者体验。通过类似"多多果园""多多买菜"的设立，既能让用户买到心仪的商品，又能让他们享受平台带来的娱乐性。对于 C2M 模式和新品牌计划，拼多多要做的不仅是加大投入，而且要加快投入。借助拼多多平台现在沉淀的海量交易、评价信息，通过大数据分析尽快寻找资质较好的中小制造商，通过建立一套标准化执行体系，在各中小制造商间迅速复制成功的品牌打造策略。

(2) 新科技的投入。拼多多是一家科技公司，它的一大目标是使购物变得更有乐趣和吸引力，通过小游戏、推荐算法等，让消费者的购物更有趣、更有效。而 AI 的持续投入，有利于推动 C2M 模式和新品牌计划，例如通过模型估算产品能否变得畅销，从而优化供应链，降低生产和库存成本等。拼多多有一半以上的员工是工程师，应继续保持该投入。

(3) 进入物流领域。拼多多每一笔的交易都需物流的支持，对物流有极大的需求，物流是电商触角的延伸。介入物流的目的，一是提高供应链效率，降低物流成本。目前，拼多多的物流成本占总成本的 9%，而有自主物流的淘宝和京东为 3%左右。二是可以为拼多多提供新的增长领域。三是为未来可能的海外扩张做好铺垫，让拼多多有更多的发展空间。

本 章 小 结

随着科技的迅速发展，互联网已经完全突破了"通信互联"的功能与界限，所提供的服务越来越丰富，越来越全面。基于互联网的"大数据"的新时代已经渗透到了人们生活的方方面面，从孩子到老人，对互联网的依赖越来越大，尤其是近年来流行的短视频软件，更是让网络发挥了最大的潜力。近年来，随着 Wi-Fi 技术的广泛应用、4G 时代的到来、5G 时代的开启,从全球 27.5 亿人拥有智能移动终端的数据来看,很多用户都已经习惯于通过移动终端访问互联网,并且这个群体还在迅速增长,发展势头也非常迅猛。所以,移动互联网成了当今世界与当前这个网络时代里最耀眼的一颗明星。这一趋势必将为整个移动互联网的未来注入全新的活力,带来全新的能量。与移动互联网相关的所有产业,也必将迎来一次前所未有的发展与飞跃,其中所孕育的广阔商机更是让很多商家趋之若鹜。传统 PC 端向移动端转移已经成为电子商务不可逆转的趋势,基于移动互联的移动电商已经成为当前电子商务的主流。

本章主要从移动电商的概念和特点入手,通过介绍移动电商与传统电商的差异、发展现状与发展趋势,详细分析了移动电商的应用,最后重点介绍移动网点的主要形式与主要的移动网店平台。通过本章的学习,读者可以对移动电商的基本内容与移动电商的实际应用形成一个初步的认识,明确现代企业在现阶段全球网络经济多元化的发展过程中掌握和了解移动电商的必要性。

思考与练习

1. 简述移动电商的概念与特点。
2. 分析移动电商与传统电商的差异。
3. 简述移动营销的目的与特点。
4. 简述移动信息服务的内涵与特点。
5. 简述网上商店的主要价值。
6. 分析网店的优势与劣势。

【课程思政】

二十大报告提出,要推动共享经济发展,促进经济增长方式的转变。通过本章的学习,能够了解移动电商平台借助移动通信、云计算等技术的手段,使得各种共享模式如共享汽车、住房、办公空间等能够快速普及,从而推动共享经济的发展。同时,移动电商平台还可以加强对小微企业和创新型企业的扶持,为其提供更便捷和广阔的市场渠道,促进新兴产业的发展。

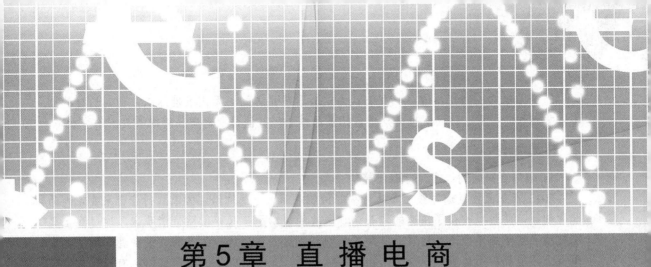

第 5 章 直播电商

【学习目标】
- 熟悉直播电商的发展历程与起因。
- 掌握直播电商的内涵与发展现状。
- 掌握直播电商的特征。
- 熟悉直播电商的媒介价值。
- 熟悉直播电商的商业模式与发展趋势。

【案例导入】

2024 年货节,三只松鼠高调宣布,销售进程仅至三分之二,全渠道销售额已超去年全周期总额。2024 年 1 月 15 日,三只松鼠又发布 2023 年度业绩预告,预计全年净利润 2 亿元到 2.2 亿元,同比增长 54.97%~70.47%。

在抖音和快手的直播间,贾乃亮、小杨哥、辛巴与数以万计的达人,为松鼠的坚果礼盒编织了一张星罗棋布的分销网,助推其拿下双平台第一。

根据品牌战报显示,三只松鼠在快手年货节总支付 GMV 超 4.9 亿元,同期增长 530%,位居品牌榜 TOP1。2024 年 1 月的抖音超级品牌日,三只松鼠揽下 3.1 亿元 GMV,刷新行业纪录,随后又拿下抖音商城好物年货节食品健康行业销售额 TOP1。

三只松鼠在上市之后的几年内营收净利润下滑,一度让很多人认为三只松鼠可能就此要从树上跌落下来了,然后三只松鼠为了扭转当时局势,找到新的增长利润空间,积极布局线下,开出众多的零食线下门店,结果这一步棋非但不能够给品牌带来新的增长点,因为更高的价格及各方面的一些费用增加等问题,导致线下零售店出现问题,整体营收等也出现下滑。

三只松鼠借着电商发家,于 2019 年成功登陆资本市场,成为"网红零食第一股"。然而好景不长,自 2021 年三季报以来,三只松鼠营收已经连续三年不断下滑。

财报数据显示,2021 年三季报、年报和 2022 年一季报、中报、三季报、年报,以及 2023 年一季报、中报、三季报中,三只松鼠当期营收分别下滑了 2.23%、0.24%、15.85%、21.8%、24.57%、25.35%、38.48%、29.67%、14.07%。

随之而来的是三只松鼠股价一路走低。2023 年 10 月 23 日,公司股价还触及 16.7 元/股的年内新低。距 2020 年 5 月创下的历史高点已跌去近八成,市值蒸发近 300 亿元。

一个国民级的网红品牌，一度被认为是新消费品牌的一面代表性旗帜，面对这样的困境，如何扭转局势？这其实也是众多包括良品铺子等其他行业老牌品牌想要突围的现状。

【案例分析】

1) 破局还需回到认真对待时代趋势

2012年三只松鼠通过线上布局天猫等传统电商，迅速地给中国零食行业带来变革性的变化创新，并且也收获了快速的增长。那一次的成功是三只松鼠贴近消费者，通过线上渠道把线下混乱的零食产品通过品牌形式呈现，以更安全更放心的产品让消费者看到了零食事实上不是那种街边令人担忧杂七杂八店铺产品，完全可以是一个有颜值、有品质更安全的产品类目。

在传统电商时代三只松鼠抓住了时代红利，然而在短视频直播时代，三只松鼠却走着走着落后了，在2020年的时候，三只松鼠就进驻到抖音，然而却并没有赶上抖音等短视频电商的红利，为求增量并且还走出了相反的路线去大力发展线下门店，直到2023年的时候，三只松鼠才算是正儿八经在抖音市场里面摸到了一些门道。

2023年三只松鼠把重心放到抖音等新兴电商，新兴电商和传统电商有非常大的不一样，传统电商像天猫电商这些相对来说是比较中心化的平台，只要压倒性占领一些核心搜索关键词，就可以获得非常大的流量。

2) 高端性价比下的达播战略出圈

从2023年4月份，三只松鼠通过一个大爆款大单品19.9元10包夏威夷果整个爆单之后，给整个三只松鼠带来极大的振奋，顺着这个大单品，核算成本、优化供应链、提升效率，三只松鼠在新兴渠道渐入佳境。

原本属于高端干果的夏威夷果被三只松鼠卖出超低价，短时间内销量就突破百万，此后几个月该款产品销售额直接冲上亿："之前，我们全年卖夏威夷果也没有这么大量。"据媒体报道，某粉丝数不足4万的达人4月1日开始卖夏威夷果，当月销售额就突破百万。这份意外至今都让三只松鼠内部无法归因，低价品和渠道带来的爆发力让他们又惊又喜。三只松鼠创始人章燎原在采访中表示，这是一个让人"无法漠视"的成功，紧接着就拉团队开会，决定要在抖音上卷起来。

不仅如此，以坚果立身的三只松鼠开始拓品类。操作方式几乎复刻夏威夷果，甚至做得更激进，19.9元63颗鹌鹑蛋，比白牌产品价格更低；19.9元700g共80根沙琪玛，在2023年自然年里做成了破亿大单品，直播电商渠道贡献了超过一半销售额。

3) 单品爆单的核心原因

核心原因就是三只松鼠顺应了经济下行时代的消费者消费趋势，他们提出了叫作高端性价比概念，并不是说他们还在高端，更应该理解成是说他们在把高端比作自己的品牌溢价，也就是说它的品牌还是在一个非常高的高度，但是它的价格已经达到一个让消费者觉得非常有惊喜感的"低价"状态。

过去很多休闲零食品牌之所以被消费者不待见，包括良品铺子，在2023年的时候，首次自己高调降价，部分产品降幅40%以上，是因为确实一些所谓的网红休闲零食品牌，他们的价格已经大大超出了消费者对于休闲食品价格的心理预期，这是一个综合价值的评估。所以对于想要在短视频直播电商收获大爆款大单品，并且长期让消费者买单的话，首要动作是先要建立一定品牌势能下的低价,否则就只能够见到一个短期的利润。

4) 产品回归其"值价比"

在过去,在描述那些新消费品牌的时候,过去经常会说另外一个词,就是"颜值即正义",也代表了更贵的价格,当年在描述三只松鼠的时候也是如此,因为它也代表了当年新消费品牌升级的风向,那么时代在发生改变,"低价即正义",性价比已经成为消费者最大的心头好。

在现在和将来可能都不会消失,低价并非意味着说不需要品牌,这是在一个时代的变迁过程当中,现在是以抖音拼多多等各种电商新兴电商品牌主导的时代,通过更加深度地研究消费者,推出符合消费者需求的产品,符合消费者需求的高"值价比"的产品。

总结来说,通过三只松鼠这种比较曲折的电商发展战略可以看出来,一个品牌必须是顺应这个时代的发展,同时的话在这个时代趋势下不要轻易逆着走,品牌打造的路径有多种,你需要去深度扎实钻研,不要浅尝辄止像三只松鼠 2020 入局抖音"起了个大早,赶了个晚集",当然另外一方面,但只要认真赶集,这从来都也不算晚。

(资料来源:知乎. 从美丽说分析移动电子商务成功案例[EB/OL].(2021-01-06)
[2024-05-30].https://zhuanlan.zhihu.com/p/342278472)

【引言】

直播电商依然是近年来电商行业的最大增量。无论是电商渗透率,还是交易规模的同比增速,均跑赢社会零售总额大盘同比增速。但据网经社电子商务研究中心联合中国商业联合会直播电商工作委员会发布的《2023 年(上)中国直播电商市场数据报告》。数据显示,上半年直播电商交易规模约为 19916 亿元,预计全年交易规模达到 45657 亿元,同比增长 30.44%。2019—2022 年增长率分别为 227.7%、189.57%、83.77%、48.21%,增速逐年下降。尽管市场增速放缓,但依然有诸多企业进入直播电商的领域中。"电数宝"电商大数据库显示,今年上半年,直播电商企业约为 2.3 万家。预计全年企业规模约 2.4 万家,同比增长28.34%,增速回升。

5.1 直播电商的产生与发展动力

近年来,直播凭借其即时性、互动性、多样化的优势,迅速在互联网占据一席之地,"直播+"模式不断扩展,直播电商应运而生。新电商消费时代的来临,释放出巨大的消费潜力,成为制造业数字化改造和实体新经济转型发展的新引擎。

5.1.1 直播电商的发展历程

中国直播电商最早可以追溯到 2016 年,彼时,直播电商伴随直播的风口诞生,而且发展的初衷很简单,只是为了提高用户在平台的停留时间。经过 4 年的发展,中国走过了直播电商的初创期、快速发展期,未来还会往成熟期的道路持续发展下去。直播电商行业发展历程及主要特点如图 5-1 所示。

2016 年是直播元年,国内出现 300 多家网络直播平台,直播用户数量快速增长。适逢电商平台遭遇流量瓶颈,引流成本逐年攀高,各大电商平台积极寻求变革,尝试创新,同年淘宝、京东、蘑菇街、唯品会等电商平台纷纷推出直播功能,开启直播导购模式;快手、斗鱼等直播平台则与电商平台或品牌商合作,布局直播电商业务。

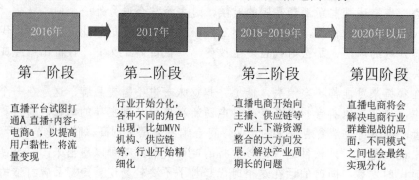

图 5-1 直播电商行业发展历程及主要特点

2016—2017 年是直播电商从萌芽到进入快速发展的时期。

进入 2018 年,头部短视频平台介入,借助其可观的流量和众多主播,短期内取得了较好的直播带货效果。自淘宝直播、抖音、快手、小红书等内容电商平台的直播电商主播们掀起直播电商狂潮,各电商平台纷纷加大直播电商投入力度,2019 年淘宝直播也展开了"启明星计划",京东投资 10 亿"红人孵化计划"、蘑菇街直播双百计划,快手、斗鱼等直播平台则与电商平台或品牌商合作,布局直播电商业务。

2020 年新冠疫情的出现,居家成为日常生活的重点,在"宅经济"的影响下,直播全面走进大众生活,强力推动了直播对电商的渗透,直播电商的人、货、场、运日趋多元化,主播角色更加丰富,从 KOL 与网红到明星、企业家、店主店员,掀起了全民直播的浪潮。直播电商爆发式发展,整体市场规模突破万亿,并且日渐成为人们购物的重要渠道,中国互联网络信息中心的统计数据显示,截至 2023 年 6 月,中国短视频用户使用人数为 10.3 亿人;网络直播用户规模为 7.65 亿人;而直播电商用户规模达到 5.3 亿人。

作为"电商+新媒体"的一种创新营销应用,直播电商已得到政策和市场的多重认可。2020 年,"互联网营销师"被纳入中国 9 个新职业的范畴,人力资源和社会保障部政策文件显示,互联网营销师依托数字化应用场景,通过直播或短视频等形式,运用互联网交互性和网络影响力以及社会公信力等,对产品或品牌进行多平台推介销售。其中催生的新业态,不仅可以带动就业,还能提高直播达人的传播力和影响力,同时拉近直播达人与观众以及客户的距离,强化交互和互动,提升群体活跃度,从而提升单品转化率。

广电总局为了对网络秀场直播和直播电商的节目传播方面进行规范,出台了相关政策,对平台和主播的价值取向等进行了相应的要求,并对开办场所和人员等进行了详细的规定,政策方面引导平台按照相关分类进行标注,研究针对性的管理举措,这是直播电商从自主发展到规范发展的一次进化。

5.1.2 直播电商兴起的原因

1. 技术方面:直播电商间内技术的加持

直播电商广受欢迎的内在驱动力源于科技日新月异的发展。直播电商作为"直播+"

的一个分支，离不开直播技术的加持。如从平台上看，直播平台凭借技术的发展和进步，加强了网络直播页面和用户终端的连接。同时，由于网络超低延迟和超大宽带等基础技术的支持，网络直播质量和传播效果也得到了大规模的提升。从用户角度而言，5G 网络技术的发展以及智能手机的广泛应用，为全民可以观看直播提供了便利条件，用户不用再受时空的约束，无论在怎样的场景下，只要拥有一部智能手机，打开直播页面并登录，便可随时观看直播内容。

直播电商除了"直播+"技术的支持之外，在直播电商的直播间里还有抽奖和发放优惠券的技术。当主播下达抽奖口令之后，直播后台就在直播页面中间连接抽奖按钮，增加了商家主播与消费者间的互动，这激发了消费者观看热情，勾起了消费者的购买欲望，从而导致购买行为的产生。再如直播间里购物的链接，也需要技术的支持。消费者可以在观看主播直播的同时，对于自己喜欢的产品产生购买行为。

2. 商业方面：投资者看到直播电商的发展潜力

直播行业的快速崛起，让各头部电商看到背后的流量、价值和财富，都在自己平台上插入了具有直播功能的入口，布局直播电商，渴望其带来更高的投资收益。这些投资者的加入不仅形成了"直播+电商"模式，也由于众多投资者的投入也促进了电商行业的迅猛发展，为各大店铺的店主和主播提供了网络直播销售的渠道。而各大店铺的店主、带货主播也抓住了直播红利，顺应时代发展，热衷参与，广泛地投身到了直播电商上来，促进了直播电商行业的迅猛发展，实现了电商投资者、电商商家以及消费者的互利共赢。

3. 社会方面：群体之间的圈层传播

圈层的概念来自地质学，原指地球的内、外部结构，后由经济学家、社会学家、人类学家等引入人类社会领域。随着人类社会的进步，圈层传播最初由亲缘关系建立，随后亲缘关系与地缘关系共同发挥作用，再到业缘关系成为主要影响因素，同时，趣缘关系也展现出强大的生命力。在当前社会，由价值观、共同爱好等组成的趣缘关系成为社会交往中圈层建构的主要因素，亲属、工作、地域等因素也依然扮演着重要的角色并发挥重要作用。多种因素的共同作用使圈层传播现象日渐复杂，圈层建构的互动性和圈层维持的稳定性同时存在。从当前的社会交往圈层上看，当某个个体感受到直播电商的优点时，开始向自己所在的亲缘、地缘、业缘以及趣缘等不同的圈层进行传播扩散，使更多人加入直播电商购物当中。而这个群体的成员也向自己所在的亲缘、地缘、业缘和趣缘等不同圈层的成员进行传播，使得直播电商购物在其他的圈层进行扩散。如此推演，直播电商购物这个消息可以传到 N 个圈层当中，被更多人所熟知和信任。

4. 心理方面：直播电商能够把握消费者的消费心理

俗话说"攻心为上，攻城为下""心战为上，兵战为下"，直播电商的成功之处在于掌握了消费者的消费心理。直播电商最大的一个优点是与电视购物直播相比增加了实时的互动性，能够享受直接的客服服务。除此之外，相对于传统的电商来说能将商品真实全方面地呈现在消费者面前，消费者可以通过观看直播更加真情实感地感受商品，可以看到商品的质量、颜色、样式等外观信息，从而做出更加明智的购物判断。消费者由于直播电商直观的优点从而产生相比于电视购物直播更加信任的心理从而进行进一步的消费。关于消费者的信任心理，对于直播电商平台来说，一方面会引导消费者由购买欲望向购买行为进行转变，从而在电商平台中完成商品的购买；另一方面，取得消费者信任能大幅度提高用户的重复购买以及消费者对产品的口碑传播，从而使产品被更多人熟知并达到推广的目的。

吸引消费者产生信任心理的要素是消费者追求同种商品价格最低化的心理。当此种心理产生时，消费者会认为自己有便宜可图从而转化为购买力。纵观淘宝直播的直播形式，可以总结出每个店铺的主播或直播电商红人在一定的时间段都会进行抽奖、秒杀以及促销等活动方式。对于消费者来说，同一种商品可以以低价购买，满足了消费者追求经济实惠的心理，达到了效用的最大化。

5.1.3 直播电商的发展动力

直播电商兴起是内部、外部动力共同作用的结果，二者形成内外双循环，催生出多元复合型业态。

1. 内部动力

1) 利益驱动

直播电商的利益相关者，包括主播、广告主、MCN 机构、电商平台、用户，彼此相互联系、相互促进，构成了多维的业态网络。主播服务于广告主(供应商)，两者处于"卖家"与"买家"的关系中，交易物是以流量为主要价值的广告资源，交易行为的实质是媒介的采购与售卖。广告主追求短期转化效果和长期品牌建设，而主播则负责实现广告主的营销诉求。虽然主播在内容生产方面具有优势，但因为与供应商、电商平台的资源对接等方面仍存在不足，所以需要专业机构进行系统化服务。MCN 机构作为主播、电商平台、广告主的中介应运而生，主要为其提供需求匹配服务，助力专业化运营。在这一过程中 MCN 将共享主播的流水收益。电商平台是产业价值链上与市场进行信息流、物流、资金流、服务流交互的关键环节，负责连接产业上游、中游和下游，带动产业创新和经济增长，并对用户利益负责。

2) 需求驱动

主播和用户的心理满足感获得的过程不具有特定轨迹性，获得的方式因个体而异，但彼此交错、相互支撑。不同于传统商品广告和电商媒介，直播电商的"线上购物体验"超越传统的货架式电商。网络直播超然的娱乐性，具有孤独陪伴与情感释放功能，是当代社会泛娱乐化成为趋势的反映和迎合。其内容在主播和用户的互动中完成，满足了人们在传统媒体甚至现实社会无法获得的"存在感"与"参与感"。用户的主体性得到充分体现，使其产生对网络直播的需求，更多的消费需求被挖掘和释放出来。而主播则在荧幕前以不同形象进行不同场次的表演，这种生产型快感印证了约翰·费斯克(John Fiske)关于文化经济内涵的观点：流通过程并不是货币的周转，而是意义和快感的传播，一种心理的满足。因此，直播电商同时深化了消费和销售体验，顺应时下多元化、个性化、重视体验感的市场需求。

3) 价值驱动

品牌广告和效果广告反映了不同价值取向，有效选择广告媒体，追求"品效合一"是当前营销主体的核心诉求。网络直播能够创造一种场景逼真的"云逛街"模式，用户与主播即时沟通，链接更快、成本更低、受众更广、转化更高。作为"品效合一"的广告媒体，网络直播在帮助供应商宣传品牌的同时，能突破线上订单转化瓶颈，省去为店铺拉新、促活、留存的步骤，直接通过卖货打开了产品销量，对品牌营造意义重大。2020 年 8 月，天猫国潮联手知名主持人汪涵在"新国货直播间"为佛山市南海区企业带货，4 小时在线人次超过 680 万，成交 540 万元，销售增长 26.13%，10 000 件南海好货 5 秒抢空，最终助力成交 66 777 单。可观的销售数据之余，网络直播为南海区企业带来的衍生价值不止于此。网络直播不仅为品牌企业，还为没有自主品牌的"白牌"企业创造了更长远的价值，快速建立起品牌认知与美誉度，打开市场。

2. 外部动力

1) 政策驱动

首先，"直播+电商"是"互联网+"的一种具体、形象的体现。网络直播实时性、交互性、体验性等特征，决定了网络直播适合与诸多需要有形展示或沟通的产品建立直播+合作，直播电商便是典型代表。其次，各省市政府(如上海、广州、杭州、厦门、沈阳等)陆续印发有关直播电商的发展行动方案，联合商务局、教育局、人社局等地方部门从夯实产业基础、培养产业人才、增强示范作用等维度塑造直播电商生态环境。如广州市商务局出台《广州市直播电商发展行动政策(2020—2022 年)》，提出用三年时间构建一批直播电商产业集聚区、扶持 10 家具有示范带动作用的头部直播机构，培育 10 000 名带货达人，孵化 1 000 个网红品牌，将广州打造成全国著名的直播电商之都。直播电商是不同产业的优化重组，是创造新产业资源和价值链的过程。政策对产业价值链形成过程中的每个要素都产生重要影响，对各个环节起到有效协调。直播电商作为一个新兴的产业，其起步和发展的关键在于政府的大力扶持和驱动。

2) 市场驱动

移动互联网技术使得资费、流量、终端等越来越平民化，低门槛让用户可以最大限度参与其中，迅速扩张市场规模。2019 年中国在线直播行业用户规模已增长至 5.04 亿人，增长率为 10.6%，直播电商成为"直播+"模式中受关注程度最高的业态，超过 40%的受访用户表示观看过此类节目。其次，由于不同平台主播的私域流量能向电商平台跨界转移，与电商平台的消费者形成新的流量池，达到资源聚合的目的和溢出效应力，淘宝、快手等平台为了争夺市场红利推出诸多直播电商活动，市场竞争呈现激烈化、尖锐化趋势，对直播电商的发展产生巨大驱动。再次，主播在与广告主、电商平台的资源对接等方面存在不足，需要专业机构进行系统化服务。能否签约心仪的主播是广告主获胜的"定心丸"，能否借直播内容引流则是平台保持活跃的"强心剂"。这使得电商主播与 MCN 机构(网红孵化机构)合作密切，或成立自己的 MCN 公司，直接改变电商市场生态。主播造就 MCN 机构的同时，MCN 机构也成就了主播。作为经纪中介公司的 MCN 机构，促进了主播、广告主、电商平台之间的互动，创造出多方共赢的产业生态，在直播电商的驱动下迎来大发展。

3) 机遇驱动

2020 年，新冠疫情期间线下诸多产业出现"停摆"现象，但线上产业发展全面提速。

"宅经济"逆势上扬,居家生活、娱乐、办公、消费,促使产业链上下游高频互动。人们的消费观念与消费习惯正不断被重塑,也倒逼线下产业往线上转移。电商是"宅经济"背景下的重要消费渠道,而网络直播作为数字经济条件下"在线经济""非接触经济""注意力经济""体验经济""网红经济"的媒介代表,成为电商业态创新的助推器。直播电商在给电商带来新流量的同时,衍生出多种模式,孵化出"电商主播"新群体。除职业主播外,明星、企业家甚至地方官员都纷纷加入,如 2020 年 4 月,央视主持人组合出道,在"谢谢你为湖北拼单"公益直播专场上,销售商品总价值 4014 万元,直播间点赞 1.6 亿元。2020 年,受疫情影响出现的"宅经济"火了直播电商。疫情过后,直播电商作为一种新业态,正在朝常态化发展。

5.2 直播电商的内涵与发展现状

5.2.1 直播电商的内涵与本质

1. 直播电商的内涵

直播电商是在电商发展的基础上,个体借助平台通过网络输出产品或服务的一种形式,主播直播流程如图 5-2 所示。直播电商建立在各类社交媒体的基础之上,是网红经济的一个典型缩影,具有新经济特性,是构建我国经济发展新模式的一股力量。

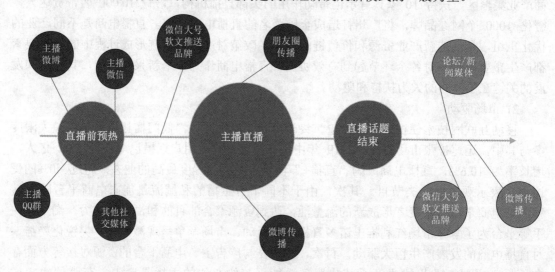

图 5-2 主播直播流程

直播电商通过社会关系强化和情景化人际交互的手段,实现对传统名人代言机制的继承和创新,推动传统电商发展实现一次全面的升级换代。在直播电商模式下,以明星、KOL 网红、KOC 达人等为代表的各类网络主播借助于视频直播形式推荐卖货并实现"品效合一",形成一种全新的电商模式。就网红主播的带货能力而言,其一天甚至是一小时的销售量可以比肩企业一个月乃至一年的销量。也正因此,社会各界对直播电商产生了浓厚的兴趣,并广泛关注。

对直播电商的理解可以从四个角度展开：

(1) 直播电商是视频传播方式与电商行业的深度融合，具有显著的创新性和引领性。

(2) 主播来源多样化，网红、明星、KOL、KOC、非专业人士和政府官员等都可以当主播，如今已经进入了一个"人人皆可主播"的时代。

(3) 直播电商交易效率显著提升，营销成效大幅度提升。

(4) 直播电商可以实现"品效合一"，直播电商不仅能够达成交易，更能够通过直播平台实现企业价值观的宣传与传递，能够对企业产生显著的品牌效应。

2. 直播电商的本质

直播电商事实上是全民化的消费升级，是在当前互联网信息技术飞速发展的时代背景下生发出的一种新颖的营销方式和消费方式。本质上，直播电商围绕"人、货、场"核心要素进行重组，在技术赋能的背景下将消费需求和情感需求融为一体，为消费者提供一种沉浸式消费体验。过去单纯依靠价格和商品功能达成销售的模式已经开始过时，精神体验、心理需求等问题更受关注，特别是消费者对产品的专业性需求愈加深入，这就使得消费行为变得更具多样性，多元化逐步替代标准化，精神需求逐步取代物质需求，新的消费认知和理念逐渐形成。

随着直播电商的快速发展，业界对其发展的现状及未来提出了不同的看法：一类观点认为其颠覆了传统电商，但是否真是所谓的"颠覆"有待商榷；另一类观点认为其是传统电商模式的扩展，是一种创新发展。事实上，直播电商模式并非是对传统电商的颠覆，而是对传统电商营销模式的再创新和再发展。再创新即借助于互联网平台实现产品的快速宣传和推广，让产品对接到有需求的用户手中，实现信息的高效匹配，进而达成超规模收益；再发展体现了电商行业的发展趋势，当传统电商陷入一种"白热化"竞争状态时，需要更为新颖别致的商业模式以引领其快速发展。直播电商作为一种创新的营销模式，是在传统营销模式逐步失去效率，并在互联网信息技术飞速发展的支撑下的一场"突围"。而且，它为电商发展提供了一种更新的营销手段，并附带促进了关联性行业的协同发展，具有一定的产业规模效益。

3. 直播电商成功的四要素

直播电商成功应具备四要素，如图5-3所示。

(1) 主播。选择人设适宜、画风匹配的主播至关重要。

(2) 用户(需求侧)。主播是否具有影响用户的能力，即是否具有私域流量。按照私域流量"AIE标准"，主播要有长期的私域流量，就必须IP化，必须有忠实粉丝。

(3) 货品(供给侧)。直播让产品成为焦点，会极大程度放大瑕疵，商家高效的供应链和过硬的产品是关键。

(4) 剧本。主播、用户、货品三者是基于场景交互的，需要按照既定剧本控制的剧情形成"场域"，促成大量成交。

4. 直播电商体系

直播电商本身的驱动力来自供应链，这也意味着更多的可能性，新的品牌、渠道和供应链会随着直播的专业化提高而逐步出现与完善，当然这中间也存在着一定独立的创新和

电子商务

创业的机会。而直播电商强在产品本身，弱化了社交属性之后，主播不再受限于网红，他们可以是主持人，甚至商家亲自上阵，通过直播展示商品，引导用户下单。本质上是基于观众对极致性价比的产品的需求，即更多靠供应链驱动，直播电商体系如图5-4所示。

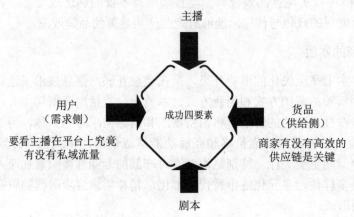

图 5-3　直播电商成功四要素构成

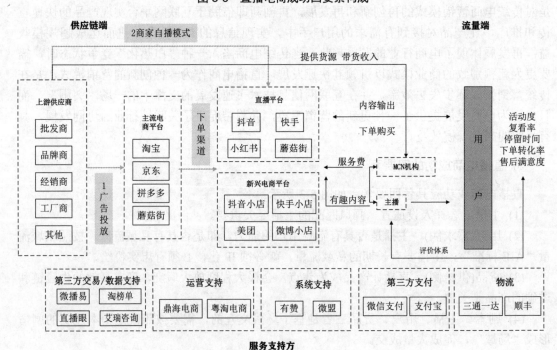

图 5-4　直播电商体系

5.2.2 直播电商的发展概况

直播电商在未来仍然会持续增长，主要有如表 5-1 所示的原因：平台持续投入和流量倾斜，如平台邀约明星直播首秀等投入了大量财力物力；商家/品牌持续投入人力资源；用户增量消费需求被激发；技术迭代和优化；基础设施完善做保障等，给直播电商行业带来的变化如下。

表 5-1 直播电商持续增长的原因

原 因	举 措
平台持续投入和流量倾斜	平台邀约明显直播首秀 平台补贴直播带货 流量平台降低直播带货门槛
商家/品牌持续投入资源	疫情之下，线下营销乏力，线上直播相对低廉的流量成本和高 ROI 吸引商家注意力 中国今年新增直播企业近 6 千家，同比增长 258%
用户增量消费需求被激发	用户观看直播习惯养成 有趣的内容+实时互动+kill time+全网最低价+信任保障
技术迭代和优化	5G 能带来更好的观看体验 AR/VR 等技术带动直播行业发展 大数据智能推荐算法精准推送
基础设施完善做保障	物流及支付体系持续完善，偏远地区 用户的电商价值持续被发掘

1. 范围扩大："直播带货"从小众化发展为大众参与

1) 全平台开展直播带货业务

回溯直播带货的发展历程，淘宝最早推出直播带货的购物模式。淘宝直播成为直播带货的一个关键开端。为了进一步扩大影响，淘宝平台在对直播带货的扶持和促进不断加大投入，运用政策红利吸引商家入驻淘宝直播平台，并且推出扶持更多的明星的百亿计划。通过大数据、算法等技术的运用，直接为用户精准推送"感兴趣"的直播内容。新媒介技术的运用和各类政策的引导促使淘宝直播的受众群体继续扩大，直播带货这一形式在淘宝平台得到应用成功，吹响了全民直播带货的先锋号。

以抖音、快手为首的短视频平台受直播带货的红利的驱使，探索出红人直播加电商的新发展模式。短视频平台迎合互联网的发展机遇，沉淀了数以亿计的用户，天然具有直播带货所需的必要条件。快手平台基于去中心化的发展理念培育出了大批与粉丝黏性较高的主播，投入资金大量扶持原产地、发展产业带以及推动厂家直供等类型的电商销售模式。抖音平台则借助大数据的优势，运用人工智能等新技术的算法进行精准的用户推送，算法技术自动识别优质的短视频，被识别的短视频就会得到平台流量加持，然后广泛地在平台中被推送。

各大开发出直播带货业务的平台都正处在高速发展中，2021 年 3 月，从"糖水燕窝"

事件中解封的辛巴发布视频，视频中的他单膝下跪，宣布复出，复出直播在 3 月 27 日进行，单场直播带货的成绩超 20 亿。从淘宝平台开启直播带货的购物新模式，发展成为全平台竞相入局的商业模式。直播电商的生存环境范围不断扩大，在网络上各大新媒体平台中形成一股强大的直播带货热潮。

2）直播间"万物"皆可出售

疫情时期，全部网民日均互联网的使用时长较年初相比提高了 21.5%。当人们"宅"家期间，手机成了外界交流的渠道，直播间成外界连接的窗口。疫情的冲击之下，2020 年的线上商品成交额剧增，2020 年也被称为直播元年。2020 年年初以来，直播不仅是各大电商平台必争之地，这股风已经刮到田间地头，各地方官员都拿起手机对着镜头熟练介绍起农产品和家乡特产。各行各业也都利用直播带货的形式进行复产复工。

回顾淘宝直播时期，只有少数的专业电商入驻淘宝平台售卖店铺商品。而这些商品种类多集中为美妆和服饰。随着政策的促进和疫情的催化，更多行业更多领域开展了直播带货业务。小小屏幕点燃了各行各业线上销售的热情。短短的时间内，全民都变成了主播，万物都可以被直播。直播商品也正在从美妆、日用品等核心品类，走向更丰富的品类，像汽车、房产、大家电等商品都可以通过直播的形式出售。某种程度上说直播的包容性将看似不能转为线上销售的货品放到直播平台上，激发了集体想象力，扩大了选品范围，进而实现万物可播。

3）通过直播购物更加普遍化

直播电商自 2016 年发展至今，在人们日常生活中，直播带货成了普遍存在的商品交易模式。头部主播现象级的火爆将直播带货的信息广泛地传达给受众，网络中涌现出了更多直播带货的相关报道，直播带货成为公众运用网络获取信息时绕不开的话题。而疫情防控期间网络直播的发展更是助推了直播带货的普及。锤子总裁罗永浩迎着直播带货的风口转化做直播，网民围绕罗永浩的直播带货行为进行娱乐创作、话题讨论引起网络上的一场全民狂欢。处在信息环境中的公众或是受到红利的驱使，或是受到名人的感召，越来越多的人更倾向于通过直播间购买商品，加入直播带货的行列中。直播带货提升交易效率方面起了巨大的作用。直播带货从一个小众化的购物模式，用时仅两年就发展成为全民参与消费模式。无论是成为主播卖货还是观看直播购物都更加普遍化，直播带货已经融入现实生活中，成为随处可见的现象。

2. 形式丰富："直播带货"从单一卖货到多样化发展

1）直播电商多种模式创新

在直播带货的发展中，几乎每个直播间都会上演一场场带货大戏。与此同时直播带货也产生了诸多的"外溢效应"，由原本的固定程式开始产生一些新的形式变化。在栏目、节目的设置时将直播带货元素和综艺有机结合，成为湖南卫视、浙江卫视以及山东卫视等电视媒体迎合时代发展的一致选择，如新主播养成竞技真人秀《直播之城》《奋斗吧！主播》，山东卫视自制综艺节目《家乡好物》将"县长带货直播"搬上荧屏，以"干部代言+艺人助力"的方式，推广地方特色产品，提升农业品牌，推动乡村振兴发展，助力脱贫攻坚。

直播带货无论是从内容还是场景上都呈现出与生活场景交融的趋势。综艺节目通过对现实生活的直接、真实的拍摄，与客观真实的现实世界关系更为紧密，给人们带来一种所见即为真实的错觉。与其他媒体形式相比，它们也更具模仿性，拍摄和制作方法也更具代入感，视频内容采用精加工的制作方式和拍摄手段，观看公众可以身临其境的感觉。直播带货综艺节目产生和拟态化环境的呈现，也使直播带货被赋予了新的意义，直播带货原本就具有娱乐化的特点，而这一特点经过综艺节目融合更呈现出放大的形式。公众对直播带货的观看不再仅仅局限于购物的需求，更多的人观看综艺形式的直播带货是为了从中获取娱乐的体验。直播带货元素也成为省级卫视节目创新和视频类媒体平台综艺内容创新的重要趋势。

2) 直播带货具有更多用途

(1) 直播带货不仅是一个商品交易的渠道，随着日渐飙升的影响力，直播带货也成为一个文化传播的渠道。例如在青年人群中广为流行的二次元文化，直播间相继也产生了众多的虚拟主播。二次元人物具有亲民化虚拟，其人物特性不会"塌房"，是一种具有虚拟真实感的伴随式存在，在网络上形成一批稳定且具有高度黏性的粉丝集体。虚拟人物的存在满足了用户的情感需求，这些需求在现实场景中未能获得。用户虽然处在拟态的环境但收获了真实的情感体验。

(2) 直播带货在知识的科普、介绍方面也大有用途。直播带货提供了一个学习的平台，在直播带货的场景中带货主播扮演着教师的角色，而观众则是学生角色的扮演者。直播间中，各大主播逐一将商品的性能、使用方法和效果介绍给用户实际上是一种具有科普性质知识性分享。用户在直播间不仅可以购买商品而且可以获取知识。了解一个商品才能更好扩大购买转化率，用户更乐于通过这种方式产生购买行为。除此之外，专业的知识名人、内容生产型的微博博主跨界转型直播带货。知识与商品的直播趋势更为显著，知识传播与商业变现相结合。

(3) 直播带货以虚拟化的形式反映了真实的社会关系，丰富了直播场景的应用，扩展了直播带货的用途。公众观看直播带货，或者是对直播带货相关信息的参与互动也是基于特定的需求，都发挥了个人的主观能动性。随着行业的发展，虚拟偶像直播、买书直播包括现在的非物质文化遗产直播最初产生可能就是普通的卖货行为，并未被赋予独特的意义，可是通过媒介的传播、媒介接触者的使用和个人的主观构建，这些带货形式也被赋予了传播文化，分享知识的意义。直播带货的形式和内涵不断被丰富，以满足公众根据不同的用途选择性使用。

3) 直播电商引起热点话题

直播带货的环境化水平提高的同时，也进一步加深了网络中对信息环境的构建。淘宝购物将 11 月 11 日设置为购物节，以强大的造节能力带动全民消费。而全民的消费行为也成为网络中信息传播的焦点。网络环境对人的引导，其作用产生在客观环境中。网络环境成为客观环境的仿真环境，影响了公众对事件真实性和整体性的想象。

2021 年"双十一"购物节预售活动引发直播间的抢购现象。网友根据话题衍生出来一系列的娱乐创作，表情包、搞笑段子层出不穷，并且创造出网络热词"尾款人"。李佳琦在直播时常用的口头语"OMG，买它""这也太好看了吧""美眉们"因其语调夸张，具有戏剧性，得到了网友的模仿娱乐。这种模仿不仅在网络中使用，在现实生活中也随处可见。在朋友的交谈商品的购买过程以及日常生活的娱乐等，很多生活场景都看到这些网络热词的运用，形成网络热词到日常用语的转变，网络生活和现实生活呈现出交融的状态。

明星加入直播间成为主播，也带动了直播带货粉丝效应的最大化。几乎每次明星加入带货的直播间中都会有热点话题出现，登上微博的热搜榜。电商+明星双流量带货更能带动话题的热度，引起群众的广泛关注。除了网红、明星外，县长、书记等政府官员直播带货也是频频登上微博热搜榜。网络中讨论的热情，体现出直播带货这种消费模式不仅是百姓热议的话题，也是政府部门高度关注的话题。这些话题是对现实生活的反映，通过媒体的报道，媒介平台的传播，就会得到快速的发酵，形成线上线下的群体狂欢。

3. 网购革新："直播带货"成为线上商品交易主流模式

1) 直播间提供公众狂欢购物新战场

"双十一""双十二""年中大促 618""38 女神节""年货节"等购物节都体现着电商平台的"造节"能力，以淘宝为例，双十一活动自 2009 年至今已经有十几年的历史了，在公众心中已经不再把双十一看作传统光棍节而是购物狂欢节。今年双十一较往年相比，最大的变化在于 11 月 1 日提前开启的预售盛典环节。无论是在各大电商平台、直播平台甚至社交媒体平台上，预售引发的各种广告营销话题病毒式传播，同时各大主播的直播间也放出商品预告，提前告知公众直播间出售的商品以及优惠价格。为正式双十一活动的开展达成了强有力的议题设置效果，塑造出了一个狂欢购物的拟态消费环境。哈贝马斯(Habermas)曾说，公共领域介于公众社会日常生活的私人利益和国家权力领域之间的机构空间和时间。它可以将用户个人的关注、言论变为一个议题供公众共同讨论。双十一期间，预售、抢购、直播成为全网共同的焦点，占据微博、抖音、头条等各大网络"公共领域"，网络名人和各类微博大 V、带货主播担当"意见领袖"的角色，在信息传播过程起到引领作用，整合过滤并且传播购物节相关的信息，利用自身的吸引力优势吸引受众的眼球、传播信息给观众。受众可以重新筛选信息并将其传播给其他受众，由此形成信息的"多级传播"模式。从而吸引更多人参与到直播间购物中，引起直播间购物狂欢现象。

2) 直播电商重构"人货场"格局

直播电商优化了产品的展示性，其塑造的购物体验与线下的模式更为接近，但又不是对传统百货公司柜台导购模式的简单照搬，在直播间内除了具有较强的互动性以外，可以使用户足不出户体验到与线下购物相类似的购物体验。不论是从商品外观的展示，还是性能的表现，主播都会在直播间内对粉丝和观众进行商品的介绍和解说，让粉丝和观众有全维度了解商品的过程。直播带货搭建出线下购物的拟态场景，让购物体验也得到高度仿真的升级。同时直播带货利用技术的优势，通过互联网提高商品的传播效果，直播带货的过程其实也是一场商品宣传推广的过程。同时这种拟态化的构建得到了公众的认可，直播带货形式快速传播，并且重构了现实生活中的人、货、场格局。

"在商业零售理论的意义上，直播电商的出现改写了人、货、场三者间的关系"，吴晓波在《电商也许就是这么回事》一文中指出。1000 多万在线观看商品发布会；上线新品在短短的两分钟时间被销售一空；每天都有超 3 万人通过网络销售商品。大型企业总裁亲自下场直播带货，个人商家通过短视频平台销售自家商品，微信朋友圈更方便了全民带货的发展。越来越多的人观看直播带货，并且受到这种商业模式吸引激情下单或是加入风口成为带货主播。直播带货逐渐成为公众商品交易的首选模式。

3) 直播电商改变公众以往购物习惯

"互联网进入下半场，人口红利逐渐消失、流量从公域向私域转移、直播带货成为风潮、移动互联网的原住民——Z 世代群体成为消费的主体……所有这一切，都在提醒着我们，市场今非昔比，随着消费者的习惯及其观念的日新月异，传统的经营思维和模式已不再适用"。随着全民直播时代的来临，几乎每一个电商都会开展直播业务。通过直播的方式试穿、试用、介绍商品，将其以一种更加直观的方式介绍给用户，公众在购买服饰的时候可以直接看到主播的试穿效果，多维度、立体化的呈现方式去了解商品细节，并产生自我代入的感觉，产生拟态化的现实体验，可以更加确定这件商品适不适合自己，从而确定是否购买。整个购物过程更加理性合理化。苏宁邀请网红主播在直播中现场测试商品的功能，直观地给用户全面的建议，这种直播的方式也让苏宁的商品销量增长 65%。网络中也充斥着直播带货的新闻信息，吸引公众对直播带货的关注，诱导公众产生购物行为。用户在网上购物时更倾向于打开直播间，在观看的过程中通过直播间购买商品。

直播带货进入全民化时代，正在潜移默化地改变用户的购物习惯，相较于传统电商，直播电商更加真实的场景提供和情感体验。使用者不再只是通过电商平台主动寻找商品，而是受网络信息的影响或者是被直播间里被低价和主播的推荐吸引，观看直播带货并"激情"下单。这种消费包含了非计划性消费，是被观看过程中的某一因素所吸引，对商品产生购买欲，再加上主播实时解答用户心中的困惑，有效解决了消费者在购物前充分了解商品信息的需求。直播带货购物模式的用户数量更加扩大更具黏性。

4. 直播电商增流提效

1) 直播用户迅猛发展

直播用户迅猛发展，据中国互联网络信息中心数据显示，近年来，网络直播用户与网络购物用户稳步增长，截至 2021 年 12 月，网络直播用户与网络购物用户分别达到 6.17 亿和 7.82 亿，在网民群体中的渗透率分别为 62.39% 和 79.07%，作为直播和电商融合的产物，直播电商更容易被网民接受，2017 年 6 月至 2020 年 12 月网络直播用户与网络购物用户如图 5-5 所示。

2) 直播吸金提效

受经济增速放缓影响，中国消费类品牌商的广告宣传推广费用增长显著放缓，2019 年同比增长仅 7.2%。在广告投入力度有所放缓的情况下，广告主对营销效果更为注重，鉴于传统媒体广告引流乏力，渗透效果低，广告主纷纷从对传统媒体广告的投入转向对直播/短视频等新兴营销方式的倾斜。

2019 年"618"年中促销期间，淘宝 10 万个直播间灯火通明，平均每天有 5000 万人次在里面边逛边买，带动商品销售 130 亿元，开播商家数同比增长近 120%，开播场次同比增长 150%；2019 年双 11 当天，仅淘宝直播成交额就达到 200 亿，其中，亿元直播间超过 10 个，千万元直播间超过 100 个；直播成为双 11 期间品牌商家最大的增长点。

2020 年天猫"双十一"全球狂欢季实时成交额突破 4982 亿元，比 2019 年同期增长了 1032 亿，增速 26%，有近 8 亿消费者参与，累计成交额过亿品牌 474 个，超过 30 个淘宝直播间成交额破 1 亿元，订单创建峰值达到 58.3 万笔/秒。

天猫宣布 2021 年天猫双 11 总交易额定格在 5403 亿元，同比增长 8.45%，再创新高。其中淘宝直播平台共有超 10 万个品牌在直播间与消费者互动，其中 43 个品牌直播间成交额超 1 亿元，510 个直播间超千万元，鸿星尔克、追觅等 183 个品牌首次跻身"千万直播间"。

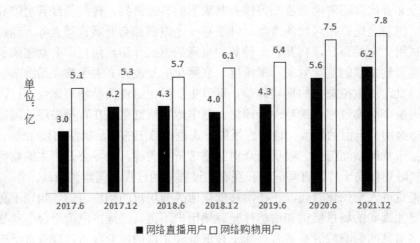

图 5-5 2017 年 6 月至 2020 年 12 月网络直播用户与网络购物用户

5.2.3 淘宝直播电商平台的发展现状

1. 用户群体基数大

淘宝网是我国目前最大的电商平台，具有庞大的用户群体。截至 2021 年 9 月 30 日，阿里巴巴生态中，有 9.53 亿来自中国市场的年度活跃消费者。中国零售市场的月度活跃用户(MAU)达到 9.46 亿，较上一年同期增加了 6500 万。

截至 2021 年 9 月 30 日，阿里消费体量已经占到社会零售商品总额的 20%左右，用户的年度消费 ARPU 值达到 8400 元。在巨大的用户基数面前，用户运营及发展中心的建立将把用户产品、会员产品、用户增长和店铺产品等商家工具的开发和运营串联起来，围绕消费者体验，形成完整的闭环。

2. 直播形式多样化

淘宝直播平台根据不同的受众，在菜单栏里设置了丰富的子菜单。主要的内容包括：美妆、买全球、旅游、美食、穿搭等诸多方面。通过直播的形式，可以将消费者拉入更加直观的消费场景中。平台也会将消费者经常观看的直播板块在后台进行大数据分析，为其提供定制化，多样化的信息服务。为了不断地刺激年轻消费群体的购买力，淘宝直播平台不断地引进新技术，对直播的内容也在不断地创新。例如，在直播的过程中，借助"Video+直播"的新型屏内互动技术，将商品的基本信息以直播的方式更加直观地展示给观众，并且采用游戏竞猜，评论抽奖的方式，与正在观看直播的用户进行互动，从而刺激消费者用户的购买欲望。

3. 直播准入门槛低

成为主播条件较为宽松，如图 5-6 可见直播平台定制开发中用户可以轻松申请所谓主播进行直播。淘宝直播的类型主要分为了 4 种类型，分别是淘宝店铺直播、天猫直播、淘宝达人直播，以及全球买手直播。无论是哪种直播类型，其准入门槛都是比较低的。以淘宝达人直播为例，只要满足微博粉丝数量大于 5 万，或其他社交平台的粉丝数大于 5 万，并且粉丝互动率高，就可以入驻淘宝达人直播。

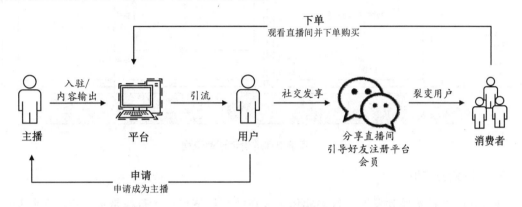

图 5-6 直播平台定制开发

4. 管理规范不明确

淘宝直播中，会对 QQ 账号、微信账号，以及视频的内容，进行一定的管控。虽然淘宝直播平台对主播的准入门槛和直播内容都有一定的管控，但是从公开显示的内容管控规定中，会发现淘宝直播对于内容的管控力度还是比较轻的，基本是按照网络直播的标准设定，没有太强的约束力。对于商家的产品质量管理规范，以及商家的宣传方式规范方面，都比较模糊和欠缺。

5.2.4 直播电商的优势

1. 变现模式多样

当前，越来越多的企业和个人转入直播带货领域，和经济环境变化与利益驱使等因素有关。毫无疑问，在蓬勃发展的移动互联网时代，流量可获取财富，观众和粉丝就是金钱。再加上 5G 技术发展，直播电商带货无疑成为当前经济发展主要方式之一。直播电商的价值创造流程如图 5-7 所示。

纵观当前热门直播带货主播，推广销售的产品琳琅满目，薄利多销，受到广大消费者和网民的欢迎。尤其是新冠疫情防控期间，直播电商带货更是成为助力复工复产主要方式。主播通过带货提成、坑位费、粉丝打赏等形式变现。其中，带货提成也可称之为佣金，即主播卖出多少商品可提多少佣金，不同平台主播级别和产品类型会有不同的佣金比例。坑位费即在直播间上架商品需付的费用，具有影响力的主播基本上具有上万块起步的坑位费。粉丝打赏即粉丝在直播间观看直播时以送礼物方式给予主播奖励，主播可根据不同比例进行提现。

电子商务

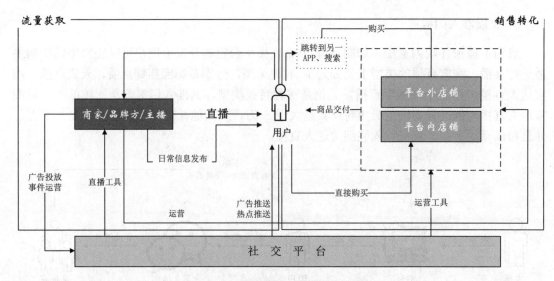

图 5-7　直播电商的价值创造流程

2. 促进企业转型

随着互联网技术蓬勃发展,很多实体企业在此背景下也加入直播带货行业,在此基础上实现企业转型。以贵州猫呗电子商务有限公司(简称猫呗电商)为例,该企业 2017 年落户于贵安新区数字经济产业园,通过电商平台售卖贵州地区商品,依托于大数据产业发展趋势实现迅速崛起。当前,该企业在拼多多、京东、淘宝等多个平台开设 18 家店铺,上架近千款贵州产品。

区别于"有什么卖什么"的传统销售模式,猫呗电商平台运用大数据技术对客户购买行为进行分析,有针对性地为货源对接以及产品营销提供数据支撑,相继推出赤水晒醋、花溪牛肉粉、平坝窖酒、酸汤鱼等 100 多个"一县一品"成功爆款案例,整体销售量快速提升。

乘着大数据发展的东风,落地贵安新区的猫呗电商成长迅速,连续 3 年保持着 200% 高速增长,2020 年互联网销售额达到了 4500 万元。而今,顺应市场发展潮流,极具敏锐度的猫呗正瞄准当下潮流在直播带货、IA 销售智能服务等方面发力,优化服务推动平台会员量不断提升。

猫呗电子商务公司为更好地改变销售模式,迎接新趋势,在招人不便的前提下组织员工开展直播带货。观众通过直播能清晰直观地了解产品特性,虽然主播为企业员工兼职,但企业销售额却实现大幅度提升。企业管理层在直播带货强大的吸金能力下快速成立直播部门并招聘多位专职主播进行带货,同时还与多名著名主播合作,多元推广产品,大幅度提升经济效益,企业也因此实现转型。

3. 实现自我推销

当前,对于很多商家而言,线上销售已不再是新兴销售模式,尤其随着拼多多、京东、淘宝等多个购物平台蓬勃发展,广大网民已将网购当成生活一部分,很多实体商家也在多个购物平台开设店铺,再借助直播带货形式进行自我推销。一般实体企业开设网络店铺以及开通直播目的在于吸引消费者,商家选取少量商品,以低价促销形式获得经济效益和影响力。甚至部分企业设置的产品价格低于成本价，买家通过促销活动进入店铺选购产品并浏览或购买其他产品，实现经济效益最大化。例如，部分企业开展牙膏促销，大部分买家会因满减需求或包邮等购买店铺其他产品。此类买家会因商品活动成为粉丝，逐渐成为固定消费群体，企业也因此实现盈利目标。

5.3 直播电商的特征

5.3.1 直播创新电商新形态

2016 年 3 月，蘑菇街首次把直播引入电商平台，中国直播电商由此扬帆起航，在五年的高速发展历程中，众多平台先后入局直播电商行业。一方面，传统电商遭遇流量瓶颈，引流成本不断攀升，直播的出现，赋予传统电商新契机与动能，传统电商积极拥抱直播这一全方位、多维度、强互动性工具，"电商+直播"推动传统电商从图文货架式向直播电商转型；另一方面，娱乐社交平台拥有众多受众，力图通过电商赋能将流量变现，"直播+电商"拓展直播、资讯属性之外的营销功能，实现经济增值。

无论是"电商+直播"，还是"直播+电商"，其核心依然是电商，直播只是电商进行引流、拉新，实现流量变现的新途径。直播电商仍然脱离不了"人、货、场"三要素的密切配合，不同于传统电商的是，直播电商对人与场进行了创新，在人方面，融入了主播、MCN 机构等参与者，在场方面，在"商品详情页"的基础上创新销售场景，实现销售场的多元化。与传统电商相比，直播电商给用户带来了购物体验升级，转化效果有明显的提升，传统电商与直播电商对比如表 5-2 所示。

表 5-2 传统电商与直播电商对比

区 别	传统电商	直播电商
信息传递	图片、文字，单向为主	直播，多维度、全方位展示，即时双向互动
体验性	低	高：多维度、立体化、整体效果
售卖逻辑	人找货	货找人
商品价格	比较稳定，节假日促销	更优惠，大额优惠券、特价、秒杀等
社交性	弱社交	强社交
效率	低：点对点	强：点对群
转化率	较低	较高

5.3.2 直播电商的传播特征

1. 直播电商的传播模式

1) 商品信息推送为主

实质上来讲，直播电商传播的内容是有目的性的，主播向用户输送的内容是经过事先策划好的，以推销的商品为传播核心，以提高商品的销售额为传播导向的。在进行直播的过程中，主播在选择互动的用户时，也会有所倾向地对那些提出涉及商品自身问题的用户进行问题的解答和借机对商品进行更充分的展示说明。因此，虽然直播电商的信息是实时输出兼具互动的，但直播的过程中仍是以商品的信息推送为主。

对用户而言，他们在购买商品之前通过观看介绍商品相关情况的直播内容并且通过弹幕评论和主播进行互动，就可以更加直接、全面地了解该商品是不是自己所需购买的。与传统电商单纯通过事先准备好的文字、图片、小视频的静态商品展示模式不同，直播电商的即时信息传播和"边看边买"的销售模式极大程度地满足了用户在消费前对商品的认知需求，主要表现在更加清晰地了解了商品的基本性能、个性特色、使用方法、使用技巧等等，进而能让用户在这样一种商品相关信息接收的基础上获得更大的使用与满足感和更良好的购物体验。

以淘宝直播为例，淘宝直播的内容既可以是商家与平台达成合作后自己生产 PGC 精品直播内容，也可以是商家联系有一定粉丝基础的主播，与主播进行合作，对商家的商品进行直播销售。商家与平台达成合作后，传播的 PGC 精品直播内容通常伴随着较大额度的优惠券发放或者幸运用户抽取送奖品等形式，因此这样的内容传播能够极大地激发用户的直播观看热情和购买欲望。而那些有一定粉丝基础的主播就像明星一样有着较强的粉丝忠诚度和购买转化力，不管他们与任何一个品牌或者商家达成合作，在淘宝直播平台，上进行产品介绍的直播时，数以万计，甚至几十万、几百万的粉丝用户都会出于对主播个人的喜爱而积极主动地接收主播所传播的商品信息并且用实际行动回应主播，参与到商品的购买当中。由于部分用户的直播观看时间与他们所喜爱的主播的直播时间可能会存在一定的冲突，所以其实在主播的实时直播结束之后还有不少用户，尤其是那些有影响力的主播的忠实粉丝会选择回放直播节目，虽然他们在看直播回放的时候与主播之间不能够进行实时互动了，但是一旦直播的内容对其有所触动的话，那么他们同样会积极主动地接收主播所传播的信息并参与到直播商品的购买当中，也会将直播的内容与周边的亲朋好友进行分享，进而推动直播内容的再次传播，进一步扩大直播商品相关信息的传播范围。

由此看来，在直播电商的过程中，虽然主播和观看的用户都能参与其中，看似是共同充当着传播者与受传者的角色，但其实在这种直播当中还是以主播的商品信息传播为主，而他们所传播的内容都是经过事先策划好的，以推销的商品为传播核心，以提高商品的销售额为传播导向的商品推销信息。

2) 主播与用户互动为辅

所谓人际传播是指个体与个体之间的信息传播和交流，从古至今，人际传播可以说是人类传播活动中最基本的一种信息传播方式。在最初的人际传播活动中，人与人之间通过面对面的交流，实现信息的双向传播，进而形成社会关系。随着人类社会的不断变革，信息传播不再局限于人类面对面的交流，出现了各种各样的信息传播媒介，尤其是互联网的出现和发展，使人际传播实现了跨越式的发展，关于人际传播，传播学学者将其分为直接传播和间接传播两种。直接传播是指人们面对面地进行信息交流；而间接传播是指打破了时间和空间的局限性，借助于某种传播媒介实现的远距离的信息交流传播。与人际传播存在一定的相似性，直播电商在进行信息传播的过程中也利用了人际传播"点对点"的特点，简单来讲，也就是指直播过程中主播与受众之间的交流互动。

直播电商具有很强的互动性,之所以说直播电商具有"点对点"的特点,是因为直播电商的媒介特性。直播电商的媒介特性主要通过主播与用户的实时互动体现出来,当直播电商平台的主播在进行直播的过程中,大量的用户通过利用手机、iPad、电脑及其他智能终端等设备进行在线观看,还可以通过发表评论与主播和其他用户进行实时的互动交流,从而在接收主播传递的商品介绍信息的同时也可以主动向主播或其他准备购买或已经购买商品的用户提问,以满足自己对商品有更多的了解;同时也可以将自己的一些商品使用经验分享给其他用户。另外用户在直播间里观看视频达到一定的时间或者是参与评论互动达到一定数额,即可获得一些直接从店铺购买享受不到的优惠券福利,这样一来用户通过电商平台购物的获得感和幸福感就会进一步得到提升。

以淘宝直播平台当中的美妆直播为例,当商家有新的彩妆产品上架时,主播会通过直播的形式向用户示范如何使用该彩妆产品以及用什么样的手法可以使产品的效果更加自然更加出色,主播在示范的这个过程当中也会和用户分享产品的功能成分、萃取工艺、搭配技巧以及其他一系列的优势所在。在示范完成后也会针对用户的提问进行回答,有的用户会通过评论窗口提问,例如:"我今年 38 岁,这款产品适合我吗?""这款粉底适合什么样的肤质?""干性皮肤用了这款粉底液是否会存在卡粉的现象呢?""这款产品会有什么样的优惠"。淘宝直播的内容是以推销的商品为传播核心,以提高商品的销售额为传播导向,所以在直播过程中,用户提出与商品无关的话题时可能就会得不到主播或其他用户的回应,主播与用户交流的话题内容相对而言还是会有所局限。另外,和其他类型的网络秀场直播有显著不同,淘宝直播过程中,用户在给主播送礼物时,直播界面也不会出现炫彩夺目的特效,因此用户在观看直播时的互动性和话题参与度不如社交类直播那样强。在淘宝直播中,更多的是主播向观看直播的用户传播商品的相关信息,而用户和主播之间的互动是相对有限的,只是作为更好地引导消费的一种辅助手段,在淘宝直播的过程中强调更多的是用户的"边看边买",也就是用户注意力到购买力的转化。

2. 直播电商的传播优势

1) 直播信息的实时输出

在直播出现之前,网购时用户所接收的商品信息都是经过人为精心编排、剪辑和修改美化之后上传到网络上的信息,而直播电商的出现和普及使商品信息的传播不再局限于文字、图片、视频等静态信息的单向传播,通过直播电商平台实现了视频、音频甚至是多媒体文件信息的实时远程传播,在直播当中没有重来的可能,主播的口误和其他失误都会成为直播节目的一部分,在直播回放当中也会原封不动地保留,从而给观看的用户更多的真实感和现场感,拉近了主播与用户之间的距离。借助于直播电商平台,主播能够实时地与用户分享自己的生活日常,除了主播主动输出的话语、表情、动作以外,还顺便将自身所处的环境、场合、氛围等附加信息一并传递给用户。

与此同时,用户也可以通过评论的方式对主播发布的相关信息进行实时的交流互动,也就需要主播能够在看到互动评论的第一时间做出回应。直播信息的实时输出给了主播更多临场发挥的机会,也为用户营造出一种开放性场景化的对话方式。很多网络红人和明星大多拥有专业的营销和公关团队负责运营和维护他们的社交媒体账号,例如在微博上明星所发布的信息可能仅仅是出于公关需要或者代言广告需要,而非个人意愿;在微博上回复粉丝的评论和提问的也可能不是粉丝喜欢和支持的明星,而是由其营销和公关团队操作的。相比之下,直播当中主播与用户之间相对无阻碍的直接互动就显得更加真实可靠,更容易让用户对主播产生信任感和认同感。因此,粉丝也就更加乐于通过观看直播电商来与自己喜欢的明星和网红互动,在他们推介商品的时候,也会出于对其的热爱而加入抢购行列当中,并以抢到了明星同款而感到满足和愉悦。

2) 直播体验的真实贴切

1993年彼得·施泰纳(Peter Steiner)在《纽约客》上刊登了一幅名为"在互联网上,没有人知道你是一条狗"(On the internet, nobody knows you are a dog)的漫画。它反映了互联网的重要特性:虚拟性、匿名性。网民可以在不透露任何个人信息的情况下随意发布内容,甚至可以盗用他人的身份或账号扭曲甚至编造事实来达成自己的目的。人们在这样的网络环境里所看到的文字、图片、视频,所听到的音频,所感受到的场景、氛围都可能是经过人为调试的,完全虚拟化的信息。可能在互联网发展之初,人们还会盲目从众地相信这些信息,但经过事件的不断发酵和逐渐浮出水面的真相,人们渐渐地习惯于对这种信息持质疑的态度。而直播的实时性和互动性让作为主要信息传播者的主播难以伪装自己,主播的一举一动都会被摄像头和麦克风捕捉并实时传输到观看直播的用户面前。真实的主播是什么样,用户看到的主播就是什么样,大大降低了直播的虚拟性和匿名性,让用户获得更加真实贴切的体验感。

很长一段时间以来,电商平台上的店铺都是通过文字描述、经过精修的图片、经过剪辑的短视频的形式对商品的相关信息进行展示说明,这样一来卖家图片和评论区的买家秀照片之间就会容易出现一些偏差,买家常常会因为这种偏差对商家展示信息的真实性产生怀疑,完全不利于商家的商品销售。有心理学研究证明,当消费者的地理位置或者心理想法越接近商品,消费者就越容易受到影响。直播电商的出现正好打破了时间空间的隔阂,拉近了商家与消费者之间的心理距离,降低了消费者的陌生感:一方面,主播在平台上直播的过程中能够对商品进行全方位的展示,将商品的设计细节更加直观地呈现给用户,还可以对商品的使用方法和技巧进行示范,让用户在了解商品的同时也可以掌握一些商品的使用技能。有的海外代购的主播还会对商品的采购过程进行全程的直播,用户可以跟着主播参与到商品的选购中去,用户能够通过手机屏幕直观地感受到商场的氛围,从而获得对商品极高的信任度和良好的体验感。有的主播甚至会为观看直播的用户直播商品的打包分拣过程,让观众参与到商品从生产或采购到最终形成包裹到达自己手中的全过程,这样一来用户的信任度和体验感将进一步得到有效的提升;另一方面,在观看直播电商的过程中,用户可以就商品的相关问题与主播进行实时互动,主动向主播获取有关商品的有效信息。同时,用户与用户之间还能看到对方的聊天信息,彼此之间也可以进行直接的交流沟通,还能在直播界面上看到弹出的几位用户已下单或者某某正在购买该商品的飘屏信息,这在一定程度上让用户在电商平台虚拟购物的体验感中增加了更多真实的感受。这种真实感与虚拟感的交织,让用户的购物体验更加丰富,也让他们在观看直播的过程中有更多的参与积极性。

3) 直播过程的双向互动

与传统的商品展示相比较而言,直播电商具有很强的双向互动性。在进行直播的过程中,弹幕是一个非常重要的交流工具,架起了用户与主播沟通的桥梁。直播的内容是由碎片化的信息拼接而成的,上一分钟的内容可能与下一分钟的话题毫无关联;而弹幕也是碎片化的信息交流,通常一条弹幕仅有由几个字符组成,恰好与不间断的直播过程相适应。用户在发送弹幕评论时,除了与主播进行互动,也可以与其他用户进行实时互动,从而营造出一种聚众观看直播的虚拟体验,满足了用户的陪伴需求和社交需求。用户除了可以通过发表弹幕的形式进行实时的评论互动,还可以通过转发分享的方式表达对主播的认可、喜爱和支持,帮助主播增加人气和平台流量。另外,主播除了可以"一对一"地与用户进行互动交流,还可以通过派发红包、推出投票、引导用户评论刷屏等形式与观看直播的用户形成"一对多"的互动。直播电商的这种双向互动,不仅让用户在接受信息时拥有更多的参与感和发言权,而且满足了用户的支配需要,他们可以通过弹幕获得"及时反馈",此外,还满足了用户的社交需求和认同需要,他们可以与那些有相似观点或意见一致的人进行互动交流甚至互相关注,即使是天各一方的陌生人,关系也会瞬间拉近。

在当下,直播电商已经成为解决电商发展瓶颈的重要途径之一,加上其良好的购买转化力,目前已经成为各大品牌和商家进行营销的重要手段。不少品牌和个人商家在充分利用明星、网红、模特主播进行现有模式直播的同时,试图借助于直播电商平台挖掘更好玩、更有趣的互动方式进行商品的宣传推广,以此进一步强化用户的参与感,刺激用户的购买力,提高商品的销售额。很多品牌和商家在进行商品设计和定位的过程中,也越来越注重技术的创新和应用,借助于新技术实现商品营销的创新,通过各种具有趣味性的互动方式让更多观看直播的用户参与到商品的推销中来,让用户从被动的信息接收者转变为商品的传播者和推广者,进一步扩大商品的推销范围,吸引更多的消费者。为了迎合商家的营销需求,很多直播营销服务商结合市场需求,推出了"网红/明星+场景化+趣味性强的互动玩法"的定制服务,而且有不少品牌商通过这种营销方式取得了良好的销售成绩。以2018 年的淘宝直播盛典为例,神州买买车品牌商借助于微博热搜话题"王祖蓝生日直播趴""买买车舞"等热点话题在社交平台上进行前期的宣传直播,为神州买买车的销售活动造势,在此之后,更是借助王祖蓝生日趴的机会在淘宝直播平台上进行直播电商,在前期的营销造势和当天的直播互动之中成功创下了 2.28 亿的销售业绩,相当于平均 1 分钟就卖出了 11 辆车。这种营销手段和新技术的融入,已经成为当下各大品牌商的重要营销手段之一,也是直播电商的显著特征之一。

4) 直播内容的商品属性

近年来,随着网络技术的不断发展,我们来到了一个"人人都有麦克风"的时代,普通大众也可以通过各种媒介平台在公共场合发表自己的观点和见解。随着智能手机的普及和人们的泛娱乐化信息接受心理,人们也不再只是关注大明星的八卦新闻,而是更多地开始关注一些生活化的内容。例如:一次吃下 200 个馄饨或 30 碗米饭的大胃王、在广场街头唱歌的歌手、在家陪宠物猫狗玩耍的宠物主人等。很多并不出名的草根主播的生活日常直播也会吸引几千、几万甚至几十万的用户前来观看,甚至成为人们茶余饭后讨论的话题。

直播电商的目的主要在于通过直播向用户销售商品,所以主播在进行直播的过程中具有非常明确的目标,在有限的时间范围内,主播尽可能全面准确地介绍所要销售的商品,进而获得用户的认可和喜爱并提高销售额,为了帮助观看直播的用户坚定商品购买的决心,主播还会用一些特色诙谐的语言和较快的语气为用户营造一种火爆的抢购氛围。与秀场类直播和游戏直播相比,直播电商的内容的商品属性显而易见,直播电商也正是基于此而受到了众多直播平台的关注和用户的认可。在直播电商的过程中,其信息传播的核心在于借助主播的个人特色展现所售商品的独特魅力,观看直播电商的用户也大多都是抱着对商品的消费心理前来观看和互动的,主播在直播过程中更多的是结合自身的优势将商品的基本性能、个性特色、设计细节、使用方法、使用技巧等有关信息展示和分享给观看直播的用户,因此直播电商的商业价值和变现能力也会明显高于其他类型的网络直播。

5.3.3 直播电商的传播要素分析——以淘宝直播为例

具体内容请扫描下方二维码。

5.3.4 直播电商的媒介价值

马歇尔·麦克卢汉(Marshall Mcluhan)在《理解媒介》一书中提出,媒介不仅仅是传播工具,媒介(技术)创造了新的环境,而环境又影响着人们的生活和思维方式。研究指出,直播电商的发展让视频媒介与商业的融合逐渐加深,直播创造性地改变了消费者的购物习惯,打破了传统品牌销售的地域局限和场景展示的限制。如今的直播电商,对客户流量、交易数据、消费者黏性的强控制力,对消费理念和商业文明以及社会文化等进行了一次深度的重构。由此可见,直播电商作为媒介,可以改变人们的生活方式,甚至带来重大的社会变革。

借助直播这种媒介形式,可以实现个体与群体、群体与群体的即时交互传播。直播电商促成不同类型受众群的并合,在现实情境中分离的个体可以借助直播的媒介情境感受到群体性消费决策、购买行为的存在。值得一提的是,在直播电商创造的这种融合情境之中,受众个体的认知极易受到情境性和群体性因素的影响,从而进一步影响其购买行为。直播电商聚焦效应强,通过沉浸式场景营销,能够建立起与消费者的情感连接,从而培养消费者对主播、产品及企业的信任感,刺激其购买欲望,提高销售转化率。

直播缩短供应链,为消费者提供更多让利空间。直播电商由主播及背后选品团队直接对接品牌生产供货商,下游对接用户。缩短的链条意味着更高的效率以及更高的利润率。此外,传统电商中的广告宣传、性能对比、口碑验证、决策购买等环节往往会花费用户较长的时间,而在直播电商中,通过主播的严选和推荐,上述过程几乎能够在短时间内同时完成。直播电商缩短了用户购买决策时间,大大减少了用户的时间成本。同时,直播电商在一定程度上放大了规模效应,一些头部主播甚至有可能帮助企业实现零库存。

直播电商赋能制造业,塑造区域品牌。主播走进工厂车间,将"工厂后厨"呈现在观众面前,同时助力企业通过直播这一产业,实现生产线和仓储以及物流等环节的数字化改造。通过C2B实现反向定制以及新品开发,加速传统制造业的数字化转型,也带动了生产能力的提升;大量的老旧厂房通过技术改造,成为当前最有区域活力的直播电商基地,而百货商超和实体批发市场通过与直播电商的深入融合,通过创新的直播活动,苏宁易购、世纪联华、银泰百货等商场实现了时间和空间等方面的多重融合,对市场而言不仅把空间延展了,更把时间延伸了,如杭州四季青服装批发市场、海宁中国皮革城、柯桥中国轻纺城、云南瑞丽玉石批发市场等,通过直播电商的方式实现了"数字转型"。

5.4 直播电商的商业模式和发展趋势

5.4.1 直播电商的商业模式

1. 直播电商产业链

直播电商产业链由消费者、供应端、平台端构成,通用解读为"人""货""场"。

1)"人"。内容创作方,指主播和 MCN 机构。主播包括素人、KOL 和明星,MCN 机构包括内容 MCN 和电商 MCN,如图 5-8 所示。

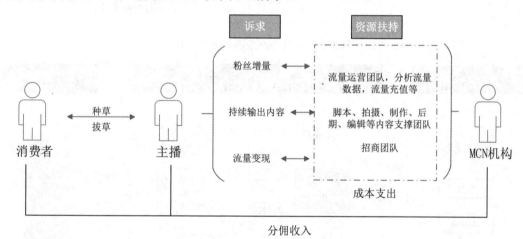

图 5-8 消费者、主播和 MCN 机构关系图

其中 MCN 在产业链中起到承上启下的作用,如图 5-9 所示。MCN(multi-channel network)是一种多频道网络的产品形态,将 PGC 内容联合起来,在资本的有力支持下,保障内容的持续输出,从而最终实现商业的稳定变现。随着直播、短视频、电商等网红经济产业渠道不断扩展,国内的 MCN 机构在各大平台的助力下迅速扩张版图,并衍生出了头部 IP 型 MCN、电商型 MCN 等不同类型的 MCN 机构。

从直播电商产业链来看(如图 5-10 所示),直播电商产业链上游主要为商品供应链,产业链中游为直播生产以及传播环节,主要包括主播、MCN 机构以及直播平台,产业链下游为消费者,直接为直播电商付费、实现直播变现。其中 MCN 机构处于承上启下重要地位。

MCN 机构作为内容生产方的资源面覆盖更广泛,工作流程更专业,可控性更强,MCN 机构在产业链所处位置如图 5-11 所示。近年来,越来越多的广告、代理资源方青睐与 MCN 机构合作。

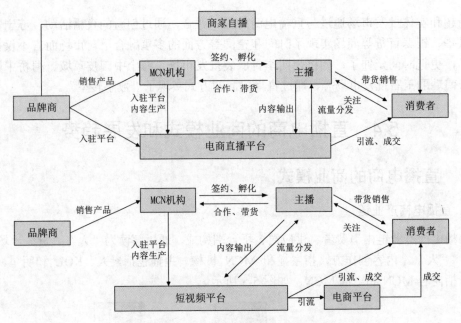

图 5-9 MCN 在产业链中承上启下

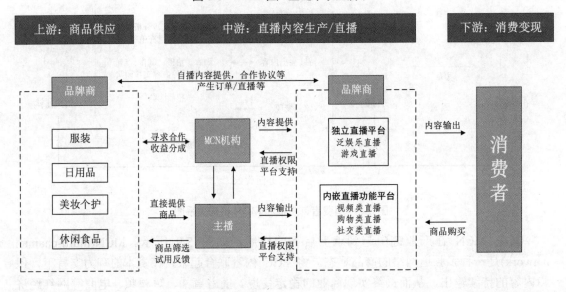

图 5-10 MCN 产业链图谱

2)"货"。指品牌方、厂商和供应链。

3)"场"。指进行直播电商的平台,包括电商平台、直播平台、短视频平台和社交平台等。值得注意的是,现在已经很少有纯电商平台和纯直播平台,每个平台都在集成更丰富的功能,来实现消费者在平台内的变现。

2. 产业链角色职能

"人"对于直播电商的发展起着非常重要的作用。

主播们凭借自身营造的人设，快速拉近与消费者的距离，主播身份如图 5-12 所示。主播可以为消费者提供专业客观的分析和推荐，减少消费者对商品的陌生感，通过主播对商品的专业分析，快速锁定适合自己的产品。主播本身具有亲和力，直播场景下可以及时答复消费者的问题，减少消费者产品比货和犹豫的时间，极大地提升了留存，提高转化率。

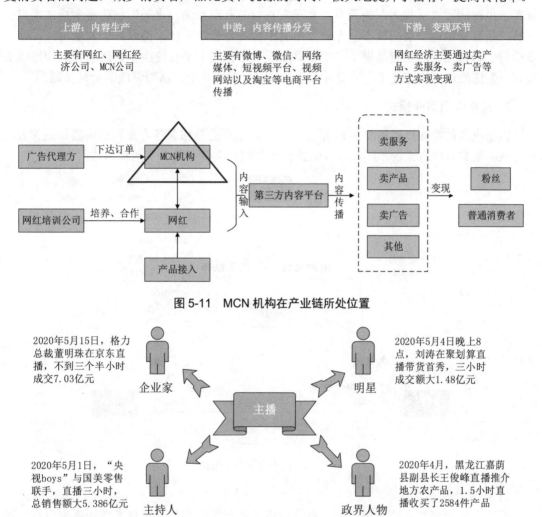

图 5-11 MCN 机构在产业链所处位置

图 5-12 主播身份

主播行业的发展，离不开 MCN 机构的推动。MCN 寻求优质内容创作者(如主播、网红)，对不同类型主播定制专业技能培训，为主播提供商业化服务，针对性引流增加曝光机会，打造优质头部主播。成熟和头部的 MCN 机构业务涉及网红挖掘培训、内容包装、引流吸粉、内容投放、商业变现等各个阶段。

"货"是直播电商的基础。无论是哪种销售模式的出现，最终的本质都是卖货。直播电商未出现时，品牌方和厂商入驻电商平台，依赖于平台流量，并没有直接的流量。直播带货解决了这一痛点，网红主播可以直接与品牌方建立合作，从而得到具有竞争力的价格，通过主播自身带货能力，快速提升销售额。和终端零售相比，直播电商供应链层级少，往往直接对接品牌主和大经销商，商家在薄利情况下依旧可以获利。对于主播来说，价格优势提升变现速度，供货渠道体现主播能力，可以更好地沉淀粉丝增强黏性。对于消费者来说，消费者低价购买优质货品的核心需求得到实现。

"场"是直播电商发展的核心。场的发展，拉通了人与货，改变了线下的"人找货"、电视购物"货找人"的关系，实现人与货的双向互选。"场"承载着主播、用户、商品，是直播电商发展的核心。无论是电商平台还是直播平台，都聚合了大量用户，使大量销售成为可能。海量货品提供了丰富供给，电子化线上平台使购物突破了时间和地域的限制、便捷操作、快速成交为消费者带来了良好的购物体验，从而促成了交易实现。

3. 直播电商商业模式

直播电商的商业模式如图 5-13 所示，其本质是产业链相关各方根据销售额与品牌方进行分成。根据合作方式的不同，分成形式有所不同，主要分为以下两种形式：

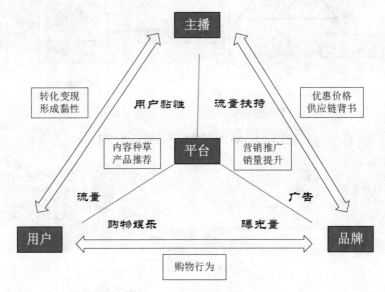

图 5-13 直播电商商业模式

1) 商家直播方式

商家入驻电商平台或直播平台，自行对商品进行直播销售。主播通常为商家自有，可能是老板、店长或店员，对于店铺商品的整体熟知度高、价格把控能力好。平台基于商家的销售额收取服务费。

2) 主播带货模式

主播、KOL 直播带货模式，根据与商家的合作模式不同，收益的分成模式主要有以下三种形式：

(1) 主播或 MCN 与电商平台合作，如淘宝、京东、苏宁等，在电商平台进行直播带货，电商平台基于实际销售额支付佣金。

(2) 主播或 MCN 与电商平台合作，如淘宝、京东、苏宁等，在其他直播平台开播进行直播带货，实际销售电商平台货品。直播平台基于实际销售额向主播收取服务费，电商平台基于实际销售额对主播支付佣金。

(3) 主播与直播平台合作,如快手、抖音、微视、微信视频号等,直播平台已与电商平台建立合作关系,可以直接引入电商平台商品库,主播可在直播平台选择想要销售的商品进行直播带货。电商平台根据直播平台销售额与直播平台分成,直播平台根据实际销售额对主播或 MCN 支付佣金。佣金比例一般在 10%~30%之间,各家机构根据产品品类设定。MCN 机构可以统一收取服务费,然后根据与主播协议比例,对主播支付服务费。

4. 直播带货场景

北京大学光华管理学院工商管理博士后穆胜提出了明星直播带货场景矩阵,如表 5-3 所示。

表 5-3 明星直播带货场景矩阵

要素	场景 1	场景 2	场景 3	场景 4
主播	√	√	√	√
用户	×	√	√	√
货品	×	×	√	√
剧本	×	×	×	√
效果	下沉代言广告:为品牌背书	花车摆摊叫卖:吸引捡便宜的用户,价格战,成交波动随机	品牌商业秀:种草逻辑,有传播,成交波动随机	品牌商业秀+卖货场:品效合一,既有声量,又有出货

场景 1:下沉代言广告。明星以影响力为品牌背书,让用户产生信任。

场景 2:花车摆摊叫卖。明星直播拉来了粉丝用户,力图以自己的影响力促成粉丝购买。

场景 3:品牌商业秀。产品有品质、直播间有用户,但由于缺乏剧本,明星类似做了一场商业秀,成交波动随机。

场景 4:品牌商业秀+卖货场。优秀的剧本使主播自然地连接了用户与产品,不仅宣传了产品,还促成了出货,即品效合一。

5.4.2 直播电商的未来发展

1. 直播电商将成为电商的标准功能

与内容电商相比,直播电商的优势显而易见。直播电商更加直观、真实、互动性强,头部 KOL 凭借个人魅力与独有的营销方式,创造了更多需求,在实现销售转化的过程中,增加购物的愉悦性,满足了消费者购物和陪伴的双重需求。因此直播电商一出现,即被消费者快速接受,并迅速发展起来。疫情影响之下,多产业的"云复工"、消费者"云逛街、云购物"的热情高涨,助推了直播电商的发展。

2. 私域流量得到高效运营

目前商家普遍通过公域流量拉新,并没有形成各自的私域流量,而公域流量拉新的客单价越来越高,商家的销售费用逐年增加。直播电商可以培养主播和商家的私域流量,与公域流量相比，私域流量的显著优势是免费、可以自由反复利用、随时触达消费者。通过群内用户关系维护，使用户与主播或商家建立起亲密度，提升信任感，在实际销售中主播的推荐可以迅速被认可和接受，从而使销售过程变得更加容易和顺畅。但私域流量的运营可能会使主播绕过电商平台或直播平台与消费者进行线下交易，交易无法监控，增加出现交易风险。

3. **改变上游制造业，推动供应链提速**

传统制造业，以女装为例，通常为季度或半年推出新款，由代理商订货后进行大规模生产，到实际销售环节，大约经过半年的时间，再经过一段时间的销售，制造商才能了解实际的销售效果，从而对生产进行调节。制造商对销售的反应滞后，使货品积压和供给不足同时存在，无法做到最优配置。未来，品牌方和厂商可以通过直播电商形式，直接与消费者对接，终端的销售数据通过电商平台直接传递给制造商，可以优化生产流程，推动供应链提速。

4. **推动直播电商行业法律规范建立**

随着直播电商迅速起量，线上销售不规范的行为逐渐增加。出现商品与内容不符的情况，消费者服务仍有待加强，特别是消费者售后维权问题，需要引起关注。根据中国消费者协会发布的《直播电商购物消费者满意度在线调查报告》，担心"商品质量没有保障"和"售后问题"的消费者占比分别为 60.5%和 44.8%，有 37.3%的消费者在直播购物中遇到过消费问题。直播电商的快速发展，将推动直播电商列入法治管理范畴，明确主播、平台、商家在销售过程中的法律责任，切实保障消费者的权益。同时，直播电商平台要建立畅通的投诉渠道，简化处理流程，切实提升消费者满意度。相关职能部门加强监管，履行监督职责，以保障行业健康发展。

5. **成为振兴国家经济的手段**

疫情防控期间，实体经济受到重创，社会总体消费呈现负增长。而线上零售行业受到冲击要比线下小很多，在社会尚未完全恢复生产的时候，电商担起了促进消费的重任，直播电商呈现爆发式增长，成为连接商家和消费者的桥梁。国家也鼓励通过电商和直播来带动农产品销售。直播电商品类极大扩展，不仅限于生活用品、美妆、食品、电子产品等，还包括农产品、生鲜，甚至房产，拉动多个行业复苏。同时在直播不断刷新销售额的过程中，品质优良的国内产品认知度逐渐提升，可能会打造出新的国货品牌。

5.4.3 直播电商的发展趋势

在我国疫情防控形势持续稳中向好的"后疫情"时代，政府监管与扶持多措并举、商家与平台先后入局、消费者参与和购买热情不减等因素，使直播电商迎来新的发展热潮。

1. **政策端：密集出台"强监管"规则，引导行业规范化发展**

在直播电商强劲的风口之上，层出不穷的行业乱象不容忽视，国家和地方监管力度持续增强。2020 年上半年，国家和地方相关部门、行业协会组织等相继制定管理规定。浙江省网商协会率先发布了《直播电子商务服务规范(征求意见稿)》，这是全国首个直播电商行业规范标准;中国广告协会也出台了《网络直播营销行为规范》,2020年浙江省部分地方直播政策如表5-4所示。2020年下半年行业监管力度不减。2020年11月,三部国家级条例出台。《关于加强网络直播营销活动监管的指导意见》从主体责任、规范营销行为、依法查处违法行为等三方面共提出14条意见;《互联网直播营销信息内容服务管理规定(征求意见稿)》指出平台、运营者、营销人员、服务机构应遵守及履行不同的责任和义务;《关于加强网络秀场直播和直播电商管理的通知》,加强对网络秀场直播和直播电商的引导规范,强化导向和价值引领,营造行业健康生态。

表5-4 2020年浙江省部分地方直播政策

省份	发文单位	时间	政策	目标
浙江省	杭州江干区	5月13日	关于建设高端商务人才集聚区、推动中央商务区高质量发展的实施意见	将"直播达人"纳入"新零售人才"评定范畴,推动新经济发展
	杭州滨江区	6月9日	打造直播产业第一区推介发布会发布系列扶持政策	成立高新区(滨江)直播产业联盟和产业基地,打造"直播产业第一区"
	杭州余杭区	6月20日	余杭区直播电商政策	12条"直播电商"支持政策,打造直播经济第一区;直播平台通过直播方式年带货销售额达到2亿、5亿、10亿元的,分别给予50万、100万、200万元奖励。次年直播销售额增长达到一定幅度的再分档给予最高200万元奖励。
	义乌市	6月22日	义乌市加快直播商发展行动计划	力争2022年直播电商交易额突破1000亿元,对知名直播平台、规模网红服务机构、自带流量的"网红"等,在金融、税收、人才购房、子女入学等方面给予支持
	杭州市	10月29日	《关于加快杭州市直播电商经济发展的若干意见》	到2022年,全市实现直播电商成交额100000亿元,对消费增长年贡献率达到20%,培育和引进100个头部直播电商MCN机构,建设100个直播电商园区(基地),挖掘1000个直播电商品牌(打卡地),推动100名头部主播落户杭州,培育10000名直播达人。
	杭州西湖区	11月1日	关于加快西湖区直播电商产业发展的若干意见(试行)	创建1个以上知名直播电商示范基地(园区),扶持10家具有示范带动作用的直播电商平台、培育20家有影响力的MCN机构、孵化100个直播电商品牌、培训2000名直播电商达人实现1000亿成交总额

未来随着直播电商的升级发展，相关监管措施将更加完善有效，直播电商将加速告别野蛮生长状态，步入规范化、可持续化发展的正轨，成为经济双循环的新引擎。

2. 行业端：直播内容精细化、带货品类垂直化

未来，整个直播电商行业将从规模化走向精细化、垂直化。首先，在直播电商的内容层面做"加法"。不难发现，当前环境下纯带货模式的直播电商模式已经难以打动消费者、刺激消费需求，直播内容需朝向精细化、品质化发展，才能重新释放吸引用户的活力。"直播+泛娱乐"为直播电商的内容创新提供了一个思路。艾媒咨询数据显示，在2020年上半年泛娱乐平台的创新内容调研中，在线直播用户更偏好趣味挑战、脱口秀及剧情讲解的形式，占比分别为42.1%、41.7%与39.5%。因此，在进行直播策划时，将用户需求作为落脚点，丰富直播内容与形式，才能够更加精准地匹配消费者需要，优化消费体验，从而提升直播转化率。

其次，在直播电商的业务范围层面做"减法"。垂直化将成为从现在到未来很长一段时间内的竞争点。在电商平台中，如淘宝、京东、拼多多等，其垂直化特征存在已久；而在主播圈层面中，头部主播已经抢占了包括美妆、美食、服饰等部分品类市场。垂直化策略中，商家通过消费者定位，能够精准掌握其需求和特征，同时根据消费者需求，进行定向选品和产品升级，从而提升消费者满意度，实现品牌可持续发展。不管是对于平台、商家、还是主播，只有垂直化深耕自己的粉丝，聚集忠诚度高、消费力强的私域流量，才能提高直播转化率，突出竞争重围。

3. 技术端：5G 技术嵌入，驱动直播场景创新升级

随着 5G 技术与直播电商的深度融合，展示清晰化、场景多元化、体验沉浸化将成为直播电商新的发展方向。

首先，云计算、大数据、AI、AR、VR 等技术的突破，为商品全面、清晰地展示提供了技术支持，当前直播中经常面临的网络延迟、画面模糊、直播卡顿、视角单一等情况都将迎刃而解。其次，技术升级拓宽了直播场景的范围，直播场景多样化已经成为用户的重要诉求，5G 技术推动无人机 360 度全景直播、超高清 8K 画面直播的普及，画面传输信息将更丰富，开拓更多直播场景成为可能。最后，技术升级带来的沉浸式观看与互动增强了直播带货的真实感和趣味性。用户可通过裸眼 3D、全息投影等方式，自由选择观看视角，模拟进行产品使用，从而获得沉浸式购物体验。直播间的"游戏"属性可能会增强，直播带货或许会成为一场用户购物的互动游戏体验，虚拟主播/机器人主播也会因此普及。

4. 人才端：加速人才系统化培养，直播电商与就业双向利好

人才端是直播电商产业的中心环节，直播电商产业的井喷式发展对人才需求猛增。据智联招聘、淘榜单共同发布的《2020 年春季直播产业人才报告》，疫情下直播行业招聘需求同比逆势上涨 1.3 倍。"后疫情"阶段，直播人才需求依旧不减，Boss 直聘发布的《2020 上半年直播带货人才报告》显示，2020 年天猫 6·18 前夕，主播和直播运营两大岗位需求量比 2019 年同期高 11.6 倍。2020 年 7 月 6 日，人社部等部门发布 9 个新职业信息，其中"互联网营销师"下增设"直播销售员"，这意味着带货主播成为正式工种。

当前直播电商行业人才培养趋势不断向好。一是很多院校开始探索校企融合、协同育

人的培养方式，通过与 MCN 机构和品牌方合作，给学生提供实践机会。2020 年 6 月，广州大学与广州直播电商研究院合作成立广州直播电商研究院人才培养基地。二是各地纷纷开展线上与线下的培训活动，以加速直播电商人才的系统化培养。2020 年 12 月 18 日，人民网舆情数据中心人民慕课与人社部高培中心联合开展的"直播销售员岗位能力培训"在山东省烟台市正式开课。三是各方"差异化"培养人才的意识较强，直播电商行业不断注重产业链上各环节人才培养，如文案策划人才、运营管理人才等，以期实现整个行业均衡发展。随着市场对人才的需求增大、国家规范和监管力度加大，直播电商行业的人才培养将加速朝向规范化、系统化方向发展。

5. 商家端：精细化直播定制，私域直播规模化发展

对于品牌来说，商家正在从疫情时代的清库存、低价走量阶段，转变为后疫情时代根据用户的需求精细化直播定制，推进私域直播的规模化运营。私域直播即个人或者企业在去中心化流量平台(主要是利用微信小程序或第三方专业运营工具)进行直播带货。私域直播有三大优势，一是无须支付给平台的流量分成和返佣，节约直播成本；二是依托于社交关系链，用户在"私域空间"及时地了解到产品动态，商家与用户进行双向交流互动；三是企业利用大数据有针对性地优化产品和服务，以盘活、转化、留存消费者，积蓄商家自身的私域流量。

2020 年，小程序私域直播的优势不断显现，成为商家优化投入产出比和人员组织结构的有效途径，并正在重塑直播电商带货的格局。微信小程序等工具介入直播电商，真正目的是实现去中心化流量的私域直播运营。随着直播环境的变化，部分商家逐渐意识到，公域直播或许并不适用于其自身产品定位和经营现状，积蓄私域流量的价值大于短时爆款商品的营收。商家只有掌握更多的私域流量，才拥有更大的可能性实现转型升级。

本 章 小 结

直播电商作为一种聚合视频、社交、网购的新型业态，不但在商品营销中具有鲜明的媒介特征，同时在直播社交中重新建构了商业模式。随着互联网的飞速发展，直播借着移动互联网的东风，在全球范围内掀起了移动直播的浪潮，直播的新媒介价值逐渐被挖掘，越来越多电商企业开始以"直播+"模式加入这股潮流中。直播电商新模式已成为网络消费增长新亮点，与传统电商购物不同，直播电商中的可视性、真实性、互动性与娱乐性大大拉近了消费者与商品之间的距离，很大程度上提高了消费者的购买欲望，特别是在后疫情时代，直播电商消费对我国消费经济的复苏具有重要意义。

本章着重阐述了直播电商的发展历程与原因，在介绍直播电商的内涵和本质的基础上，重点分析了直播电商的特征，最后介绍了直播电商的商业模式和发展趋势。

思考与练习

1. 简述直播电商兴起的原因。
2. 简述直播电商的发展动力。

3. 简述直播电商的内涵。
4. 简述直播电商的优势。
5. 简述直播电商的特征。
6. 综合分析直播电商的发展趋势。

【课程思政】

在党的二十大报告中，指出要发展数字经济，提升供给体系质量和效益。培育新业态新模式，拓展"直播带货"等数字服务，加快数字产业化、产业数字化，从而推动数字经济引领高质量发展。通过直播技术，消费者可以直接观看商品展示和演示，与主播进行互动，直接购买商品，提高消费体验和信任度。对于商家而言，直播电商也可以极大地降低市场推广成本，提高销售效率，为实体商家拓展新的线上渠道。政府鼓励企业创新，探索新型的营销模式，借助数字化技术和平台，提升消费品质和服务水平，促进经济高质量发展。

第6章 跨境电商

【学习目标】

- 掌握跨境电商的概念。
- 熟悉跨境电商的特点。
- 熟悉跨境电商的分类。
- 掌握跨境物流的含义与模式。
- 掌握跨境物流的特征。
- 熟悉跨境电商与跨境物流的协同关系。
- 熟悉跨境支付的概念与分类。
- 掌握跨境支付面临的难题。
- 熟悉跨境支付的发展趋势。
- 熟悉主要的跨境电商平台。

【案例导入】

"网易考拉"于2015年在浙江省杭州市成立，旗下运营的考拉海购平台是以跨境电商业务为主的综合型电商平台，2019年9月被阿里巴巴集团全资收购。2020年8月21日正式宣布战略升级，全面聚焦"会员电商"。考拉海购经营的产品覆盖全球5000多个品牌，包括国际一线品牌1000多个。销售品类涵盖家电、手机、电脑、家装、美容彩妆、珠宝等。考拉海购拥有行业最大的国内保税仓，有15个国内自营保税仓，并在全球范围内建立了18个海外仓，建立了涵盖海外直邮—海外集货—国内保税进口在内的三级跨境物流仓储布局。考拉海购以100%正品，30天无忧退货，快捷配送，提供消费者海量海外商品购买渠道，希望帮助用户"用更少的钱 过更好的生活"，助推消费和生活的双重升级。艾媒咨询的数据显示，2020年上半年进口跨境电商供应链B2C市场份额以天猫国际(含考拉海购)、京东国际、唯品国际排在前列，占比分别为56.5%、17.8%、10.6%。

1. 考拉海购的经营策略分析

考拉国际的运营模式是自营直采模式。考拉自成立起一直以B2C自营和保税区模式为主，自己掌控从商品、定价、仓储、物流到售后等各个环节，"自营直采+入仓全检+物流全程可溯模式"树立了正品保障的典范。

1) 选品与品质保证策略：原产地直采与商品溯源

在商品选择上，考拉海购依托平台积累的海外购物数据，分析出最受欢迎的商品及全球购物趋势，精选出最值得信任、最具价值的少量商品。在商品源头上，考拉海购专业的采购团队深入海外原产地了解当地市场行情，制定选品策略，直接采购。直接对接优质品牌商和供应商，增强了平台的竞争力。在商品溯源上，网易考拉为消费者提供从境外起运地开始的物流轨迹追溯，在部分城市采用二维码溯源体系，提供进口商品的官方溯源信息，包括原产地、起运地、进口商、进口口岸、报关报检情况、发货仓库等信息，并提供防伪查询服务，多渠道确保消费者购买到高品质的商品。考拉海购凭借坚持正品直采以及严格的质量管理获得了良好的口碑，这正是说明了考拉海购自营直采模式的有效性。

2) 商品渠道策略：严格审核供应链

在商品渠道上，考拉海购采取自营为主模式，组建专业的采购团队，从海外商品源头把握供应链，深入海外原产地，选择有品质保证的品牌商和供应商深度合作，对供应商进行严格审核，比较各个国家和地区在资源、科技、文化、品牌四个维度的差异，制定选品策略，核查品牌所有权、授权，从品牌方开始完整链路的商品进货凭证，并设置复核机制。

3) 商品监管策略：严格自检与收货

在商品监管上，考拉海购设立独立的质量检测部门，对所有入仓商品进行自检，核对商品的合同、发票、装箱单、提(运)单等与进货凭证是否一致，外观是否完好。作为首家实行 100%的入仓全检，考拉海购还邀请瑞士 SGS 等第三方质检机构、跨境电商国家监测中心等共建机构共同对商品进行抽检，多重保障，严格把控产品质量。同时，根据商品的品类和特性，考拉海购制定了严格的质检及收货标准，还对商品进行多维度的检查，提高进入仓库的门槛，规避瑕疵品、过期产品。

4) 仓储运营策略：自建仓储与强化运营服务

在仓储运营上，考拉海购自建仓储，先后参与杭州跨境电商综试区与宁波、郑州等跨境电商试点，采取保税备货为主、直购进口为辅的运营模式，建设大规模保税仓，并在全球多点布局海外仓。同时，还与亚马逊全球物流中心展开合作，从宁波保税仓实际情况出发，通过"亚马逊物流+"的仓储运营服务，以更高效的仓储运营快速响应其业务需求。此外，针对夏天高温可能导致商品变质的问题，启用恒温仓库，对温度和湿度有较高要求的商品分门别类地存储于恒温仓中，保障商品控制在最适宜的温度。最大限度减少商品质变情况发生，用心打造更有温度的用户服务。

5) 物流配送策略：加强外部合作，提升配送效率

在物流配送上，考拉海购与国际物流公司达成战略合作，进一步提升考拉海购国际货运的效率，节约物流成本。同时，考拉海购与国内快递服务企业建立深度合作，借助配送能力和覆盖全境的配送网络，保证考拉海购商品的快速配送。目前，考拉海购已建成"次日达"配送服务体系，浙江、河南、广东等地区的消费者在当天下单可在次日收货，次日达订单量在全站订单总量中占比将近 30%。而周边五公里的商品可以在当日送达。2018年，考拉海购新增可为"海淘爆品店"周边 5 公里的用户提供当日配送到家的选择，极大地提升了配送效率。

2. 考拉海购的竞争优势分析

1) 产品有保证

考拉海购一直坚持采取自营模式，所售商品均由采购团队从海外原产地批量直采。自营的每一件商品都通过严苛的品质把关，并且推出"假一赔十"的正品保障政策，使消费者无忧购物。作为国内领先的跨境电商平台，考拉海购坚持从供应链源头践行国际品牌知识产权的保护，为消费者提供正品保障，以此压缩中间环节，保证正品。目前，考拉海购已与全球数百个一线品牌和顶级供应商达成战略合作关系，品牌官方授权。在消费者心中，考拉海购的正品保障信任度也是最高的。

2) 性价比极高

考拉海购坚持自营直采和精品化运作的理念，在近10个国家和地区成立了分公司和办事处，深入商品原产地精选全球优质尖货；规避了代理商、经销商等多个环节，直接对接品牌商和工厂，省去中间环节及费用；还采用了大批量规模化集采的模式，实现更低的进价，甚至可以做到"海外批发价"。

3) 物流时效有保障

先进的物流云系统，以及涵盖海外直邮—海外集货—国内保税进口在内的三级跨境物流仓储布局，让考拉海购的商品物流时效保持在行业领先地位。通过高效存储和运作，全链条自动化，配送链主动优化以及入仓全检，以及轻奢仓全人工操作和人工包装，考拉海购的速度不言而喻。

4) 售后服务完善

考拉海购有专门的在线人工客服，消费者可随时咨询商品问题。如遇到商品不满意想退货的情况，可以寄回国内保税仓，不必寄回国外。从消费者角度出发，他们购买产品或者服务看重的是性价比，即价格相当的情况下性能更好，或者性能相当的情况下价格更低。但从考拉海购的竞争优势分析，其不但提供了更好的产品，而且通过减少中间渠道环节，降低了价格；同时还对仓储和配送等方面不断改进完善，从运营效率和物流配送时效两方面提升消费者购物体验和服务水平，从而赢得了众多的市场份额，打造了跨境电商的核心竞争力。

【结论和启示】

考拉海购采取自营直采运营模式，与全球优质品牌建立直采合作，保障正品品质，加强物流配送管理，构建以"精选、极致质价比、安心快速配送"三要素为核心的、独具特色的跨境电商经营"考拉模式"。

考拉海购结合自身定位和经营策略，采用自采自营的经营方式，建立起严格的自检机制，在商品的源头、渠道、监管、溯源等方面严格把控，确保商品质量。同时，采取自建仓储与强化运营服务，加强外部合作，提升配送效率，实现了把全世界的好东西以最短的路径、最简洁的方式提供给用户，从而不断提升用户体验，提高用户对平台的黏性，打造企业的核心竞争力。

随着我国居民收入水平的提升，国民的消费水平日益提升，个性化、高品质的消费需求凸显。对跨境电商产品关注的重点也不再是过去的国际价格差价，而是产品品质和品牌。因此保障正品、有价格优势、物流体验好、售后完善将是跨境电商企业的核心竞争领域。对于跨境电商企业而言，如何利用新技术精细化运营，能否给用户提供多样化的消费体验，形成独有的核心竞争力，将成为企业竞争的关键。跨境电商需要从消费者需求出发，从产品、价格、物流、售后服务等各个环节加强把控，提高产品品质、提高流通速度、降低产品价格，从而带来更好的顾客体验和用户黏性，才能在激烈竞争中获胜。

(资料来源：潘佳妮. 跨境电商的经营模式与策略分析[J]. 时代经贸, 2021, 18(08): 30-32)

【引言】

双循环新发展格局是由我国国内社会矛盾的变化和国际不确定因素等原因共同决定的，科学把握双循环新发展格局的概念和内涵才能更好地贯彻执行新的战略部署。双循环新发展格局的内在结构可理解为以新发展理念和总体国家安全观为理念指导，以国内大循环为主体、国内国际双循环相互促进为基本形态，以改革、开放、创新为基本动力，以超大规模市场潜力和内需体系为基础支撑，以高水平经济循环、高质量发展和开放型世界经济为基本目标的发展格局。

随着我国居民消费能力提升、消费观念升级以及政策支持等，跨境电商迅猛发展，并获得资本市场和消费市场的双重认可。跨境电商作为一种新型的贸易方式，通过以数据为基础的贸易和技术手段，实现数据智能的迭代和升级，在当前国际经济环境下逐渐发展成为一种常态化的国际贸易方式。我国根据国内外经济形势的变化适时提出构建以国内大循环为主体、国内国际相互促进的双循环新发展格局。跨境电商依托互联网平台、信息技术能够有效创新贸易方式，降低贸易成本，在严峻的外部经济环境下成为拉动外贸增长的新引擎。跨境电商的发展与我国双循环新发展格局的形成息息相关，在国内国际双循环发展中具有重要作用。

6.1 跨境电商概述

跨境电子商务是一种新型的贸易方式，它依靠互联网和国际物流，直接对接终端，满足客户需求，具有门槛低、环节少、成本低、周期短等方面的优势，已在全球范围内蓬勃发展。"跨境电商"这几个字在最近这些年成为媒体的宠儿，整个跨境电商行业稳稳地站在资本市场的风口上。

6.1.1 跨境电商的含义

1. 跨境电商的概念界定

21世纪以来，作为电子商务的一种新形式，跨境电子商务(cross-border electronic commerce)在世界范围内方兴未艾，越来越受到各国政府的重视，以及外贸企业和消费者的青睐。然而，同电子商务发展早期的情况类似，当前管理部门、学界还是业界都未对跨境电子商务的概念给出明确定义。而与此同时，随着世界范围内跨境电子商务的飞速发展，这一概念的边界还在不断地延伸，内涵与统计口径也在不断扩充之中。厘清跨境电子商务的概念，是促进该行业健康发展的前提条件之一。

1) 有关政策法规中关于跨境电子商务概念的界定

自 2013 年以来，国务院及各部委和地方出台了一系列政策法规，支持并规范跨境电子商务行业的发展。虽然这些政策法规并未就跨境电子商务的相关概念与定义做出系统性的基本描述，但其包含的主题与内容可以看作是我国政府对跨境电子商务的内涵与边界的界定。

从时间发展上来看，中央颁布的这些政策法规最开始集中在跨境电子商务的外汇支付环节，随后扩展到跨境电子商务零售的税收、通关质检等环节及跨境电子商务综合试验区建设等。其中，跨境电子商务外汇支付业务是指支付机构通过银行为小额电子商务(货物贸易或服务贸易)交易双方提供跨境互联网支付所涉的外汇资金集中收付及相关结售汇(结汇与售汇)服务。跨境电子商务零售指的是跨境电子商务 B2C 业务(企业对消费者)，既涉及出口也涉及进口。相关法规中还指出了电子商务的经营主体，包括三类：一是自建跨境电子商务销售平台的电商出口企业；二是利用第三方跨境电子商务平台开展电商出口的企业；三是为电商出口企业提供交易服务的跨境电子商务第三方平台。而质检总局发布的规范中则将跨境电子商务经营主体概括为跨境电子商务的经营企业、物流仓储企业、平台运营企业和与跨境电子商务相关的企业。跨境电子商务综合试验区则着力在跨境电子商务 B2B(企业对企业)方面，包含交易、支付、物流、通关、退税、结汇等诸多环节。此外，国务院办公厅 2015 年发布的指导意见中强调了跨境电子商务的零售、平台、通关、检验检疫监管、税收、支付结算、财政金融支持等诸多方面，并指出这是有利于用"互联网+外贸"实现优进优出的手段。

从这些政策法规可以看出，我国政府对跨境电子商务的界定是：跨境电子商务主要指利用跨境电子商务平台开展跨境业务的市场主体，以及跨境业务的主要环节。具体包括跨境电子商务零售(B2C)及以跨境电子商务综合试验区为依托的跨境电子商务 B2B，既包括出口，也包括进口。涉及对外贸易的跨境电子商务交易、外汇支付、物流、税收等关键环节也都在跨境电子商务概念的边界范围之内。此外，传统电子商务依托的互联网信息技术也是跨境电子商务内涵中不可或缺的一部分。

2) 学术界关于跨境电子商务概念的界定

国外学术界关于跨境电子商务的概念梳理与定义始自对电子商务的定义，1997 年美国政府率先发布《全球电子商务纲要》(以下简称《纲要》)，《纲要》将电子商务笼统地定义为通过网络进行的各种商务活动，包括：广告、交易、支付、服务等，全球电子商务将涉及世界各国。

1997 年国际商会主办的"世界电子商务会议"从涵盖范围方面和技术方面给出了电子商务的定义：前者是指电子商务是交易各方以电子交易方式而不是通过当面交换或直接面谈方式进行的任何形式的商业交易；后者指电子商务是一种多技术的集合体，包括获得数据，利用信息技术对数据进行处理等。

埃弗雷姆·特班(Efraim Turban)等在他们有关电子商务的著作中指出了电子商务涵盖的领域，包括电子平台、电子零售、电子支付系统、移动电商、电子信息安全等，并对各个环节展开了详细介绍。

阿纳姆·法蒂玛(Anam Fatima)等在他们关于中国电子商务的研究中指出，电子商务是基于互联网信息技术，将包括交易、产品流、消费者与生产者、资金流等在内的商业活动全部信息化的过程。也有学者针对电子商务的 B2B 与 B2C 模式分别展开研究，奥尔森(G.M. Olson)以及保罗·帕夫卢(Paul Pavlou)等指出电商 B2B 是商家利用互联网信息技术及相关配套设施实现产品和服务在线交易的过程。保罗·帕夫卢 2006 年在对 B2C 的研究中指出，电商 B2C 是消费者利用以互联网信息技术等为代表的新兴科技手段，实现对产品和相关信息的购买与消费。这些电子商务的定义侧重描述交易方式上的变化，虽未提及对外贸易，但同样构成了跨境电子商务中电子商务部分的基本内涵。

而有关跨境电子商务的研究大多是将跨境电子商务与传统电商或者传统对外贸易进行对比，分析跨境电子商务具备的成本优势、信息优势及给中小企业带来的机遇与挑战等，并在对比中对跨境电子商务的边界与内涵进行划定。其中，刘小军等 2015 年明确指出，跨境电子商务是电子商务一种更高级的应用形式，分属不同国家和地区的贸易双方通过使用以互联网为代表的信息技术搭建的平台完成交易。交易过程中涉及的国际支付、税收通关、国际运输及运输保险等环节构成了与传统电商的区别。2013 年，埃斯特雷拉·戈麦斯·赫雷拉(Estrella Gomez-Herrera)对比了跨境电子商务与传统对外贸易的成本优势，指出信息技术的使用使得交易双方的搜索成本大幅下降，但是通关的成本由于复杂性的提高而上升。信息技术与物流通关成了关注的焦点。

克丽丝蒂娜·图纳宁(Virpi Kristiina Tuunainen)也着力强调了电子信息技术在跨境电子商务中起到的基石作用，并指出这一新技术的使用拓展了贸易的范围，将营造全新的市场。虽然这些研究没有给出跨境电子商务的明确定义，但是都强调了信息技术与通关物流等的重要性，以网上交易平台为代表的信息技术体现着跨境电子商务在传统对外贸易基础上的拓展，以国际支付、国际运输、通关质检等环节为代表的跨境贸易体现了跨境电子商务与传统电商相比内涵上的扩充。

国内学者有关跨境电子商务比较成熟的研究还很少，在给出定义时主要围绕以下几个关键词展开：交易主体、电子商务平台、支付结算以及物流等。相比于国内电子商务，跨境电商的交易主体分属于不同的关境，电商平台、支付结算及物流则都是传统电子商务适应国际贸易的发展与延伸。研究还指出，这是一种新型的贸易方式，依靠互联网和国际物流，既涉及出口电商，也涉及进口电商。王健 2015 年在他的著作中对跨境电子商务涉及的物流与支付新模式、跨境网络零售业务的分类和流程以及跨境 B2B 业务新的发展等内容进行了描述与剖析，这些内容基本涵盖了跨境电子商务的主要环节，勾勒出了跨境电子商务概念与定义的简要雏形。

3) 业界关于跨境电子商务概念的界定

综合比较各类行业报告，业界认为的跨境电子商务主要是 B2B、B2C 两种业务模式，而有关跨境电子商务 C2C 模式、跨境电子商务服务贸易以及跨境电子商务其他相关环节多数情况下并不在统计调研范围之内，这直接反映在其统计口径上。如敦煌网、托比研究发布的跨境电子商务 B2B 行业报告，通过考察 B2B 的交易订单数与成交总额，用以反映跨境电子商务的市场规模，亚马逊中国、网易考拉、易观智库、凯络中国发布的跨境电子商务 B2C 行业报告，则主要针对跨境零售网购数据进行统计分析。

有关跨境电子商务的专业研究机构大都认为跨境电子商务是一个跨境交易的总和。如艾瑞咨询认为跨境电子商务包含交易主体、电商平台、支付结算及物流等关键词，电商平台指的是借助计算机网络技术搭建的虚拟展示、洽谈与交易平台，体现了传统国际贸易流程的数字化、电子化与网络化。支付结算同样是借助信息技术实现电子资金划拨、电子发票出具等流程。而物流则是在传统物流基础上又多了跨境物流这个环节，包括交易产品在两地边境口岸的通关及两境之间的物流运输。中国电子商务研究中心认为跨境电子商务包括支付、物流、IT 和代运营、金融以及综合服务在内的多个关联环节。深圳跨境翼电子商务股份有限公司认为跨境电子商务包括供销平台业务、国际贸易集采业务、跨境物流服务等。

从业界关于跨境电子商务的分析来看，跨境电子商务一定程度上是线下的贸易电子化，由此带来的贸易环节和形态的改变，都应该作为跨境电子商务的内涵。

4) 本书关于跨境电子商务的定义

综合以上从政府机关、学界以及业界三个角度对跨境电子商务这一概念的梳理与回顾，可以看出，跨境电子商务作为一种对外贸易的新业态、新模式，其在贸易标的、贸易流程、监管环节、技术应用、资源统筹等方面做出了创新。同时，还反映了一些共同的特点：一是渠道上的现代性，即以现代信息技术和网络渠道为交易途径；二是空间上的国际性，即由一个经济体成员境内向另一个经济体成员境内提供的贸易服务；三是方式上的数字化，即以无纸化为主要交易方式。

为此，本书尝试给出跨境电子商务的定义：跨境电子商务是指分属不同关境的企业或个人，利用互联网平台完成贸易的撮合，继而完成资金结算、货物和服务的交割的一种国际贸易方式。跨境电子商务包含出口贸易与进口贸易，也包括货物贸易和服务贸易，贸易模式主要包含跨境 B2B、B2C、C2C、海外代购等。简单的理解就是买卖双方是在不同国家，通过跨境电子商务平台进行交易，而商品直接从卖家所在国家或者卖家在买家所在国家的仓库发货到买家手上。基本业务流程是在线订购、支付结算，并通过跨境物流递送商品，清关，最终送达，完成交易。跨境电商系统如图 6-1 所示。

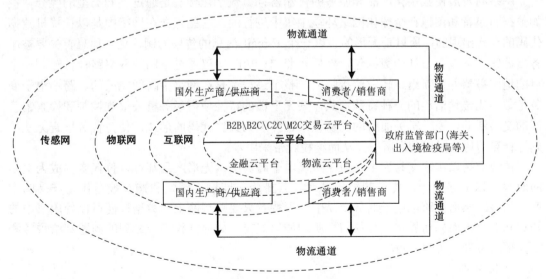

图 6-1　跨境电商系统

2. 跨境电商的特点

1) 全球性

网络是一个没有边界的媒介体，具有全球性和非中心化的特征。依附于网络而发生的跨境电子商务也由此具有全球性和非中心化的特性。电子商务与传统的交易方式相比，重要特点是：电子商务是一种无边界交易，没有传统交易所具有的地理因素。互联网用户不需要考虑跨越国界就可以把产品尤其是高附加值产品和服务提交到市场。网络的全球性特征带来的积极影响是信息的最大程度的共享，消极影响是用户必须面临因文化、政治和法律的不同而产生的风险。任何人只要具备了一定的技术手段，在任何时候、任何地方都可以让信息进入网络，相互联系进行交易。所以，对基于全球化的网络建立起来的电子商务活动进行课税是比较困难的。因为电子商务是基于虚拟的电脑空间展开的，丧失了传统交易方式下的地理因素，电子商务中的制造商容易隐匿其住所，而消费者对制造商的住所是漠不关心的。例如，一家很小的俄罗斯在线公司，通过一个可供世界各地的消费者点击观看的网页，就可以通过互联网销售其产品和服务，只要消费者接入了互联网。很难界定这一交易究竟是在哪个国家内发生的。

这种远程交易的发展，给税收所在地制造了许多困难。税收权力只能严格地在一国范围内实施，网络的这种特性为税务机关对超越一国的在线交易行使税收管辖权带来了困难。而且互联网有时扮演了代理中介的角色。在传统交易模式下往往需要一个有形的销售网点的存在，例如，通过商店将商品卖给客户，而在线网店可以代替这个商店通过网络直接完成整个交易。一般情况下，税务当局往往要依靠这些有形的销售网点获取税收所需要的基本信息，代扣代缴应交税收等。没有这些有形的销售网点存在，税收权力的行使会发生困难。

2) 无形性

网络的发展使数字化产品和服务的传输盛行。数字化传输是通过不同类型的媒介，例如数据、声音和图像在全球化网络环境中集中进行的，这些媒介在网络中是以计算机数据代码的形式出现的，所以是无形的。以一个 E-mail 信息的传输为例，这一信息首先要被服务器分解为数以百万计的数据包，然后按照 TCP/IP 协议通过不同的网络路径传输到一个目的地服务器并重新组织转发给接收人，整个过程都是在网络中瞬间完成的。跨境电子商务是数字化传输活动的一种特殊形式，其无形性的特性使得税务机关很难控制和检查销售商的交易活动，税务机关面对的交易记录都体现为数据代码的形式，使得税务核查无法准确地计算销售所得和利润所得，从而给税收带来困难。

传统交易以实物交易为主，而在跨境电子商务中，无形产品却可以替代实物成为交易的对象。以书籍为例，传统的纸质书籍，其排版、印刷、销售和购买被看作是产品的生产、销售。然而在跨境电子商务交易中，消费者只要购买网上的数据权便可以使用书中的知识和信息。而如何界定该交易的性质、如何监督、如何征税等一系列的问题却给税务和法律部门带来了新的课题。

3) 匿名性

由于跨境电子商务的非中心化和全球性的特性，因此很难识别电子商务用户的身份和其所处的地理位置。在线交易的消费者往往不显示自己的真实身份和自己的地理位置，重要的是这丝毫不影响交易的进行，网络的匿名性也允许消费者这样做。在虚拟社会里，隐匿身份的便利迅即导致自由与责任的不对称。人们在这里可以享受最大的自由，却只承担最小的责任，甚至干脆逃避责任。这显然给税务机关制造了麻烦，税务机关无法查明应当纳税的在线交易人的身份和地理位置，也就无法获知纳税人的交易情况和应纳税额，更不要说去审计核实了。该部分交易和纳税人在税务机关的视野中隐身了，这对税务机关是致命的。

跨境电子商务交易的匿名性导致了逃避税现象的恶化，网络的发展，降低了避税成本，使电子商务避税更轻松易行。跨境电子商务交易的匿名性使得应纳税人利用避税地联机金融机构规避税收监管成为可能。电子货币的广泛使用，以及国际互联网所提供的某些避税地联机银行对客户的"完全税收保护"，使纳税人可将其源于世界各国的投资所得直接汇入避税地联机银行，规避了应纳所得税。美国国内收入服务处(IRS)在其规模最大的一次审计调查中发现大量的居民纳税人通过离岸避税地的金融机构隐藏了大量的应税收入。而美国政府估计大约三万亿美元的资金因受避税地联机银行的"完全税收保护"而被藏匿在避税地。

4) 即时性

对于网络而言，传输的速度和地理距离无关。传统交易模式，信息交流方式如信函、电报、传真等，在信息的发送与接收间，存在着长短不同的时间差。而跨境电子商务中的信息交流，无论实际时空距离远近，一方发送信息与另一方接收信息几乎是同时的，就如同生活中面对面交谈。某些数字化产品(如音像制品、软件等)的交易，还可以即时清结，订货、付款、交货都可以在瞬间完成。

跨境电子商务交易的即时性提高了人们交往和交易的效率，免去了传统交易中的中介环节，但也隐藏了法律危机。在税收领域表现为：跨境电子商务交易的即时性往往会导致交易活动的随意性，跨境电子商务主体的交易活动可能随时开始、随时终止、随时变动，这就使得税务机关难以掌握交易双方的具体交易情况，不仅使得税收的源泉扣缴的控管手段失灵，而且客观上促成了纳税人不遵从税法的随意性，加之税收领域现代化征管技术的严重滞后，都使依法治税变得苍白无力。

5) 无纸化

跨境电子商务主要采取无纸化操作的方式，这是以电子商务形式进行交易的主要特征。在电子商务中，电子计算机通信记录取代了一系列的纸面交易文件。用户发送或接收电子信息。由于电子信息以比特的形式存在和传送，所以整个信息发送和接收过程实现了无纸化。无纸化带来的积极影响是使信息传递摆脱了纸张的限制，但由于传统法律的许多规范是以规范"有纸交易"为出发点的，因此，无纸化带来了一定程度上法律的混乱。

跨境电子商务以数字合同、数字时间截取了传统贸易中的书面合同、结算票据，削弱了税务当局获取跨国纳税人经营状况和财务信息的能力，且跨境电子商务所采用的其他保密措施也将增加税务机关掌握纳税人财务信息的难度。在某些交易无据可查的情形下，跨国纳税人的申报额将会大大降低，应纳税所得额和所征税款都将少于实际所达到的数量，从而引起征税国国际税收流失。例如，世界各国普遍开征的传统税种之一的印花税，其课税对象是交易各方提供的书面凭证，课税环节为各种法律合同、凭证的书立或做成，而在网络交易无纸化的情况下，物质形态的合同、凭证形式已不复存在，因而印花税的合同、凭证贴花(即完成印花税的缴纳行为)便无从下手。

6) 快速演进

互联网是一个新生事物,现阶段它尚处在幼年时期,网络设施和相应的软件协议的未来发展具有很大的不确定性。但税法制定者必须考虑的问题是,网络像其他的新生儿一样,必将以前所未有的速度和无法预知的方式不断演进。基于互联网的电子商务活动也处在瞬息万变的过程中,短短的几十年中电子交易经历了从 EDI 到电子商务零售业的兴起的过程,而数字化产品和服务更是花样百出,不断地改变着人类的生活。

而一般情况下,各国为维护社会的稳定,都会注意保持法律的持续性与稳定性,税收法律也不例外。这就会引起网络的超速发展与税收法律规范相对滞后的矛盾。如何将分秒都处在发展与变化中的网络交易纳入税法的规范,是税收领域的一个难题。网络的发展不断给税务机关带来新的挑战,税务政策的制定者和税法立法机关应当密切注意网络的发展,在制定税务政策和税法规范时充分考虑这一因素。

总之,跨国电子商务具有不同于传统贸易方式的诸多特点,而传统的税法制度是在传统的贸易方式下产生的,必然会在电子商务贸易中漏洞百出。网络深刻地影响着人类社会,也给税收法律规范带来了前所未有的冲击与挑战。

3. 跨境电商与对外贸易的区别

跨境电子商务是电子商务与外贸的结合,但跨境电子商务是消费者的直接发展,是终端中的终端,传统外贸的核心是产品,所有的销售技巧都围绕着产品。

(1) 成本不一样。传统外贸主要集中在大批量货物,然后通过海外的物流企业进行多级分销,最终才会到达终端消费者(企业或个人);而跨境电商则是直接面对终端客户。

(2) 环节不一样。在传统贸易中,进出口的环节烦琐;而跨境电商则要求尽量减少或缩减环节,甚至可以和国内电商一样通过直邮将货物直接发送到消费者手中。

(3) 传播平台不一样。传统贸易多用批发资讯、邮件、展会等信息流形式的平台进行传播和销售;而跨境电商则会通过 Amazon、Wish、Alibaba 等平台直接把商品销售到消费者手中。

(4) 模式不一样。因为传统贸易多用信息流进行传播,而导致其基本模式为 B2B;而跨境电商因缩减中间环节,多以平台直接销售,其主要模式为 B2C。显然,跨境电商模式和传统外贸电商模式有很大区别,只是其在某些地方与传统外贸电商有所重叠。

4. 跨境电商模式

跨境业务分为进口和出口,同样,跨境电商模式也可以分为进口跨境电商和出口跨境电商。对于进口跨境电商来说,通常是国内消费者访问海外卖家的购物网站选择商品下单后由海外卖家直接发国际快递到消费者手中。出口跨境电商则刚好相反,国内卖家将商品直接通过国际快递送到海外买家的手中。

1) 进口跨境电商模式

(1) M2C 模式,即平台招商,代表企业有天猫国际。这种模式下商家需要获得海外零售的资格和授权,商品从海外直邮,并且可以提供本地退换货服务,但是通常而言价位比较高。

(2) B2C 模式,即保税自营+直采,代表企业有京东、聚美、蜜芽。这种模式下平台一般会直接参与到货源组织和物流仓储买卖流程中，提高销售流，但是目前此模式下通常为爆品，品类有限。

(3) C2C 模式，即海外买手制，代表企业有淘宝全球购、洋码头、海蜜、街蜜。这种模式下构建了供应链和选品的宽度，但同时也存在了传统的依靠广告和返点盈利的模式，导致服务体验掌控差。

(4) B2B2C 模式，即保税邮出模式。这种模式最大的特点是没有库存的压力，但是实际上这种模式是借助了跨境电商的名义实行的是一般贸易，长远来看不会是跨境电商的发展方向。

(5) 海外电商直邮，代表企业有亚马逊。该模式的特点是拥有全球优质的供应链物流体系和丰富的 SKU。

(6) 返利导购/代运营模式，代表企业有么么嗖、Hai360、海猫季。事实上这个模式下有两种类型：一种为技术型，另外一种为代运营。一般在跨境电商早期有优势，容易入手，成本低，SKU 丰富，但是缺乏竞争力，且类似价格实时更新等都需要强大的技术支撑，所以国内早期做这种模式的企业都转型了。

(7) 内容分享/社区资讯，代表企业有小红书。这种模式就是海外品牌的推广基地，因为主要通过内容引导消费，所以实现的是自然转化。

2) 出口跨境电商模式

(1) B2B 模式，分为两个类型：信息服务平台和交易服务平台。对于信息服务平台来说，主要是通过第三方平台进行信息发布或者信息搜索完成交易撮合的服务，代表企业有阿里巴巴国际站、生意宝国际站、环球资源。而交易服务平台则构建能够实现供需双方之间网上交易和支付的平台商业模式，代表企业有敦煌网、大龙网等。

(2) B2C/C2C 模式，分为开放平台和自营平台。开放平台通过实现应用和平台系统化对接，并围绕平台自身建立生态圈，代表平台有 Amazon、Wish、速卖通、eBay 等大平台及 Lazada 等小规模平台。而自营平台则对经营的产品进行统一管理，产品展示、在线交易并通过物流将产品送达消费者，代表企业有环球易购、兰亭集势、DX 等。

跨境电商模式的特点是以 B2B 模式为主，B2C 模式快速发展。B2B 模式是目前研究领域的主流，占有很大的比例，仍然是往后几年我国跨境电商发展的主要商业模式，但同时 B2C 模式发展迅速，也不能忽视对它的关注。特别是最近几年在政策支持和资本助力下，B2C 模式得到了高速增长，发展空间巨大，预计往后几年 B2C 模式将会得到进一步发展。

6.1.2 跨境电商的分类

跨境电商可以依照不同的标准划分为不同的类型。从进出口方向来看，跨境电商可以分为出口跨境电子商务和进口跨境电子商务。2013 年 E 贸易将跨境电子商务分为一般跨境电子商务和 E 贸易跨境电子商务。从交易模式来看，跨境电商分为 B2B 跨境电子商务和 B2C 跨境电子商务。可见，依据不同的标准对电子商务有不同的分类。

1. 划分标准为交易主体的类型、交易项目和项目的流动性

1) 按交易主体分类

跨境电商的类型划分不同，因此跨境电商根据主体种类的不同，可以将交易主体分成三类：政府、企业以及个人。首先，个人就是指作为消费者在跨境电商平台上购买的人群；企业是指对于一些团队购买的公司；政府方面目前跨境电商并未涉及政府这一主体。跨境电商划分有利于价值链的划分，根据买卖双方的种类也能够将跨境电商分为不同种类，将现有的分类方式成功地引入到跨境电商的交易中。因此交易主体种类在跨境电商中占据一定位置。

2) 按交易项目分类

按照跨境电商的电子商务网进行物品品类的划分，跨境电商分为综合型和垂直型两种。其中，垂直型跨境电商主要针对特定的领域、特定的需求进行服务，提供在垂直型跨境电商里的全部信息与服务。综合型跨境电商与垂直型跨境电商正相反，综合型跨境电商不像垂直型跨境电商针对特定的领域或是需求进行服务，综合性跨境电商展示的商品种类很多、很杂，涉及很多行业。

3) 根据项目的流动性进行分类

跨境电子商务本身商品流动性较大，它跨越了国家的空间范畴。按照物品的流动性进行划分，跨境电商可分为两大类：其一是跨境进口电商，其二是跨境出口电商。跨境进口电商是指从事跨境进口电子商务的服务。跨境出口电商就是指从事跨境出口电子商务的服务。

从事跨境电商进口业务具体是将国外的物品通过各种渠道在我国的电子市场上销售，从事跨境电商出口业务具体是指将我国的物品通过各种渠道在国外的电子市场销售。以往想要达到此目的就要通过代购方式，跨境电商的出现就是把以往的代购与现代的网络营销相结合，通过跨境电商的电子平台得以展示，从而进行交易、支付、送达商品，以此保证消费者权益。

2. 划分标准为交易对象、交易渠道、流通方向和海关监督方式

1) 根据交易对象的不同进行分类

按照交易对象的不同，跨境电商可以分为 B2B、B2C、C2C、B2G 几类。

(1) B2B，即企业与企业之间的跨境电子商务，主要应用于企业之间的采购与进出口贸易等。传统的电商形式中最常见的是 B2B 模式，核心在于交易双方都是商家。B2B 可以分为三种模式：第一种是垂直模式，主要是整合某一专业领域的上下游产业链；第二种是综合模式，网站属于一个开发性的中间平台，比如阿里巴巴、中国制造网等；第三种是自建平台，企业自己建立平台直接销售自有或者采购的货品。

(2) B2C，即企业与消费者个人之间的跨境电子商务，主要应用于企业直接销售或消费者全球购活动。随着大量第三方在线平台的建立，使跨境电商的交易门槛大幅降低，越来越多的零售商甚至消费者直接参与到网上购买和销售过程，从而缩短了供应链，减少了中间环节，优势更加明显，B2C 模式的使用显著增加，甚至出现了不同国家消费者之间少量商品互通，没有 C2C 模式和工厂直接到消费者的 M2C 模式。

(3) C2C，即消费者之间的跨境电子商务，主要应用于消费者之间的个人拍卖等行为。简言之，C2C 是个人与个人之间的电子商务。C2C 模式的特点是大众化交易，早期的 Ebay 就属于 C2C 平台，而一度非常流行的海淘代购模式也是典型的 C2C。

(4) B2G(boot to gecko)，B2G 是新近出现的电子商务模式，即"商家到政府"(是术语

B2B 或 business-to-government 的变化形式),是企业与政府之间的跨境电子商务,主要应用于政府采购,但目前进行跨境采购要受到各国诸多法规的限制。

2) 按照交易渠道的不同进行分类

按照交易渠道的不同,当前主要有 EDI、互联网两种方式。

EDI 即以电子数据交换的方式进行跨境电子商务。自 20 世纪 70 年代以来,国际组织一直在推动有关数据传输标准和安全等技术的发展,已经较为成熟,主要应用于企业与企业之间的电子商务活动,但由于 EDI 对企业数据的标准化程度及软硬件的要求较高,必须租用专线进行,因而随着互联网的普及,利用互联网进行跨境交易越来越普遍,尤其是在中小企业中。但在大型企业中,EDI 还广泛存在,欧盟统计局的数据显示,2012 年欧盟 28 国中有 33%的企业采用 EDI 方式,80%的企业采用互联网方式。

3) 按照货物流通方向的不同进行分类

按照货物流通方向的不同,跨境电商可以分为进口跨境电子商务和出口跨境电子商务。

(1) 进口跨境电子商务。海外卖家将商品直接销售给国内的买家,一般是国内消费者访问境外商家的购物网站选择商品,然后下单,由境外买家发货,通过国际物流送给国内消费者。中国跨境进口电商的产业链如图 6-2 所示。

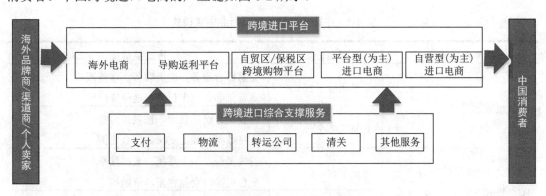

图 6-2 中国跨境进口电商的产业链

(2) 出口跨境电子商务。国内卖家将商品直销给境外的买家,一般是国外买家访问国内商家的网站,然后下单购买,并完成支付,由国内的商家发国际物流至国外买家。出口跨境电子商务模式如图 6-3 所示,中国出口跨境电商行业主要模式如表 6-1 所示。

4) 按照海关监督方式的不同分类

按照海关监督方式的不同分类,跨境电商可以分为一般跨境电子商务和保税跨境电子商务。一般跨境电子商务主要用于一般进出口货物,大多是小额进出口货物。保税跨境电子商务主要用于保税进出口货物。二者在通关手续等方面有明显不同。

一般跨境电子商务——直购进口模式:海外商家在接到订单后将商品运至海关—通过出、入境申报清关—通过物流配送至消费者。一般跨境电子商务—直购进口模式如图 6-4 所示。

跨境电商保税模式,顾名思义就是卖家通过大数据分析提前将热卖商品备货至海关监管下的保税仓库,消费者下单之后,跨境电商企业根据订单为每件商品办理海关通关手续,在保税仓库完成贴面单和打包,经海关查验放行后,由跨境电商企业委托国内快递派送至消费者手中。保税模式的基本流程如图6-5所示。

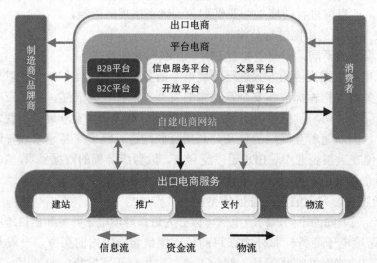

图6-3 出口跨境电商模式

表6-1 中国出口跨境电商行业主要模式

商业模式	平台分类	模式关键词
B2B 模式	信息服务平台	交易撮合服务、会员服务、增值服务 竞价排名、点击付费、展位推广
	交易服务平台	佣金制、展示费用、按效果付费 交易数据、线上支付、佣金比例
B2C 模式	开放平台	开放平台、生态系统、数据共享 平台对接、仓储物流、营销推广
	自营平台	统一采购、在线交易、品牌化 物流配送、全流程、售后保障

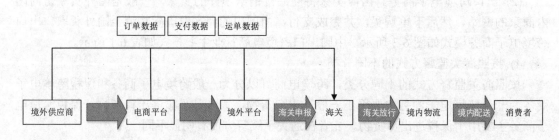

图6-4 一般跨境电子商务—直购进口模式

跨境电商保税模式服务流程如下。

(1) 企业备案。电商企业需提交有效营业执照、企业法人身份证等相关资质提起备案申请。

(2) 商品备案。根据魔速达电子商务平台提供的"商品备案模板表"填写备案信息,并提交进行商品备案。

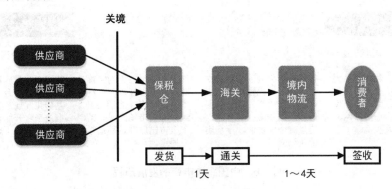

图 6-5　保税模式的基本流程

(3) 平台提供客户端。备案完成后平台给商家提供客户端系统，商家可以进行预充值、税费查询、库存管理等服务。

(4) API 数据对接。电商企业根据合作平台提供的 API 接口与销售网站进行数据对接。

(5) 商品集中进仓。货物到达保税仓前，电商企业需提交"装箱单、合同、机场提货单"等相关资料至魔速达。

(6) 订单同步。平台通过 API 实时获取电商网站订单信息、身份证信息、运单信息。

(7) 商品出库。平台通过 API 获取的订单数据反馈给海关审核，审核后由保税仓拣货派送。

(8) 费用收取。平台通关商家客户端账户收取国内运费及海关税费等。

(9) 物流跟踪数据反馈。平台向销售网站反馈物流跟踪信息，以便用户实时查询包裹状态。

6.1.3　中国跨境电商的发展历程和发展趋势

1. 中国跨境电商的发展历程

跨境电商概念 2009 年首次出现在大众视野，随着其概念的不断丰富、完善，跨境电子商务也慢慢得到发展。2014 年伴随着海关 56 号和 57 号文的推出，跨境电商模式首次得到了政府层面的认可，这也使得跨境电子商务得到了快速发展，中国正式进入跨境电商的爆发期和迅速增长期。2017 年至今，跨境电子商务进入稳速发展阶段。中国跨境电商的发展进程分为四个阶段，如图 6-6 所示。

(1) 1999—2003 年是行业初步形成阶段，以网上展示、线下交易为主要模式，主要服务为外贸信息服务，跨境电商仅提供网络平台服务，网上交易环节涉及少。

(2) 2004—2012 年是行业成长探索阶段，行业开始将线下交易、支付、物流等流程实现电子化，平台由原先的只掌握信息流到物流、资金流、信息流全面协调，逐步实现在线交易。

(3) 2013—2017 年是行业高速发展阶段，线上产业生态更为完善，政策环境利好，流入资本充足；各平台服务升级，寡头市场出现。B2C 平台占比提升，移动端发展迅猛。

(4) 2018—至今是行业深化阶段，跨境电商供应链各环节趋向融合，平台向精细化、差异化发展。各大型跨境电商平台开始布局线下门店，线上线下融合。

1999—2003	2004—2012	2013—2017	2018—至今
行业初步形成	行业成长探索	行业高速发展	**行业深化**
以网上展示、线下交易为主要模式，主要服务为外贸信息服务，跨境电商仅提供网络平台服务，网上交易环节涉及少	行业开始将线下交易、支付、物流等流程实现电子化，平台由原先的只掌握信息流到物流、资金流、信息流全面协调，逐步实现在线交易	线上产业生态更为完善，政策环境利好，流入资本充足；各平台服务升级，寡头市场出现。B2C平台占比提升，移动端发展迅猛	跨境电商供应链各环节趋向融合，平台向精细化、差异化发展。各大型跨境电商平台开始发布线下门店，线上线下融合

图 6-6　中国跨境电商的发展历程

2. 中国跨境物流的发展现状

1) 发展规模迅速扩大

2021 年我国跨境电商进出口 1.98 万亿元，增长 15%，其中出口 1.44 万亿元，增长 24.5%。其中，电子商务交易平台服务营收规模达 1.15 万亿元，同比增长 36.3%。2020 年商务部等 22 部门制定了《"十四五"国内贸易发展规划》，规划指出，到 2025 年，社会消费品零售总额达到 50 万亿元左右。其中电子商务发展主要指标为：电子商务交易额达 46 万亿元左右，全国网上零售额达 17 亿元左右，相关从业人数达 7000 万左右。"十四五"电子商务发展的主要指标如表 6-2 所示。

表 6-2　"十四五"电子商务发展的主要指标

类别	指标名称	2020 年	2025 年	备注
总规模	电子商务交易额/万亿元	37.2	46	预期性
	全国网上零售额/万亿元	11.8	17	预期性
	相关从业人数/万	6015	7000	预期性
分领域	工业电子商务普及率/%	63.0	73	预期性
	农村电子商务交易额/万亿元	1.79	2.8	预期性
	跨境电子商务交易额/万亿元	1.69	2.5	预期性

2) 运营模式日益丰富

中国跨境电商发展的萌芽阶段，B2B 模式占据了主要的运营，B2C 模式则是伴随着 eBay(中国)上线而逐渐发展起来的。2007—2008 年，B2C 模式逐渐成长，市场占有率不断扩大。尤其是受 2008 年席卷全球的经济危机影响，集中、大规模的采购方式受到限制，多频次、小额度的进出口方式成为规避风险的不错选择，进一步刺激了 B2C 模式的发展，敦煌网、米兰网、兰亭集势等一批知名跨境电商品牌迅速成长。与此同时，C2C 模式也由海外代购迅速演变成主导跨境电商行业的一枝独秀，并逐渐成为主流跨境电商模式。2015 年，"互联网+"的概念在政府工作报告中首次被提出，一夕间火爆全国，电商企业的第二轮升级拉开序幕，各行业均以此为标配，构建将 B2B 与 B2C 完美融合的 B2B2C 新体系。B2B2C 电子商务平台将企业、个人用户的不同需求有机地整合起来，缩短了销售链，有效降低了库存，为客户节约了包括时间、资金、风险在内的成本。

3) 改革试点相继推进

自 2015 年中国(杭州)跨境电子商务综合试验区设立以来,分五批在全国 105 个城市和地区设立跨境电子商务综合试验区,通过无票免税、所得税核定征收、通关便利化、放宽进口监管等优惠政策,破解跨境电子商务发展中的深层次矛盾和体制性难题。

2020 年 1 月 3 日,跨境电商出口退货海关监管业务正式启动,标志着出口退货通道在跨境电商交易模式中的成功打通。自此,通过海外仓、海关特殊监管区等的跨境电商出口商品退货全部纳入海关监管,破解了一直困扰跨境电商出口商品"退货难"的问题。

海关总署日前发布公告,自 2020 年 7 月 1 日起推行"跨境电商 B2B 出口",并选取北京、天津、南京等 10 个海关作为试点。"跨境电商 B2B 出口"是指依托跨境电商平台,跨境电商企业双方通过国际物流通道将货物直接运送至境外企业或者通过海外仓中转,并完成交易结算的贸易形式,是企业与企业跨境电商出口的简称。这是海关总署继 2020 年年初推出跨境电商出口退货监管创新制度后又一促进跨境电商健康快速发展的举措,是海关将创新监管经验从 B2C(零售)成功推广应用至 B2B(企业对企业)的典范,旨在为企业提供无纸通关、简化申报、优先查验等通关便利。

4) 产业链、生态圈的建立及产业集聚转型发展

跨境电商经过多年的发展,运营体系日臻完善,参与主体不断增加,线上线下深度融合,逐渐形成集交易双方、平台建设、技术服务于一体的完整供应链体系。同时,依托阿里巴巴、eBay、中国制造、亚马逊等大型电商平台,整合仓储、配送、通关、支付、结汇等环节,形成一个为跨境电商服务的完整生态圈体系。

对外贸易借助互联网的羽翼,释放出新的活力。跨境电商综合试验区的陆续推出,为周边经济发展提供了新的思路。杭州作为全国首个跨境电子商务综合试验区,推动借助当地数字化转型与品牌化发展实现"裂变"的电商企业与当地外贸企业快速融合,实行"TOP100"计划、B2B 专项行动以及加强品牌建设的"百家中国线上品牌"行动,促进传统外贸企业向价值链高端发展。杭州综合试验区的成功经验为其他地区提供了可复制、可推广的模板,外贸企业纷纷"触网",形成跨境电商主体集聚、品牌化与高端化同步推进的格局。

3. 跨境电商的发展趋势

由于电子信息技术和经济全球化的进一步发展,电子商务在国际贸易中的影响力和关键作用日渐凸显,已变成中国出口贸易的市场趋势。跨境电商未来的发展前景必定是有助于减少经济成本、推动全球贸易便利化,有助于提高国内群众福祉,有助于打造良好的营商环境,推动经济长期健康发展。在大数据、物联网、云计算等技术快速发展的时代背景下,数字贸易已成为国际贸易的新模式,运用这些技术来解决跨境电商发展中遇到的问题成为跨境电商发展的必然趋势。

1) 跨境电商行业政策环境利好,行业规模将持续扩大

当前跨境电商行业政策环境利好,国家加大对外开放力度,加强与海外国家的交流,大力鼓励跨境电商的发展。近年来,中国陆续设立的跨境电商综合试验区达 105 个,保税区超百个,跨境电商 B2B 出口监管试点扩至 22 个海关。政策的便利也促成了海关通关速度的加快,保障跨境商品顺畅通关。各跨境电商平台在政策利好期应注重完善自身跨境贸

易供应链，也需加强行业自律，对商品质量严加把关，提升自身服务水准，打造良性生态，推动跨境电商行业规模进一步扩大。

行业销售额仍将持续保持高速提升。从出口看，跨境电商出口卖家已经从广东、江苏、浙江向中西部扩大，已经由 3C 等低毛利率标准品向服装、户外用品、健康美容、家居园艺和汽配等新类目扩大，这将为中国出口电商发展保证新的空间；从进口看，由于新兴市场如巴西、俄罗斯等的持续进入，以及计算机技术推广、基础建设逐步完善、新政持续推开，中国出口电商的空间将进一步扩大。海关统计数据显示，跨境电商进出口规模 5 年增长了近 10 倍，2021 年继续保持两位数增长，市场采购贸易规模 6 年增长了 5 倍。2021 年我国跨境电商进出口规模达到 1.98 万亿元，增长 15%；市场采购出口增长 32.1%。2021 年出口额再创历史新高，外贸综合服务企业超过 1500 家，海外仓数量超过 2000 个，新业态、新模式已成为推动外贸转型升级和高质量发展的新动能。

2) 区块链、大数据等技术将为跨境电商行业带来革新

当前跨境电商在物流、支付、产品质量把关等方面面临着一系列问题，由于国际环境的复杂，解决难度极大。技术的发展将为跨境电商行业带来革新：区块链的可追溯性、不可篡改性、时间戳技术、点对点传输技术、智能合约技术，将帮助解决跨境物流监测难题、跨境支付难题和跨境电商产品质量追溯难题；大数据技术、云计算技术将使营销更精准化、个性化，并提高供应链运转速度；供应链金融将帮助解决中小型制造企业融资的难题，为其经营带来活水。

3) 无牌到有牌的转化、业余到专业的转化

跨境电商经过多年的发展，很多跨境卖家开始从后端走向前台，构建属于自己的海外销售渠道，改变了传统的贴牌模式，在扩大交易额的同时，构建了独特的竞争壁垒，海外客户对品牌有了更深刻的认知。

之前，中国制造商的海外销售是通过跨境贸易公司进行的，但是缺点是容易赚取差价，容易弄一些假货。慢慢地，随着跨境电商逐步成熟，信息透明度增加了，各国版权的打击力度也增强了，这种现象越来越少。另外，跨境电商已经从业务走向专业。

4) 进口提升迅速，出口仍占主导地位

近些年，中国的跨境电子商务进口持续增长，不断涌现一批活跃的进口 B2C 电商平台，"海淘"、海外代购等购物形式盛行，化妆品、护肤品、奢侈品、新潮服装、电子消费品、食品和保健品等进口量增速强劲，但伴随着国内的世界工厂影响力不断提升，跨境电商的出口占比远高于进口占比，特别是外贸 B2B 主要以出口为主导。伴随着国内跨境电商政策制度环境的不断完善，在电子商务服务公司的推动下，跨境电商将深入利用中国制造的品牌优势，推动"中国制造"向"国内营销"和"中国创造"加速转变。

5) 公开化、清晰化将是大势所趋

因为历史因素和体系建设不健全，海关对邮包的综合抽查率较低，无法对各个邮包开展拆包查验货值和商品种类，大批的海淘快件邮包事实上不征税，直接造成国内跨境电商还出现不符合条件的商品利用政策漏洞的灰色通关状况。

伴随着跨境电商占比的增加，开正门、堵偏门，将灰色清关物品列入法定行邮监管的必要性进一步增强。另外，跨境电商公开化有利于保障正品销售、降低运输成本、健全售后制度，是未来跨境电商发展的必然方向。未来伴随着跨境电商试点阳光化继续推进，监

管经验不断累积丰富，使阳光模式流程化、制度化。

6) "自营+平台"双重结合是未来主流

保障正品、有价格优势、货运物流体验好、售后健全将是跨境电商公司的核心竞争领域。跨境电商平台类公司的综合竞争优势主要体现在产品丰富等领域，其不参与交易，只是为平台上的交易双方提供商谈机会。

而自营类公司因为需要先采购海外商品，对公司资金实力和选择商品水平都提出了更高要求，其综合竞争优势主要体现在正品保障、售后服务响应强劲等领域，对母婴用品、3C、服饰等规范化、便于运输的重点消费产品，如果自营类公司可以把握市场热点，就可以在市场细分中形成较强的竞争优势。充分考虑，下一步跨境电商公司的发展趋势应是"自营+平台"类型公司，融合产品丰富、正品保障等多个优点。

跨境电商的发展仍面对一连串挑战，包含通关、跨国货运物流、交易安全、跨境支付等。

7) B2C策略将迅速发展

近些年，中国跨境网络零售增势迅猛。以兰亭集势、唯品会等为代表的部分电商企业组建起独立的B2C网站，大批外贸公司借助阿里巴巴全球速卖通、敦煌网等第三方电商平台进行零售业务，大批出口服装、饰品、小家电、数码产品等日用消费品，并可完成网上交易。另外，"海淘"等跨境电子商务进口策略迅速发展。

8) 保税策略释放潜力

保税策略是店家利用统计分析，将可能畅销的商品利用海运等物流形式提前进口到保税区，国内消费者利用网络下单后，店家直接从保税区发货，更类似于B2B2C。相比于散、小、慢的国际直邮形式，保税策略可以利用集中进口采用海运等物流形式，减少物流成本。另外，店家从保税区发货的物流速度较快，几乎与国内网购无差别，减少了等待时间进而有更好的网购体验。

从监督角度讲，保税策略也有助于提高税收监督的便利性。虽然保税策略会对店家的资金实力提出更高要求，但目前来看保税策略是最适合跨境电商发展的集货策略，又是国内电商平台选用的首要策略。另外也要看到，利用保税策略进入仓库的货物能以个人物品清关，无须缴纳传统进口贸易17%的增值税，可能会对传统进口贸易产生影响，监督机构也已经探索着制定和健全相对的监督新政。

6.2 跨境物流与支付

6.2.1 跨境物流

跨境物流是伴随着跨境电子商务的兴起而发展起来的。在电子商务发展过程中，物流占据着绝对核心的位置。通常，跨境物流指的便是跨境电子商务的全部线下配送活动。跨境物流在确保跨境贸易的安全性和顺畅性方面发挥着不可替代的重要作用，跨境物流是现代人认可跨境电商贸易的重要因素。

1. 跨境物流的含义

跨境物流是指以海关关境两侧为端点的实物和信息有效流动和存储的计划、实施和控制管理过程。结合跨境电商及物流的概念与特点,跨境电商物流定义为:在电子商务环境下,依靠互联网、大数据、信息化等先进技术,物品从跨境电商企业流向跨境消费者的跨越不同国家或地区的物流活动。跨境电子商务业务中物流占有的比重持续增加,是未来各个公司的服务水平和市场竞争力的决定性因素。社会普遍认为,物流水平是影响跨境电商发展的主要因素,且两者之间具有循环促进作用,跨境电商企业应构建完备的跨境电商物流体系,从而提高自身竞争力,促进跨境电商发展。

2. 跨境物流模式

跨境物流作为跨境电商行业发展与竞争的一个核心要素,其快速发展给传统跨境物流行业带来了生机和动力,电商巨头开始自建跨境物流,同时出现了综合跨境物流服务商。跨境物流业务模式如图 6-7 所示。

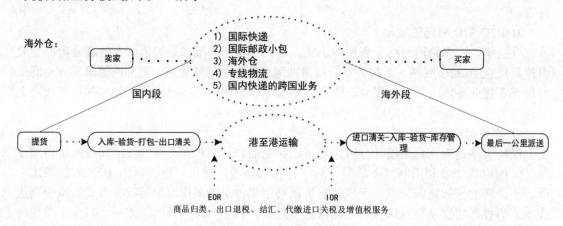

图 6-7 跨境物流业务模式

跨境电商的五大物流模式如下。

1) 国际快递

国际快递是一种传统的国际物流模式,由国际快递公司主要负责电商平台交易后的货物配送问题。国际快递主要是指 UPS、Fedex、DHL、TNT 这四大巨头,其中 UPS 和 Fedex 总部位于美国,DHL 总部位于德国,TNT 总部位于荷兰。国际快递对信息的提供、收集与管理有很高的要求,以全球自建网络和国际化信息系统为支撑。

(1) 优势。速度快、服务好、丢包率低,尤其是发往欧美发达国家非常方便。比如,使用 UPS 从中国寄包裹送到美国,最快可在 48 小时内到达,而 TNT 发送欧洲一般 3 个工作日可到达。

(2) 劣势。价格昂贵,且价格资费变化较大。一般跨境电商卖家只有在客户强烈要求时效性的情况下才会使用,且会向客户收取运费。国际快递速度快、客户体验好,但价格昂贵。

2) 国际邮政小包

国际物流小包主要是由万国邮政联盟来进行配送,以个人的名义,将邮包邮递出去。国际邮政小包的成本比较低,在过海关时耽误的时间比较少,但国际邮政小包很容易在运送过程中丢失,安全性太低,需要客户承担风险。国际邮政小包对包裹体积和重量都有限制，要求包裹长宽高之和小于 90 cm，最长边小于 60 cm，重量不超过 2000 g。

据不完全统计，中国跨境电商出口业务 70%的包裹都通过邮政系统投递，其中中国邮政占据 50%左右的份额。

(1) 优势。邮政网络基本覆盖全球，比其他任何物流渠道都要广。而且，由于邮政一般为国营，有国家税收补贴，因此价格非常便宜。

(2) 劣势。一般以私人包裹方式出境，不便于海关统计，也无法享受正常的出口退税。同时，速度较慢，丢包率高。

3) 海外仓

所谓海外仓储服务，是指由网络外贸交易平台、物流服务商独立或共同为卖家在销售目标地提供的货品仓储、分拣、包装、派送的一站式控制与管理服务。卖家将货物存储到当地仓库，当买家有需求时，第一时间做出快速响应，及时进行货物的分拣、包装以及递送。整个流程包括头程运输、仓储管理和本地配送三个部分。

(1) 优势。用传统外贸方式走货到仓，可以降低物流成本；相当于销售发生在本国，可提供灵活可靠的退换货方案，提高了海外客户的购买信心；发货周期缩短，发货速度加快，可降低跨境物流缺陷交易率。此外，海外仓可以帮助卖家拓展销售品类，突破"大而重"的发展瓶颈。

(2) 劣势。不是任何产品都适合使用海外仓，最好是库存周转快的热销单品，否则容易压货。同时，对卖家在供应链管理、库存管控、动销管理等方面提出了更高的要求。

4) 专线物流

中东跨境专线物流一般是通过航空包舱方式将货物运输到国外，再通过合作公司进行目的地国国内的派送，这种专线物流是比较受欢迎的一种物流方式。

目前，业内使用最普遍的物流专线包括美国专线、欧洲专线、澳洲专线、俄罗斯专线等，也有不少物流公司推出了中东专线、南美专线。EMS 的"国际 E 邮宝"、中环运的"俄邮宝"和"澳邮宝"、俄速通的 Ruston 中俄专线都属于跨境专线物流推出的特定产品。

(1) 优势。集中大批量货物发往目的地，通过规模效应降低成本，因此，价格比商业快递低，速度快于邮政小包，丢包率也比较低。

(2) 劣势。相比邮政小包来说，运费成本还是高了不少，而且在国内的揽收范围相对有限，覆盖地区有待扩大。

5) 国内快递的跨国业务

随着跨境电商火热程度的上升，国内快递也开始加快国际业务的布局，比如 EMS、顺丰均在跨境物流方面下了功夫。

(1) 优势。速度较快，费用低于四大国际快递巨头，EMS 在中国境内的出关能力强。

(2) 劣势。由于并非专注跨境业务，相对缺乏经验，对市场的把控能力有待提高，覆盖的海外市场也比较有限。

3. 跨境物流的发展历程

1) 民国时代

20 世纪 30 年代，国际货代初见端倪，出现了英商太古、怡和洋行等，主要进行杂货、行李的跨国托运。

20 世纪 40 年代，战火也抵挡不住国际货代的发展，陆续有更多货代公司破土而出，出现了华夏企业等一批专业国际货代企业。

20 世纪 50—70 年代，新中国成立，国内由于自给自足，中国货代市场政企合一，民间国际货代出现真空期。

2) 外贸时代

20 世纪 80 年代，国际货代重新登上历史舞台，慢慢恢复正轨。

20 世纪 90 年代，中国进入工厂热潮，国际物流企业也跟着迅速壮大，并为工厂提供国际运输服务。

21 世纪初，中国加入 WTO，外贸出现爆发式增长，国际货运更是俯拾皆是，进入全盛时期，竞争异常激烈。

3) 跨境时代

2003—2008 年，随着跨境电商的快速崛起，一些传统货代转型跨境物流，主要以邮政小包为主。

2009—2013 年，国际货运百花齐放，空运、铁运、专线、海外仓快速兴起，为跨境电商提供了更多可能。

2014 年至今，物流时效进一步提升，平台、卖家、海外华人也纷纷加入，FBA 服务、虚拟海外仓、退货维修……物流玩法和服务已经非常成熟了。

总的来说，虽然国际货运正在进入跨境时代，但传统外贸货运仍占主流，跨境货运比重仍较低。跨境电商物流行业依旧处于上升期，前景依旧不错，货代们还能大展拳脚。

4. 跨境物流的特征

区别于传统国际物流，跨境电商物流有着反应快速化、功能集成化、作业规范化、信息电子化、服务系统化等特征；相较于国内物流，跨境电商物流具有广阔性、国际性、高风险性、高技术性、复杂性等特征。

(1) 竞争集中于东南沿海地区，中西部地区竞争较少。由于环渤海地区、长三角、珠三角等东南沿海地区经济发达，跨境运输需求旺盛，加之该地区海运、空运等基础设施较为完善，因此对货源的争夺和对运力资源的争夺最为激烈。中西部地区则因经济相对不活跃，跨境运输需求较少，且运输成本较高，国际货代服务资源投入较少。

(2) 区域内或单一行业竞争激烈，跨地区、跨行业的竞争较少。跨境物流行业尽管市场竞争者众多，但受自身资金实力、管理和技术能力所限，以及由于全国物流市场相互割裂，其竞争表现在某一区域市场的企业之间的竞争，例如长三角区域跨境物流企业之间的竞争；或者对某一行业客户资源的争夺，例如对电子制造行业的客户资源的争夺，而跨地区、跨行业的竞争较少。

(3) 服务功能单一，增值服务较少，同质化竞争现象较为严重。大部分跨境物流企业只能提供海运物流或者空运物流服务，能提供多式联运(如海空联运)和满足客户其他不同需求的跨境物流企业较少；在提供跨境物流服务时，局限于报关、订舱等传统服务，在提供运输方案优化设计、综合物流服务方面较少，因此同质化竞争现象较为严重。

5. 跨境物流与国内电商物流、传统国际物流比较

1) 与国内电商物流相比

跨境电商物流运输距离较远，且面临出口国和进口国两重海关，需要进行较复杂的检验检疫等清关商检活动，货物破损、丢失等风险相对较高，时间长而成本高，且面临不同国家或地区的经济、文化、风俗、政治、政策、法律、宗教等环境因素差异的影响；而国内电商物流在运作流程上相对更加便捷，运送周期短，运作风险与成本低。

2) 与传统国际物流相比

跨境电商物流是集产品、物流、信息流、资金流于一体的主动性服务，需要有更高的敏捷性和柔性，强调其整合化和全球化能力，更注重 IT 系统化和信息智能化。物流服务往往影响着消费者的整个购物流程和时效体验，跨境电商物流除了完成物品位移活动外，还能为消费者提供更多的增值服务。

总的来说，跨境电商物流与传统国际物流、国内电商物流在发展起源、特点、业务模式、覆盖范围、运作流程、标准化程度、配送周期、运作成本、运作风险、信息技术等诸多方面都存在差异。

6. 跨境电商第三方物流运作过程中存在的问题

1) 作业可视化过程有待完善

在实际的物流运输工作期间，其作业可视性会受到多种因素的影响，其中，信息资源系统和物流服务范围就会对其作业可视化产生严重影响。在国外，很多物流企业的服务内容缺乏完善性、综合性，在实际开展物流服务工作期间，能提供的服务过于单一，无法为消费者提供更加全面和完整的物流信息跟踪服务。

物流信息更新速度缓慢。很多物流供应商只能为企业提供其经营范围内的物流信息，一些跨境物流在提供物流信息服务时，国内与国外的物流信息没有做到无缝链接。例如，消费者经常会抱怨国际物流信息的跟踪服务问题。消费者在购买物品后，无法及时有效地了解物流信息，消费者对其具有较大的成见。国际专线物流在运输过程中存在信息化问题。在境外期间，因为语言和条码的不同，在交换物流信息的过程中，就会出现信息交换困难、信息查找受阻等问题，使消费者与物流公司之间无法实现对运输全过程监督的目标，一定程度上来讲，会出现货物丢失的现象。

2) 通关、税收以及结汇等工作效率有待提升

通关、税收以及结汇等工作完成的效率，对于物流服务质量的提升具有直接影响。跨境电商自身在开展通关、税收、结汇工作期间，就具有批量小、种类复杂、通关时间不固定等特点，在多种因素的综合作用下，就会降低跨境电商服务的体验度。实际上，在开展海外运输工作期间，货物通关会占用大量的时间，如果能够结合实际通关状况，简化通关流程、缩短通关时间，对于提升今后跨境电商整体物流服务质量、完善物流服务体系具有现实意义。

7. 跨境电商物流企业

我国从事跨境电商物流的企业主要有以下几类。

(1) 传统邮政、快递、运输业发展起来的跨境电商物流企业，如 FedEx 等四大国际快

递公司以及顺丰、申通等。

(2) 传统零售业或者大型制造业组建发展的跨境电商物流企业，如苏宁物流、海尔物流、沃尔玛物流等。

(3) 电商企业自建物流，如京东物流等。

(4) 跨境电商物流联盟企业，如菜鸟网络等。

(5) 新兴跨境电商物流企业，如出口易、递四方等。

(6) 一站式跨境卖家物流服务平台。

依据物流企业提供的服务不同，大致可以分为以下几个方面。

(1) "点"——卡位核心资源，围绕资源提供服务。主要有仓库公司等。

(2) "线"——围绕点对点航线提供全流程服务。主要有传统货代公司、专线物流等。

(3) "面"——运营国际物流网络，是跨境物流的最佳形态。主要是一些平台公司。

"点、线、面"形式的物流企业分类具体内容如图 6-8 所示。

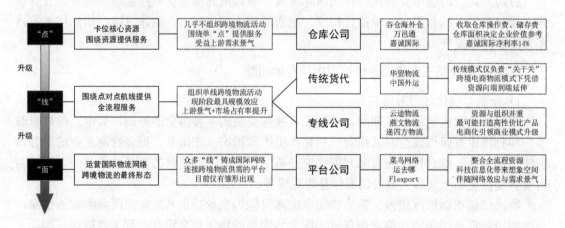

图 6-8 "点、线、面"形式的物流企业分类

8. 跨境电商与跨境物流的协同关系

跨境电商与跨境物流高度正相关，二者存在长期稳定的均衡关系，且互为格兰杰因果关系。从长期来看，跨境电商与跨境物流的关系主要表现为相互正向促进作用，但也存在一定相互抑制关系，且跨境电商对跨境物流的长期依赖性要强于跨境物流对跨境电商的依赖。

从短期来看，跨境电商主要受自身因素影响，而跨境物流则受跨境电商影响较大，跨境物流与跨境电商的关系也主要表现为同向变动，且跨境物流的增长在短期内对跨境电商的增长并没有明显的反向抑制作用。

影响跨境电商与跨境物流协同的因素有协同环境、协同机制、协同关系、协同能力、协同意愿、个体特征、协同预期等。

跨境电商与跨境物流的发展过程存在诸多不协同，主要表现在能力协同缺乏、利益互信协同机制缺乏、跨境物流网络系统协同缺乏、跨境电商与逆向物流协同缺乏以及跨境电商与传统外贸协同缺乏等诸多方面。可从健全政府支撑服务体系、完善利益互信协同机制、优化跨境电商与逆向物流协同、推动跨境电商与传统外贸协同以及促成各子系统、多方主体协同等多方面推动跨境电商与跨境物流协同。

6.2.2 跨境支付

随着现在跨境电商爆发式的增长，出境游、出国留学的火热，跨境支付作为基础服务，有着巨大的潜力，很多支付公司都宣布开展跨境支付业务。

1. 跨境支付的概念

随着跨境电商的迅速发展，在挣钱的同时，也让人意识到支付的问题，很多跨境行业大型企业开始了平台支付，比如阿里和执御，跨境支付相当于一个小金融机构。跨境支付是指在国际贸易中进行跨地区、跨国家的资金支付的过程。跨境电商行业的迅速发展给我国进出口贸易提供了更多的消费机会，而跨境消费最常用的支付是网络支付、跨境转账汇款等。

从"跨境"这个字面意思上来看，可以知道此类支付场景是具有空间性特点的。拿跨境电商来举例子，一个商品支付行为，其实就是买家付款+卖家收款的过程，也就是：支付(买家)+结算(卖家)。

跨境支付是指付款方与收款方分属不同司法管辖区的支付方式。从宏观角度来看，国际投资、国际贸易以及国际债权债务通过特定的支付系统和结算工具，实现资金跨国家转移的行为均属于跨境支付；从微观角度而言，消费者购买外国商品时，由于币种不同无法直接交易，同样需要借助特定支付系统与结算工具实现资金转换，进而完成交易。在现代国际贸易体系中，跨境支付已成为推动跨境贸易及投融资发展的关键引擎。

2019年11月，在第八届中国支付清算论坛上，中国银行支付清算部有关负责人指出，当前中国正在实行深层次的全面开放，跨境支付市场将迎来广阔的发展空间。与境内支付不同，跨境支付业务主要在不同国家及地区之间展开，存在双边金融监管框架及法律体系的差异，使得跨境支付业务的参与主体、竞争机制及监督管理问题极具复杂性。这种复杂性带来的高门槛使得绝大多数金融机构无力承接跨境支付业务，而商业银行则凭借自身在金融界的长期积累，成为现阶段中国跨境支付的主力军。

与此同时，随着金融科技的发展，新型支付技术发展迅猛。大数据、预测分析学、人工智能等新科技与支付行业的融合使得业务数据的实时获取、实时分析、实时预测得以实现。科技与支付的融合也逐渐催生出如蚂蚁金服、财付通等"独角兽"企业。

2. 跨境支付的分类

依据跨境电商交易对象的买家的不同，可以把跨境电商分为进口模式和出口模式。买家在中国，卖家在国外，按照商品从国外买入的场景，称为"进口模式"；买家在国外，卖家在中国，按照商品从中国售出的场景，称为"出口模式"。因为所处国家的不同，买卖双方付款或收款的货币也是不同的。跨境支付模式的分类如表6-3所示。只需要把买卖双方的这几个关系弄清楚，整个信息流、资金流就会很清楚了。

表6-3 跨境支付模式的分类

模式	买家所在	支付币种	卖家所在	结算币种	举例
进口模式	中国	人民币	海外	外币	考拉、天猫国际
出口模式	海外	外币	中国	人民币	Shopee、Fordeal

3. 跨境支付的核心和跨境支付流程

1) 跨境支付的核心

从表 6-3 可以看出,买卖双方所使用的币种不一样,这就是跨境支付要解决的主要问题:支付收单、结算汇款。

从买家层面来说,如果顾客要用人民币支付,顾客使用的支付通道就是能用人民币进行收单并有国际支付牌照的,比如微信、支付宝、京东支付等;如果顾客要用外币付款,假设是美元,那顾客使用的支付通道就是能用美元进行收单并有国际支付牌照的,比如PayPal、Payoneer 等。从卖家层面来说,商家要收美元,如果买家付的是人民币,那就需要把人民币转换为美元;商家要收人民币,如果买家是付的美元,那就需要把美元转换成人民币。这种人民币与美元之间互相转换的过程就是换汇,需要借助某些第三方收款机构来完成。

2) 跨境支付流程

出口模式(以跨境 C2C 电商平台 Shopee 为例)的支付流程如图 6-9 所示。

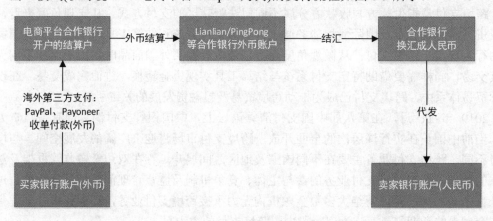

图 6-9　出口模式支付流程

此流程中,Shopee 作为平台方,在买卖双方间起到交易担保作用,由它向卖家结算。可以看出,支付收单和结算收款是两个环节。支付收单,使用国际支付机构。结算收款,一般卖家是通过绑定连连、PingPong 账户的方式,由该第三方机构与合作银行完成换汇(结售汇流程),最终到达卖家的境内银行账户。

进口模式的支付流程如图 6-10 所示。

进口模式支付流程无担保交易环节。支付宝在一些采访中有提及:与在国内的支付模式不同,支付宝境外支付采用即时到账支付模式,不提供第三方担保服务,买家在境外网站使用人民币购物付款后,款项由支付宝即时从买家账户中划出,完成购汇并最终将款项清算到境外商户的账户。

4. 第三方跨境支付平台

1) PayPal

PayPal 于 1998 年 12 月由彼得·蒂尔(Peter Thiel)及马克斯·莱文(Max Levchin)建立,是一个总部在美国加利福尼亚州圣荷塞市的在线支付服务商。秉持着"普惠金融服务大众"的企业理念,致力于提供普惠金融服务,通过技术创新与战略合作相结合,为资金管理和移动创造更好的方式,转账、付款或收款提供灵活选择,帮助个人及企业参与全球经济并获得成功。

进口模式(以支付宝、微信为例)

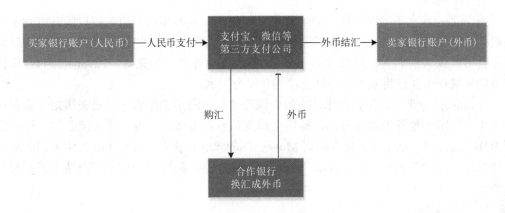

图 6-10 进口模式支付流程

PayPal 也和一些电子商务网站合作,成为它们的货款支付方式之一,但是用这种支付方式转账时,PayPal 收取一定数额的手续费。2018 年 12 月,世界品牌实验室发布《2018 世界品牌 500 强》榜单,PayPal 排名第 402 位。2019 年 10 月 4 日,PayPal 宣布退出 Libra 协会,成为首个退出该组织的成员。2019 年入选"2019 福布斯全球数字经济 100 强",排第 33 位。2019 年 10 月,Interbrand 发布全球品牌百强榜,PayPal 排名第 72 位。

2) 万里汇

万里汇(WorldFirst)2004 年成立于英国伦敦,一直致力于为全球中小企业和个人卖家提供更优质的跨境收付兑服务。2019 年,万里汇加入蚂蚁集团成为子品牌后,继续与具备资质的境内机构合作,为广大跨境电商卖家和中小企业提供更加快捷、方便和实惠的跨境收付兑服务。

2020 年 4 月,万里汇推出全球远航计划,通过与全球优质电商平台官方合作,打通优质跨境电商卖家出海通道,将全球热门市场商机带至眼前。目前该计划已经覆盖了 AliExpress、Amazon、Lazada、MercadoLibre、eBay、Wayfair 等在内的全球 20 多个热门电商平台。

2020 年 5 月,万里汇中国新官网上线。2020 年 7 月,万里汇中国商户服务升级至 997 模式,客服接待时间延长到从周一到周日的 9:00 到 21:00,并且已经全面实现本地化客服接听模式。万里汇本着"客户第一"的初心,向着给用户极致的体验不断前进。

3) Airwallex

Airwallex(空中云汇)是一家构建数字化的全球金融基础设施,提供智能、无缝的跨境支付解决方案的金融科技公司,业务范围包括跨境交易中的收款、付款和多货币换汇,服务包括跨境电商、在线旅游、物流、教育与留学、金融机构、数字营销、线上娱乐等领域的客户。

Airwallex 自主研发的外汇引擎,直连银行间汇率市场,可提供最具竞争力的价格和外汇交易与风险管理技术。Airwallex 可为客户提供灵活的 API 对接方案,并结合人工智能技术、高纬度数据优化与机器学习算法为客户打造高效低成本的支付解决方案。目前 Airwallex 支持大部分的跨境交易平台收款,例如亚马逊、eBay、Shopify。现可支持 130 多个国家和地区的 50 多个币种进行交易,助力中国卖家快速出海。

4) Payoneer

Payoneer 成立于 2005 年,总部设在美国纽约,是万事达卡组织授权的具有发卡资格的机构,为支付人群分布广而多的联盟提供简单、安全、快捷的转款服务。数千家联盟以及数百万收款人的加入,使得 Payoneer 已成为支付行业的领先者。Payoneer 的合作伙伴涉及的领域众多并已将服务遍布到全球 210 多个国家。

Payoneer 与亚马逊正式合作,成为中国等 24 国跨境卖家的亚马逊美国站、欧盟站点卖家平台中唯一推荐的收款方式,提供全球支付解决方案,还可以像美国公司一样接收美国 B2B 资金。Payoneer Inc 持有美国 Money Transmitter 执照,并在 FinCEN(美国金融犯罪执法局)注册为 MSB(money service business,货币服务企业)以及国际万事达卡组织授权的服务商。

5) 宝付支付

宝付支付成立于 2011 年,同年获得央行颁发的第三方支付牌照。通过十多年的发展,宝付在国内互联网支付行业的交易份额稳居前五。宝付国际先后获得跨境人民币批复和跨境外汇批复、VISA 卡境内收单 QSP 资质,拥有国内全面的跨境牌照,并同步搭建成熟的海外牌照体系。它拥有成熟的跨境外汇支付、跨境人民币支付、跨境收款、全球付款等产品,支持近 10 个币种,10+站点收款,持续为 Amazon、eBay、Etsy 等跨境电商平台卖家、独立站卖家以及跨境电商平台提供一站式跨境支付服务。

同时,宝付国际已成功接入各地海关,可提供支付单推送海关服务,协助跨境电商进行快速通关。宝付国际支持货物贸易、航空机票、旅游服务、酒店住宿、留学教育等商户业务类型。

针对跨境电商卖家"境外银行账号难申请、多平台店铺资金管理复杂、提现到账速度慢"等问题,宝付国际协同合作机构推出一站式跨境收款服务,为卖家打造专属金融服务,高效、灵活、便捷地管理境外资金。宝付产品包括:收款类产品、付款类产品、结算类产品、平台类产品。

6) PingPong

PingPong 隶属于杭州呯嘭智能技术有限公司,是一家中国本土的跨多区域收款品牌,致力于为中国跨境电商卖家提供低成本的海外收款服务。PingPong 是专门为中国跨境电商卖家提供全球收款的品牌。PingPong 帮助中国企业获得公平的海外贸易保护,是全球首家专门为中国跨境电商卖家提供全球收款的企业。

PingPong 与国内跨境出口企业建立了紧密的合作关系,并荣幸成为中国(杭州)跨境电商综试区管委会官方合作伙伴以及上海自贸试验区跨境电子商务服务平台的战略合作伙伴,也是率先在欧美主流国家获得监管准入的机构。

7) 财付通

财付通(Tenpay)是腾讯公司于 2005 年 9 月正式推出的专业在线支付平台,一直致力于为互联网用户和各类企业提供安全便捷的在线支付服务,其核心业务是帮助在互联网上进行交易的双方完成支付和收款。

自上线以来,财付通就以"安全便捷"作为产品与服务的核心,不仅为个人用户提供支付服务,还为企业用户提供专业资金收付解决方案,通过微信支付、QQ 钱包等为用户带来了便捷移动支付服务。

8) 连连支付

连连支付隶属于连连银通电子支付有限公司,连连银通电子支付有限公司成立于 2003 年,注册资本 3.25 亿元,是国内领先的独立第三方支付公司。连连跨境支付,致力于创建"更简单的跨境支付"事业。凭借强大的合规安全实力与高效、灵活的全球支付网络,连连支持全球数十家电商平台,60+站点,10 多种币种的自由结算,覆盖全球 100+国家和地区。作为出海企业的成长陪伴者,连连始终关注卖家的每一件小事,专业、贴心的服务让用户安心、放心地开展跨境事业。高效低成本的整体支付解决方案助力中国企业快速抢占国际市场,赋能中国品牌扬帆出海。

连连支付的业务已经覆盖了跨境贸易、电商、航旅、出行、物流、教育、房产、汽车、保险、基金、文化等 20 多个垂直行业。

9) 联动支付

联动支付(UMPAY)成立于 2011 年 1 月,由中国移动、中国银联的合资公司联动优势推出,是国内首年获得由中国人民银行颁发牌照的第三方支付公司,也是国内领先的金融科技企业。联动支付在中国第三方支付移动支付市场交易规模排名全国第四(易观 2019 年排名)。

联动支付不仅为 B2B、交通出行、物流、银行、保险、证券等多个行业提供"支付+"的定制化综合解决方案,为境内外客户提供跨境收付款、结售汇、保理融资等跨境支付和金融服务综合解决方案,还集合联动其他板块资源,提供综合支付、资金管理、供应链金融、区块链等金融科技服务,打造全方位跨境支付产品"矩阵"。

10) 易宝支付

易宝于 2003 年 8 月成立,是中国支付行业的开创者和领导者,也是互联网金融(ITFIN)和移动互联领军企业。易宝作为互联网金融专家,2005 年便首创了行业支付模式,陆续推出了网上在线支付、非银行卡支付、信用卡无卡支付、POS 支付、基金易购通、一键支付等创新产品,先后为数字娱乐、航空旅游、电信移动、行政教育、保险、基金、快消连锁、电商物流等众多行业提供了量身定制的行业解决方案,为产业转型及行业变革做出了积极贡献。易宝在航空旅游、数字娱乐、行政教育等多个领域保持领先地位。

2011 年 5 月,易宝获得首批央行颁发的支付牌照。2012 年 3 月,易宝获得证监会颁发的《基金销售支付结算许可证》。2013 年 10 月,易宝支付获得国家外汇管理局批准的跨境支付业务许可证。面对如今的移动支付大潮,易宝创新推出移动支付产品"一键支付",重磅推出 P2P 行业首个资金托管移动平台,孵化出基于 O2O 的本地生活服务品牌哆啦宝,以及颠覆传统餐饮模式的五味餐厅,在移动支付领域持续保持领先地位。

易宝服务的商家超过 100 万,其中包括百度、京东、美团网、乐蜂网、乐视网、360、完美世界、中国联通、中国移动、联想、中粮、中国国际航空公司、中国南方航空公司、中国东方航空公司、携程网、途牛旅游网、中国人民财产保险、阳光保险、嘉实基金等知名企业和机构,并长期与中国工商银行、中国农业银行、中国银行、中国建设银行、中国银联、Visa、MasterCard 等近百家金融机构达成战略合作关系,年交易规模达 1 万亿,收入达 35 亿元。

11) 拉卡拉支付

拉卡拉成立于 2005 年,是中国领先的综合性金融科技集团,是国内知名的第三方支付公司,2011 年首批获得中国人民银行颁发的《支付业务许可证》,旗下拥有拉卡拉支付、考拉科技、产业基金群等业务板块。

截至 2021 年上半年,拉卡拉支付已服务超过 2700 万家商户,覆盖商超、社区零售店、物流、餐饮、物业、贸易、保险等行业,在全国各省份以及主要的二线城市均设有分支机构,业务规模位居行业前列。

公司主要业务分为两类:商户支付类业务和商户科技服务类业务。支付业务服务于商户侧,为商户提供全币种、全场景的收款服务,包括国内国际银行卡支付、扫码支付、数字人民币支付等,并支持超过 100 个国家的跨境支付。公司建设了支付科技 SaaS、金融科技 SaaS、跨境科技 SaaS、供应链 SaaS、拓客 SaaS 五大平台,帮助商户实现数字化经营。

12) 汇付天下

汇付天下于 2006 年 7 月在上海成立,是中国领先的支付科技公司,基于聚合支付的数字化解决方案服务商,以数字化的技术与运营,为各类商户提供基于聚合支付的数字化解决方案,并提供数字化时代的支付处理和账户结算服务;保护客户数据资产安全,为客户持续创造价值。

汇付天下业务主要覆盖四大板块,即综合商户收单、行业解决方案、SaaS 服务、跨境及国际业务。汇付天下为近千万小微商户,以及航旅、健康、教育、物流、零售、基金、产业链、跨境电商等近万家行业客户提供聚合支付、账户服务、营销服务、数据服务以及金融增值服务,能够全面满足商户在支付、账户、营销、数字化运营等的全方位需求。

13) 通联支付

通联支付(全称"通联支付网络服务股份有限公司")成立于 2008 年 10 月,总部位于上海,首批获得央行颁发的支付牌照,是国内支付行业的先行者和开拓者,十多年来已经发展成为行业领先的基于第三方支付的金融科技服务企业。通联支付构建通商云开放平台,致力于打造基于行业场景的综合支付服务体系和基于支付的金融科技服务生态,提供全方位、定制化的专业解决方案,推动企业数字化转型,在价值互联的产业生态网络中促进多方共赢。

(1) 综合支付。以一体化综合支付优势,融合线上线下,打破传统业态壁垒,升级企业经营模式,统一平台,统一收付,统一对账,满足商家多元化支付场景覆盖和智能化账务管理需求。

(2) 数字营销。挖掘会员资产,进阶精准营销,开展异业引流,跨界整合资源,共建商业生态,全面助力商户提升营销能力。

(3) 科技服务。通联支付开放丰富的支付、账务、营销等基础服务能力,联合 SaaS 服务商为企业客户提供定制化行业解决方案,广泛覆盖银行、保险、基金、房产、汽车、零售、餐饮、教育、电商、外贸等数十个行业领域,服务企业、商户及个人客户超千万,年处理支付交易额达 7 万亿元,业务规模居于行业前列。

14) 网银在线

网银在线于 2003 年成立，为京东集团全资子公司，首批荣获央行《支付业务许可证》，当前许可业务范围是支付行业最全的，包含互联网支付、银行卡收单、线上开放预付卡、固定电话支付、跨境外汇支付、跨境人民币支付、基金支付及移动电话支付等。网银在线提供全面的支付解决方案，是国内领先的电子支付解决方案提供商，专注于为各行业提供安全、便捷的综合电子支付服务。其核心业务包含支付处理(在线支付网关、网银钱包、快捷支付)及预付费卡等服务。

公司现与 120 多家国内银行建立直接合作关系。网银在线已拥有 10 万余家商户合作伙伴，实现全行业的覆盖。

15) 富友支付

富友支付是一家科技驱动型的支付公司，自 2011 年成立以来，先后获得由中国人民银行、国家外汇管理局、证监会颁发互联网支付、银行卡收单、多用途预付卡、跨境支付、基金支付等五项支付业务资质。

富友支付把产品和服务衍生到各类企业场景中，为它们提供科技与支付结合的赋能服务，包含智能收银终端、扫码支付、手机认证快捷、协议支付、基金申购支付、代收/代付、收汇/付汇、信用卡还款等。

16) 盛付通

盛付通是一家拥有全国性互联网支付、预付卡发行与受理(仅限于为本机构开立的个人网上实名支付账户充值使用)、移动电话支付、固定电话支付、银行卡收单、跨境外汇支付以及跨境人民币业务等全牌照的支付公司之一，全面支持线上、线下、移动端及海外人民币外汇结算业务，致力于为互联网用户和商户提供"安全、便捷、稳定"的支付服务。

盛付通的用户可免费使用"账户管理、充值、提现、收付款、信用卡还款"等支付产品，充分享受"10 分钟到卡，10 秒钟到账"的快捷服务，线上用户可以使用银行网银、手机固话、银联手机等支付方式进行付款；线下用户可通过数十万售卡网点、上百万 PC 机售卡终端买到盛大一卡通。线上线下的全方位支付通络体系可以使用户真正体会到"随时随地，想付就付"的品质服务。除盛大集团旗下平台外，更赢得了其他商户的合作意向，其服务商家涵盖虚拟游戏、数码通信、商业服务、机票等行业。商户在盛付通可以享受到可定制化的支付服务，如即时到账收款、批量付款、大额收付款、分润、退款、订单管理等。

17) Skyee

Skyee 是广州市高富信息科技有限公司旗下的网站，总部位于广州，是服务于中国出口外贸的一站式资金管理平台，为中国跨境商家和企业提供费率以及智能的跨境收支付服务，为客户提供资金跨境解决方案。Skyee 以香港地区为全球交易中心，通过整合全球银行及境内持牌支付机构的本地清算网络，为客户提供海外本地账户、实时汇率管理及全球清分工具，以全面提高跨境交易企业全球资金运营效率。

Skyee 服务产品全面覆盖跨境电商收款、企业外汇交易管理、全球供应商支付等。Skyee 为客户定制合适的不同平台的解决方案，以更高效地满足用户多方面的商业需求为目标而不断优化产品功能，打造一站式全球资金收换付平台，成为跨境行业用户们的最佳合作伙伴。Skyee 已构建覆盖超过 100 个国家的全球本地支付结算业务，业务范围遍及亚洲、北美、欧洲等主要地区，并已在美国、英国、日本、中国香港、印度等多地成立分部机构。

5. 跨境支付面临的难题

1) 监管力度不够

由于跨境支付有着虚拟性的特点，因此在跨境电商市场快速发展阶段，面临的最大问题是交易的真实性无法得到保障，另外监管部门也难以对跨境交易进行审核。但是近年来，海淘逐渐兴起，在管理方式不合理、外汇监管存在无法触及的灰色地带的背景下，部分外汇交易是通过第三方支付平台而不是通过银行来进行的，银行基本无法通过第三方机构了解到用户的具体信息。而对于个人结售汇业务，国家对同一人或机构的结售汇业务有统一的次数规定，不符合规定的银行一般无法受理。对于第三方支付机构，相关规定只针对在境内进行的支付业务，而对于跨境业务尚无具体要求，因此在跨境支付领域还存在监管盲区。

2) 支付安全问题

在跨境支付方面，面临不同国家的不同标准和法律法规。表现在：跨境支付的支付信息确认相对困难，同时个人信息和银行卡也存在被盗的风险。虽然，跨境电商使得消费者能够接触到更多境内无法购买到的海外产品，并且在价格上也比国内商品更具优势，但是很多消费者更关心交易安全性问题，对境外电商网站缺乏信任，另外在开通、操作过程中诸多烦琐的步骤也成为一道阻碍，成为制约跨境支付的主要问题。

虽然我国已经在跨境行业有了比较明确的法律法规支撑，但是在很多细节之处还是顾及不到，特别是在跨境支付方面缺少相关的规定，所以法律的适用性有待改善。

3) 交易问题

跨境支付的整个交易流程涉及各方主体的交互，因此跨境支付的交易风险也是跨境支付能否健康发展的一大痛点。存在的两类风险包括：一是第三方支付机构本身发生的不合规交易；二是用户遭遇的交易风险。

4) 资金问题

很多从事跨境电商的中小卖家由于自身资金实力不足，除了跨境支付交易过程中的安全性、支付成本、放款效率，资金的安全也一直是他们非常关心的方面。但因为很多中小卖家对跨境电商平台的相关条款并没有完全吃透，对国外的法律法规更不了解，所以经常会在这方面吃亏。

6. 跨境支付发展趋势

(1) 政策鼓励，更多持牌机构及相关机构将入局跨境收款。近几年，中国中央政府以及地方政府，都在积极地鼓励银行、支付机构参与到跨境支付当中，一方面是为跨境电子商务提供便利化的外汇结算服务，提升结算效率；另一方面是满足外国人来华的移动支付需求，进而促进消费。在新冠疫情影响下，全球电子商务快速发展，作为全球的商品制造工厂，中国的跨境电子商务快速发展，在此背景下，跨境收款需求增加，未来将有更多的银行和支付机构入局跨境收款。此外，随着跨境电商对不同国家和地区的商业触及需求增强，相应的收款和增值服务需求也会增强，这也会激发更多创业者入局该领域。

(2) 合规是根本，持牌与非持牌的边界将厘清。2019 年 7 月，中国人民银行支付结算司曾召集相关机构，讨论跨境支付持牌经营的范围。从各方了解到，监管层希望商户信息掌控在持牌支付机构手中，而不是无牌借支付机构通道从事跨境支付业务的相关服务主体，以保证监管对跨境支付业务主体的风险可控。未来，银行、支付机构、非持牌跨境支付服务商之间的关系，不仅仅在支付，更有数据相关的权责义务待厘清，而目前来看，监管更趋向于持牌机构掌控核心的商户信息，而非持牌机构则提供简单服务。

(3) 跨境收款费率大战在所难免，增值服务更值得期待。从 2017 年下半年开始，费率大战愈演愈烈。到 2019 年上半年，"0 费率"更是抢尽了跨境支付业的眼球，彼时包括连连支付在内的跨境收款服务商在内，皆在已有服务的基础上出台了不同活动力度的"0 费率"服务。在价格战之下，跨境收款的费率也从 3%不断下降，到 2020 年，银行的不断入局，致使费率水平维持在 0.2%，已经与国内收单业务水平持平。在支付机构、银行不断入局的情况下，产业费率逐渐扁平化，跨境收款企业将更加注重对商家的增值服务，其中包括 ERP、SaaS、跨境营销、信贷等服务。

6.3 主要的跨境电商平台

6.3.1 全球速卖通

全球速卖通(AliExpress)是阿里巴巴旗下的面向国际市场打造的跨境电商平台，被广大卖家称为"国际版淘宝"。全球速卖通面向海外买家客户，通过支付宝国际账户进行担保交易，并使用国际物流渠道运输发货，是全球第三大英文在线购物网站。

1. 平台简介

全球速卖通正式上线于 2010 年 4 月，是阿里巴巴旗下唯一面向全球市场打造的在线交易平台，全球速卖通的定位和发展历程如图 6-11 所示。截至 2013 年 3 月，全球速卖通已经覆盖 220 多个国家和地区的买家；覆盖服装服饰、3C、家居、饰品等共 30 个一级行业类目；海外买家流量超过 5000 万/日；交易额年增长速度持续超过 400%；全球网站 Alexa 排名 131，并在快速提升中。

2019 年 3 月，阿里巴巴旗下跨境电商零售平台全球速卖通在俄罗斯推出在线售车服务。俄罗斯消费者可以直接在速卖通上一键下单，支付预付款，到指定线下门店支付尾款即可提车。

2. 行业分布

全球速卖通覆盖 3C、服装、家居、饰品等共 30 个一级行业类目，其中优势行业主要有：服装服饰、手机通信、鞋包、美容健康、珠宝手表、消费电子、电脑网络、家居、汽车摩托车配件、灯具等。

3. 跨国物流

在全球速卖通上有三类物流服务，分别是邮政大小包、速卖通合作物流和商业快递，其中 90%的交易使用的是邮政大小包。

(1) 中国邮政大小包、香港邮政大包的特点是费用便宜(如 1 斤的货物发往俄罗斯,大致需要四五十元人民币),但邮政大小包时效相对较慢,且存在一定的丢包率,建议跟买家做好服务沟通的前提下使用。

(2) 合作物流的特点是经济实惠、性价比高、适应国际在线零售交易,由全球速卖通分别与浙江邮政、中国邮政合作推出。

(3) 四大商业快递的特点是速度快、服务高、专业、高效,但价格相对比较高,适用于货值比较高、买家要求比较高的宝贝或交易。

卖家发货时,可以根据不同的物流服务,选择在速卖通上线上发货,也可以联系各主要城市的货代公司上门收件进行发货。

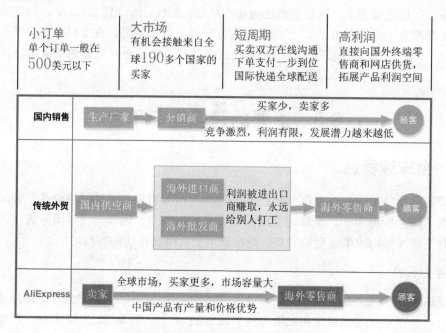

图 6-11 全球速卖通的定位和发展历程

6.3.2 亚马逊

1. 平台简介

亚马逊公司(Amazon,简称亚马逊;NASDAQ:AMZN),是美国最大的一家网络电子商务公司,位于华盛顿州的西雅图,是网络上最早开始经营电子商务的公司之一。亚马逊成立于 1994 年,一开始只经营网络上的书籍销售业务,现在则扩及了范围相当广的其他产品,已成为全球商品品种最多的网上零售商和全球第二大互联网企业。在公司名下,也包括了 Alexa Internet、a9、lab126 和互联网电影数据库(internet movie database,IMDB)等子公司。

2004 年 8 月,亚马逊全资收购卓越网。2019 年 7 月 18 日,亚马逊停止为亚马逊中国网站上的第三方卖家提供卖家服务。

目前,亚马逊美国、加拿大、墨西哥、英国、法国、德国、意大利、西班牙、荷兰、瑞典、日本、新加坡、澳大利亚、印度、阿联酋、沙特和波兰等 17 大海外站点已面向中

第6章 跨境电商

国卖家开放,吸引数十万中国卖家入驻。

2018年9月4日,亚马逊股价一度超过2050.50美元,成为继苹果之后第二家市值破万亿美元的美国公司。

2. 行业分布

亚马逊致力于成为全球最"以客户为中心"的公司,已成为全球商品种类最多的网上零售商。亚马逊和其他卖家提供数百万种独特的全新、翻新及二手商品,类别包括图书、影视、音乐和游戏、数码下载、电子和电脑、家居和园艺用品、玩具、婴幼儿用品、杂货、服饰、鞋类、珠宝、健康和美容用品、体育、户外用品、工具,以及汽车和工业产品等。

3. 亚马逊物流仓储服务

亚马逊为入驻的商家在仓储物流方面提供的服务主要有亚马逊物流(FBA)、亚马逊跨境物流服务和亚马逊"购买配送"服务。

(1) 亚马逊物流(FBA):商家只需将商品运送到亚马逊运营中心,亚马逊会负责取件、包装和配送,并为这些商品提供买家咨询、退换货等客户服务,为您节省大量人力、物力和财力。

(2) 亚马逊跨境物流服务:帮助商家将货物发往世界各地的亚马逊运营中心,通过它商家可以执行预约订舱、跟踪货件、货件到达、支付费用。同时也支持中国至美国的门到门小包裹配送服务。

(3) 亚马逊"购买配送"服务:商家可以通过卖家平台、"购买配送"服务API,或者已对接的ERP服务商,直接向第三方物流商购买货件标签,直接从中国发货给海外消费者。

6.3.3 易贝

eBay(中文为电子湾、亿贝、易贝)是一个可让全球民众在网上买卖物品的线上拍卖及购物网站。eBay于1995年9月4日由彼埃尔·奥米迪亚(Pierre Omidyar)以拍卖网(Auctionweb)的名称创立于加利福尼亚州圣荷塞。人们可以在eBay上通过网络出售商品。

1. 发展历程

eBay创立于1995年9月,当时奥米迪亚的女朋友酷爱Pez糖果盒,却为找不到同道中人交流而苦恼。于是奥米迪亚建立起一个拍卖网站,希望能帮助女友和全美的Pez糖果盒爱好者交流,这就是eBay。令奥米迪亚没有想到的是,eBay非常受欢迎,很快网站就被收集Pez糖果盒、芭比娃娃等物品的爱好者挤爆。

奥米迪亚第一件贩卖的物品是一只坏掉的激光指示器,以14.83元成交。他惊讶地询问得标者:"您难道不知道这玩意坏了吗?"奥米迪亚接到了以下的回复信:"我是个专门收集坏掉的激光指示器玩家。"

杰夫·史科尔(Jeff Skoll)在1996年被聘为该公司首任总裁及全职员工。1997年9月该公司正式更名为eBay。起初该网站属于奥米迪亚的顾问公司Echo Bay Technology Group。

奥米迪亚曾经尝试注册一个EchoBay的网址,却发现该网址已被EchoBay矿业注册了,所以他将EchoBay改成他的第二备案:eBay。

1997年奥米迪亚开始为eBay物色CEO,他看中了哈佛MBA出身并先后在宝洁、迪斯尼担任过副总裁的梅格·惠特曼(Meg Whitman)。惠特曼由于从未听说过eBay而拒绝加盟,后经职业猎头贝尼尔的软磨硬泡同意,并把eBay带向今天的辉煌。

如今eBay已有1.471亿注册用户,有来自全球29个国家的卖家,每天都有涉及几千个分类的几百万件商品销售,成为世界上最大的电子集市。

2015年4月10日,PayPal从eBay分拆,协议规定,eBay在5年内不得推出支付服务,而PayPal则不能为实体产品开发自主的在线交易平台。2018年7月25日,eBay终止与长期支付伙伴PayPal的合作,宣布与后者的竞争对手苹果和Square达成新的伙伴关系。

2020年eBay营收103亿美元,同比增长19%;总交易额1000亿美元,同比增长17%。

2. 销售产品

1) 常规商品

每天都有数百万的家具、收藏品、电脑、车辆在eBay上被刊登、贩售、卖出。有些物品稀有且珍贵,然而大部分的物品可能只是个布满灰尘、看起来毫不起眼的小玩意。这些物品常被他人忽略,但如果能在全球性的大市场贩售,那么其身价就有可能水涨船高。只要物品不违反法律或是不在eBay的禁止贩售清单之内,即可以在eBay刊登贩售。服务及虚拟物品也在可贩售物品的范围之内。可以公允地说,eBay推翻了以往那种规模较小的跳蚤市场,将买家与卖家拉在一起,创造了一个永不休息的市场。大型的跨国公司,像IBM会利用eBay的固定价或竞价拍卖来销售它们的新产品或服务。资料库的区域搜寻使得运送更加迅捷或是便宜。软件工程师们借着加入eBay Developers Program,得以使用eBay API,创造出许多与eBay相整合的软件。

2018年10月23日,eBay推出一项称为"即时销售"的新服务,帮助用户在其在线市场出售他们老旧的智能手机。消费者使用eBay"即时出售"功能卖掉自己的旧手机,将比竞争对手的网站(如Gazelle或EcoATM)和运营商(如AT&T和威瑞森)的以旧换新计划以及苹果自己的回馈计划提供更高的回报。

2) 特殊商品

在eBay上也不时会有一些具争议性且违反道德标准的特殊商品拍卖。因为这个缘故,对新手而言,如果没有详读一切信息的话,很容易陷入被诈骗的陷阱。eBay只要接获检举,这些拍卖布告就会立即被关闭。因为eBay不允许任何违反其政策的拍卖项目。

3. 扩张情况

eBay的经营策略在于增加使用eBay系统的跨国交易。eBay已经将领域延伸至包括中国及印度在内的国家。

eBay扩张失败的国家和地区是中国大陆、中国台湾及日本。雅虎在日本经营的拍卖业务在日本国内已占据领导地位,迫使eBay铩羽而归。而中国台湾的eBay亦敌不过雅虎奇摩拍卖网站的市场占有率,也以与PChome联名的名义间接退出中国台湾市场。eBay最初通过收购易趣的方式进入中国大陆市场，但之后在与淘宝的竞争中落败，最终以与 TOM 合资成立"新易趣"的方式退出大陆市场。

其站点分布主要在美国、英国、澳洲、中国、中国(香港)、阿根廷、奥地利、比利时、巴西、加拿大、德国、法国、爱尔兰、意大利、马来西亚、墨西哥、荷兰、新西兰、波兰、新加坡、西班牙、瑞典、瑞士、泰国、土耳其等国家和地区。

4. 合作物流

易贝合作的物流企业主要如表 6-4 所示，其中跨境物流服务主要是以 DHL Express Services DHL 国际快递服务、TNT Express Delivery Services TNT 国际快递服务和 UPS International Shipping Services UPS 国际运输服务等为主。

表 6-4 eBay 合作的物流企业

外 文 名	中 文 名
ePacket	中国国际 e 邮宝
e-Express	香港邮政 e-Express 服务
Postal EMS	邮政类 EMS
FedEx Worldwide Services	联邦快递全球服务
DHL Express Services DHL	国际快递服务
TNT Express Delivery Services TNT	国际快递服务
UPS International Shipping Services UPS	国际运输服务
Hong Kong Post International Mail Parcels	香港邮政国际邮件包裹
USPS domestic services	美国邮政境内服务
UPS U.S. Shipping Services UPS	美国运输服务
FedEx U.S. Shipping Services	联邦快递美国运输服务
DHL Global Mail DHL	全球邮件

6.3.4 Wish

Wish 是新兴的移动端跨境电商，本身最开始是做软件服务的，目前是入驻门槛较低的平台。Wish 由来自谷歌和雅虎的工程师彼得·舒尔泽斯基(Peter Szulczewski)和丹尼·张(Danny Zhang)于 2011 年在美国创立，是一家专注于移动购物的跨境 B2C 电商平台。平台根据用户喜好，通过精确的算法推荐技术，将商品信息推送给感兴趣的用户。Wish 主张以亲民的价格给消费者提供优质的产品。2013 年 Wish 成功转型跨境电商，旗下所有 App 除 Wish 外，还有 Mama、Home、Geek 和 Cute。Wish 经过近 4 年的发展，2013 年成为北美最大的移动电商平台和全球第六大电商平台，创造了无数互联时代的新高。2014 年 Wish 在中国上海静安 CBD 成立了全资子公司以及中国总部。

1. 发展历程

截至 2017 年 5 月初，Wish 手机应用 App 在全球 27 个国家的购物类 App 中排名第一，在安卓应用商店全类别应用中排名第 7，在美国 App Store 全类别应用中排名第 14。2017 年 9 月，Wish 与洛杉矶湖人队达成多年合作协议。

2018 年，Wish 累计向全球超过 3.5 亿的消费者供应了逾 2 亿款商品，月活跃用户超过 9000 万人，活跃商户有 12.5 万，日出货量峰值达到 200 万单，订单主要来自美国、加拿大、欧洲等全球各地区。《2018 年度全球 App 下载量排行榜》显示，Wish App 荣登 2018 年全球购物类 App 下载量排行榜榜首，安装量超过 1.97 亿。

2. 服务范围

1) Wish 平台的物流建设

(1) 物流渠道的线上化与平台化。为卖家解决物流信息不对称和资源有限的问题，商户可自由选择物流发货渠道。

(2) EPC 合并订单服务。连接搭建经济线路，实现产品的物流等级升级。

(3) 海外仓服务升级。Wish 有 FBW 海外仓和 Wish Express 海外仓模式。Wish Express 交货时间缩短(仅适用于部分产品)。

2) ProductBoost 产品推广工具。

Wish 通过 ProductBoost 产品引流工具持续提升流量效率。

3. Wish 跨境电商平台的优劣势

Wish 适合具有一定经验的贸易商、B2C 企业、品牌经销商。Wish 的优势主要是精准客户，Wish 的主要市场是北美地区，客户群体比较集中，卖家进入 Wish 市场后可进行精准营销。其劣势主要是佣金费用较高，目前 Wish 的成交订单需要缴纳产品成交费以及提现费。再就是产品审核时间长，审核严格。Wish 对于产品质量有较高的要求，对于仿品的审查极为严格。对此它的审核周期也比较长，一般较短的是两个星期左右，如果审核时间长的话也可能延长到两个月。需注意的是，如果卖家被平台抓到销售侵权或假冒产品的话，会有被关店封号的风险。同时物流发货方式单一，Wish 物流主要是以自发货为主。结合各方因素，Wish 平台的主要优劣势如下。

1) Wish 平台的优点

(1) 物流渠道的线上化与平台化，为卖家解决物流信息不对称和资源有限的问题，商户可自由选择物流发货渠道。

(2) B2B、B2C 垂直类销售，数据分析起家，主要针对移动端买家，能够根据客户的兴趣推送产品。

(3) 通过智能化推荐技术，与用户保持一种无形的互动，极大地增强了用户的黏性。

(4) Wish 的出单速度比较快，不需要太多的运营技巧，运营规则简单直接，产品初始权重分配一致公平，随着产品运营指标调整推荐权重分配流量。

(5) 上架货品非常简单，主要运用标签进行匹配。

(6) 利润率非常高，竞争相对公平。

(7) 精准营销，点对点个性化推送。

(8) 客户满意率较高。

(9) Facebook 引流，营销定位清晰。

2) Wish 平台的缺点

(1) 平台的买卖纠纷规则模糊，频繁改动规则。

(2) 账号注册通过率低，而且从 2018 年开始新入驻的卖家需要支付 2000 美元的注册费，约合人民币 1 万多元。

(3) 平台的客单价比较低，需要上传大量的 SKU。

(4) 商品审核时间过长，短则两个星期，长则两个月。

(5) 费用较高，15%的商品成交费用和 1.2%的提现费用。

(6) 审核的弊端，平台判断仿品的方式或算法有问题。对买家"宽松容忍"的态度，只要消费者提出退款，基本都通过。

6.3.5 敦煌网

敦煌网是全球领先的在线外贸交易平台。其 CEO 王树彤是中国最早的电子商务行动者之一，1999 年参与创立卓越网并出任第一任 CEO，2004 年创立敦煌网。敦煌网是国内最早开设的跨境电子商务交易平台之一，主要业务是利用平台帮助国内中小企业与全世界的中小批发商及零售商开展跨境贸易，所销售商品覆盖消费电子、电脑、服装、美容美发用品、体育用品、鞋包、手表、珠宝饰品、家具、汽配和建材等品类。

敦煌网是国内首个为中小企业提供 B2B 网上交易的网站，致力于帮助中国中小企业通过跨境电子商务平台走向全球市场，开辟一条全新的国际贸易通道，让在线交易不断变得更加简单、更加安全、更加高效。它采取佣金制，2019 年 2 月 20 日起新卖家注册开始收取费用，只在买卖双方交易成功后收取费用。截至 2020 年 6 月 30 日，敦煌网的全球注册卖家数已经达到了 3100 万。

作为中小额 B2B 海外电子商务的创新者，敦煌网采用 EDM(电子邮件营销)的营销模式低成本高效率地拓展海外市场，自建的 DHgate 平台，为海外用户提供了高质量的商品信息，用户可以自由订阅英文 EDM 商品信息，第一时间了解市场最新供应情况。2013 年，敦煌网新推出的外贸开放平台实质上是一个外贸服务开放平台，而敦煌网此举应该是在试探外贸 B2B "中大额"交易。通过开放的服务拉拢中大型的制造企业，最终引导它们在线上交易。

1. 交易模式

敦煌网 "为成功付费" 打破了以往的传统电子商务 "会员收费" 的经营模式，既减小了企业风险，又节省了企业不必要的开支，同时避开了与 B2B 阿里巴巴、中国制造网、环球资源、环球市场等的竞争。

一个标准的卖家是这样做生意的：把自己产品的特性、报价、图片上传到平台，接到海外买家的订单后备货和发货；买家收到货后付款，双方通过多种方式进行贸易结算。整个周期 5~10 个工作日。

在敦煌网，买家可以根据卖家提供的信息来生成订单，可以选择直接批量采购，也可以选择先小量购买样品，再大量采购。这种线上小额批发一般使用快递，快递公司一般在一定金额范围内会代理报关。举例来说，敦煌网与 DHL、联邦快递等国际物流巨头保持密切合作，以网络庞大的业务量为基础，可使中小企业的同等物流成本至少下降 50%。一般情况下，这类订单的数量不会太大，有些可以省去报关手续。以普通的数码产品为例，买家一次的订单量在十几个到几十个不等。这种小额交易比较频繁，不像传统的外贸订单，可能是半年下一次订单，一个订单几乎就是卖家一年的"口粮"。"用淘宝的方式卖阿里巴巴 B2B 上的货物"，是对敦煌网交易模式的一个有趣概括。

2. 运营特色

1) 创建适于中小企业跨境交易的服务模式

我国有大量中小企业可以生产出优秀的产品，也有着强烈的贸易需求，但依托自身开展跨境贸易困难重重。因为通关手续繁杂、各地物流服务标准不同、支付环境差异较大等原因导致跨境小额贸易渠道非常不稳定，且卖方议价能力很弱。为了改变中小企业跨境贸易难的现状，敦煌网研发并建立跨境贸易在线交易平台，将 B2C 在线交易模式(如京东、天猫)运用到跨境交易电子商务 B2B 业务中，使商品的展示、营销、支付和物流管理等全部从线下移到线上，为跨境贸易提供一站式服务。在线交易的模式使敦煌网得以将分散的订单、信息流、资金流和物流整合起来，提升了敦煌网在代表中小卖家与跨境贸易服务商(包括推广、物流和支付等服务机构)谈判时的议价能力。敦煌网已与国外大多数社交媒体、金融机构和物流配送企业达成了广泛的合作，可以帮助中小企业解决开展跨境贸易时可能面对的诸多难题。此外，敦煌网还开创了"按交易额收取佣金"的收费模式，降低了中小企业开展跨境交易的成本。

国内卖家在敦煌网注册账号不需交纳费用，注册完成后将待售商品的图片及描述信息上传至敦煌网的虚拟店铺即完成店铺布置，之后就可以以店铺为基础展开推广营销。为了保证信息的真实性及符合商品出口地的法律，敦煌网会对卖家上传的信息进行严格审查。敦煌网建立了 30 万个关键词的数据库用以检索违规商品信息，组织了超过 30 人的专业团队对海量的图片信息逐个进行合规审查。

国内卖家开展跨境电子商务业务时最困难的是在国外的推广营销，原因是不了解海外市场，对海外的推广媒介不熟悉，此外还面临语言问题。鉴于此，敦煌网利用自身的先发优势，与海外媒体(包括 Google、YouTube、Facebook、Twitter 和 Bing 等)开展了广泛的合作，利用海外的媒体平台帮助国内中小企业开展营销推广。有推广需求的卖家可以通过登录敦煌网开发的广告投放系统(提供包括定价广告、竞价广告和展示计划等推广方案，每种方案的投放位置、形式都不一样)，根据自己的需求购买敦煌网提供的推广方案，还可以在网站自主学习各种推广知识。敦煌网还利用自己在海外市场积累的市场信息，为用户提供大数据营销服务。

针对有贸易需求但不懂如何在线开展跨境贸易的卖家，敦煌网启动了敦煌动力营计划以辅助卖家成长，以视频教学、论坛交流等形式，免费提供丰富的自学课程，为外贸网商提供在线交易的技能和实战培训，甚至上门为卖家提供手把手的教学服务。至今，动力营计划已培养了大量的敦煌网卖家。

2) 研发支持 30 余种货币的支付和担保系统

敦煌网自主研发了 DHpay 支付系统，解决了国内卖家在世界范围内开展跨境贸易的支付和信用问题。DHpay 并不是一个独立的在线支付工具，而是敦煌网根据平台上卖家巨大的收款需求，与多国国内支付机构建立广泛的合作关系，使 DHpay 与这些支付机构的网上支付系统对接，保证这些国家或者地区至少有一家支付机构支持对 DHpay 系统的转账业务。对于美国、英国和日本等较多使用国际支付机构的国家，敦煌网与 Western Union、VISA、MasterCard、Moneybookers 和 Bank Transfer 等国际支付机构建立了支付接口；对于巴西和俄罗斯等本地支付机构占据垄断地位的国家，敦煌网与 Qiwi wallet 等当地支付机构建立接口。目前 DHpay 大约支持 30 多种币种，能够接受来自世界大多数国家买家的支付。由于 DHpay 在线支付系统有效地解决了世界各国买家的国际支付难题，新兴市场如巴西、印度等地在敦煌网上的贸易额显著增加。

DHpay 还为买家和卖家提供交易担保功能，建立买卖双方互信交易机制。当买卖双方在敦煌网上达成交易，买家确认订单之后，可通过本地或者国际支付机构将货款汇入敦煌网的 DHpay 账户，由敦煌网代为保管，卖家在确认货款打入 DHpay 账户后即可发货，在买家确认收货后，由敦煌网将货款转入卖家账户，钱款即时到账。

3）研发跨境物流综合服务平台

敦煌网的客单价较低，但跨国配送要面临国际物流的复杂流程，配送效率和成本无法有效控制。敦煌网海外仓物流模式如图 6-12 所示。此外，敦煌网还要面对用户虚假发货、订单欺诈等恶意利用平台规则的问题。为了降低跨境贸易的物流成本，提高配送效率，让国内外用户放心地在敦煌网平台上做生意，敦煌网研发了 DHLink 综合物流服务平台。目前，该系统已完成了敦煌网与 UPS、DHL、EMS、TNT、FedEx 等国际物流配送企业信息系统的对接。

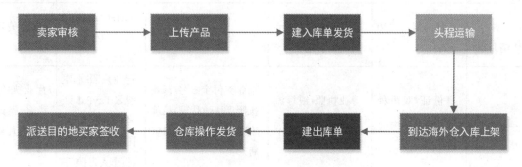

图 6-12　敦煌网海外仓物流模式

通过 DHLink 系统，卖家可提前将货物配送至敦煌网指定的合作仓库(目前敦煌网有 4 个合作仓库，分别位于上海、深圳、杭州及义乌，未来还将增加广州、青岛、无锡和重庆等地的仓库)。敦煌网采取集货模式将货物预先集中起来，当卖家需要发出货物时可选择"仓库发货"模式，由敦煌网将货物由仓库直接交给国际物流配送企业，由敦煌网自动分配和回填快递单号，协作配送企业完成报关手续。另外，集货模式使敦煌网获得了对物流企业及风险承保企业的议价权，使卖家承担较低的配送价格和承保价格(最低可达 1.9 折)。买家和卖家可以通过 DHlink 系统实时查询订单配送情况，加深了买卖双方的互信。敦煌网通过 DHlink 可以对配送情况进行控制，避免虚假发货和订单欺诈的情况发生。

6.3.6　各平台特点分析

不同的跨境电商平台，由于发展的时间、发展背景、发展方向和发展区域的不同，拥有自己的主营产业和发展方向，各个平台都有自己的特点。

(1) 全球速卖通。以"价格为王"，价格低才能有优势；入驻不同类别的视类目需要先交 10 000 元以上的平台费用；客群主要以中国、俄罗斯、巴西等为主；平台佣金也较低一些(对比 eBay、亚马逊)。

(2) 亚马逊。高门槛，严要求，绝对公平原则；产品为王，利润较高；全品类销售，产品包容性强；FBA 出货速度快，亚马逊 Prime 一日达，目前无人机送货已经在测试中；客群主要来源于北美、亚太、欧洲等地区，全球拥有 15 个站点，覆盖 65 个国家，拥有 80 个仓储基地。

(3) eBay(易贝)。对产品要求高，拥有拍卖及一口价的销售模式；门槛高，市场、客户群体都不一样(来源于美国、英国、澳洲)；免费注册；产品佣金最低为 5%。

(4) Wish。北美和欧洲最大的移动电商平台；费用较多，产品佣金为 15%，其他杂费；精准推荐技术，个性化推荐系统完善；客群主要来源于北美和欧洲。

(5) 敦煌网。保证买卖双方的利益；保护中国在线的商户。

跨境电商平台的对比如表 6-5 所示。

表 6-5 跨境电商平台的对比

内容 \ 平台	亚马逊	虾皮	速卖通	eBay	Wish
平台费用(店铺月租)	店铺月租约 230 元/月	入驻后收取订单佣金和手续费	保证金 1.2 万～3 万元	上架产品需刊登费 0.03～2 美元/款	2000 美元保证金
门槛	身份证/双币种信用卡/信用卡账单	营业执照/银行流水/身份证/联系电话/QQ 等	企业支付宝账号/营业执照/商标/(代理)品牌/保证金 1 万+/类目资质	营业执照/水电费账/PayPal 账号/双币信用卡/国际邮箱/身份证/个人近照等	营业执照/税务登记证/法人身份证
市场份额	38.0%	3.4%	1.5%	4.5%	0.4%
战略布局	欧美亚太共 14 个站点	东南亚、中国台湾地区、印尼	巴西、俄罗斯、美国、西班牙、美国	全球多个站点	北美移动端
供需关系	供需平衡，稳定增长	供大于求	供大于求	积累信誉，供大于求	供大于求
资源	有无货源均可	有无货源均可	有无货源均可	最好有便宜的货源	尽量有自己的货源
平台保护	公平对待，保护卖家	保护卖家但有恶意退款	偏向保护买家	偏向保护买家	严重偏心买家
物流	国外有物流仓 175 个运营中心，国内无	自建 SLS 国内有 4 个物流仓	无自建海外仓库，国际配送(配送质量薄弱)	设有海外仓、国际邮政小包	Wish 邮海外仓

续表

平台 内容	亚马逊	虾皮	速卖通	eBay	Wish
收款账户	连连/PingPong/P卡/WF卡/CD卡	连连/PingPong/Payoneer	国际支付宝和中国银行账号	PayPal(容易被审核)	P卡/易联支付/BILL
上货数量	每周可上传2000个	每天上新30~50	不建议大批铺货，一个商品最多发3个listing(1个正常售价+1个显示定量折扣+1个平台活动)	上货数量受到店铺信誉限制	无限制
仿款要求	无仿款(保护品牌权益)	允许仿款，品牌无保障	未禁止，容易被投诉	少量仿款	少量仿款
售卖价格	售卖单价高，利润率高	适中，品牌偏高	价格低，利润少	注重物美价廉	价格低，价格战激烈
销售品类	全新、翻新及二手商品全品类综合型	除食品以外的全新商品	服装配饰、手机通信、美容护理、珠宝手表、电脑	不违反法律或是在eBay禁售清单外即可	综合性商品多为女性用品
客服语言	多语种服务(含中文)	提供小语种服务	提供小语种服务	提供小语种服务	客服难找
惩罚机制	指标合理考核	指标考核，扣除积分	积分变罚钱	指标考核	指标考核

本 章 小 结

在经过多年的发展后，我国已经由经济大国成为经济强国，国际地位也随之得到明显提升，这为我国企业走出去拓展国际市场提供了坚实的支撑。同时，近年来我国积极推动产业结构升级，进出口贸易结构得到持续优化，产品出口竞争力提升显著。随着我国在信息化与数字化方面的快速发展和推广应用，这也给我国的数字贸易发展带来了新的机遇。当前，跨境电子商务企业已是中国对外贸易新的增长极，对于重新塑造众多的贸易新格局，延伸产业链，拓展全球营销网络具有重大意义。

本章主要从跨境电商的含义入手，重点阐述了跨境电商的概念和跨境电商的分类，在介绍跨境物流和跨境支付的基础上，重点分析了主要的跨境电商平台及其特点。通过本章的学习，读者可以对跨境电商的基本内容与跨境电商商业模式有一个全面深入的认识。

思考与练习

1. 简述跨境电商的概念与特点。
2. 简述跨境物流的含义与特征。

3. 简述跨境电商与跨境物流的协同关系。
4. 简述跨境支付的概念。
5. 简述跨境支付的分类。
6. 简述跨境支付面临的难题。
7. 分析跨境支付的发展趋势。

【课程思政】

通过本章的学习，有利于贯彻习近平总书记关于"推动跨境电商等新业态新模式加快发展，培育外贸新动能"的重要指示。作为贸易新业态新模式的代表之一，跨境电商被视为优化外贸产业结构的重要手段之一。通过跨境电商，商品生产和销售能够越过地理和文化壁垒，实现全球范围内市场的拓展和流通。同时，跨境电商也可以促进国际的合作和交流，加强国家之间的友好关系。

第 7 章 网络营销

【学习目标】

- 掌握网络营销的含义与特征。
- 熟悉传统市场营销与网络营销的联系。
- 熟悉电子商务与网络营销的关系。
- 掌握网络市场调研的含义和方法。
- 了解网络广告的含义和本质特征。
- 了解常用的网络营销方法。

【案例导入】

2021年7月,河南洪灾牵动了全国人民的心,众多知名企业都纷纷站出来捐钱捐物资,一方有难八方支援让人动容。

国产品牌鸿星尔克企业向河南灾区捐赠5000万元物资,而鸿星尔克捐款赈灾的这个行为彻底火了,引发网友们的热议,因而被顶上了热搜。也因此进一步提高国产品牌鸿星尔克的知名度,销量激增。

7月22日晚间,鸿星尔克突然登上微博热搜,原因是鸿星尔克在没有过多的宣传下,低调向河南洪水灾区捐赠5000万元物资,直到第二天才被网友发现。

根据了解,近年来鸿星尔克一直处于亏损状态,2020净利润为负2.2亿元。

在7月23日,大量的网友开始涌入鸿星尔克的直播间,上架的货物被抢一空,当日销售额同比增长超52倍。

为什么捐款的企业那么多,唯独鸿星尔克突然爆火呢?

【思考与分析】

1)无心插柳的"营销"

鸿星尔克做了一场无心插柳的"营销",得到了很多品牌梦寐以求的营销效果。

因为这并不是鸿星尔克第一次这样野性捐款了,仅2021年,鸿星尔克除了这次捐赠河南的5000万元物资之外,另有一笔1亿元物资的捐赠用于扶贫助残。

2008年5月14日,汶川发生地震,鸿星尔克捐款600万元以及大量物资抗震救灾。

2013年,鸿星尔克与福建省残联基金会携手,捐赠了超过2500万元的爱心物资。

2018年5月1日,鸿星尔克捐赠价值6000万元的服装,以改善贫困残疾人及其家庭生活条件。

2019年,鸿星尔克向中国残联捐款1亿元。

2021年1月新冠疫情,鸿星尔克捐款约1000万元物资,其中包括口罩、消毒液、防寒服等协助疫情控制的物资;同年,鸿星尔克又捐赠1亿元物资用于扶贫助残。

2021年上半年,鸿星尔克也第一时间发表声明,大力支持新疆棉。

2021年,鸿星尔克捐赠5000万用于河南水灾。

鸿星尔克在过去的几年里,为灾区捐款都是千万元起步,最高上亿元。像这样高额的捐款都值得按照营销套路走一遍,而且火的概率极高,但鸿星尔克却都没这么做。

他们平台也有做直播的,但是在直播间卖货连空调都没开;也有做微博的,但是微博会员都没买;众多企业纷纷捐款后"上头条",但是鸿星尔克却选择默默进行这样的善举。

倘若真是"有心栽花",真用不着前面铺垫这么多。

2) 营销本身并非坏事

自从鸿星尔克在微博上连续"挂了"好几天的热搜之后,很多营销人都认为吴老板的团队肯定在背后"大搞"营销,不然为什么这么多企业捐款却唯独火了鸿星尔克?

其实营销并非坏事,一家不会营销的企业是没法做到今天这个体量还能依然生存下去,并且还有钱资助灾区。同时,营销对于一个成功的企业来说是非常必要的,企业天然需要赚钱盈利,然后才有实力承担社会责任。

鸿星尔克作为国内运动老品牌,早年有一定的口碑积累,在二线国产运动品牌企业中属于快要掉队的企业,在这样几近亏损的情况下,还对河南洪灾捐赠5000万元。

5000万元是什么概念?除了腾讯、美团这样的互联网巨头捐资1亿以上,短视频巨头快手、全球手机市场份额第二的小米公司、中国最大的国企国家电网也才捐5000万元。

5000万元对于实力雄厚的大公司来说确实算不得巨资,但对于发展已经有些力不从心,去年还大额亏损的鸿星尔克已经是倾囊相助。

再来分析一下鸿星尔克2020年的营业收入,也才28.43亿元,净利润更是亏损2.2亿元。

很多网友对鸿星尔克这样的行为感动,一时间爱国情怀涌上心头,纷纷支持购买鸿星尔克。

甚至还有网友默默地给鸿星尔克的官方微博充了100年的会员。这个公司不舍得花钱给官微开会员,盛夏的直播间甚至没有配空调,也不像同行动不动就请来顶流明星代言,却直接给河南灾区捐了5000万元。

鸿星尔克这样的良心企业值得一个热搜,值得大家的尊敬和支持。种善因,得善果。

3) "野性消费"让直播间带货直接破亿

截至2021年7月24日,飞瓜数据显示,在抖音连续直播近48小时后,鸿星尔克3个直播间的累计销售额猛超1.3亿元,并且还创造了抖音直播间的历史最高点赞纪录:3.5亿!

"理性消费"除了在直播间上人气刷爆之外,甚至还被网友造出了"野性消费"的梗,并且还变成了多个版本在朋友圈刷屏。

"别刷礼物",直播间已经不只是一个销售场,更是一个"舆论场",涌入直播间的网友,希望通过自己的购买行为来体现自己的"善举",就像之前网友支持国产新疆棉花而购买国产品李宁服装事件一样。

目前,鸿星尔克主打的是下沉市场,其运动鞋最高不超过400元,大部分都在100~200元之间,并且质量还是比较受大众认可的。较低的客单价也给网友下单鼓足了勇气,给足了面子。

在大众如此高涨的"购买欲望"情绪下,"野性消费"和主播的"别刷礼物",让鸿星尔克于7月25日不得不发出官方的库存告急公告,并且呼吁大家要理性消费。

另外,这次的捐款,也让鸿星尔克成为所有直播间蹭热度的"明星",不仅美妆博主在直播里卖,就连阿迪达斯的直播间里都建议大家去鸿星尔克买鞋。

鸿星尔克捐出去5000万元,最后卖了1.3个亿,企业有了新机会窗口,网友集体"拯救"了民族品牌,媒体又追热点成功,可谓三赢。

鸿星尔克的"营销"成功之处有以下三点。

(1) 以一种真实的形象示众,不做作,不宣传,低调做事高调做人。

(2) 抓住民众爱国情怀,官方直播48小时不停,充分承接流量,把公众情绪转化为销量。

(3) "先行动,再传播"的社会责任传播逻辑,金额大,大众看起来是"都破产了,还捐这么多",评论顶上了热评第一。

(资料来源:电商报. 巨亏也捐赠5千万物资,鸿星尔克直播间卖断货单日销量增超52倍[EB/OL].
(2021-10-13)[2024-05-30].https://www.dsb.cn/162445.html)

【引言】

随着通信技术与计算机的普及与发展,电子商务产业逐步壮大,已发展成为重要的现代服务产业,并成为众多企业争夺的焦点。我国电子商务经济发展迅猛,已初步形成完整的业态体系;巨大的互联网用户规模,为发展网络营销奠定了坚实的基础。加快发展网络营销是企业应对机遇和挑战、发展主动权、提高竞争力的必然选择。为了适应未来的市场竞争,企业建立完善一体化运营,提升网络营销能力,抢抓新的发展机遇具有重要意义。

7.1 网络营销概述

7.1.1 网络营销的含义

1. 网络营销产生背景

20世纪90年代,随着计算机通信技术的日益发展和融合,以及因特网的普及应用和发展,信息处理和传递突破了时间和地域的局限,世界经济向全球化和信息化的方向发展,人类社会开始跨入了一个全新的网络经济时代。网络经济时代的到来,标志着一个以因特网为基础的网上虚拟市场已经开始形成,这是一个具有全球性、数字化、跨时空等特点的飞速增长和潜力巨大的新兴市场。面对这样一个自身在不断变化着的全新的网络虚拟市场,传统商业社会的竞争规则、经济的增长方式乃至人类的生活方式都将发生剧烈的变化,传统的市场营销模式也将随着网络经济的发展而发生深刻的变化。网络虚拟市场的全球性、数字化、跨时空等特征使传统市场营销理论体系面临着严峻挑战,网络营销(cyber marketing、online marketing 或 electronic marketing)应运而生。

网络营销是网络经济市场环境下新的营销理论，它针对新兴的网络虚拟市场，以新的思维方式使传统市场营销理论得到进一步发展。要深刻理解网络营销的概念及营销手段和方法，必须对网络经济的运行规律和特征有深刻的理解。

2. 网络营销概念

网络营销是以现代营销理论为基础，使用网络替代传统的报刊、邮件、电话、电视等中介媒体，利用网络对产品的售前、售中、售后各环节进行跟踪服务，自始至终贯穿于企业经营全过程，寻找新客户，服务老客户，最大限度地满足客户需求，以达到开拓市场、增加盈利的目的的经营过程。网络营销利用电子手段，营造网上经营环境，在生产商、分销商和客户之间建立一种互动关系，是一种依托网络的新的营销方式和营销手段。与传统营销一样，网络营销也是企业整体营销战略的一个组成部分。

网络营销是指个人或者组织利用互联网，以电子信息技术为基础，通过网络媒介和手段，来满足客户需求和欲望而进行的一种营销活动。网络营销包括市场调查、客户分析、产品开发、生产流程、销售策略等。

广义含义：网络推广广义上讲，企业从开始申请域名、租用空间、建立网站开始就算是介入了网络推广活动，而通常我们所指的网络推广是指通过互联网手段进行的宣传推广等活动。

狭义含义：狭义地说，网络营销的载体是互联网，离开了互联网的推广就不能算是网络营销。而且利用互联网必须是进行推广，而不是做其他的事情。传统营销和网络营销的关系如图 7-1 所示。

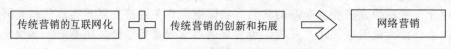

图 7-1 传统营销和网络营销的关系

3. 对网络营销定义的认识

(1) 网络营销不仅仅是市场营销的简单延续。网络营销不是市场营销的简单延续，而是以现代电子技术和通信技术的应用与发展为基础，与市场的变革、竞争以及营销观念的转变密切相关的一门学科。

(2) 网络营销不仅仅是网络广告。网络广告只是网络营销的一个重要组成部分，而不是全部。除了网络广告，网络营销还包括网上调查、目标市场选择、网络策划等许多内容。

(3) 网络营销不等于网上销售。网上销售是网络营销发展到一定阶段产生的结果，网络营销是为实现产品销售目的而进行的一项基本活动，但网络营销本身并不等于网上销售。但网络营销不仅仅是网站营销，虽然网络营销主要是以网站为基础进行的，除网站外，网络营销还有其他很多应用，如 E-mail、FTP、IM 等。网站是网络营销的重要基础，没有网站的网络营销是不完整的，但网络营销不等于网站营销。

(4) 网络营销不等于电子商务。网络营销和电子商务是一对紧密相关而又具有明显区别的概念，网络营销是企业整体营销战略的一个组成部分，无论传统企业还是互联网企业都需要网络营销，但网络营销本身并不是一个完整的商业交易过程，只是促进商业交易的一种手段。电子商务主要是指交易方式的电子化，可以将电子商务简单地理解为电子交易，电子商务强调的是交易行为和方式。所以，可以说网络营销是电子商务的基础，开展电子商务离不开网络营销，但网络营销并不等于电子商务。

4. 网络营销的特征

市场营销中，最重要、最本质的是在组织和个人之间进行信息广泛传播和有效交换，如果没有信息的交换，任何交易都会变成无本之源。而因特网具有营销所要求的某些特性，使得网络营销呈现出以下特点。

(1) 跨时空。通过因特网网络，能够超越时间约束和空间限制进行信息交换，企业能有更多的时间和在更大的空间中进行营销，每周 7 天、每天 24 小时随时随地地向客户提供全球性的营销服务，以达到尽可能多地占有市场份额的目的。

(2) 多样性。因特网网络可以传输文字、声音、图像等多种媒体的信息，从而使为达成交易进行的信息交换可以用多种形式进行，能够充分发挥营销人员的创造性和能动性。

(3) 交互式。网络营销的技术基础使整个营销过程具备了及时交换信息的能力。企业可以通过因特网向客户展示商品目录、提供有关商品信息的查询、和客户进行双向互动式的沟通、收集市场情报、进行产品测试与消费者满意度的调查等，因此因特网是企业进行产品设计、商品信息提供和提供服务的最佳工具。企业可以通过信息提供与交互式沟通，与消费者建立起一种长期的、相互信任的良好合作关系。

(4) 人性化。在因特网上进行的促销活动具有一对一、理性的、消费者主导、非强迫性和循序渐进式的特点，这是一种低成本、人性化的促销方式，可以避免传统的推销活动所表现的强势推销的干扰。网络营销为消费者提供了更多的选择，消费者可以根据自己的需要自主地选择自己所需的商品，甚至可以定制自己的网页内容。

(5) 成长性。遍及全球的因特网上网者的数量飞速增长，而且上网者中大部分都是年轻的、具有较高收入的且受过高等教育的群体，由于这部分群体的购买力强，而且具有很强的市场影响力，因此网络营销是一个极具开发潜力的市场渠道。

(6) 整合性。在因特网上开展的营销活动，可以完成从商品信息的发布，到交易的收款和售后服务的全过程，这是一种全程的营销渠道。同时，企业可以借助因特网将不同的营销活动进行统一的设计规划和协调实施，通过统一的传播资讯向消费者传达信息，从而可以避免不同传播渠道中的不一致所产生的消极影响。

(7) 高效性。网络营销应用计算机储存大量的信息，可以帮助消费者进行查询，所传送的信息数量与精确度远远超过其他传统媒体。同时它能够使企业适应市场的需求，及时更新产品阵列或调整商品的价格，及时有效地了解和满足客户的需求。

(8) 经济性。网络营销使交易的双方通过因特网进行信息交换，代替了传统的面对面的交易方式，可以减少印刷与邮递成本，进行无店面销售而免交租金，节约水电与人工等销售成本，同时也减少了由于多次交换所带来的损耗，提高了交易的效率。

7.1.2 传统市场营销与网络营销

1. 传统市场营销

市场营销作为一门科学，20 世纪初诞生于美国，它经历了以生产为导向的营销观念、以产品为导向的营销观念、推销观念、以市场为导向的营销观念和社会营销观念五个阶段。近年来，营销理论又有了较大的发展。这主要表现在随着互联网的普及，使得市场营销环境有了根本性的改变，从而对市场营销策略和理念产生了巨大的冲击。作为一种全新的信息沟通与产品销售渠道，互联网改变了企业所面对的用户和消费者、虚拟市场的空间以及竞争对手，企业将在一个全新的营销环境下生存，营销的定义为"个人和集体通过创造、提供并向他人交换产品价值，以获得其所需所欲物的一种社会和管理过程"。也就是说，营销是以满足人类各种需要和欲望为目的，通过市场变潜在为现实的活动的总称。

1) 市场营销的相关概念

(1) 需求。需要和欲望是市场营销活动的起点。需要是指没有得到某些基本满足的感受状态，是人类与生俱来的。比如，人们为了生存对食品、衣服、住房、安全、归属、受人尊重等方面的需要。这些需要存在于人类自身生理和社会之中，市场营销者可用不同方式去满足它，但不能凭空创造。欲望是指想得到上述需要的具体满足品的愿望，是个人受不同文化及社会环境影响表现出来的对基本需要的特定追求。市场营销者无法创造需要，但可以影响欲望，可以开发及销售特定的产品或服务来满足消费者的欲望。需求是指人们有能力购买并愿意购买某个具体产品的欲望。需求实际上也就是对某特定产品及服务的市场需求。市场营销者可以通过各种营销手段来影响需求，并根据对需求的预测结果决定是否进入某一产品市场。

(2) 产品。产品是能够满足人的需要和欲望的任何东西，它给消费者带来欲望的满足。产品实际上只是获得利益的载体。这种载体可以是物，也可以是服务，如人员、地点、活动、组织和观念。

(3) 效用。效用是消费者对产品满足自身需要的整体功能的评价。消费者通常根据自身对产品价值的主观评价和要支付的费用来做出购买决定。

(4) 交换。交换是指通过提供某种东西，从别人那里取得所需物品的行为。交换的发生必须具备五个条件：至少有两方；每一方都有被对方认为拥有自己需要的东西；每一方都能沟通信息和传送物品；每一方都可以自由接受或拒绝对方的产品；每一方都认为与另一方进行交换是适当的或称心如意的。具备了上述条件，就有可能发生交换行为。但交换能否真正发生，取决于双方能否找到交换条件，即交换以后双方都至少不比以前差。

交换应看作一个过程而不是一个事件。如果双方正在进行谈判，并趋于达成协议，这就意味着他们正在进行交换过程。一旦达成协议，我们就说发生了交易行为，交易是交换活动的基本单元，是由双方之间的价值交换所构成的行为。一次交易包括三个可以量度的实质内容：至少有两个有价值的实物、买卖双方所同意的条件、协议时间和地点。

交易与转让不同。在转让过程中，甲将某物给乙，甲并不接受任何实物作为回报。市场营销管理不仅要考察交易行为，也要研究转让行为。事实上，与交易有关的市场营销活动，即交易市场营销，只是另外一个大概念即关系市场营销的一部分。精明的市场营销者总是试图与其顾客、分销商、经销商、供应商等建立起长期的互信互利关系，这就需要以公平的价格、优质的产品、良好的服务与对方交易，同时，双方的成员之间还需加强经济、技术及社会等各方面的联系与交往。双方越是增进相互之间的信任和了解，越有利于交易的达成。关系市场营销还可以节省交易成本和时间，并由过去逐项逐次的谈判交易发展成为例行的程序化交易。

2) 市场营销的含义

市场营销的含义不是固定不变的，它随着企业营销实践的发展而发展。

1985年，美国市场营销协会(AMA)将其定义为"市场营销是关于构思、货物和服务的设计、定价、促销和分销的规划与实施过程，目的是创造能实现个人和组织目标的交换"。在双方的交换过程中：如果甲方比乙方更主动、更积极地寻求交换，则甲称为市场营销者，乙称为潜在顾客。市场营销者可以是卖方，也可以是买方。

假如有几个人同时想买正在市场上出售的某种稀缺产品，每个准备购买的人都尽力使自己被卖主选中，这些购买者就都在进行市场营销活动。

在另一种场合，买卖双方都在积极寻求交换，那么，我们就把双方都称为市场营销者，并把这种情况称为相互市场营销。

1990年，日本市场营销协会(JMA)根据变化了的市场营销环境和不断发展的市场营销实践，对市场营销的含义做了进一步阐释和发展："市场营销是包括教育机构、医疗机构、行政管理机构等在内的各种组织，基于与顾客、委托人、业务伙伴、个人、当地居民、雇员及有关各方达成的相互理解，通过对社会、文化、自然环境等领域的细致观察，而对组织内、外部的调研、产品、价格、促销、分销、顾客关系、适应环境等进行整合、集成和协调的各种活动。"这一阐释得到了国际营销学界的普遍认同，也是迄今为止国际学术机构关于市场营销含义的最新发展。

事实上，当人们决定以交换方式来满足需要或欲望时，就存在市场营销了。一个人可以通过以下四种方式获得自己所需要的产品。

第一种方式是自行生产。这个人不必与其他任何人发生联系，在这种情况下，既没有市场，更无所谓市场营销。

第二种方式是强制取得。

第三种方式是捐赠。

第四种方式是交换。一个人可以用自己的钱与别人拥有的产品进行交换。市场营销活动产生于第四种获得产品的方式。

菲利普·科特勒(Philip Kotler)教授将市场营销定义为：市场营销是个人和群体通过创造并同他人交换产品和价值，以满足需求和欲望的一种社会过程和管理过程。

根据这一定义，可以将市场营销概念具体归纳为以下几点。

(1) 市场营销的最终目标是"满足需求和欲望"。

(2) 市场营销的核心是"交换"，交换过程是一个主动、积极寻找机会，满足双方需求和欲望的社会过程和管理过程。

(3) 交换过程能否顺利进行，取决于营销者创造的产品和价值满足顾客需求的程度和交换过程的管理水平。

(4) 简单的市场营销系统，从营销者角度看，人们常常把卖方称为行业，而将买方称为市场，它们之间的关系如图7-2所示。

这里，买卖双方有四种流动相连：卖方将商品或服务送达市场，并与市场沟通；买方把金钱和信息送到行业。在图7-2中，内环表示钱物交换，外环表示信息交换。

在现实经济中，基于劳动分工的各特定商品生产者之间的各类交换活动，市场已形成复杂的相互联结的体系。其中，生产者从资源市场(由原材料、劳动力、资金等市场组成)

购买资源,转变为商品和服务后卖给中间商,中间商再出售给消费者。消费者出卖劳动赚取金钱,再换取所需的产品或服务。

政府是另一种市场,它为公众需要提供服务,对各市场买方、卖方征税,同时也从资源市场、生产者市场和中间商市场采购商品。

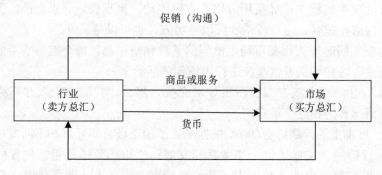

图 7-2　简单的市场营销系统

2. 传统市场营销与网络营销的联系

网络营销作为新的营销理念和策略,凭借互联网特性对传统经营方式产生了巨大的冲击,但这并不等于网络营销将完全取代传统营销,网络营销与传统营销是一个整合的过程。传统营销与网络营销广告效果比较如图 7-3 所示。

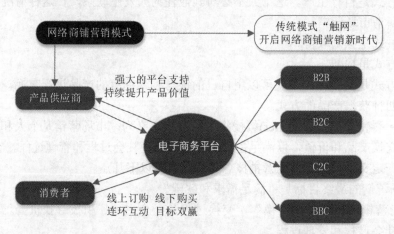

图 7-3　传统营销与网络营销广告效果比较

其原因在于,首先,互联网作为新兴的虚拟市场,它覆盖的群体只是整个市场中某一部分群体,许多的群体由于各种原因还不能或者不愿意使用互联网,如老人和落后国家或地区,而传统的营销策略和手段则可以覆盖这部分群体。其次,互联网作为一种有效的渠道有着自己的特点和优势,但许多客户由于个人生活方式的原因不愿意接受或者使用新的沟通方式和营销渠道。如许多客户不愿意在网上购物,而习惯在商场一边购物一边休闲。第三,互联网作为一种有效沟通方式,可以方便企业与用户之间直接双向沟通,但客户有着自己的个人偏好和习惯,愿意选择传统方式进行沟通。如报纸有网上电子版本后没有冲击原来的纸张印刷出版业务，相反起到相互促进的作用。最后，互联网只是一种工具，营销面对的是有灵性的人，因此传统的以人为主的营销策略所具有的独特的亲和力是网络营销没有办法替代的。随着技术的发展，互联网将逐步克服上述不足，在很长一段时间内网络营销与传统营销是相互影响、相互促进的，最后实现融洽的内在统一，在将来没有必要再谈论网络营销，因为营销的基础之一就是网络。

网络营销与传统营销是相互促进和补充的，企业在进行营销时应根据企业的经营目标和细分市场，整合网络营销和传统营销策略，以最低成本达到最佳的营销目标。网络营销对传统营销的影响如图 7-4 所示。网络营销与传统营销的整合，就是利用整合营销策略实现以客户为中心的传播统一双向沟通，实现企业的营销目标。传播的统一是指企业以统一的传播资讯向客户传达，即用一个声音来说话，客户无论从哪种媒体所获得的信息都是一致的。其目的是运用和协调各种不同的传播手段，使其发挥出最佳、最集中统一的作用，最终实现在企业与客户之间建立长期的、双向的、维系不散的关系。与客户的双向沟通是指客户可与公司展开富有意义的交流，可以迅速、准确、个性化地获得信息、反馈信息。如果说传统营销理论的座右铭是"客户请注意"的话，那么整合营销所倡导的格言就是"请客户注意"。虽然只是两个词之间位置的交换，但客户在营销过程中的地位却发生了根本的改变，营销策略已从消极、被动地适应客户向积极、主动地与客户沟通，交流转化。

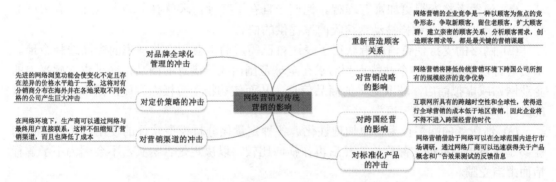

图 7-4　网络营销对传统营销的影响

7.1.3　电子商务与网络营销

电子商务和网络营销既有区别又有联系。电子商务的核心是电子化交易，强调交易方式和交易全过程的各个环节；而网络营销注重以互联网为主要手段的营销活动，主要研究的是交易前的各种宣传推广和交易后的售后服务及二次推广。

电子商务的重点是实现了电子化交易；而网络营销的重点是交易前的宣传和推广。电子商务可看作是网络营销的高级阶段，企业在开展电子商务前可开展不同层次的网络营销活动。

1. 二者的发展现状

作为一种新的商务活动方式，电子商务将带来一场史无前例的革命，其影响将远远超出商务活动本身，它将引发人类社会的政治、经济、生产、生活以及文化教育的巨大改革，把人类带入以网络经济为发展特征的信息社会。在方兴未艾的全球电子商务发展浪潮中，企业将成为推动电子商务发展的主力军。

1) 网络环境下传统市场的变化

(1) 电子商务时代，电子时空观的出现突破了原有的时间概念和空间界限，将原来二维的传统市场变为没有地理约束和空间限制的三维市场。电子时空观消除了阻隔生产者和消费者之间的物理距离，使得企业的商品销售范围和消费者群体都不再受地理位置的局限和交通便利条件的影响，消费者可以在任何时间和任何地点，通过访问企业的网站选购到所需要的商品。

(2) 随着 B2B 电子商务模式的不断普及，生产厂商之间可直接借助因特网实现从原材料采购到商品销售全过程的联系，大大提高企业运作的效率，降低经营成本。

(3) 营销管理者对目标市场的定位将会更多地借助于上网者的个人资料以及对网络资源的开发和利用。

(4) 市场细分将随电子商务的发展而日渐彻底化。消费者通过网络直接与生产企业发生联系，提出满足其个性化的需求，企业再根据每一位消费者的独特要求进行"量身定造"的产品设计，使企业针对某个消费者的营销活动即微营销(micromarketing)得以实现。

(5) 交易方式的无纸化和支付手段的电子化将成为主要形式。

2) 网络环境下消费者消费行为的变化

(1) 消费者将变得更加富有理智。他们一旦有了某种需求就会主动上网搜寻有关商品信息，而不必像现在这样被动地接收商家提供的信息。

(2) 网络的支持使得消费者获得了表达自己需求的机会和空前规模的商品选择余地。消费者可以根据自己的个性特点和需求在全球范围内找寻满意的商品，通过进入感兴趣的企业网站或虚拟商店，获取更多的商品信息，从而使购物变得极为方便，而不必花费大量的时间和精力去"货比三家"。

(3) 消费者的购买行为将更加理性化。各种定量化分析模型软件的使用，可以使他们能够迅速算出商品的实际价格，然后再作横向比较，以决定是否购买，不会因为不了解行情而上当受骗。

(4) 消费需求将更加多样化和个性化。消费者可直接参与生产和商业流通，向企业表达自己的观点和需求，而企业可以根据消费者反馈的信息来指导生产经营活动，定制化生产将变得很普遍。

2. 电子商务与网络营销的关系

1) 网络营销构成电子商务

电子商务与网络营销是一对既相区别又有着千丝万缕联系的概念，在实际工作中甚至还有不少人把二者混为一谈。理顺它们之间的关系，明确其区别和联系，对尚处在电子商务启蒙阶段的我国企业而言，尤其具有现实的指导意义。

国际商会于 1997 年在巴黎召开的世界电子商务大会上提出："电子商务是指实现整个贸易活动的电子化。交易各方以电子交易方式而不是通过当面交换或直接洽谈方式进行的任何形式的商务交易。"由以上的定义可以看出，达成交易是电子商务的根本标志，而实现交易的手段是电子方式。随着互联网商业应用的不断普及和深入，企业电子商务平台的重心已逐渐由若干年以前的企业内部的内联网(intranet)、企业与企业之间的外联网(extranet)转移到其触角已经延伸到地球村上每一个角落的互联网(internet)上来。

电子商务中的任何一笔交易，都包含着以下几种基本"流"，即信息流、商流、资金流和物流，而在四"流"当中，最重要的、最能体现电子商务与传统商务差别和优势的是信息流、资金流的电子化。可以说电子商务的本质是信息的交流与沟通，包括与外部客户的、内部运作的和与后端供应链之间的信息的交流和沟通；而网络营销的核心目标就在于营造良好的网上经营环境，使企业和其目标客户之间的信息交流渠道能通达顺畅起来。

由此可见，网络营销要解决的问题是电子商务信息流中与客户之间信息双向沟通的问题，因而它是电子商务的重要组成部分。如果信息流的问题没有解决，电子交易的达成也就无从谈起，从这个角度而言，网络营销是电子商务的基础。

2) 网络营销推进电子商务

网络营销是推进我国企业电子商务进程的最重要、最直接的力量。网络营销是指以现代营销理论为基础，以互联网为主要平台(也包括企业内联网和企业外联网)，为最大限度地满足客户需求，达到开拓市场、增加盈利的目标而进行的一系列经营活动过程。它主要的方法有企业网站推广、网络广告、网上调研、客户服务、网上促销等。网络营销不是单纯的网络技术，而是市场营销；网络营销并非孤立存在，而应当是企业整体营销战略中的必要的组成部分，网上营销和网下营销相互结合，形成一个相互促进互为补充的完整的营销体系。

我国绝大部分企业介入电子商务所必需的信息基础设施等方面的条件尚不成熟，或者说实现电子商务对它们而言需要跨越的技术和经济的门槛太高了，因为要达成电子交易必须解决与之相关的法律、安全、技术、认证、支付和配送等诸多问题，其中很多问题正是电子商务在我国发展的瓶颈，这些问题不是一两个部门或某几个企业所能解决的。而对企业介入网络营销而言，则可以说几乎不存在什么门槛，企业即使还没有在互联网上建立自己的站点，照样也可以在互联网上宣传和推介自己的产品和服务，通过互联网黄页、电子邮件、网络广告、网络信息发布等手段来开展营销活动，且成本也在大多数中小企业能够承受的范围之内，其效果也是显而易见的。

如果说近年来电子商务已经跨过了严冬，从象牙塔中走出来，摆脱了神话与传奇，着落于中小企业这一大片坚实的土地，并不是我国的信息化基础薄弱的问题一夜之间出现了根本的改观，而是因为人们发现了另外一条更加切实可行的通往电子商务之路，这就是通过网络营销，营造一种网上经营环境，最后促成交易的达成，包括网上交易和网下交易。从某种意义上来说，是网络营销拉近了中国企业与互联网世界之间的距离，拓展了人们的电子商务视野，加深了人们对电子商务的了解，企业的电子商务目标变得更具体、清晰，并且触手可及。可以肯定，网络营销的普及和深化是推进我国企业电子商务进程的最重要、最直接的力量。

7.1.4 网络营销的职能

1. 网络营销职能的提出

新竞争力的总裁冯英健在其《网络营销基础与实践》(2002年2月第1版)中第一次提出网络营销职能的概念，并且将网络营销的职能归纳为11个方面：网站推广、网络品牌、信息发布、在线调研、顾客关系、顾客服务、销售渠道、销售促进、网站营销策略、网站建设、网站流统计分析。简单地说，网络营销职能就是经营网络品牌，使公众注意这个网络品牌，并进入网站。而网站则充分向顾客展示经营策略，展示产品信息，从而吸引消费者下决心去购买产品。

2. 网络营销的基本职能

在传统的市场营销中，产品、价格、销售渠道和促销(4P)被称为网络营销组合，也是整个市场营销学的基本框架，那么，网络营销的理论基础是什么呢？在互联网环境下，国外一些营销学家认为 4C 是网络营销的理论基础，4C 即顾客的欲望和需求(consumer's wants and needs)、满足欲望和需求的成本(cost to satisfy want and needs)、方便购买(convenience to buy)，以及与消费者的沟通(communication)。表面看来，4C 的确反映了网络营销的一些特征，并且在不同的网络营销手段中发挥着作用，但作为一个理论体系，其严密性、概括性、可操作性等方面显然无法与 4P 同日而语，因此 4C 也就难以成为完整的网络营销理论基础，不过，并不否认 4C 在网络营销中具有一定的指导作用。

网络营销没有太多高深的理论，更多的在于实践经验的总结，比较注重操作方法和技巧，所以有时容易给人造成一种感觉，即很难把握网络营销的精髓，似乎网络营销就是一些操作方法的罗列，而不是一个完整的网上经营体系。由此产生的直接结果是网络营销缺乏系统性，并且难以用全面的观点去评价网络营销的效果，甚至难以确立网络营销在企业经营战略中的地位，互联网在企业中的价值也不能充分发挥出来。

实践证明，网络营销可以在 11 个方面发挥作用，其基本职能如图 7-5 所示。

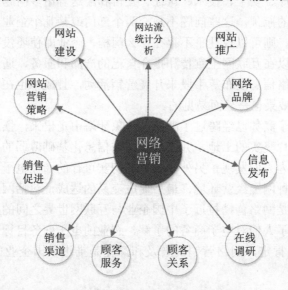

图 7-5　网络营销基本职能

(1) 网络品牌。网络营销的重要任务之一就是在互联网上建立并推广企业的品牌，知名企业的网下品牌可以在网上得以延伸，一般企业则可以通过互联网快速树立品牌形象，并提升企业整体形象。网络品牌建设是以企业网站建设为基础，通过一系列的推广措施，达到顾客和公众对企业的认知和认可。在一定程度上说，网络品牌的价值甚至高于通过网络获得的直接收益。与网络品牌建设相关的内容包括：专业性的企业网站、域名、搜索引擎排名、网络广告、电子邮件、会员社区等。网络营销的重要任务之一就是在互联网上建立并推广企业的品牌，以及让企业的网下品牌在网上得以延伸和拓展。

(2) 网站推广和优化。网址推广和优化是网络营销最基本的职能之一，在几年前，甚至认为网络营销就是网址推广。相对于其他功能来说，网址推广显得更为迫切和重要，网站所有功能的发挥都要一定的访问量为基础，所以，网址推广是网络营销的核心工作。获得必要的访问量是网络营销取得成效的基础，尤其对于中小企业，由于经营资源的限制，发布新闻、投放广告、开展大规模促销活动等宣传机会比较少，因此通过互联网手段进行网站推广的意义显得更为重要，这也是中小企业对于网络营销更为热衷的主要原因。即使对于大型企业，网站推广也是非常必要的，事实上许多大型企业虽然有较高的知名度，但网站访问量并不高。因此，网站推广是网络营销最基本的职能之一，基本目的就是为了让更多的用户对企业网站产生兴趣并通过访问企业网站内容、使用网站的服务来达到提升品牌形象、促进销售、增进顾客关系、降低顾客服务成本等。网站优化是对网站进行程序、内容、板块、布局等的优化调整，使网站更容易被搜索引擎收录，提高用户体验(UE)和转化率进而创造价值。

(3) 信息发布。网站是一种信息载体，通过网站发布信息是网络营销的主要方法之一，同时，信息发布也是网络营销的基本职能，所以也可以这样理解，无论哪种网络营销方式，结果都是将一定的信息传递给目标人群，包括顾客/潜在顾客、媒体、合作伙伴、竞争者等。信息发布需要一定的信息渠道资源，这些资源可分为内部资源和外部资源。内部资源包括企业网站、注册用户电子邮箱等；外部资源则包括搜索引擎、供求信息发布平台、网络广告服务资源、合作伙伴的网络营销资源等。掌握尽可能多的网络营销资源，并充分了解各种网络营销资源的特点，向潜在用户传递尽可能多的有价值的信息，是网络营销取得良好效果的基础。

(4) 销售促进。营销的基本目的是为增加销售提供帮助，网络营销也不例外，大部分网络营销方法都与直接或间接促进销售有关。但促进销售并不限于促进网上销售，事实上，网络营销在很多情况下对于促进网下销售十分有价值。

(5) 销售渠道。一个具备网上交易功能的企业网站本身就是一个网上交易场所，网上销售是企业销售渠道在网上的延伸，网上销售渠道建设也不限于网站本身，还包括建立在综合电子商务平台上的网上商店，以及与其他电子商务网站不同形式的合作等。因此网上销售并不仅仅是大型企业才能开展，不同规模的企业都有可能拥有适合自己需要的在线销售渠道。

(6) 顾客服务。顾客服务质量对于网络营销的效果具有重要影响。互联网提供了更加方便的在线顾客服务手段，包括从形式最简单的常见问题解答，到电子邮件、邮件列表，以及在线论坛和各种即时信息服务等。在线顾客服务具有成本低、效率高的优点，在提高顾客服务水平方面具有重要作用，同时也直接影响到网络营销的效果，因此在线顾客服务成为网络营销的基本组成内容。

(7) 顾客关系。良好的顾客关系是网络营销取得成效的必要条件，通过网站的交互、顾客参与等方式在开展顾客服务的同时，也增进了顾客关系。顾客关系是与顾客服务相伴而产生的一种结果，良好的顾客服务才能带来稳固的顾客关系。顾客关系对于开发顾客的长期价值具有至关重要的作用，以顾客关系为核心的营销方式成为企业创造和保持竞争优势的重要策略。网络营销为建立顾客关系、提高顾客满意和顾客忠诚提供了更为有效的手段，通过网络营销的交互性和良好的顾客服务手段增进顾客关系成为网络营销取得长期效果的必要条件。

(8) 在线调研、资源合作和网上销售。通过在线调查表或者电子邮件等方式，可以完成网上市场调研，相对于传统市场调研，网上调研具有高效率、低成本的特点，因此，网上调研成为网络营销的主要职能之一。主要的实现方式包括：通过企业网站设立的在线调查问卷、通过电子邮件发送的调查问卷，以及与大型网站或专业市场研究机构合作开展专项调查等。网上市场调研具有调查周期短、成本低的特点。网上调研不仅为制定网络营销策略提供支持，也是整个市场研究活动的辅助手段之一。合理利用网上市场调研手段对市场营销策略具有重要价值。资源合作是独具特色的网络营销手段，为了获得更好的网上推广效果，需要与供应商、经销商、客户网站以及其他内容、功能互补或者相关的企业建立资源合作关系，实现资源共享到利益共享的目的。如果没有企业网站，便失去了很多积累网络营销资源的机会，没有资源，合作就无从谈起。常见的资源合作形式包括交换链接、交换广告、内容合作、客户资源合作等。建立网站及开展网络营销活动的目的之一是为了增加销售。一个功能完善的网站本身就可以完成订单确认、网上支付等电子商务功能，即企业网站本身就是一个销售渠道。随着电子商务价值越来越多地被证实，更多的企业将开拓网上销售渠道，增加网上销售手段。实现在线销售的方式有多种，利用企业网站本身的资源来开展在线销售是一种有效的形式。

(9) 网站营销策略。就是为有效实现网络营销任务，发挥网络营销应有的职能，从而最终实现销售增加和持久竞争优势所制定的方针、计划，以及实现这些计划需要采取的方法。

(10) 网站建设。企业网站建设与网络营销方法和效果有直接关系，没有专业化的企业网站作为基础，网络营销的方法和效果将受很大限制，因此企业网站建设应以网络营销策略为导向，从网站总体规划、内容、服务和功能设计等方面为有效开展网络营销提供支持。

(11) 网站流统计分析。对企业网站流量的跟踪分析，不仅有助于了解和评价网络营销效果，同时也为发现其中所存在的问题提供了依据。网站流统计既可以通过网站本身安装统计软件来实现，也可以委托第三方专业流量统计机构来完成。

开展网络营销的意义就在于充分发挥各种职能，让网上经营的整体效益最大化，因此，仅仅由于某些方面效果欠佳就否认网络营销的作用是不可取的。

网络营销的各个职能之间并非相互独立的，而是相互联系、相互促进的，网络营销的最终效果是各项职能共同作用的结果。网络营销的职能是通过各种网络营销方法来实现的，同一个职能可能需要多种网络营销方法的共同作用，而同一种网络营销方法也可能适用于多个网络营销职能。网络营销的 11 项职能也说明，开展网络营销需要用全面的观点，充分协调和发挥各种职能的作用，让网络营销的整体效益最大化。

网络营销的职能不仅表明了网络营销的作用和网络营销工作的主要内容，同时也说明了网络营销所应该实现的效果，对网络营销职能的认识有助于全面理解网络营销的价值和网络营销的内容体系，因此作者认为网络营销的职能是网络营销的理论基础之一。

7.2 网络市场调研

7.2.1 网络市场调研的含义

网络市场调研又称网上调查或在线调查，是指企业利用互联网作为沟通和了解信息的工具，对消费者、竞争者以及整体市场环境等与营销有关的数据进行调查分析研究。这些相关的数据包括顾客需要、市场机会、竞争对手、行业潮流、分销渠道以及战略合作伙伴方面的情况。网络市场调研与传统的市场调研相比有着无可比拟的优势，如调研费用低、效率高、调查数据处理方便、不受时间地点的限制。因此网络市场调研成为网络时代企业进行市场调研的主要手段。

1. 与传统调研的比较

传统的市场调研一方面要投入大量的人力物力，如果调研面较小，则不足以全面掌握市场信息，而调研面较大，则时间周期长，调研费用大；另一方面，在传统的市场调研中，被调查者始终处于被动地位，企业不可能针对不同的消费者提供不同的调查问卷，而针对企业的调查，消费者一般也不予以反应和回复。而网络市场调研可以节省大量调查费用和人力，其费用主要集中在建立调查问卷网页的链接费用上。

网络市场调研虽然也存在这样那样的问题，但其优势也是非常突出的，主要表现在以下几个方面：一是它的互动性。这种互动不仅表现在消费者对现有产品的发表意见和建议，更表现在消费者对尚处于概念阶段产品的参与，这种参与将能够使企业更好地了解市场的需求，而且可以洞察市场的潜在需求。二是网络调研的及时性。网络的传输速度快，一方面调研的信息传递到用户的速度加快，另一方面用户向调研者的信息传递速度也加快了，这就保证了市场调研的及时性。三是网络调研的便捷性和经济性。无论是对调查者还是被调查者，网络调查的便捷性都是非常明显的。调研者只要在其站点上发布其调查问卷，而且在整个调查过程中，调研者还可以对问卷进行及时修改和补充，而被调查者只要有一台计算机、一个 Modem、一部手机就可以快速方便地反馈其意见。同时，对于反馈的数据，调查者也可以快速便捷地进行整理和分析，因为反馈的数据可以直接形成数据库。这种方便性和快捷性大大降低了市场调研的人力和物力耗费。

2. 网络市场调研的优点

与传统市场调研方法相比，利用互联网进行市场调研有很多优点。

1) 网络调研信息的及时性和共享性

由于网络的传输速度非常快，网络信息能够快速地传送到连接上网的任何网络用户，而且网上投票信息经过统计分析软件初步处理后，可以看到阶段性结果，而传统的市场调研得出结论需经过很长一段时间。同时，网上调研是开放的，任何网民都可以参加投票和查看结果，这又保证了网络调研的共享性。

由于企业站点的访问者一般都是对企业产品有一定的兴趣，对企业市场调研的内容作了认真的思考之后进行回复，而不像传统的调研方式下为了抽号中奖而被动地回答，所以网络市场调研的结果比较客观和真实，能够反映消费者的真实要求和市场发展的趋势。

2) 网络调研方式的便捷性和经济性

在网络上进行市场调研，无论是调查者或是被调查者，只需拥有一台能上网的计算机、手机就可以进行网络沟通交流。调研者在企业站点上发出电子调查问卷，提供相关的信息，或者及时修改、充实相关信息，被调研者只需在电脑前按照自己的意愿轻点鼠标或填写问卷，之后调研者利用计算机对访问者反馈回来的信息进行整理和分析即可，这种调研方式十分便捷。

同时，网络调研非常经济，它可以节约传统调查中大量的人力、物力、财力和时间的耗费。省去了印刷调研问卷、派访问员进行访问、电话访问、留置问卷等工作；调研也不会受到天气、交通、工作时间等的影响；调查过程中最繁重、最关键的信息收集和录入工作也将分布到众多网上用户的终端上完成；信息检验和信息处理工作均由计算机自动完成。所以网络调研能够以最经济、便捷的手段完成。

3) 网络调研过程的交互性和充分性

网络的最大优势是交互性，这种交互性也充分体现在网络市场调研中。网络市场调研某种程度上具有人员面访的优点，在网上调查时，被访问者可以及时就问卷相关的问题提出自己的看法和建议，可减少因问卷设计不合理而导致的调查结论出现偏差等问题。消费者一般只能针对现有产品提出建议甚至是不满，而对尚处于概念阶段的产品则难以涉足，而在网络调研中消费者则有机会对从产品设计到定价和服务等一系列问题发表意见。这种双向互动的信息沟通方式提高了消费者的参与性和积极性，更重要的是能使企业的营销决策有的放矢，从根本上提高消费者满意度。

同时，网络调研又具有留置问卷或邮寄问卷的优点，被访问者有充分的时间进行思考，可以自由地在网上发表自己的看法。把这些优点集合于一身，形成了网络调研的交互性和充分性的特点。

4) 网络调研结果的可靠性和客观性

相比传统的市场调研，网络调研的结果比较可靠和客观，主要是基于以下原因：首先企业站点的访问者一般都对企业产品有一定的兴趣，被调查者是在完全自愿的原则下参与调查，调查的针对性强。而传统的市场调研中的拦截询问法，实质上是带有一定的"强制性"的。其次，被调查者主动填写调研问卷，填写者一般对调查内容有一定的兴趣，回答问题就会相对认真，所以问卷填写可靠性高。

此外，网络市场调研可以避免传统市场调研中人为因素干扰所导致的调查结论的偏差，因为被访问者是在完全独立思考的环境中接受调查的，能最大限度地保证调研结果的客观性。

5) 网络调研无时空和地域的限制

传统的市场调研往往会受到区域与时间的限制，而网络市场调研可以 24 小时全天候进行，同时也不会受到区域的限制。

6) 调研信息的可检验性和可控制性

利用 Internet 进行网上调研收集信息，可以有效地对采集信息的质量实施系统的检验和控制。首先，网上市场调查问卷可以附加全面规范的指标解释，有利于消除被访者因对指标理解不清或调查员解释口径不一而造成的调查偏差。其次，问卷的复核检验由计算机依据设定的检验条件和控制措施自动实施，可以有效地保证对调查问卷 100%的复核检验，保证检验与控制的客观公正性。最后，通过对被调查者的身份验证技术可以有效地防止信息采集过程中的舞弊行为。

7.2.2　网络市场调研的步骤

网络市场调研应遵循一定的程序和步骤(见图 7-6)，一般而言，应经过五个步骤。

图 7-6　网络市场调研的步骤

1．确定目标

虽然网络市场调研的每一步都很重要，但是调研问题的界定和调研目标的确定却是最重要的一步。只有清楚地定义了网络市场调研的问题，确立了调研目标，方能正确地设计和实施调研。在确定调研目标的同时还要确定调研对象，网络调研对象主要包括：企业产品的消费者、企业的竞争者、上网公众、企业所在行业的管理者和行业研究机构。

2．设计调研方案

具体内容包括确定资料来源、调查方法、调查手段和接触方式。

3．收集信息

在确定调查方案后，市场调研人员即可通过电子邮箱向互联网上的个人主页、新闻组或者邮箱清单发出的相关查询，之后就进入收集信息阶段。与传统的调研方法相比，网络调研收集和录入信息更方便、快捷。

4．信息整理和分析

收集得来的信息本身并没有太大意义，只有进行整理和分析后信息才变得有用。整理和分析信息这一步非常关键，需要使用一些数据分析技术，如交叉列表分析技术、概况技术、综合指标分析和动态分析等。目前国际上较为通用的分析软件有 SPSS、SAS、BMDP、Minitab 和电子表格软件。

5．撰写调研报告

这是整个调研活动的最后一个重要阶段。报告不能是数据和资料的简单堆积，调研人员不能把大量的数字和复杂的统计技术扔到管理人员面前。正确的做法是把与市场营销决策有关的主要调查结果报告出来，并遵循所有有关组织结构、格式和文笔流畅的写作原则。

7.2.3　网络市场调研的方法

1. 调研策略

(1) 科学地设计在线调查问卷。
(2) 吸引尽可能多的网民参与调查,特别是被动问卷调查法。
(3) 充分利用数据库资料。
(4) 提高网络市场调查的质量。
(5) 选择合适的方式发布网络市场调查问卷,同时尽可能把多种调研方式结合在一起。

2. 调研方法

(1) 网络市场直接调研。网络市场直接调研是指利用互联网技术,通过网上问卷等形式调查网络消费者行为及其意向的一种市场调研类型。按调研的思路不同,网络市场直接调研可以分为网上问卷调研和网上论坛调研等方法。

(2) 网络市场间接调研。网络市场间接调研主要是利用互联网收集与企业营销相关的市场、竞争者、消费者以及宏观环境等方面的信息。从搜索引擎、E-mail、新闻组公告栏、访问相关网站、其他网上媒体获取竞争的信息;从有关新闻组和BBS中获取竞争者的信息。

(3) 网上调研样本的选择。随机抽样:简单随机抽样、分层抽样、整群抽样、等距抽样。非随机抽样:任意抽样、判断抽样、配额抽样等。

7.3　网络营销策略与网络广告

7.3.1　网络营销策略

网络营销策略是指企业根据自身特点进行的一些网络营销组合,它与基本的营销手段有一些差异,良好的网络营销策略会给企业或网站带来巨大的回报。简单地说,网络营销就是在互联网营造一种在线营销环境,它注重经验的总结和执行的技巧,不用太高深的理论,方式也越来越多。

网络营销策略的特点:第一,基础是否扎实;第二,多元化的包装模式;第三,团队是否建立;第四,推广渠道的多元化;第五,有目标地长期执行。

1. 网络营销策略的种类

1) 品牌策略

首先公司经营的产品要确定自己的品牌,然后去推广企业自己的产品品牌。如果是知名的企业,其品牌可以得到很快宣传,通过互联网快速建立自己的品牌形象,通过自己网站提升企业整体形象。网站的建设是以企业产品品牌建设为基础的,所以网络品牌的价值可能高于网络获得的直接利益。当企业建立品牌后就要通过一系列的推广措施,达到顾客对企业的认知和认可。

2) 产品策略

企业使用网络营销方法要先明确自己的公司所卖产品或者服务项目,明确哪些群体是消费者,有目的地寻找消费群体。产品的选择是很重要的,它决定了要进行网络营销的消费群体。选择好产品可以通过网络营销获得更大的利润。

在网络营销中,产品的整体概念可分为五个层次,相应地有不同的策略。

(1) 核心利益或服务层次。企业在设计和开发产品核心利益时要从顾客的角度出发,要根据上次的营销效果来制定本次产品的设计开发。要注意的是网络营销的全球性,企业在提供核心利益和服务时要针对全球性市场提供,如医疗服务可以借助网络实现网络远程医疗。

(2) 有形产品层次。对于物质产品来说,必须保障品质,注重产品的品牌,注意产品的包装。在式样和特征方面要根据不同地区的文化来进行针对性加工。

(3) 期望产品层次。在网络营销中,顾客处于主导地位,消费呈现出个性化的特征,不同的消费者可能对产品的要求不一样,因此,产品的设计和开发必须满足顾客这种个性化的消费需求。

(4) 延伸产品层次。在网络营销中,对于物质产品来说,延伸产品层次要注意提供满意的售后服务、送货、质量保证等。

(5) 潜在产品层次。在延伸产品层之外,由企业提供能满足顾客潜在需求的产品。

3) 价格策略

价格,是每个消费者更关注的,以更低价格购买到更好质量的产品或服务是每个消费者的更大希望。网络营销价格策略是成本和价格的直接对话,由于互联网上信息公开化,消费者很容易摸清所要购买产品的价格,一个企业要想在价格上取胜,就要注重强调自己的产品性能以及与同行业竞争者产品的特点,及时调整不同时期的价格。

在自身品牌推广阶段,可以用低价来吸引消费者,在满足自己成本的基础上以更好的质量回馈消费者,通过这样的方式来占领市场。当品牌推广累积到一定阶段后,制定自动价格调整系统,降低成本,根据变动成本市场需求状况以及竞争对手报价来及时适时调整。它的具体策略包括七个方面。

(1) 定制定价策略。定制定价策略的核心是价格会变动,根据消费者的需求进行针对性的定价。要实行定制定价策略,需要进行资料的搜集,建立数据库,将每一个客户都当成是一个独立的个体。定制定价策略常适用于服务类,如品牌传播服务、网站优化推广、网站关键字推广等,需要根据客户的需求进行详细的分析,确定其难度,从而定制出一个合理的价格。

(2) 低价定价策略。低价定价策略可以说是一种耳熟能详的定价策略,低价定价策略的核心是薄利多销和抢占市场。薄利多销的前提是产品的需求量大,生产的效率高,就如日常的生活用品纸巾、洗发水等。而抢占市场适用于一个新产品的发布,为了提高市场的知名度,为了树立消费者的认知,新产品的低价定价策略是一个不错的选择。

(3) 拍卖定价策略。拍卖定价策略是一种新颖的定价策略,物品起始的价格非常低,甚至为零,但是经过一番消费者的争夺后,其价格便会无限制地上涨,甚至其竞拍的价格会高于货品一般的价格。如一些数量稀少难以确定价格的货品都可设置拍卖定价策略。拍卖定价策略的前提是稀少、市场需求大。

(4) 捆绑价格策略。捆绑定价策略是现代最为普遍的一种定价策略。捆绑定价策略多运用于配套的产品或服务，也可运用于类似的产品销售。但是捆绑定价策略不可令消费者产生负面的印象，需要令消费者满意。

(5) 品牌定价策略。在现代的产品销售中，定价除了考虑产品的成本和质量外，还需要考虑产品的品牌性，而现代消费者消费也具有品牌针对性。当消费者认准了一个品牌后，未来的消费都会倾向于该品牌。品牌的知名度是建立在不断的推广维护上的，所以在进行网络营销时需要考虑产品的品牌性。如著名的世界品牌，其定价便需要高些，这样才能显示其品牌价值。

(6) 尾数定价。尾数定价，又称奇数定价，或者零头定价，是利用消费者在数字认识上的某种心理制定尾数价格，使消费者产生商品价格较廉、商家定价认真以及售价接近成本等信任感。

(7) 差别定价。差别定价又称"弹性定价"，是一种"以顾客支付意愿"而制定不同价格的定价法，其目的在于建立基本需求、缓和需求的波动和刺激消费。当一种产品对不同的消费者，或在不同的市场上的定价与它的成本不成比例时，就产生差别定价。

4) 促销策略

网上促销不同于传统营销模式，它没有人员促销或是直接促销，它是利用大量的网络广告这种软营销模式来达到促销效果。这样的做法更大的优点就是可以节省大量人力和财力支出。通过网络广告效应可以在互联网中不同的角落里挖掘潜在的客户；也可以通过与非竞争对手达成合作联盟，拓宽产品消费者层面。在多数情况下，网络营销对于促进网下销售十分有价值，又避免了现实中促销的千篇一律。网络促销是利用互联网来进行的促销活动，也就是利用现代化的网络技术向虚拟市场传递有关的服务信息，以引发需求，引起消费者购买欲望和购买行为的各种活动。网络促销有四种形式，分别是网络广告、站点推广、销售促进和关系营销。

(1) 网络广告。主要是借助网上知名站点(ISP 或 ICP)、免费电子邮件和一些免费公开的交互站点(如新闻组、公告栏)发布企业的产品信息，对企业的产品进行宣传推广。

(2) 站点推广。是利用网络营销策略扩大站点的知名度，吸引上网者访问网站，起到宣传和推广企业以及企业产品的效果。

(3) 销售促进。就是企业利用可以直接销售的网络营销站点，采用一些销售促进方法如价格折扣、有奖销售、拍卖销售等方式，宣传和推广产品。

(4) 关系营销。借助互联网的交互功能吸引用户与企业保持密切关系，培养顾客忠诚度，提高企业收益率。

5) 渠道策略

网络营销的渠道要从消费者的角度出发，为吸引消费者购买应该及时在公司网站发布促销信息、新产品信息、公司动态；为方便消费者购买建议开通多种支付模式，让消费者有选择的余地；有能力的可以在网站上设置人工客服等。为了在网络中吸引消费者关注产品，可以为公司产品做外延，比如在网站建设的同时及时建立网络店铺，加大销售渠道。

6) 顾客服务策略

网络营销与传统营销模式的不同在于它特有的互动方式，网络营销可以根据自身公司产品的特性，根据特定的目标客户群、特有的企业文化来加强互动，节约开支，而传统营销模式营销手法单一。

2. 营销策略主要关注点

(1) 战略整体规划。市场分析、竞争分析、受众分析、品牌与产品分析、独特销售主张提炼、创意策略制定、整体运营步骤规划、投入和预期设定。

(2) 营销型网站。网站结构、视觉风格、网站栏目、页面布局、网站功能、关键字策划、网站 SEO、设计与开发。

(3) 传播内容规划。品牌形象文案策划、产品销售概念策划、产品销售文案策划、招商文案策划、产品口碑文案策划、新闻资讯内容策划、各种广告文字策划。

(4) 整合传播推广。SEO 排名优化、博客营销、微博营销、论坛营销、知识营销、口碑营销、新闻软文营销、视频营销、事件营销、公关活动等病毒传播方式。

(5) 数据监控运营。网站排名监控、传播数据分析、网站访问数量统计分析、访问人群分析、咨询统计分析、网页浏览深度统计分析、热门关键字访问统计分析。

7.3.2 网络广告

追本溯源，网络广告发源于美国。1994 年 10 月 14 日是网络广告史上的里程碑，美国著名的 Hotwired 杂志推出了网络版的 Hotwired，并首次在网站上推出了网络广告，这立即吸引了 AT&T 等 14 个客户在其主页上发布广告，10 月 27 日当一个 468×60 的 Banner 广告显示在页面上时标志着网络广告的正式诞生。更值得一提的是，当时的网络广告点击率高达 40%。

1. 网络广告的含义

网络广告就是在网络上做的广告，是指运用专业的广告横幅、文本链接、多媒体的方法，在互联网刊登或发布广告，通过网络传递到互联网用户的一种高科技广告运作方式。与传统的四大传播媒体(报纸、杂志、电视、广播)广告及近来备受垂青的户外广告相比，网络广告具有得天独厚的优势，是实施现代营销媒体战略的重要一部分。网络广告是主要的网络营销方法之一，在网络营销方法体系中具有举足轻重的地位。

无论以什么形式出现，网络广告所具有的本质特征是相同的：网络广告的本质是向互联网用户传递营销信息的一种手段，是对用户注意力资源的合理利用。Internet 是一个全新的广告媒体，速度最快效果很理想，是中小企业扩展壮大的很好途径，对于广泛开展国际业务的公司更是如此。

2. 网络广告的分类

网络广告可以按照投放目的、投放形式的不同划分为不同的类型，如表 7-1 所示。

表 7-1 按照投放依据的广告

分类依据	类别	内容
投放目的	信息传播类	信息传播类的广告，其目的是将某个消息传播出去，主要是将新产品上市的信息让更多的人知道

续表

分类依据	类别	内容
投放目的	品牌广告类	品牌广告,是针对某一个品牌进行的宣传,其目的是提升品牌的知名度和美誉度
	销售/引导类广告	销售类广告,目的就是为了销售出去产品。比如我们经常看到的服务提供商(SP)的提供的图片和铃声广告都可以归到这类里
投放形式	固定位置广告	固定位置的广告形式是最早采用,也是最常见的广告形式。它的特点是,在某一个或者某一类页面的相对固定位置放置广告
	上下文相关广告	上下文相关广告,是在固定位置广告的基础上,增加广告与上下文的相关性,由广告投放平台通过分析投放广告的页面内容,然后从广告库中提取出相关的广告进行投放
	弹出广告	部分弹窗广告采取后弹模式,也就是说,当页面载入完成后弹在当前页面后;部分弹窗广告采取关闭触发的模式,也就是说,当用户关闭窗口,或者离开当前页面的时候弹出
	内文提示广告	即在内文中,画出一些关键字,然后当鼠标移动到上边的时候,使用提示窗口的方式显示相关的广告内容

按照计费方式的不同,网络广告可以分为如表 7-2 所示的几类。

表 7-2 按照计费方式不同的广告分类

计费形式	分类	内容
按展示计费	CPM 广告	每千次印象费用。广告条每显示 1000 次(印象)的费用。CPM 是最常用的网络广告定价模式之一
	CPT 广告	经过定位的用户的千次印象费用(如根据人口统计信息定位)。CPTM 与 CPM 的区别在于,CPM 是所有用户的印象数,而 CPTM 只是经过定位的用户的印象数
按行动计费	CPC 广告	每次点击的费用。根据广告被点击的次数收费。如关键词广告一般采用这种定价模式
	PPC 广告	是根据点击广告或者电子邮件信息的用户数量来付费的一种网络广告定价模式
	CPA 广告	每次行动的费用
	CPL 广告	按注册成功支付佣金
	PPL 广告	指每次通过网络广告产生的引导付费的定价模式
按销售计费	CPO 广告	也称为 cost-per-transaction,即根据每个订单/每次交易来收费的方式
	CPS 广告	营销效果是指销售额
	PPS 广告	根据网络广告所产生的直接销售数量而付费的一种定价模式

3. 网络广告的本质特征

1) 网络广告的本质

相对于传统广告形式,网络广告呈现出一些自身的特点,了解这些特点,是把握网络广告营销策略实质的基础。关于网络广告的特点,许多相关书籍和文章都罗列了一些表面的现象,如交互性、广泛性、针对性、表现形式多样性、易统计性等,网络广告的确在一定程度上具有这些特征,但这些基本特征在现阶段的实践应用中要么没有完全发挥出来,要么这些特征不足以从深层次说明网络广告的本质,因此有必要从更深的层次上认识网络广告的特征。

2) 对用户、广告客户和网络媒体三者的体现

在对网络广告现状进行充分分析研究,并对已广泛传播的网络广告一般特点重新归纳总结的基础上,《网络营销基础与实践》第二版(冯英健著,清华大学出版社,2004年10月)提出了网络广告所具有的四个本质特征:网络广告需要依附于有价值的信息和服务载体;网络广告的核心思想在于引起用户关注和点击;网络广告具有强制性和用户主导性的双重属性;网络广告应体现出用户、广告客户和网络媒体三者之间的互动关系。

(1) 网络广告需要依附于有价值的信息和服务载体。用户是为了获取对自己有价值的信息来浏览网页、阅读电子邮件,或者使用其他有价值的网络服务如搜索引擎、即时信息等,网络广告是与这些有价值的信息和服务相依赖才能存在的,离开了这些对用户有价值的载体,网络广告便无法实现网络营销的目的。因此在谈论网络广告的定向投放等特点时应该正确认识这个因果关系,即并非网络广告本身具有目标针对性,而是用户获取信息的行为特点要求网络广告具有针对性,否则网络广告便失去了存在的价值。网络广告这一基本特征表明,网络广告的效果并不是单纯取决于网络广告自身,还与其所存在的环境和依附的载体有密切关系,这也说明了为什么有些形式的网络广告可以获得较高的点击率,如搜索引擎关键词广告和电子邮件广告等,而网页上的一般 Banner 和 Button 广告点击率却在持续下降的事实。

(2) 网络广告的核心思想在于引起用户关注和点击。由于网络广告承载信息有限的缺点,因此难以承担直接销售产品的职责,网络广告的直接效果主要表现为浏览和点击,因此网络广告策略的核心思想在于引起用户关注和点击。这与搜索引擎营销传递的信息只发挥向导作用是类似的,即网络广告本身所传递的信息不是营销信息的全部,而是为吸引用户关注而专门创造并放置于容易被发现之处的信息导引。这些可以测量的指标与最终的收益之间有相关关系,但并不是一一对应的关系,浏览网络广告者并不一定点击,浏览者也可以在一定程度上形成转化。这也为网络广告效果的准确测量带来了难度,而且某些网络广告形式如纯文本的电子邮件广告等本身也难以准确测量其效果。网络广告这个特征也决定了其效果在品牌推广和产品推广方面更具优势,而其表现形式以新、大、奇等更能引起注意,这也说明了为了解决网络广告点击率不断下降的困境,网络广告形式不断革新的必然性。

(3) 网络广告具有强制性和用户主导性的双重属性。网络广告的表现手段很丰富,是否对用户具有强制性关键取决于广告经营者而不是网络广告本身。早期的网络广告对于用户的无滋扰性也使其成为适应互联网营销环境营销手段的一个优点,但随着广告商对于用户注意力要求的扩张,网络广告逐渐发展为具有强制性和用户主导性的双重属性。虽然从

理论上讲用户是否浏览和点击广告具有自主性，但越来越多的广告商采用强制性的手段迫使用户不得不浏览和点击，如弹出广告、全屏广告、插播式广告、漂浮广告等，虽然这些广告引起用户的强烈不满，但从客观效果上达到了增加浏览和点击的目的。因此，对于许多单纯追求短期可监测效果的广告客户来说，网络广告与传统广告一样具有强制性，同时，网络广告的表现手段越来越多样化，强制性也日益加剧。对于网络广告所存在的强制性并没有形成统一的行业规范，更没有具有普遍约束性的法律法规，因此这种矛盾仍将继续存在下去。

(4) 网络广告应体现出用户、广告客户和网络媒体三者之间的互动关系。网络广告具有交互性，因此有时也称为交互式广告。在谈论网络广告的交互性时，通常是从用户对于网络广告的行为来考虑，如一些富媒体广告中用户可以根据广告中设定的一些情景做出选择，在即时信息广告中甚至可以实时地和工作人员进行交谈。这种交互其实并没有反映网络广告交互的完整含义，何况，事实上这种交互性也很少得到有效的体现，大部分的网络广告只是被动地等待用户的点击。网络广告交互性的真正意义在于体现了用户、广告客户和网络媒体三者之间的互动关系，就是说，网络媒体提供高效的网络广告环境和资源，广告客户则可以自主地进行广告投放、更换、效果监测和管理，而用户可以根据自己的需要选择自己感兴趣的广告信息及其表现形式。也只有建立了三者之间良好的互动关系，才能实现网络广告最和谐的环境，才可以让网络广告真正成为大多数企业都可以采用的营销策略，网络广告的价值也才能最大限度地发挥出来。这种互动关系具有一定的理想特征，但离现实并不遥远，在搜索引擎营销中常用的关键词广告、竞价排名等形式中已经初步显示了其价值。

4. 网络广告的属性

同传统的广告媒体相比，网络广告的特征主要有：广泛和开放性、实时和可控性、直接和针对性、双向和交互性、易统计和可评估性、传播信息的非强迫性、广告受众数量的可统计性、网络信息传播的感官性。

(1) 网络广告的主要形式有展示性广告、赞助式广告、分类广告、引导广告、电子邮件广告、富媒体广告、搜索引擎广告、数字视频广告、手机广告。

(2) 网络广告的特点有网络广告的互动性、消除时间以及空间的限制、网络广告更具经济性、网络广告效果的可测评性、网络广告的目标性、针对性强。

7.4 常用的网络营销方法

网络营销的方法很多，主要包括网上调研营销、通用网址营销、网络黄页营销、搜索引擎营销、电子商务营销、电子邮件营销、论坛(BBS 营销)、社区营销、分类信息营销、呼叫广告营销、资源合作营销、网络体验营销、博客营销、威客营销、电子地图营销、电子杂志营销、网络视频营销、游戏植入式营销、RSS 营销、3D 虚拟社区营销、网络会员制营销、手机短信营销等。以下对主要网络营销方式进行介绍(见图 7-7 所示)。

营销的方式主要是在各类 App 上投放广告、软文等，或者邀请明星、网红等进行推广。

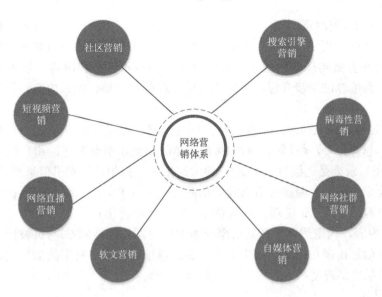

图 7-7　主要营销方式

7.4.1　搜索引擎营销

搜索引擎营销(search engine marketing)，我们通常简称为"SEM"。简单来说，搜索引擎营销就是基于搜索引擎平台的网络营销，利用人们对搜索引擎的依赖和使用习惯，在人们检索信息的时候将信息传递给目标用户。搜索引擎营销的基本思想是让用户发现信息，并通过点击进入网页，进一步了解所需要的信息。企业通过搜索引擎付费推广，让用户可以直接与公司客服进行交流、了解，实现交易。

1. 搜索引擎营销的定义

搜索引擎营销的基本思想是让用户发现信息，并通过(搜索引擎)搜索点击进入网站/网页进一步了解他所需要的信息。在介绍搜索引擎策略时，一般认为，搜索引擎优化设计的主要目标有两个层次：被搜索引擎收录、在搜索结果中排名靠前。这已经是常识问题，简单来说 SEM 所作的就是以最小的投入在搜索引擎中获最大的访问量并产生商业价值。多数网络营销人员和专业服务商对搜索引擎的目标设定也基本处于这个水平。但从实际情况来看，仅仅做到被搜索引擎收录并且在搜索结果中排名靠前还很不够，因为取得这样的效果实际上并不一定能增加用户的点击率，更不能保证将访问者转化为顾客或者潜在顾客，因此只能说是搜索引擎营销策略中两个最基本的目标。

2. 搜索引擎营销的基本工作原理

1) 工作原理

(1) 搜索营销原理。用户搜索—返回结果—查看结果—点击内容—浏览网站—咨询搜索。

(2) 搜索引擎工作原理。抓取—数据库—分析搜索请求—计算排列顺序。

2) 工作要素、基本过程和基本内容

(1) 工作要素。根据搜索引擎推广的原理，搜索引擎推广之所以能够实现，需要有五个基本要素：信息源(网页)、搜索引擎信息索引数据库、用户的检索行为和检索结果、用户对检索结果的分析判断、对选中检索结果的点击。对这些要素以及搜索引擎推广信息传递过程的研究和有效实现就构成了搜索引擎推广的基本任务和内容。最主要的是需要做好用户体验，百度算法进步升级，更加重视用户体验这一块，做好内容，做优质内容才是王道。

(2) 基本过程。企业信息发布在网站上成为以网页形式存在的信息源(包括企业内部信息源及外部信息源)；搜索引擎将网站/网页信息收录到索引数据库；用户利用关键词进行检索(对于分类目录则是逐级目录查询)；检索结果中罗列相关的索引信息及其链接 URL；用户根据对检索结果的判断选择有兴趣的信息并点击 URL 进入信息源所在网页；搜索关键词；看到搜索结果；点击链接；浏览企业网站；实现转化。

(3) 基本内容。构造适合于搜索引擎检索的信息源；创造网站/网页被搜索引擎收录的机会；让网站信息出现在搜索结果中靠前位置；以搜索结果中有限的信息获得用户关注；为用户获取信息提供方便。

3) 营销目标

第一层目标是搜索引擎的存在层，其目标是在主要的搜索引擎/分类目录中获得被收录的机会。这是搜索引擎营销的基础，离开这个层次，搜索引擎营销的其他目标也就不可能实现。搜索引擎登录包括免费登录、付费登录、搜索引擎关键词广告等形式。存在层的含义就是让网站中尽可能多的网页获得被搜索引擎收录(而不仅仅是网站首页)，也就是为增加网页的搜索引擎可见性。

第二层目标则是在被搜索引擎收录的基础上尽可能获得好的排名，即在搜索结果中有良好的表现，因而可称为表现层。因为用户关心的只是搜索结果中靠前的少量内容，如果利用主要的关键词检索时网站在搜索结果中的排名靠后，那么还有必要利用关键词广告、竞价广告等形式作为补充手段来实现这一目标。同样，如果在分类目录中的位置不理想，则需要同时考虑在分类目录中利用付费等方式获得排名靠前。

第三层目标则直接表现为网站访问量指标方面，也就是通过搜索结果点击率的增加来达到提高网站访问量的目的。只有受到用户关注，经过用户选择后的信息才可能被点击，因此可称为关注层。从搜索引擎的实际情况来看，仅仅做到被搜索引擎收录并且在搜索结果中排名靠前是不够的，这样并不一定能增加用户的点击率，更不能保证将访问者转化为顾客。要通过搜索引擎营销实现访问量增加的目标，则需要从整体上进行网站优化设计，并充分利用关键词广告等有价值的搜索引擎营销专业服务。

第四层目标是通过访问量的增加转化为企业最终收益，可称为转化层。转化层是前面三个目标层次的进一步提升，是各种搜索引擎方法所实现效果的集中体现，但并不是搜索引擎营销的直接效果。从各种搜索引擎策略到产生收益，其间的中间效果表现为网站访问量的增加，网站的收益是由访问量转化所形成的，从访问量转化为收益则是由网站的功能、服务、产品等多种因素共同作用而决定的。因此，第四个目标在搜索引擎营销中属于战略层次的目标。其他三个层次的目标则属于策略范畴，具有可操作性和可控制性的特征，实现这些基本目标是搜索引擎营销的主要任务。

搜索引擎推广追求最高的性价比，以最小的投入获最大的来自搜索引擎的访问量，并产生商业价值。用户在检索信息时所使用的关键字反映出用户对该问题(产品)的关注，这种关注是搜索引擎之所以被应用于网络营销的根本原因。

3. 搜索引擎营销的基本特征

(1) 搜索引擎推广方法与企业网站密不可分。一般来说，搜索引擎推广作为网站推广的常用方法，在没有建立网站的情况下很少被采用(有时也可以用来推广网上商店、企业黄页等)，搜索引擎营销需要以企业网站为基础，企业网站设计的专业性对网络营销的效果又产生直接影响。

(2) 搜索引擎传递的信息只发挥向导作用。搜索引擎检索出来的是网页信息的索引，一般只是某个网站/网页的简要介绍，或者搜索引擎自动抓取的部分内容，而不是网页的全部内容，因此这些搜索结果只能发挥一个"引子"的作用，如何尽可能好地将有吸引力的索引内容展现给用户，是否能吸引用户根据这些简单的信息进入相应的网页继续获取信息，以及该网站/网页是否可以给用户提供给他所期望的信息，这些就是搜索引擎营销所需要研究的主要内容。

(3) 搜索引擎营销是用户主导的网络营销方式。没有哪个企业或网站可以强迫或诱导用户的信息检索行为，使用什么搜索引擎、通过搜索引擎检索什么信息完全是由用户自己决定的，在搜索结果中点击哪些网页也取决于用户的判断。因此，搜索引擎营销是由用户所主导的，最大限度地减少了营销活动对用户的滋扰，最符合网络营销的基本思想。

(4) 搜索引擎营销可以实现较高程度的定位。网络营销的主要特点之一就是可以对用户行为进行准确分析并实现高程度定位，搜索引擎营销在用户定位方面具有更好的功能，尤其是在搜索结果页面的关键词广告，完全可以实现与用户检索所使用的关键词高度相关，从而提高营销信息被关注的程度，最终达到增强网络营销效果的目的。

(5) 搜索引擎营销的效果表现为网站访问量的增加而不是直接销售。了解这个特点很重要，因为搜索引擎营销的使命就是获得访问量，而至于访问量是否可以最终转化为收益，不是搜索引擎营销可以决定的。这说明，提高网站的访问量是网络营销的主要内容，但不是全部内容。

(6) 搜索引擎营销需要适应网络服务环境的发展变化。搜索引擎营销是搜索引擎服务在网络营销中的具体应用，因此在应用方式上依赖于搜索引擎的工作原理、提供的服务模式等，当搜索引擎检索方式和服务模式发生变化时，搜索引擎营销方法也应随之变化。因此，搜索引擎营销方法具有一定的阶段性，与网络营销服务环境的协调是搜索引擎营销的基本要求。

7.4.2 病毒性营销

病毒性营销(viral marketing，也可称为病毒式营销)是一种常用的网络营销方法，常用于进行网站推广、品牌推广等。病毒性营销利用的是用户口碑传播的原理，在互联网上，这种"口碑传播"更为方便，可以像病毒一样迅速蔓延，因此病毒性营销(病毒式营销)成为一种高效的信息传播方式。而且，由于这种传播是用户之间自发进行的，因此几乎是不需要费用的网络营销手段。

1. 简要介绍

(1) 病毒性营销概述。病毒性营销是一种常用的网络营销方法，病毒性营销常用于进行网站推广、品牌推广等，病毒性营销利用的是用户口碑传播的原理。在互联网上，这种"口碑传播"更为方便，可以像病毒一样迅速蔓延，因此病毒性营销成为一种高效的信息传播方式。而且，由于这种传播是用户之间自发进行的，因此几乎是不需要费用的网络营销手段。

(2) 书籍文章。在专业书籍和文章中介绍的通常都是大型知名公司的病毒性营销案例，因为大型公司有实力提供各种免费资源以实现其病毒性传播的目的，其中很多病毒性营销方法对于小型网站可能并不适用，比如免费邮箱、即时通信服务等，但病毒性营销的基本思想是可以借鉴的。对于小型网站，虽然难以在很大范围内造成病毒性营销的传播，但在小的范围内获得一定的效果是完全可以做到的。

(3) 病毒性营销的优势。正是由于病毒性营销的巨大优势，因此在网络营销方法体系中占有重要的地位，更重要的是，对企业市场人员具有很大的吸引力，因而吸引着营销人员不断创造各种各样的病毒性营销计划和病毒性营销方案。其中有些取得了极大成功，当然也有一些病毒性营销创意虽然很好，但在实际操作中可能并未达到预期的效果，有些则可能成为真正的病毒传播而为用户带来麻烦，对网站的形象可能造成很大的负面影响。因此，在认识到病毒性营销的基本思想之后，还有必要进一步了解病毒性营销的一般规律，这样才能设计出成功的病毒性营销方案。

2. 病毒性营销的要素

(1) 提供有价值的产品或服务。在市场营销人员的词汇中，"免费"一直是最有效的词语，大多数病毒性营销计划提供有价值的免费产品或服务来引起注意，例如，免费的 E-mail 服务、免费信息、具有强大功能的免费软件(可能不如"正版"强大)。"便宜"或者"廉价"之类的词语可以使人产生兴趣，但是"免费"通常可以更快引人注意。病毒性市场人员从事的是报酬滞后的行业，短时间内不能盈利，但是如果客户能从一些免费服务中刺激高涨的需求兴趣，那么在"不久和余生"中企业将持续获利。"免费"吸引眼球，然后，眼球会注意到你出售的其他东西，于是商家才可以赚钱，眼球带来了有价值的电子邮件地址、广告收入、电子商务销售机会等。

(2) 提供无须努力地向他人传递信息的方式。公众健康护士在流感季节提出严肃的劝告：远离咳嗽的病人，经常洗手，不要触摸眼睛、鼻子和嘴。病毒只在易于传染的情况下才会传播，因此，携带营销信息的媒体必须易于传递和复制，如 E-mail、网站、图表、软件下载等。病毒性营销在互联网上得以极好地发挥作用是因为即时通信变得容易而且廉价，数字格式使得复制更加简单，从营销的观点来看，必须把营销信息简单化使信息容易传输，越简短越好，最经典的是："Get your private, free email at……"信息传递范围很容易从小向很大规模扩散。

(3) 信息传递范围很容易从小向很大规模扩散。为了像野火一样扩散，传输方法必须从小到大迅速改变，HOTMAIL 模式的弱点在于免费 E-mail 服务需要有自己的邮件服务器来传送信息，如果这种战略非常成功，就必须迅速增加邮件服务器，否则将抑制需求的快速增加。如果病毒的复制在扩散之前就扼杀了主体，就什么目的也不能实现了，只要提前对增加邮件服务器做好计划就没有问题。病毒性模型必须是可扩充的。

(4) 利用公共的积极性和行为。巧妙的病毒性营销计划利用公众的积极性。是什么原因在网络的早期使得"Netscape Now"按钮需求数目激增？贪食是人们的驱动力，同样，饥饿、爱和理解也是驱动力。通信需求的驱动产生了数以百万计的网站和数以十亿计的 E-mail 信息。为了传输而建立在公众积极性和行为基础之上的营销战略将会取得成功。

(5) 利用现有的通信网络。大多数人都是社会性的，社会科学家告诉我们，每个人都生活在一个 8～12 人的亲密网络之中，网络之中可能是朋友、家庭成员和同事，根据在社会中的位置不同，一个人的宽阔的网络中可能包括二十、几百或者数千人。例如，一个服务员在一星期里可能定时与数百位顾客联系。网络营销人员早已认识到这些人类网络的重要作用，无论是坚固的、亲密的网络关系还是松散的网络关系。互联网上的人们同样也发展关系网络，他们收集电子邮件地址以及喜欢的网站地址，开发这种网络作为建立允许的邮件列表。学会把自己的信息置于人们现有通信网络之中，将会迅速地把信息扩散出去。

(6) 利用他人的资源。最具创造性的病毒性营销计划利用别人的资源达到自己的目的。例如会员制计划，在他人的网站设立自己的文本或图片链接；提供免费文章的作者，试图确定他们的文章在别人网页上的位置；一则发表的新闻可能被数以百计的期刊引用，成为数十万读者阅读的文章的基础。其他的印刷新闻或网页转发的营销信息，耗用的是他人的而不是自己的资源。

3. 病毒性营销的步骤

病毒性营销一直是网络营销人员津津乐道的话题。病毒性营销的价值是巨大的，一个好的病毒性营销计划远远胜过投放大量广告所获得的效果。病毒性营销并不是随便可以做好的，有些看起来很好的创意，或者很有吸引力的服务，最终并不一定能获得预期的效果，如何才能取得病毒性营销的成功呢？网上营销新观察从 1999 年开始关注病毒性营销的研究和应用，通过对许多病毒性营销案例的跟踪研究发现，尽管每个网站具体的病毒性营销方案可能千差万别，但在实施病毒性营销的过程中，一般都需要经过方案的规划和设计、信息源和传播渠道的设计、原始信息发布、效果跟踪管理等基本步骤，认真对待每个步骤，病毒性营销才能最终取得成功。

(1) 进行病毒性营销方案的整体规划。确认病毒性营销方案符合病毒性营销的基本思想，即传播的信息和服务对用户是有价值的，并且这种信息易于被用户自行传播。

(2) 病毒性营销需要独特的创意。精心设计病毒性营销方案(无论是提供某项服务，还是提供某种信息)。最有效的病毒性营销往往是独创的。独创性的计划最有价值，跟风型的计划有些也可以获得一定效果，但要做相应的创新才更吸引人。同样一件事情，同样的表达方式，第一个是创意，第二个是跟风，第三个做同样事情的则可以说是无聊了，甚至会遭人反感，因此病毒性营销之所以吸引人就在于其创新性。在设计方案时，一个特别需要注意的问题是，如何将信息传播与营销目的结合起来。如果仅仅是为用户带来了娱乐价值(例如一些个人兴趣类的创意)或者实用功能、优惠服务而没有达到营销的目的，这样的病毒性营销计划对企业的价值就不大了；反之，如果广告气息太重，可能会引起用户反感而影响信息的传播。

(3) 信息源和信息传播渠道的设计。虽然说病毒性营销信息是用户自行传播的，但是这些信息源和信息传递渠道需要进行精心的设计。例如要发布一个节日祝福的 FLASH，首先要对这个 FLASH 进行精心策划和设计，使其看起来更加吸引人，并且让人们更愿意自愿传播。仅仅做到这一步还是不够的，还需要考虑这种信息的传递渠道，是在某个网站下载(相应的在信息传播方式上主要是让更多的用户传递网址信息)，还是用户之间直接传递文件(通过电子邮件、IM 等)，或者是这两种形式的结合，这就需要对信息源进行相应的配置。

(4) 原始信息的发布和推广。最终的大范围信息传播是从比较小的范围内开始的，如果希望病毒性营销方法可以很快传播，那么对于原始信息的发布也需要经过认真筹划，原始信息应该发布在用户容易发现，并且用户乐于传递这些信息的地方(比如活跃的网络社区)，如果必要，还可以在较大的范围内去主动传播这些信息，等到自愿参与传播的用户数量比较大之后，才让其自然传播。

(5) 病毒性营销的效果需要进行跟踪管理。当病毒性营销方案设计完成并开始实施之后(包括信息传递的形式、信息源、信息渠道、原始信息发布)，对于病毒性营销的最终效果实际上自己是无法控制的，但并不是说就不需要进行这种营销效果的跟踪和管理。实际上，对于病毒性营销的效果分析是非常重要的，不仅可以及时掌握营销信息传播所带来的反应(例如对于网站访问量的增长)，也可以从中发现这项病毒性营销计划可能存在的问题，以及可能的改进思路，将这些经验积累为下一次病毒性营销计划提供参考。

4. 病毒性营销的主要方法

病毒性营销方法并非传播病毒，而是利用用户之间的主动传播，让信息像病毒那样扩散，从而达到推广的目的。病毒性营销方法实质上是在为用户提供有价值的免费服务的同时，附加上一定的推广信息，常用的工具包括免费电子书、免费软件、免费 Flash 作品、免费贺卡、免费邮箱、免费即时聊天工具等可以为用户获取信息、使用网络服务、娱乐等带来方便的工具和内容。如果应用得当，这种病毒性营销手段往往可以以极低的代价取得非常显著的效果。

1) 快捷网址推广方法

即合理利用网络实名、通用网址以及其他类似的关键词网站快捷访问方式来实现网站推广的方法。快捷网址使用自然语言和网站 URL 建立其对应关系，这对于习惯于使用中文的用户来说提供了极大的方便，用户只需输入比英文网址更加容易记忆的快捷网址就可以访问网站，用自己的母语或者其他简单的词汇为网站"更换"一个更好记忆、更容易体现品牌形象的网址。例如选择企业名称或者商标、主要产品名称等作为中文网址，这样可以弥补英文网址不便于宣传的缺陷。因此，在网址推广方面有一定的价值。随着企业注册快捷网址数量的增加，这些快捷网址的用户数据可也相当于一个搜索引擎，这样，当用户利用某个关键词检索时，即使与某网站注册的中文网址并不一致，也存在被用户发现的机会。

2) 网络广告推广方法

网络广告是常用的网络营销策略之一，在网络品牌、产品促销、网站推广等方面均有明显作用。网络广告的常见形式包括：Banner 广告、关键词广告、分类广告、赞助式广告、E-mail 广告等。

Banner 广告所依托的媒体是网页；关键词广告属于搜索引擎营销的一种形式；E-mail 广告则是许可 E-mail 营销的一种。可见，网络广告本身并不能独立存在，需要与各种网络工具相结合才能实现信息传递的功能。因此也可以认为，网络广告存在于各种网络营销工具中，只是具体的表现形式不同。

将网络广告用于网站推广，具有可选择网络媒体范围广、形式多样、适用性强、投放及时等优点，适合于网站发布初期及运营期的任何阶段。

3) 综合网站推广方法

除了前面介绍的常用网站推广方法之外，还有许多专用性、临时性的网站推广方法，如有奖竞猜、在线优惠券、有奖调查、针对在线购物网站推广的比较购物和购物搜索引擎等，有些甚至采用建立一个辅助网站进行推广。

有些网站推广方法可能别出心裁，有些网站则可能采用有一定强迫性的方式来达到推广的目的，例如修改用户浏览器默认首页设置、自动加入收藏夹，甚至在用户电脑上安装病毒程序等。真正值得推广的是合理的、文明的网站推广方法，应拒绝和反对带有强制性、破坏性的网站推广手段。

5. 病毒性营销的特点

病毒营销是通过利用公众的积极性和人际网络，让营销信息像病毒一样传播和扩散，它具有区别于其他营销方式的特点。

(1) 有吸引力的病原体。

(2) 几何倍数的传播速度。

(3) 高效率的接受。

(4) 更新速度快。

7.4.3 网络社群营销

1. 网络社群营销的概念

网络社群营销，是基于圈子、人脉、六度空间概念而产生的营销模式。通过将有共同兴趣爱好的人聚集在一起，将一个兴趣圈打造成为消费家园，如猫扑专门为七喜建立了一个品牌 club，将喜爱七喜品牌且具有相同爱好的网友聚集在七喜 club 里，而且使 FIDO 这个七喜独有的虚拟形象在网友那里得到了最大化的延伸。网络社群营销是一个口碑传播的过程。通过一些元素引起口碑，汇聚人群，口碑再扩散……周而复始。

2. 网络社群营销的营销过程

网络社群营销是个人或群体透过群聚网友的网络服务，来与目标顾客群创造长期沟通渠道的社会化过程。简单地说，社群营销(social media marketing)需要透过一个能够群聚网友的网络服务来经营。这个网络服务早期可能是 BBS、论坛，一直到近期的博客、噗浪或者 Facebook。由于这些网络服务具有互动性，因此，能够让网友在一个平台上彼此沟通与交流。社群营销的特征如图 7-8 所示。

不过，这些网络服务也有演进的过程，从早期类似大礼堂式群聚的方式(如 BBS、论坛)，渐渐地趋近于个人化专属空间(如博客、噗浪以及 Facebook)。也由于越趋向个人化，网友之间关系也随之改变，从早期大家都是某个站的会员开始，一直到现在彼此可以拥有各自的社交空间，你可以成为对方的朋友，甚至粉丝。

电子商务

同好
具有共同价值观、共同爱好、共同兴趣的相似人群

结构
进行规范的管理，保证社群正常、持续、健康地运营下去

社群营销的特征

运营
运营决定着社群是否可以长期持续地发展下去

创造
能够为群成员创造价值

图 7-8　社群营销的特征

而个人或群体(当然包括企业)可以运用这样的网络服务，来与目标顾客群来往、沟通与认识彼此。在此所指的目标顾客群，是需要依据营销目标而有所不同的。

许多企业主所产生的头一个疑问是：社群营销的成效该如何评估？或者 KPI(key performance indicators，关键绩效指标)该如何制定？可以从社群的组成结构与规模来衡量，简单地说，就是触及营销目标所需的目标顾客群。好比，贩卖运动用品的企业，它们所需要的目标顾客群可能是 18 至 25 岁之间男性。假若，最终其社群的结构偏于女性且以 30 岁以上为主，则可以初步判定其社群组成失焦，是一个失败的社群营销规划。

当然，社群的规模也是一个问题。假若社群人数过少，诚然地说，要发挥多少效果都是骗人的。是故，以一个国内中型企业来说，朋友数或粉丝数在 5000 至 8000 人是必要的。至于中大型企业，需冲高至 15 000 人以上。

在拥有这些目标顾客群之后，就能开始创造长期的沟通管道。当然，沟通绝对不是信息技术层次的问题，而是社会层次的问题。在真实世界中想得出来的状况，几乎在虚拟世界都有可能出现。不同的是，从真实世界的言语的沟通，变成了虚拟世界的文字沟通。

在这个长期沟通的过程中，可依循"正面、分享与利他"三大社群经营要项来运作。简单地说，不批评他人、多传递正面信息、分享有用的信息，并且以对他人好的心为出发点。就总体来看，正面、良善与为他人着想的氛围是大部分的人所能接受。

7.4.4　自媒体营销

1. 自媒体营销的诞生

自媒体这个概念到底是什么时候诞生的？又是由谁提出的？对于这两个问题，有几种不同的说法。其中一种说法是，自媒体这一概念最早诞生于美国学者谢因·波曼(Shein Bowman)与克里斯·威理斯(Chirs Willis)发布的研究报告 *We Media*(意为自媒体)。他们对自媒体的定义是："普通大众通过数字科技与全球知识体系相联，然后与他人分享新闻以及身边事件的途径。"这一定义十分严谨，但是普通人理解起来有一定难度。

美国硅谷著名 IT 专栏作家丹吉尔默(Dan Gillmor)是较早研究自媒体这一概念的媒体人，他在其著作 *We the Medio: Grassroots Journalism by the People for the People*(翻译为《自媒体：草根新闻，源于大众，为了大众》)中，对自媒体的概念、作用和前景等做了全面的评述。

2003 年，互联网上出现了一种全新的工具——博客。它的特点是任何人都可以很方便地申请、注册，任何人在任何时候都可以发布文字、图片、视频等内容。只要是有互联网的地方，几乎都能看到你发布的内容，而这一点是传统媒体无法做到的。以电视直播为例，即便将卫星信号传输时间忽略不计，在直播之前还需要做很长时间的准备工作，所以远不如博客方便、快捷。因此，博客一时之间风靡全球，受到了很多人的追捧，自媒体的概念也应运而生。媒体人士对自媒体的讨论越来越多，理解也越来越深入。

随着 4G、5G 网络的覆盖，智能手机的普及，越来越多的人开始关注自媒体，信息技术的发展速度一日千里，从互联网社交应用不断更新，到移动互联网应用 App 的壮大，每一次的革新都是对自媒体的洗礼，因而对自媒体人也有了更高的要求。

2. 自媒体营销的概念

自媒体营销就是利用社会化网络、在线社区、博客、百科、短视频、微博、微信、今日头条、百度、搜狐、凤凰、UC 等平台或者其他互联网协作平台和媒体来传播和发布资讯，从而形成的营销、销售、公共关系处理和客户关系服务维护及开拓的一种方式。一般自媒体营销工具包括论坛、短视频、微博、微信、今日头条、百度、搜狐、凤凰、UC、博客、SNS 社区，内容、图片和视频通过自媒体平台或者组织媒体平台进行发布和传播。

网络营销中的自媒体主要是指具有网络性质的综合站点，其主要特点是网站内容大多由用户自愿提供(UGC)，而用户与站点不存在直接的雇佣关系。

自媒体的崛起是近些年来互联网的一个发展趋势。不管是国外的 Facebook 和 Twitter，还是国内的人人网或微博，都极大地改变了人们的生活，将我们带入了一个社交网络的时代。社交网络属于网络媒体的一种，而我们营销人在社交网络时代迅速来临之际，也不可逃避地要面对社交化媒体给营销带来的深刻变革。

3. 自媒体营销的特征

(1) 个性独特。自媒体作为一种平民化的营销工具，其特性决定了它与传统媒体营销方式的不同。以往的营销无非就是以"户外广告、电视、广播、报纸"等媒体作为载体进行宣传。而自媒体只需要依靠网络，以"草根"的方式向大众传递信息，这让营销显得更加平民化。在内容发布方面，个人可以根据产品特性、宣传目的、需求定位等进行独一无二的策划，实现引人注意的效果。显然，这种独特的营销方式相比于传统的营销方式更能使人产生深刻的印象。

(2) 简单、成本低。以往，营销活动通常需要专业的团队去操作，而自媒体营销与以往的营销活动相比显得颇为简单，一个人就可以完成。自媒体营销不仅节省了人力成本，而且使得营销活动更加便于管理。以往通过电视、广播、报纸等媒体进行营销，一般都要花费大量的人力、物力及财力，管理起来非常复杂。而运用自媒体进行营销时，用户只需要借助互联网，在一些自媒体平台上进行简单的注册，取得微博、微信、QQ 等账号，就可以免费发布图片、文字、视频等信息，有针对性地开展营销推广。

(3) 迅速高效。时效性是任何媒体想要获得发展都必须具备的特性之一，显然，自媒体在这方面值得称道，自媒体营销没有时间、空间的限制，任何人在任何时间、任何地点都可以经营自己的媒体，向大众传播自己想要传递的信息。自媒体的信息内容从制作到发布通常耗时很短，其迅速、高效的特点是大多数传统媒体无法比拟的。比如微博，操作者可以在几十秒内将信息传递给受众，受众可以同样迅速地对信息进行转发或者评论。也就是说，信息发布者和受众者之间的时间和空间距离基本为零。

(4) 法律规范。就目前来说，还没有一个十分完善的法律体系来规范自媒体的发展。虽说有一些法律法规涉及网络活动，但这些法律法规仅仅停留在规范网站的管理上。近几年，我国在自媒体方面的法律规范工作已经有了很大的进展，比如利用互联网造谣和故意传播谣言等行为将会被依法处罚。这些措施可以有效地推动自媒体朝着健康的方向发展，这对利用自媒体进行营销的单位和个人来说具有非常积极的意义。

7.4.5 软文营销

1. 软文营销概述

在传统媒体行业，软文之所以备受推崇，最大的原因就是各种媒体抢占眼球竞争激烈，人们对电视、报纸的硬广告关注度下降，广告的实际效果不再明显；第二大原因就是媒体对软文的收费比硬广告要低得多，所以在资金不是很雄厚的情况下软文的投入产出比较科学合理。所以企业从各个角度出发愿意以软文试水，以便使市场快速启动。

所谓软文就是带有某种动机的文体。而软文营销则是个人和群体通过撰写软文，实现动机，达成交换或交易的目的的营销方式。

硬广告是一种纯粹的广告，直接的广而告之。而在软文中，如销售信函、广告文案、招商宣传等，他们都是带有"硬广告"性质的软文。

软文营销，就是指通过特定的概念诉求，以摆事实讲道理的方式使消费者走进企业设定的"思维圈"，以强有力的针对性心理攻击迅速实现产品销售的文字模式和口头传播。比如：新闻、第三方评论、访谈、采访、口碑。

2. 软文营销的实施步骤

软文营销采用的搜索引擎对于文章页面的权重标准，发布于国内外知名新闻娱乐平面和网络媒体，整合所有可采用的资源，经过专业合理量身打造软文营销方案，制定推广步骤，以软文直接营销的方式来实现其推广价值，实现真正意义上的软文营销商业流程化操作。作为全新的软文营销推广方式之一，软文营销、软文推广成为软文营销热词，被业内人士直接称呼代替软文营销推广。具体实施的步骤如下。

(1) 确定推广方向，定位推广内容的市场价值。
(2) 将推广的内容移交策划制定具体发布资源的渠道。
(3) 策划确定推广计划，移交文案编辑推广软文。
(4) 文案编辑由策划选定推广软文，移交审核。
(5) 审核通过后将软文移交策划，策划确定移交新闻媒体，按照确定的时间、确定的栏目、确定的内容准确发布。
(6) 将发布过后的效果总结，移交推广需求方。

软文营销在实行商业流程化软文推广的方式之初就取得了大量国内知名企业的热捧，由于其中的操作更加细致，将软文营销以软文营销辅助服务的推广形式，直接给用户带来巨大价值的同时还帮助用户的品牌做到相应的推广，从而做到了一举两得。

一篇优质的软文很重要，能够吸引消费者购买意愿。据了解，软文在软文推广中起着十分重要的作用。成功的软文营销分成以下四个方面。

(1) 精定位。针对消费者的定位,软文有不同的切入点,找准软文目标对象的切入点,软文的目标定位才会准确,才会做到针对性营销和精准营销,软文的发放也会有方向。

(2) 热标题。专家认为在写软文时,一定要注重标题党,标题成功,就是三分之一的软文成功。所谓热标题是软文的标题,对软文的营销力度影响是很大的,只有通过标题将读者吸引过来点进去,软文才会发挥自己的优势。

(3) 优内容。有了一个引人注目的标题后,文章内容就是进一步影响读者购买意愿的重要因素。行业类的软文需要语言简洁、逻辑通顺、主题清晰。

(4) 巧营销。毫不夸张地说软文营销是一种很好的营销方式,成功软文的重要特征在于一个"巧"字。突出自然巧妙的文章,就是一篇合格的软文。

在互联网,软文营销是最热门的营销方式,假如进入互联网,不懂得如何营销,如何推广,软文就是如今正在盛行推广方式之一,软文除了质量创意外,坚持不懈就能够成功。

3. 软文营销的要素和意义

1) 软文营销的要素

(1) 新闻软文的主体是企业,是企业站在自身的角度进行策划的。

(2) 新闻软文的目的是有利于企业的某项要求,不达目的的新闻对企业没有意义。

(3) 新闻软文是以媒体的立场客观、公正地进行报道,用事实造成新闻现象和新闻效应。

2) 软文营销的意义

软文营销是生命力最强的一种广告形式,也是很有技巧性的广告形式。软文是相对于硬性广告而言,由企业的市场策划人员或广告公司的文案人员来负责撰写的"文字广告"。与硬广告相比,软文之所以叫作软文,精妙之处就在于一个"软"字,好似绵里藏针,收而不露,克敌于无形。等到读者发现这是一篇软文的时候,已经冷不丁地掉入了被精心设计过的"软文广告"陷阱。它追求的是一种春风化雨、润物无声的传播效果。如果说硬广告是外家的少林功夫,那么,软文则是绵里藏针、以柔克刚的武当拳法,软硬兼施、内外兼修,才是最有力的营销手段。

国外有一家著名的DIY家装连锁店,其成功的秘诀就是为消费者省钱,每个员工的首要职责是告诉消费者采用哪些装修材料、工具既能满足他们的要求,又能最省钱。有一位消费者为了解决一个难题,欲购买一套价值5000美元的工具,该连锁店的一名员工为其提供了一个简单的解决方案,只花了5美元,消费者很是感动,并说下次再来光顾。

软文营销文字可以不华丽,也无须震撼,但一定要推心置腹说家常话,因为最能打动人心的还是家常话;绵绵道来,一字一句都是为消费者的利益着想。

4. 软文营销的特点

(1) 本质是广告。追求低成本和高效回报,不要回避商业的本性。

(2) 伪装形式是新闻资讯、管理思想,企业文化,技术、技巧文档,评论、包含文字元素的游戏等一切文字资源。使受众"眼软"。

(3) 宗旨是制造信任。使受众"心软"。

(4) 关键要求是把产品卖点说得明白透彻。使受众"脑软"。
(5) 着力点是兴趣和利益。使受众"嘴软"。
(6) 重要特性是的口碑传播性。使受众"耳软"。

7.4.6 网络直播营销

1. 网络直播营销的含义

狭义角度的直播营销是指通过直播平台、技术等进行商业推广。而从广义上来说,其包含了从直播前的策划到直播后的传播等一系列营销流程。2013 年,以张大奕、雪梨为代表的"网红带货"形式承接了电商社交化、内容化的发展趋势,为此后的直播电商奠定了基础。2016 年,直播模式开始盛行,在初代"带货达人们"开始进入直播间对于自家品牌进行宣传的同时,电商平台开始联合 MCN 对于新人主播进行孵化,例如薇娅、李佳琦等以销售各品牌产品为目标的"新带货达人"开始出现。随着"新带货达人们"在社交媒体中的出圈,2019 年的直播营销进入发展高峰期。除淘宝、拼多多等电商平台外,快手、抖音等多个短视频平台也开始进行直播电商营销,并逐渐找到各自的发展模式。

2. 网络直播营销的特点与价值

网络直播营销的特点可概括为两点:实时营销与广泛传播。通过直播实时场景的搭建构建与消费者之间的信任纽带。在主播进行产品试用、展示、推荐时,顾客可以深度参与到场景中,完成与主播或品牌的及时互动,在短时间内完成情感联结。同时,网络直播营销链条中还包括了二次传播,即直播与社交平台等紧密结合,将直播本身作为媒介事件或符号进行社会化营销,帮助直播"出圈"。

由此可以看出,网络直播营销的主要优势与价值在于其营造了场景化的氛围,缩短了营销链路,使得产品有了更大的让利空间以吸引消费者。相较于其他的网络营销方式,直播营销使得消费者从知晓产品到购买产品完成价值交换等一系列过程缩短,使得效果更加明显;同时,直播营销也改变了"人找货"的传统电商销售形式,将其变为"货找人",缩短了中间环节,使得消费者拥有更低的购买价格与更便利的消费体验。

3. 网络直播的现状

近年来,随着直播平台的不断发展以及主流电商平台头部流量的饱和,许多的商家选择了绕过电商平台直接使用直播平台的自播模式或是选用短视频平台 KOL 进行带货。其中以快手和抖音作为代表,这两家企业都是以短视频作为主要经营业务,在此基础上逐渐开拓网络直播营销的市场,甚至与淘宝一并跻身直播一线。直播平台的发展方向如图 7-9 所示。

1) 网络直播的优势

首先,区别于以淘宝为代表的平台直播,短视频平台信息流属性浓厚,引流能力较淘宝直播更强。其营销目的在于"人带货",即如何将平台的流量变现。短视频平台自带用户与粉丝,KOL 吸粉能力与曝光度较平台的腰部或底部的主播更明显,对于许多无法参与到直播头部流量的商家来说是不错的选择。

图7-9 直播平台的发展方向

其次，短视频平台对于内容营销信手拈来，在短视频平台的直播中可以感受到更加人性化、年轻化的直播氛围。相较于其他平台，短视频平台的主播们拥有更为优质丰富的内容以及更多经营粉丝关系的时间，这使得短视频平台的主播与消费者之间的社交关系连接更为紧密。相比纯粹为了卖货而直播的网站短视频平台更加轻松，尽量避免了"电视购物2.0"的出现，甚至还有许多消费者纯粹是想要"打赏"或与主播互动才进行消费。因此，短视频平台社交属性更突出，用户黏性较高。

同时，短视频平台的直播最突出的便是其明显的IP属性，无论是快手的代表主播"辛巴"标榜的"真性情"，还是抖音"丽江石榴哥"的"耿直憨厚"，他们的个人IP特征突出，懂得如何把握住粉丝的心理，将直播IP化，巩固流量基础。

2) 网络直播的劣势

短视频平台的直播电商相较于其庞大的流量，直播带货的转化能力还是逊于电商平台。作为供应链完备、品类选择丰富的电商平台，其以销货为目标，转化能力高效。对于消费者而言，电商平台的产品似乎更有保障，可信赖度更强。且相较于扎根十几年的电商平台，短视频平台直播能够争取到的低价额度有限。就直播入口、商品购买、售后服务等一系列购物体验而言，短视频平台的直播电商仍有很大的完善空间。

同时，相较于短视频平台主播们，电商平台的头部KOL更早完成了社会化营销，无论是微博热搜还是综艺节目，大众接触该类主播的途径更加广泛，公域流量较大，更容易"出圈"。而短视频平台的主播受众圈层较为固定，平台的标签与特征更加明显，例如快手对标的"小镇青年"等，其对于拓展新的消费者或用户提出了更高的要求。

4. 网络直播的未来趋势

短视频平台进行直播的营销潜力巨大。相较于传统电商平台，它具有更大的流量、更贴近大众的内容与更强的IP属性，避免了直播营销向下一个电视购物发展。同时，短视频营销自身优势可以弥补直播营销的不足，在同一个平台进行竞合发展时可以拥有更大的传播效果，实现"品效合一"，顺应直播品牌化的潮流。

短视频平台的用户市场精准，私域流量较大，用户黏性高，伴随着平台的社会化与社交属性的凸显，短视频平台可以帮助直播带货稳定消费者，延长直播效果。但同时，面对转化能力弱、购物体验差、公域流量小等问题，短视频平台仍需要不断加强对于供应链及产品质量的监管，利用自己精准定位的优势对于产品进行筛选，避免产品同质化。

同时利用社会化营销创造二次传播价值，使得短视频平台的电商直播进入良性循环，避免与电商巨头们的正面相争。当然，短视频平台还需要警惕过度的直播业务扩展而使得短视频优势丧失。就目前而言，虽然短视频发展陷入疲态，但其仍具有很大的影响力。

7.4.7 短视频营销

1. 短视频的含义

与传统的视频有着明显的区别的是短视频的形式比较多。大多数人认为短视频是一个在15秒以内的视频格式，但随着短视频的发展，当前的短视频已经不再局限于15秒内，1分钟、3分钟等不同时间段的视频格式也被市场所接受。

短视频以简短、趣味和制作精良的特性，面向广大的受众群体，满足了大众的碎片化娱乐需求。2016年被称为短视频元年，随后短视频快速发展。

短视频营销是利用短视频的传播渠道进行的市场营销方式。随着互联网发展的快速推进，新媒体日益成为主流媒体的选择，短视频已经成为不少品牌进行引流的重要工具。短视频的模式便于在移动终端上进行传播，改变了过去依托于PC端互联网的传播模式。结合短视频传播的内容，短视频营销也成为当前各大品牌商力推的传播形式。

2. 短视频营销的模式

1) KOL广告植入式营销

短视频营销当中借助网红的流量引导其粉丝产生消费转化是目前短视频营销的主要方式之一。大部分的非公众人物粉丝数量其实并不大，但是网红和流量明星的粉丝庞大，通过他们的广告植入，能够为品牌商的产品进行市场宣传，经过转化，达到网红广告植入短视频营销的目的。

2) 场景沉浸体验式营销

很多消费者都比较关注产品的特性，所以有的广告主就比较喜欢通过产品的特性去塑造特定的场景，以增加产品的趣味体验，激发用户的购买欲。实际上这种方式是让用户可以提前感受产品所带来的好处，让大家认定产品的优势，然后实现产品重要特性的趣味传递。

场景沉浸式体验营销主要是结合了消费者关注的产品特性，希望通过切身体验去感受产品的优势，所以不少广告主和品牌商就通过场景的塑造来增强产品的体验，从而进一步激发用户的购买欲望。这种方式也是目前大多数品牌的软植入方式选择。

3) 情感共鸣定制式营销

这种方式是目前不少企业针对当前社会的一些热点进行的结合传播，当然这种传播方式并非简简单单的宣传，而是借助短视频的内容激发观赏者对于情感上面的共鸣，从而形成深层次的价值观认同。

3. 短视频营销的优势

短视频的营销首先在渠道方面就具有优势。与传统的营销方式相比，短视频新媒体已经成为多数人日常生活中的一部分，而且短视频具有鲜明的优势。短视频营销在当下拥有传播力强、精准度高、互动性强的特点。

1) 传播力强

传统的广告投放一般是通过户外广告、视频广告、电视台广告、广播广告等渠道进行的播放，但是受众群体较为分散，有效性也不够强，成本费用高。反观短视频平台则有明显的优势，借助短视频平台背后的算法机制，在广告投放过程中有选择性地贴近目标客户，降低了广告的成本支出，受众的针对性更强。

2) 精准度高

短视频运营的智能算法推荐技术已经是主流，短视频平台根据个人的标签和偏好进行推荐，提升了广告的精准性。而且传统广告只能在时间和地点两个维度上进行选择，但基于算法的推荐机制，短视频广告可以根据年龄、性别、兴趣等标签进行定向投放，提升了广告的传播效用。

3) 互动性强

传统广告的传播是单向传播，由广告渠道向消费者传递广告信息。但是短视频则可以实现双向传播，运用短视频的社交属性可以发挥短视频的点赞、评论和转发功能，让短视频广告进行更广泛的传播，特别是评论区具有互动的属性，可以加强短视频制作单位和观赏者的意见沟通。这种双向的传播也能够改进短视频的传播效能。

本 章 小 结

近年来，网络营销的发展风起云涌，各具特色的网站每天都在诞生，创造了一个又一个巨富的神话。IT 业界的精英、创业者及风险投资家们争相奔赴这里，期望奇迹再次在自己身上得到验证。中国企业开始理性地思考如何更好地利用互联网这一新的营销环境来提高自身的竞争能力以及如何实施网络营销才能真正获得利润上的突破。

我国目前的网络营销状况与发达国家相比还有不小的差距。但随着我国企业家们对网络营销认识的加深和电信产业发展速度的加快，以及国家对网络营销发展的鼓励和扶持，在不远的将来，我国的网络营销事业一定会有一个质的飞跃。

本章主要从网络营销产生的背景入手，介绍网络营销的含义和网络营销的特征，同时分析传统市场营销与网络营销的联系，最后重点介绍了网络市场调研、网络营销策略和常用的网络营销方法。通过本章的学习，读者可对网络营销的基本内容与网络整合营销的实际应用及相关的营销流程有一个初步的认识，明确现代企业在现阶段全球网络经济多元化的发展过程中实施网络营销的必要性。

思考与练习

1. 简述网络营销的含义。
2. 简述网络营销的特征。
3. 简述网络市场调研的含义。
4. 简述网络市场调研的方法。
5. 简述网络营销策略的特点。

6. 简述搜索引擎营销的定义与特征。
7. 简述病毒营销的特点。
8. 简述社群营销的概念。
9. 简述自媒体营销的概念与特征。
10. 简述软文营销的定义与特征。
11. 简述网络直播营销的含义与特点。
12. 简述短视频营销的含义与优势。

【课程思政】

习近平总书记在党的二十大报告中指出，要巩固壮大奋进新时代的主流思想舆论，加强全媒体传播体系建设，推动形成良好网络生态。这为全面推动形成良好网络生态指明了正确方向，提供了根本遵循。增强了新时代做好网络营销工作的责任感、使命感，持续形成紧跟核心、昂扬自信、团结奋进的网络氛围，切实推动党的二十大精神在互联网领域落地生根、开花结果。

通过本章学习，学生具有文化自信和科技自信，热爱祖国，努力学习网络营销知识，进行网络创新，能够更好地将中国产品通过网络销售到世界各地，能够用中国文化影响到世界，为世界的进步做出中国的贡献。

第 8 章 电子支付

【学习目标】

- 掌握电子支付的定义和特征。
- 掌握电子支付系统的定义。
- 熟悉常用的电子支付系统。
- 熟悉传统的支付方式。
- 熟悉电子支付工具。
- 熟悉网上银行的优势。
- 熟悉手机银行的基本概念和业务范围。
- 掌握第三方支付产生的原因及特点。
- 熟悉典型的第三方支付平台。
- 掌握移动支付的定义及特征。

【案例导入】

2020 年疫情期间,孩子们都在家里上网课,G 女士将手机交给孩子使用。2020 年 5 月份,G 女士发现银行卡账户变动有些异常,到银行打印账户明细后发现 2020 年 4 月 24 日至 2020 年 5 月 1 日期间共发生无卡自助消费 13 笔,对方户名为(特约)华为钱包,合计金额约为 3400 元。G 女士认为自己并未发起过此类支付,那么账户里的钱是怎么付出去的?用于购买什么?不查不知道,一查吓一跳。经查实,上网课期间孩子偷偷用手机在华为钱包 App 绑定了 G 女士的银行储蓄卡,向某游戏平台充值购买了大量游戏道具。

【思考与分析】

消费者 G 女士称其孩子并不知晓银行卡支付密码,充值过程中仅凭其手机收到的短信验证码便完成了支付,因此认为在其已设置银行卡支付密码的情况下资金仍能对外支付,银行未对其卡内资金起到保护作用,要求银行赔偿损失。银行则认为其根据相关业务规则,发起交易验证信息并进行客户验证响应,且华为钱包在充值支付时需输入支付密码才能交易成功,而非客户所说仅凭验证码就完成支付。

双方争议的焦点在于银行是否仅凭验证码即可完成电子支付的签约和支付。

调解过程中，调解员通过对照相关法规，现场模拟演示，回溯业务办理过程，厘清双方责任。根据相关法规，对于无卡自助消费交易等委托交易，借记卡必须通过银行卡号、发卡机构发送的动态验证信息验证客户信息。经现场演示，客户在签约开通此业务过程中，须拍照或输入银行卡号后，输入银行发送的验证码信息、银行卡交易密码，并拍照上传身份证，完成上述操作后方才提示客户设置支付密码。而银行根据G女士在银行预留的手机号，在收到签约申请后向该手机号发送了验证码信息，在完成身份验证后开通支付业务后还发送了开通短信。从G女士不知情的情况推测，相关短信可能在业务开通后被其孩子删除。

经调解，双方最终达成和解方案。银行方积极协助消费者向银联和该支付平台客服反馈问题，由于孩子充值所购的道具部分已使用，经平台联系商户，最终同意将未使用的部分折现退回。

【风险提示】

电子支付技术的创新及应用，涉及银行、持卡人、第三方支付机构、商户、终端生产商等多个关联方。银行作为金融媒介联结应用商和消费者，是存款人的"资金管家"，是消费者对外支付的第一道关卡，银行一方面应当加强金融消费者资金安全教育，增强消费者风险防范意识；另一方面应当加强对消费者身份信息和真实意愿的审查，强化验证手段。对消费者而言，也应留意做好以下方面，才能捂好手机里的"钱包"，在享受便捷高效支付的同时保障资金财产的安全无忧。

(1) 归置保管好个人银行卡、身份证件等重要物品。电子支付的应用，导致消费者使用实体卡、存折等的次数少了，容易忽略银行卡、身份证件的安全保管和检查。

(2) 输入密码时应留心。不论是用银行卡取款，还是用手机支付时，都应该留心周围是否有他人，养成遮挡输入密码的习惯，防止他人窥见导致泄密。

(3) 加强未成年人金融教育。家长对未成年子女负有监护义务。本案中即为孩子背着家长偷偷将银行卡绑定支付用于游戏充值。当前各种金融服务已经与人们的生活紧密相连，特别是在消费金融服务方面，青少年已经成为重要的群体，因此有必要为孩子从小树立正确的金钱观、消费观。

(4) 经常关注银行卡账户变动情况，关注银行发送的信息，如有疑问通过正规渠道查询。发现问题及时联系银行和报案，留存相关证据，依法维权。

(资料来源：福建省银行业协会. 请捂好手机里的"钱包"——从一起未成年人电子支付案例分析 [EB/OL].(2021-03-23)[2024-05-30]. https://www.fj-ba.com/show-5564.html)

【引言】

货币作为交易的媒介在经济社会中具有举足轻重的地位，其形态也随着科技的发展逐渐演变。如今我国支付体系与居民整体支付习惯已经发生了深刻的变化，随着智能手机的运用和大数据、云计算以及第五代移动通信等技术的发展，我国逐步形成快捷便利且普遍的电子支付系统，而支付系统作为承载货币的重要载体，其对整个经济社会中的商品交易、消费者行为以及货币流通等方面有着一定的影响。随着互联网经济时代的发展和近年来智能手机的普遍应用，电子支付所包含的支付方式也更加多元，以往的网上支付、电话支付逐渐被移动支付所代替，非现金支付方式已经成为主流，促进了传统金融业的发展，个人在日常生活中的经济交易更为便捷，这使得人们以往的支付习惯得以改变，同时大大提高了整体经济运行的效率，支付体系的运行也随之发生了改变。

8.1 电子支付概述

8.1.1 电子支付的含义和特征

1. 电子支付的发展演进

货币是商品交换的媒介，回顾人类几千年的货币发展史，我们可以发现，世界各国的货币形态普遍经历了四个阶段的演变过程：第一个阶段是易物贸易阶段的商品货币，"一头羊""一把斧头"等都可以作为交易的货币。第二阶段，随着生产力的发展，人们生产的富余商品更多，贸易规模也随之扩大，易物贸易变得交易不便、难以达成，这时候开始出现固定充当一般等价物的商品。这一时期，人们发现金银等贵金属具有价值高、容易携带等特点，所以在历史长河中，贵金属长期充当交易货币。第三阶段，随着商品贸易的进一步扩大，人们发现金银等贵金属的储存难、携带不便的缺点凸显出来，而且运输贵金属的成本高、风险大，这一时期银票等票据产生，凭借资本雄厚、实力强大的票号钱庄担保，银票成为贵金属货币的代用货币。第四阶段，现代国家基于国家信用强制发行法定货币，虽然法定货币本身价值不高，但是因为有国家信用支撑，也能够在交易市场中顺畅地流通，至此货币进入信用货币阶段。传统的货币形式伴随的是传统的现金支付方式，20世纪60年代以来，银行体系的电子货币诞生，因而电子支付这个话题也逐渐进入普通百姓和研究者的视野中。

20世纪60年代，美国商业银行基于自身信用发行信用卡和借记卡。因为银行卡结算便捷高效，开始逐步替代传统现金和支票在支付工具中的重要地位，自此电子支付开始兴起。而在20世纪80年代以前，因为基础设施等条件尚不普遍具备，银行卡仅用于特定领域的运营中，在人们生活支付中应用并不广泛，当时的银行卡支付对现金支付的替代作用也不明显。20世纪90年代，Yahoo、PayPal等企业在美国创立并开启支付业务。1997年，日本将运用信息通信技术进行支付的基础设施定义为电子支付。

20世纪80年代中期，我国商业银行的银行卡业务开始起步。1985年中国银行珠海分行发行了我国第一张银行卡"中行卡"，第二年，中国银行发行了我国第一张信用卡"长城卡"。然而直到十几年后的1998年，招商银行推出了"一网通"网上支付业务，并完成了第一笔网上银行业务交易。

1999年9月，马云联合18位创始人在杭州创立了阿里巴巴。2002年3月，中国印钞造币总公司、国有五大行以及其他共85家机构共同出资成立中国银联。2004年12月，阿里巴巴集团推出了第三方支付平台支付宝，当时无人想到支付宝将成为未来中国第三方支付的霸主。2005年1月，第35届世界经济论坛在瑞士达沃斯召开，阿里巴巴的创始人马云提出了"第三方支付平台"这一新的概念，后来人们称2005年为"中国的第三方支付元年"。同年六月,我国成功推广了大额实时支付系统,为银行、企业提供了高效率、高安全性的支付清算服务。

2010年8月,中国人民银行建设的网上支付跨行清算系统正式上线,便于企业或个人管理多家银行结算账户,实现跨行支付结算。2013年8月,腾讯集团旗下公司财付通与微信合作,推出微信支付功能,微信支付正式上线。受益于智能移动通信终端的快速普及和社交应用的大规模流行,微信支付起步虽晚,但发展尤为迅速。截至2017年年底,微信支付绑卡用户超过8亿,合作银行接近400家,并拥有服务商数量超过3万家。

2. 电子支付概念的发展

电子支付方式是一套包括了法规体系、监督方及监管工具、支付工具载体、服务提供方等多种因素的有机体。中国人民银行2005年10月26日发布并实施了《电子支付指引(第一号)》。其中第二条对电子支付进行了定义,即:"电子支付是指单位、个人直接或授权他人通过电子终端发出指挥指令,实现货币支付与资金转移的行为。电子支付类型按电子支付指令发起方式分为网上支付、电话支付、移动支付、销售点终端交易、自动柜员机交易和其他电子支付。"

按照电子支付业务的主体类别划分,电子支付包括以下三种类型。

(1) 银行系统的电子支付,如银行的网上银行和中国银联相关支付。

(2) 第三方支付企业(其中既包括对接银行结算系统,为商户和消费者间交易提供网关通道服务的企业,如易宝支付、快钱等;又包括拥有独立于银行账户的结算账户,能够对交易平台价值延伸的第三方支付平台,如支付宝、财付通、百付宝等)。

(3) 近年来快速发展的移动支付企业,运营主体包括中国移动、中国联通等电信运营商。

随着互联网和信息通信技术的不断发展,人们开始普遍使用电子钱包、网上银行等网上支付方式,而2012年以来伴随着移动互联网的发展和移动终端的普及,移动支付发展迅速,展现出巨大的发展前景。近几年,银行电子支付规模变化不大,2013年电子支付总额为1075万亿元人民币,2020年增长到2712万亿元人民币。相比之下,第三方支付、移动支付规模发展迅速,逐渐成为电子支付中最活跃的部分,其中移动支付金额从2013年的9.64万亿元人民币增长到2020年的432.16万亿元人民币。电子支付,尤其是第三方支付在中国的发展,是与电子商务在我国快速发展分不开的。两者之间有着密切的相互依存关系,因为在电子商务的交易支付流程中,最重要的是电子支付环节。在电子商务的发展初期,支付安全性问题表现得较为突出,为了有效解决交易信用问题,需要一些有实力和信誉的机构在电子商务交易中充当中介作用,保障交易双方资金的安全。也正因为电子商务交易额的快速增长,第三方支付平台,如易宝、支付宝、财付通等支付企业获得了快速发展。截至2021年年底,中国第三方移动支付交易规模为288.1万元。2021年第三方企业支付交易规模增长至163.8万亿元。

3. 电子支付的特点与分类

从金属货币,到纸币(支票、汇票),再到电子支付下的电子货币,货币的运输和储存成本不断降低,易携带性以及使用便利性增强,被盗窃风险减小,同时支付时的操作成本、费时均不断降低。在人们日常生活中,现金支付、票据支付等传统纸基支付与网上支付、移动支付、电话支付等电子支付方式呈现并存的局面。

1) 电子支付的特点

相比于现金支付方式,电子支付方式需要使用先进的支付设备和通畅的网络环境,在商品交易中支付快捷及时、耗时少,而且避免了携带现金的不便利性;同时电子支付避免了现金流通过程中可能出现的纸币破损现象,节省了银行处理破损货币的成本。在各项因素的作用下,电子支付逐渐成为日常生活的重要支付方式,降低了人们的现金持有量。电子支付导致纸币使用减少,简化了支付流程,而且减少现金在中间环节滞留,提高了资金使用效率,降低了企业支付的交易成本,有效规避了"打白条"的现象。同时,电子支付方式使得商品交易更加顺畅,节省了客户的结账时间,使得店面日均服务客户能力得到提高,从而降低单位业务付出的成本。

从社会整体层面考虑,各国央行发行货币,需要向市场中投放一定的现金用于流通,满足商品交易的需要,但是投放现金有着不低的印刷、运输、储藏成本,推广使用电子支付方式将节省一笔不菲的现金投放支出。电子支付方式还能使得交易具有可追溯性,有利于对市场的高效管理。例如,人们日常生活中经常去菜市场买菜,如今在中国的任何地方,大到城市,小到村镇,商户和消费者在菜市场较为普遍地使用电子支付方式进行交易,消费者不需要携带现金,商户不需要找零,节省了交易结算的时间,而且商户还避免了收付假币、残缺货币的可能。而且因为电子支付方式一般具有实名制和详细的交易记录,一旦发生食品安全纠纷,容易追溯事件的源头。

相比于现金支付方式,电子支付大幅度地降低了支付成本。以 1993 年美国纸基支付和电子支付成本对比为例:付款人、收款人和银行的平均付款成本,支票付款成本为 2.93 美元,但 ACH 转账成本仅需 1.31 美元,表明电子支付成本大约是纸质支付的 45%(见表 8-1)。

表 8-1 1993 年美国付款人、收款人、银行使用纸基支付和电子支付成本比较

单位:美元

平均每笔交易成本	纸基支付(支票)	电子支付(ACH)
付款人	1.39	0.80
收款人	1.25	0.23
银行	0.29	0.28
合计	2.93	1.31

2) 电子支付的分类及比较

广义的电子支付涵盖范围广阔,包括三层含义:第一层面是基础设施层面,包括支付系统、电子支付业务处理系统等;第二层面是电子支付工具,包括各类卡基支付工具、电子票据、网络货币等新兴支付工具;第三层面是指 ATM、POS、手机等电子支付终端。基础设施、电子支付工具、支付终端有机结合,改变了支付业务处理方式,实现了交易业务的电子化处理。

电子支付的业务类型按电子支付指令发起方式分为网上支付、电话支付、移动支付、销售点终端交易、自动柜员机交易和其他电子支付(见表 8-2)。

按照电子支付业务的主体类别划分,电子支付包括以下几种类型:第一,银行的网上银行以及中国银联体系;第二,第三方支付企业;第三,近年来快速发展的移动支付企

业，运营主体包括中国移动、中国联通等电信运营商。

表 8-2　电子支付的类型

类　型	方　式	介　　绍
网上支付	通过互联网	网上支付是电子支付的一种形式。广义地讲，网上支付是以互联网为基础，利用银行所支持的某种数字金融工具，发生在购买者和销售者之间的金融交换，而实现从买者到金融机构、商家之间的在线货币支付、现金流转、资金清算、查询统计等过程，由此电子商务服务和其他服务提供金融支持
电话支付	通过电话	电话支付是电子支付的一种线下实现形式，是指消费者使用电话(固定电话、手机、小灵通)或其他类似电话的终端设备，通过银行系统就能从个人银行账户里直接完成付款的方式
移动支付	通过移动设备	移动支付是使用移动设备通过无线方式完成支付行为的一种新型的支付方式。移动支付使用的移动终端可以是手机、PDA、移动PC 等
销售点终端交易	通过 POS 机	POS 是一种多功能终端，把它安装在信用卡的特约商户和受理网点中与计算机联成网络，就能实现电子资金自动转账。它具有支持消费、预授权、余额查询和转账等功能，使用起来安全、快捷、可靠
自动柜员机交易	通过自助终端	ATM 机是由计算机控制的持卡人自我服务型的金融专用设备。ATM 机可以向持卡人提供提款、存款、查询余额、更改密码等功能。ATM 不仅能接受本行本地卡，还可以通过网络功能接受异地卡、他行卡，同时为持卡人提供每日 24 小时服务。ATM 自动提款机还具有维护、测试、事件报告、监控和管理等多种功能
其他电子支付	其他	第三方平台支付、数字货币等其他支付方式

4．电子支付的特征

(1) 电子支付是采用先进的技术通过数字流转来完成信息传输的，其各种支付方式都是通过数字化的方式进行款项支付的；而传统的支付方式则是通过现金的流转、票据的转让及银行的汇兑等物理实体来完成款项支付的。

(2) 电子支付的工作环境基于一个开放的系统平台(即互联网)；而传统支付则是在较为封闭的系统中运作。

(3) 电子支付使用的是最先进的通信手段，如 Internet、Extranet，而传统支付使用的则是传统的通信媒介；电子支付对软、硬件设施的要求很高，一般要求有联网的微机、相关的软件及其他一些配套设施，而传统支付则没有这么高的要求。

(4) 电子支付具有方便、快捷、高效、经济的优势。用户只要拥有一台上网的 PC 机，便可足不出户，在很短的时间内完成整个支付过程。支付费用仅相当于传统支付的几十分之一，甚至几百分之一。

在电子商务中，支付过程是整个商贸活动中非常重要的一个环节，同时也是电子商务中准确性、安全性要求最高的业务过程。电子支付的资金流是一种业务过程，而非一种技术。但是在进行电子支付活动的过程中，会涉及很多技术问题。电子支付与传统支付对照简表如表 8-3 所示。

表 8-3 电子支付与传统支付对照简表

比较项目	传统支付	电子支付
款项支付方式	通过现金的流转、票据的转让以及银行的汇兑等物理实体来完成	采用先进的信息技术完成信息传输和款项汇兑
工作环境	在较为封闭的系统中运作	在基于开放的网络平台中运作
设备要求	使用传统的通信媒介，对软、硬件要求相对较低	使用最先进的通信手段，对软、硬件要求很高
支付效率	支付时间相对较长，效率低，费用高	在很短的时间内完成支付，费用仅相当于传统支付的几十分之一，甚至几百分之一

5. 电子支付的参与者、支付流程和工具

1) 参与者

(1) 用户登录网商的销售站点，选购商品确认支付方式，向网商发出购物请求。

(2) 网商把用户的支付指令通过支付网关发送给网商的开户行。

(3) 网商开户行通过银行的专用网络从用户开户行取得支付授权后，把确认支付信息发送给网商。

(4) 网商收到银行的授权信息后，给用户回送支付授权确认和发货通知。

(5) 银行通过金融专用的支付清算网络完成行间清算，把货款从用户的账户上划拨到网商账户上，并分别给网商和用户回送支付结算成功的信息。

2) 支付流程

(1) 清算(clearing)，指结算之前对支付指令进行发送、对账、确认的处理，还可能包括指令的轧差。

(2) 轧差(netting)，指交易伙伴或参与方之间各种余额或债务的对冲，以产生结算的最终余额。

(3) 结算(settlement)，指双方或多方对支付交易相关债务的清偿。

严格意义上，清算与结算是不同的过程，清算的目的是结算。但在一些金融系统中，清算与结算并不严格区分，或者清算与结算同时发生。

3) 一笔支付交易可以通过纸基或电子支付工具发起

一些支付工具，既可以纸基方式发起，也可以电子方式发起。如贷记转账，既可在银行柜面填写单据，以签名/签章方式对支付进行授权，也可利用网上银行功能以电子化方式授权发起；如银行卡，既可以纸基通过签名方式进行授权，也可在终端(POS/ATM)通过刷卡与密码发起。

支付交易可通过纸基与电子化步骤结合的方式进行，如支票可被截留并以电子化方式进行处理，截留地点与时间的不同(如在 POS 或在交换中心)反映了电子化程度的差异。

支付交易也可包含现金与非现金步骤，如付款人以银行存款发起汇款，而接收人以现金支取。

8.1.2 常用的电子支付系统

1. 电子支付系统的定义

电子支付系统是指由提供支付服务的中介机构、管理货币转移的法规以及实现支付的电子信息技术手段共同组成的，用来清偿经济活动参加者在获取实物资产或金融资产时所承担的债务。即把新型支付手段(包括电子现金、信用卡、借记卡、智能卡等)的支付信息通过网络安全传送到银行或相应的处理机构，来实现电子支付。因此，电子支付系统是电子交易顺利进行的重要社会基础设施之一，也是社会经济良好运行的基础和催化剂。

2. 支付协议

(1) SSL(secure sockets layer，安全套接层协议)。SSL 协议层包括两个协议子层：SSL 记录协议与 SSL 握手协议。SSL 记录协议的基本特点是连接是专用的和可靠的。SSL 握手协议的基本特点是能对通信双方的身份认证、进行协商的双方的秘密是安全的、协商是可靠的。

(2) SET(secure electronic transaction，安全电子交易协议)。SET 协议运行的目标包括保证信息在互联网上安全传输；保证电子商务参与者信息的相互隔离；解决网上认证问题；保证网上交易的实时性；规范协议和消息格式。SET 协议所涉及的对象有消费者、在线商店、收单银行、电子货币发行机构以及认证中心(CA)。

3. 组成内容

电子支付系统是实现网上支付的基础。电子支付系统的发展方向是兼容多种支付工具，但目前的各种支付工具之间存在较大差异，分别有自己的特点和运作模式，适用于不同的交易过程。因此当前的多种电子支付系统通常只是针对某一种支付工具而设计的。Mondex 系统、First Virtual 系统和 FSTC 系统是目前使用的几种主要的电子支付系统。

各种不同的支付系统通常是与各种不同的经济联系在一起的。经济社会曾经使用过各种形态的货币在商品交换中转移价值。从最初的实物交换发展到商品货币(例如贵金属)标志着社会生产力的进步。

而法定货币的出现则是支付工具发展史上的第一次飞跃，银行存款作为支付手段是货币制度的一大进步。用电子形式的支付工具完全取代纸凭证形式的现金和非现金支付工具在技术上是完全可以实现的。人们把电子支付工具看成是支付工具发展史上的第二次飞跃或革命。

网上支付是电子支付系统的发展和创新。传统的银行结算支付指令的传递完全依靠面对面的手工处理和经过邮政、电信部门的委托传递，因而存在着结算成本高、凭证传递时间长、在途资金占压大、资金周转慢等问题。电子资金转账系统缩短了银行之间支付指令的传递时间，并减少了在途资金的占压。

基于互联网的电子交易支付系统由客户、商家、认证中心、支付网关、客户银行、商家银行和金融专用网络七个部分组成。

(1) 客户。客户一般是指利用电子交易手段与企业或商家进行电子交易活动的单位或个人。他们通过电子交易平台与商家交流信息，签订交易合同，用自己拥有的网络支付工具进行支付。

(2) 商家。商家是指向客户提供商品或服务的单位或个人。在电子支付系统中，它必须能够根据客户发出的支付指令向金融机构请求结算，这一过程一般是由商家设置的一台专门的服务器来处理的。

(3) 认证中心。认证中心是交易各方都信任的公正的第三方中介机构，它主要负责为参与电子交易活动的各方发放和维护数字证书，以确认各方的真实身份，保证电子交易整个过程安全稳定地进行。

(4) 支付网关。支付网关是完成银行网络和因特网之间的通信、协议转换和进行数据加、解密，保护银行内部网络安全的一组服务器。它是互联网公用网络平台和银行内部的金融专用网络平台之间的安全接口，电子支付的信息必须通过支付网关进行处理后才能进入银行内部的支付结算系统。

(5) 客户银行。客户银行是指为客户提供资金账户和网络支付工具的银行，在利用银行卡作为支付工具的网络支付体系中，客户银行又被称为发卡行。客户银行根据不同的政策和规定，保证支付工具的真实性，并保证对每一笔认证交易的付款。

(6) 商家银行。商家银行是为商家提供资金账户的银行，因为商家银行是依据商家提供的合法账单来工作的，所以又被称为收单行。客户向商家发送订单和支付指令，商家将收到的订单留下，将客户的支付指令提交给商家银行，然后商家银行向客户银行发出支付授权请求，并进行它们之间的清算工作。

(7) 金融专网。金融专用网络是银行内部及各银行之间交流信息的封闭的专用网络，通常具有较高的稳定性和安全性。

4. 支付模式

电子支付不是新概念，从 1998 年招商银行率先推出网上银行业务之后，人们便开始接触到网上缴费、网上交易和移动银行业务。这个阶段，银行的电子支付系统无疑是主导力量，但银行自身没有足够的动力也没有足够的精力去扩展不同行业的中小型商家参与电子支付。于是非银行类的企业开始进入支付领域，它们通常被称为第三方电子支付公司。目前，我国主要存在四种支付模式：支付网关型模式、自建支付平台模式、第三方垫付模式、多种支付手段结合模式。

(1) 支付网关型模式。支付网关型模式是指一些具有较强银行接口技术的第三方支付公司以中介的形式分别连接商家和银行，从而完成商家的电子支付的模式。这样的第三方支付公司包括网银在线、上海环讯、北京首信等，它们只是商家到银行的通道而不是真正的支付平台，它们的收入主要是与银行的二次结算获得的分成，一旦商家和银行直接相连，这种模式就会因为附加值低而最容易被抛弃。

(2) 自建支付平台模式。自建支付平台模式是指由拥有庞大用户群体的大型电子商务公司为主创建或它们自己创建支付平台的模式，这种模式的实质便是以所创建的支付平台作为信用中介，在买家确认收到商品前，代替买卖双方暂时保管货款。这种担保使得买卖双方的交易风险得到控制，主要解决了交易中的安全问题，容易保证消费者的忠诚度。采用自建支付平台模式的企业有淘宝网、eBay、慧聪网、贝宝等。这种支付平台主要服务于母公司的主营业务，其发展也取决于母公司平台的大小。

(3) 第三方垫付模式。第三方垫付模式是指由第三方支付公司为买家垫付资金或设立虚拟账户的模式。它通过买卖双方在交易平台内部开立的账号，以虚拟资金为介质完成网上交易款项支付，这样的公司有99bill、YeePay等。

(4) 多种支付手段结合模式。多种支付手段结合模式是指第三方电子支付公司利用电话支付、移动支付和网上支付等多种方式提供支付平台的模式。在这种模式下，客户可以通过拨打电话、手机短信或者银行卡等形式进行电子支付。

5. 常用的电子支付系统

(1) 支付宝。支付宝(中国)网络技术有限公司是国内领先的第三方支付平台，致力于提供"简单、安全、快速"的支付解决方案。支付宝公司从2004年建立开始，始终以"信任"作为产品和服务的核心。其旗下有"支付宝"与"支付宝钱包"两个独立品牌。

(2) 手机网银。手机网上银行就是通过手机WAP方式访问网上银行，更方便用户管理银行的各种业务。作为一种结合了货币电子化与移动通信的崭新服务，移动银行业务不仅可以使人们在任何时间、任何地点处理多种金融业务，而且极大地丰富了银行服务的内涵，使银行能以便利、高效而又较为安全的方式为客户提供传统和创新的服务。

(3) 信用卡。信用卡(credit card)，又叫贷记卡，是一种非现金交易付款的方式，是简单的信贷服务。信用卡一般是长85.60毫米、宽53.98毫米、厚1毫米的具有消费信用的特制载体塑料卡片。信用卡的简单运作流程如图8-1所示，信用卡详细运作流程如图8-2所示。

(4) 微信支付。微信支付为腾讯旗下财付通(类似支付宝)的产品，微支付被嵌入微信当中，用户绑定银行卡后可用于日常生活中在微信平台支付。微支付适用于B2C、C2C最活跃的商品交易，特别适用于数字音乐、游戏等数字产品，如网站为用户提供搜索服务、下载一段音乐、下载一个视频片段、下载试用版软件等，所涉及的支付费用很小，往往只要几分钱、几元钱或几十元钱。微支付就是为解决这些"小金额的支付"而提出的。

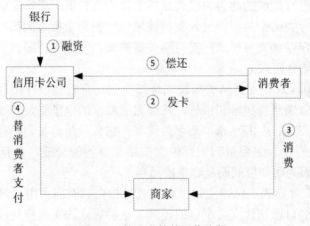

图8-1 信用卡简单运作流程

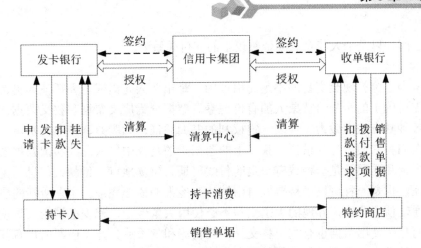

图 8-2 信用卡详细运作流程

8.2 电子支付工具、网上银行与手机银行

8.2.1 电子支付工具

1. 传统的支付方式

传统的支付方式是通过现金的流转、票据的转让及银行的汇兑等物理实体流转来完成款项支付的,传统的支付方式主要有三种,即现金、票据和信用卡。

1) 现金

现金有两种形式,即纸币和硬币,是由国家中央银行发行的,其有效性和价值是由国家保证的。纸币本身价值不高,它只是一种由国家发行并强制流通的货币符号,却可以作为货币加以流通。硬币本身含有一定的金属成分,故而具有一定的价值。在现金交易中,买卖双方处于同一位置,而且交易是匿名的,不需要了解对方身份。显然,现金是一种开放的支付方式。任何人只要持有现金,就可以进行款项支付,而无须经中央银行收回重新分配。现金具有使用方便、灵活的特点,多数小额交易是由现金完成的。其交易流程一般是一手交钱,一手交货。

现金交易存在的不足主要表现在三个方面。

(1) 受时间和空间限制,这给不在同一时间同一地点的交易带来不便。

(2) 受不同发行主体的限制,这给跨国交易带来不便。

(3) 对于大宗交易,既不方便,也不安全。

现金的特征包括以下三个方面。

(1) 现金支付只需在付款人和收款人之间进行,不必在某地某时集中处理,具有完全分散的特性。

(2) 在现金支付中,若付款人持有现金,收款人对现金本身的真实性无异议的话,支付过程可以完全脱离银行,进行离线处理。

(3) 现金具有匿名性,只要持有现金就可以用于支付,而不必追究持有人的合法地位等。现金支付过程简单,因而在长时期的贸易发展过程中被广泛使用。但由于现金携带不方便,运钞成本大,无法核实现金持有人的真实合法身份,所以风险大。现金支付主要被用于个人之间,以及个人和企业间金额较小的支付关系中。

2) 票据

票据是为了弥补现金交易的不足而出现的,是出票人允诺或者委托他人见票时或在约定的日期支付确定的金额给持票人的有价证券。票据分为广义票据和狭义票据。广义上的票据包括各种具有法律效力、代表一定权利的书面凭证,如股票、债券、货单、车船票、汇票等,人们将它们统称为票据。狭义上的票据指的是《中华人民共和国票据法》所规定的汇票、本票和支票,是一种载有一定的付款日期、付款地点、付款人信息的无条件支付的流通凭证,也是一种可以由持票人自由转让给他人的债券凭证。本书所指的票据都是狭义票据。通过使用票据,异地的大宗交易不必使用大量现金,减少了携带大量现金的不便和风险。而且,使用票据也有利于将交易中的物流和货币流分开。但票据也有其弊端,比如易伪造、易丢失,商业承兑汇票甚至存在拒绝付款和到期无力支付的风险,因此,使用票据具有一定的风险。

票据可分为贷记支付工具(credit payment instruments)和直接借记(direct debits)支付工具。贷记支付由付款人发出支付命令,要求银行将指定金额转移到收款人账户中。贷记支付工具常用于支付房租、水电费、电话费、纳税、发放工资等。直接借记是由收款人发出支付命令,要求付款人将指定金额从付款人银行账户转移到收款人银行账户中,但付款人须预先授权银行,执行合法收款人发出的支付命令。直接借记工具常用于定期的、固定支付的各类租金、水电费等。票据不具备现金的分散、离线、匿名等特性,但是由于不需要大量的现金,比较安全,便于携带,且转让时需要背书,贴现时需要验证身份,必要时可以通过追索挽回损失。票据一般用于企业之间金额较大的支付,其操作过程比较复杂,涉及收付双方和中间金融机构等多家单位。

传统支付中,支付指令的传递完全依靠面对面的手工处理和经过邮政、电信部门的委托传递,因此,结算成本高,凭证传递时间长,在途资金积压大,资金周转慢。

3) 信用卡

信用卡是银行向个人和单位发行的,凭此向特约单位购物、消费和向银行存取现金,具有消费信用的特制载体卡片。信用卡分为贷记卡和准贷记卡。贷记卡是指银行发行的,并给予持卡人一定信用额度,持卡人可在信用额度内先消费后还款的信用卡;准贷记卡是指银行发行的,持卡人按要求交存一定金额的备用金,当备用金账户余额不足支付时,可在规定的信用额度内透支的准贷记卡。信用卡的功能多样,具有转账结算功能、消费信贷功能、储蓄功能和汇兑功能,具有高效快捷,携带方便,安全可靠等优点,仅仅通过几十年的发展就已成为经济发达地区的主要支付手段。

信用卡支付主要特点有八个方面。

(1) 不鼓励预存现金,先消费后还款,享有免息还款期,可自主分期还款。

(2) 在一定范围内可以替代传统现金流通的电子货币。

(3) 同时具有支付和信贷两种功能。

(4) 是集金融业务与电脑技术于一体的高科技产物。

(5) 能减少现金货币的使用。

(6) 能提供结算服务,方便购物消费,增强安全感。

(7) 能简化收款手续,节约社会劳动力。

(8) 能促进商品销售，刺激社会需求。

信用卡支付存在的安全问题有五个方面。

(1) 不法分子或犯罪集团以假卡或废卡(过期、遗失作废、磁带损毁等)冒充正卡消费，直接蒙骗商家或者发卡机构。

(2) 卡片保管不善、处理不当(过期、磁带失效的信用卡未进行销毁，或遗失未立即作废等)，以及个人身份信息无意之间遭窃取或骗取。

(3) 服务人员于持卡人消费过程超刷，或窃取其信用卡资讯至其他商家消费。

(4) 电脑系统遭恶意入侵，窃取客户基本交易资讯。

(5) 从确认到结算的世界级交易系统，有被入侵的可能。

2. 电子支付方式

电子支付流程如图 8-3 所示。

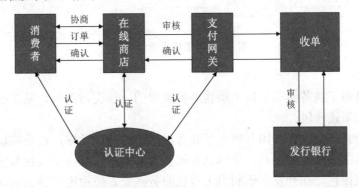

图 8-3　电子支付流程

一些支付工具，既可以纸基方式发起，也可以电子方式发起。如贷记转账，既可在银行柜面填写单据，以签名/签章方式对支付进行授权，也可利用网上银行功能以电子化方式授权发起；如银行卡，既可以纸基通过签名方式进行授权，也可在终端(POS/ATM)通过刷卡与密码发起。

支付交易可通过纸基与电子化步骤相结合的方式进行，如支票可被截留并以电子化方式进行处理，截留地点与时间的不同(如在 POS 或在交换中心)反映了电子化程度的差异。

支付交易也可包含现金与非现金步骤，如付款人以银行存款发起汇款，而接收人以现金支取。

随着计算机技术的发展，电子支付的工具越来越多，这些支付工具可以分为以下三大类。

(1) 电子货币类，如电子现金、电子钱包等。

(2) 电子信用卡类，包括智能卡、借记卡、电话卡等。

(3) 电子支票类，如电子支票、电子汇款(EFT)、电子划款等。

这些方式各有自己的特点和运作模式，适用于不同的交易过程。以下介绍了电子现金、电子钱包、电子支票和智能卡。

1) 电子现金

电子现金(e-cash)是一种以数据形式流通的货币。它把现金数值转换成为一系列的加密序列数,通过这些序列数来表示现实中各种金额的市值,用户在开展电子现金业务的银行开设账户并在账户内存钱后,就可以在接受电子现金的商店购物了。电子现金支付流程如图 8-4 所示。

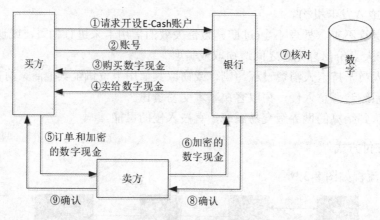

图 8-4 电子现金支付流程

2) 电子钱包

电子钱包是电子商务活动中网上购物顾客常用的一种支付工具,是在小额购物或购买小商品时常用的新式钱包。

电子钱包一直是全世界各国开展电子商务活动中的热门话题,也是实现全球电子化交易和因特网交易的一种重要工具,全球已有很多国家正在建立电子钱包系统以便取代现金交易的模式,我国也正在开发和研制电子钱包服务系统。使用电子钱包购物,通常需要在电子钱包服务系统中进行。电子商务活动中的电子钱包软件通常都是免费提供的,可以直接使用与自己银行账号相连接的电子商务系统服务器上的电子钱包软件,也可以从因特网上直接调出来使用,采用各种保密方式利用因特网上的电子钱包软件。世界上有 VISA Cash 和 Mondex 两大电子钱包服务系统,其他电子钱包服务系统还有 HP 公司的电子支付应用软件(VWALLET)、微软公司的电子钱包 MS Wallet、IBM 公司的 Commerce POINT Wallet 软件、Master Card cash、Euro Pay 的 Clip 和比利时的 Proton 等。

3) 电子支票

电子支票(electronic check,E-check 或 E-cheque)是一种借鉴纸张支票转移支付的优点,利用数字传递将钱款从一个账户转移到另一个账户的电子付款形式。这种电子支票的支付是在与商户及银行相连的网络上以密码方式传递的,多数使用公用关键字加密签名或个人身份证号码(PIN)代替手写签名。

用电子支票支付,事务处理费用较低,而且银行也能为参与电子商务的商户提供标准化的资金信息,故而可能是最有效率的支付手段。电子支票的支付流程如图 8-5 所示。

4) 智能卡

20 世纪 70 年代中期,法国 Roland Moreno 公司采取在一张信用卡大小的塑料卡片上安装嵌入式存储器芯片的方法,率先开发成功 IC 存储卡。经过 40 多年的发展,真正意义上的智能卡,即在塑料卡上安装嵌入式微型控制器芯片的 IC 卡,已由摩托罗拉和 Bull HN 公司于 1997 年研制成功。

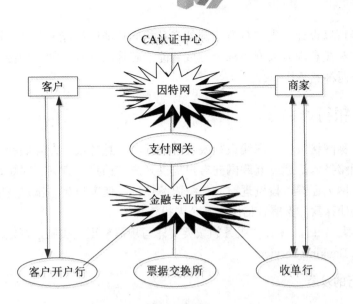

图 8-5 电子支票的支付流程

　　智能卡也称 IC 卡、智慧卡、微电路卡或微芯片卡等。它是将一个微电子芯片嵌入符合 ISO 7816 标准的卡基中，做成卡片形式。智能卡由于其固有的信息安全、便于携带、比较完善的标准化等优点，在身份认证、银行、电信、公共交通、车场管理等领域正得到越来越多的应用，例如二代身份证，银行的电子钱包，电信的手机 SIM 卡，公共交通的公交卡、地铁卡，用于收取停车费的停车卡等，都在人们日常生活中扮演重要角色。

　　伴随着物联网、5G 网络、个性化驱动需求的提升，消费者对 SIM 卡在信息传输容量、用户安全保护等方面的功能的要求更加看重，为此 SIM 卡也需要做出相应的升级，这为我国国内移动智能通信安全芯片带来新的发展机遇。

　　2020 年，工信部为促进智能卡产业转型，推动新一代信息技术与制造业深度融合，从而不断提升 5G 网络、物联网、大数据、工业互联网等新型基础设施建设能力，这也为加快数字经济发展、构建新发展格局提供了有力支撑。

　　截至 2020 年年底，三家基础电信企业发展蜂窝物联网用户达 11.36 亿户，全年净增 1.08 亿户，其中应用于智能制造、智慧交通、智慧公共事业的终端用户占比分别达 18.5%、18.3%、22.1%。发展 IPTV(网络电视)用户总数达 3.15 亿户，全年净增 2120 万户。

　　国内智能卡市场发展潜力巨大，加之国务院和各部委先后颁布《国家集成电路产业发展推进纲要》《国家信息化发展战略纲要》《信息产业发展指南》等文件以及国产智能卡专用芯片逐步成为市场主流，被海外市场所接受等诸多因素，为国内智能卡制造企业转型升级创造了优越的发展空间。

　　目前，我国智能卡的主要应用领域有通信领域、身份识别领域、金融领域、社保领域、一卡通领域等，其中移动通信卡、城市一卡通、社保卡、银行 IC 卡、二代身份证、居住证等是国内最主要的细分应用领域。

　　从中国智能卡市场竞争格局来看，目前市场前十位中除金雅拓、金邦达、捷德属外资企业以外，其余均为本土厂商，其中东信和平、握奇数据、大唐微电子等企业在国际市场中也具有一定的竞争实力。从智能卡芯片市场的竞争格局来看，随着中国本土集成电路设计企业的迅速成长，智能卡芯片市场已经摆脱了原来严重依赖国外半导体厂商的局面，有些国内厂商已经可以设计、生产具有与国外产品相同功能的智能卡芯片，而一些国外芯片企业也因为成本和盈利因素放弃了部分领域智能卡芯片的开发。如今中国智能卡芯片厂商已经形成了中外两种竞争格局。

8.2.2 网上银行

网上银行又称网络银行、在线银行或电子银行，它是各银行在互联网中设立的虚拟柜台，银行利用网络技术，通过互联网向客户提供开户、销户、查询、对账、行内转账、跨行转账、信贷、网上证券、投资理财等传统服务项目，使客户足不出户就能够安全、便捷地管理活期和定期存款、支票、信用卡及个人投资等。

2017年12月1日，《公共服务领域英文译写规范》正式实施，规定网上银行的标准英文名为 Online Banking Service。

1. 网上银行的发展

1995年10月18日，全球首家以网络银行冠名的金融组织——安全第一网络银行(security first network bank，SFNB)打开了它的"虚拟之门"。到1997年年末，美国可进行交易的金融网站有103个，其中包括银行和存款机构，到1998年年末跃升至1300个。网络银行将凭借自己存款利息高和实时、方便、快捷、成本低、功能丰富的24小时服务获得越来越多客户的喜爱，其自身数目也会迅速增长，成为未来银行业非常重要的一个组成部分。

1996年2月，中国银行在国际互联网上建立了主页，首先在互联网上发布信息。目前工商银行、农业银行、建设银行、中信银行、民生银行、招商银行、太平洋保险公司、中国人寿保险公司等金融机构都已经在国际互联网上设立了网站。

越来越多商业银行设立互联网金融部、数字金融部等，引入金融科技公司开放合作，打造数字化银行。中国银行业总体上数字化程度不断加深，从2010年的14.83%增长至2018年的73.78%。

2. 网上银行的优势

网上银行的特点是客户只要拥有账号和密码，便能在世界各地通过互联网，进入网络银行处理交易。与传统银行业务相比，网上银行的优势体现在以下三点。

(1) 大大降低银行经营成本，有效提高银行盈利能力。开办网上银行业务，主要利用公共网络资源。不须设置物理的分支机构或营业网点，减少了人员费用，提高了银行后台系统的效率。

(2) 无时空限制，有利于扩大客户群体。网上银行业务打破了传统银行业务的地域、时间限制，具有3A特点，即能在任何时候(anytime)、任何地方(anywhere)、以任何方式(anyhow)为客户提供金融服务，这既有利于吸引和保留优质客户，又能主动扩大客户群，开辟新的利润来源。

(3) 有利于服务创新，向客户提供多种类、个性化服务。通过银行营业网点销售保险、证券和基金等金融产品，往往受到很大限制，主要是由于一般的营业网点难以为客户提供详细的、低成本的信息咨询服务。利用互联网和银行支付系统，容易满足客户咨询、购买和交易多种金融产品的需求，客户除办理银行业务外，还可以很方便地进行网上买卖股票、债券等，网上银行能够为客户提供更加合适的个性化金融服务。

3. 技术要求

从技术的角度看，网上交易至少需要四个方面的功能，即商户系统、电子钱包系统、支付网关和安全认证。其中后三者是网上支付的必要条件，也是网上银行运行的技术要求。

1) 电子钱包系统

电子钱包是电子商务购物(尤其是小额购物)活动中常用的一种支付工具。电子钱包用户通常在银行里都有账户。在使用电子钱包时，先安装相应的应用软件，然后利用电子钱包服务系统把自己账户里的电子货币输进去。在发生收付款时，用户只需在计算机上单击相应项目即可。系统中设有电子货币和电子钱包的功能管理模块，称为电子货币钱包管理器。用户可以用它来改变口令或保密方式等，以及用它来查看自己银行账户上电子货币收付往来的账目、清单及其他数据。此外，系统还提供了一个电子交易记录器，顾客通过查询记录器，可以了解自己购物的记录。

2) 支付网关

支付网关是银行金融系统和互联网之间的接口，是连接银行内部网络与互联网的一组服务器。其主要作用是完成两者之间的通信、协议转换和进行数据加密、解密，以保护银行内部网络的安全。离开了支付网关，网上银行的电子支付功能也就无法实现。B2C 交易场景中支付网关模式的一般交易流程如图 8-6 所示。

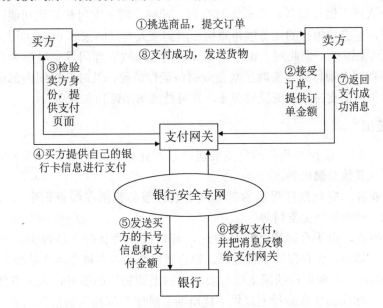

图 8-6　B2C 交易场景中支付网关模式的一般交易流程

随着网络市场的不断增长，网络交易的处理将成为每一个支付系统的必备功能。如今的商户在数据传输方面常常是低效率的，有了支付网关，这个问题便可得到有效的解决，它使银行或交易商在网络市场高速发展和网络交易量不断增长的情况下，仍可保持其应有的效率。

3) 安全认证

电子商务认证机构(Certification Authority，CA)是为了解决电子商务活动中交易参与各方身份、资信的认定，维护交易活动的安全，从根本上保障电子商务交易活动顺利进行而设立的，它对于增强网上交易各方的信任、提高网上购物和网上交易的安全、控制交易风险、推动电子商务的发展都是必不可少的。

4. 网上银行的分类

1) 按照有无实体分类

按照有无实体网点，将网上银行分为以下两类。

(1) 完全依赖于互联网的无形的电子银行，也叫"虚拟银行"。所谓虚拟银行，就是指没有实际的物理柜台作为支持的网上银行。这种网上银行一般只有一个办公地址，没有分支机构，也没有营业网点，采用国际互联网等高科技服务手段与客户建立密切的联系，提供全方位的金融服务。

(2) 在现有的传统银行的基础上，利用互联网开展传统的银行业务交易服务，即传统银行利用互联网作为新的服务手段为客户提供在线服务，实际上是传统银行服务在互联网上的延伸。这是网上银行存在的主要形式，也是绝大多数商业银行采取的网上银行发展模式。

2) 按照服务对象分类

按照服务对象，我们可以把网上银行分为个人网上银行和企业网上银行两种。

(1) 个人网上银行。个人网上银行主要适用于个人和家庭的日常消费支付与转账。客户可以通过个人网上银行服务，完成实时查询、转账、网上支付和汇款功能。个人网上银行服务的出现，标志着银行的业务触角直接伸展到个人客户的家庭PC桌面上。

(2) 企业网上银行。企业网上银行主要针对企业与政府部门等企事业客户。企事业组织可以通过企业网上银行服务实时了解企业财务运作情况，及时在组织内部调配资金，轻松处理大批量的网上支付和工资发放业务，并可处理信用证相关业务。

5. 业务范围

一般来说，网上银行的业务品种主要包括基本业务、网上投资、网上购物、个人理财、企业银行及其他金融服务。

(1) 基本业务。商业银行提供的基本网上银行服务包括在线查询账户余额、交易记录，下载数据，转账和网上支付等。

(2) 网上投资。由于金融服务市场发达，可以投资的金融产品种类众多，如银行基金、外汇买卖、债券、银行保险、贵金属、银行理财产品等多种金融产品服务。

(3) 网上购物。商业银行的网上银行设立的网上购物协助服务，大大方便了客户网上购物，为客户在相同的服务品种上提供了优质的金融服务或相关的信息服务，加强了商业银行在传统竞争领域的竞争优势。

(4) 个人理财。个人理财助理是国外网上银行重点发展的一个服务品种。各大银行将传统银行业务中的理财助理转移到网上进行，通过网络为客户提供理财的各种解决方案、咨询建议，或者金融服务技术的援助，从而极大地扩大了商业银行的服务范围，并降低了相关的服务成本。

(5) 企业银行。企业银行服务是网上银行服务中最重要的部分之一。其服务品种比个人客户的服务品种更多，也更为复杂，对相关技术的要求也更高，所以能够为企业提供网上银行服务是商业银行实力的象征之一。一般中小网上银行或纯网上银行只能部分提供，甚至完全不提供这方面的服务。

(6) 其他金融服务。除了银行服务外，大商业银行的网上银行均通过自身或与其他金融服务网站联合的方式，为客户提供多种金融服务产品，如保险、抵押和按揭等，以扩大网上银行的服务范围。

8.2.3 手机银行

1. 手机银行的基本概念

手机银行是指银行以智能手机为载体，使客户能够在此终端上使用银行服务的渠道模式。手机银行也称为移动银行，指利用手机、PAD 和其他移动设备等实现客户与银行的对接，为客户办理相关银行业务或提供金融服务。手机银行既是产品，又是渠道，属于电子银行的范畴。

从理论上讲，除了现金业务，银行的柜台业务都可以搬到手机银行上来。手机银行的功能可分为标配功能和拓展功能。查询、转账、汇款、缴费、临时挂失等属于标配功能。拓展功能就是在标配功能的基础上发展的基金理财、商业支付、网购等功能。拓展功能的提供，离不开银行后台的支持。中小银行的这些拓展功能普遍比较薄弱，远远落后于国有银行和全国性股份制商业银行。

国内银行中已经推出手机银行业务的包括：工行、农行、中行、建行、交行等大型银行，全国性股份制商业银行，部分城市商业银行和农村商业银行以及极少数农村合作银行，新型农村金融机构和农村信用社。区域性银行的手机银行基本是网络银行的手机化。有特色且与中国农村金融相关的手机银行包括无卡取现、农户小额贷款、按址汇款和手机金融等。

2. 演变过程

手机银行迅速兴起，不仅在数量上成倍增加，而且其服务内容日趋丰富，功能也日趋完善，并随着 ICT 与金融业的发展而不断演进。关于手机银行，多数学者从金融功能的视角对其进行定义。实际上，手机银行就是通过 ICT 获取各种金融服务。当然，这里的金融服务也包括支付。

1) 技术的演变

按照手机银行的技术实现方式，手机银行可分为两类：一类是基于服务器的手机银行，如 IVR、SMS、USSD2 和 WAP；一类是基于客户端的手机银行，如 J2ME、S@T 和 NFC。

IVR 被称为语音银行或者电话银行，指通过手机与金融机构客服人员直接对话，抑或是自助服务，提供语音菜单，客户进行选择性操作来完成一些业务，这是比较古老的一种手机银行。之后诞生的是 SMS，被称为短信服务，用户通过发送指定格式的短信至短信服务中心完成交易，而这些指定格式的短信是由手机银行提供商事先认定的。接下来是 USSD2，即非结构化补充数据业务，它是一种基于 CSM 网络的交互式数据业务，当客户通过手机输入一些网络预先设定的数字或者符号，并发送相关数字或符号到服务器就可以完成一些金融服务。最后是基于 WAP 技术的手机银行，它实际上就是网银的手机化，要求手机具有上网功能。

随着信息通信技术的发展，手机银行不仅服务内容更加丰富多彩，服务方式也更加时尚方便，产生了基于客户端的手机银行，如 J2ME。它将 Java 语言与平台无关的特性移植到小型电子设备上，允许移动无线设备之间共享应用程序，通过其客户端可以同时完成 SMS、USSD2 和 WAP 等业务，使得人们可以更加方便、快捷地获得金融服务。另外一种就是基于 SIM/STK 技术的一种手机银行，指手机银行提供商将手机银行菜单植入到 SIM 卡上，如 S@T 和 NFC。手机银行技术的演变，并不是严格地按照时间先后顺序进行的，有些部分可能是交替进行的。此外，技术层次高的手机银行具有安全性高、内容丰富等特点，但是技术层次高的手机银行对手机本身要求较高，操作也可能相对复杂。

2) 模式的演变

最初的手机银行大多是由传统银行主导的，移动运营商只提供运营平台，这种模式在发达国家比较典型。随着社会经济的发展和信息通信技术的进步，逐渐出现了由移动运营商主导的手机银行，这种由移动运营商主导的手机银行模式，有可能颠覆传统银行主宰的金融业，作为一种新兴的金融模式在世界之林冉冉升起。与此同时也出现了由第三方支付公司主导的手机银行模式，这种模式与第二种模式一样，同属于非传统银行主导，对金融业发展的影响也将是深远的。随着信息通信技术的发展，不同机构主导的手机银行的界限将日趋模糊，不同金融业务的界限也将日趋模糊，移动支付可能将全面取代现金，人们可以通过手机等终端来完成各种业务，实体金融机构将有可能消失，取而代之的将是一个既不同于商业银行间接融资，也不同于资本市场直接融资的第三种金融融资模式，即"互联网直接融资模式"或"互联网金融融资模式"。当然，这种金融模式的全面实现需要时间和努力，而在现实条件下主要表现为手机银行和 P2P 融资模式。

3) 服务内容的演变

手机银行服务内容的演变不是单独进行的，而是伴随着手机银行技术与模式的演变而演变的。一开始手机银行提供的业务基本上是支付业务，即使到现在手机银行也主要专注于支付业务，但为了满足人们日益增长的金融服务需求，加上技术上的可行，手机银行业务逐渐从单纯的支付业务向存取款、充值、代发工资、贷款等综合业务过渡。在部分国家，通过手机银行还可以完成保险、证券等业务，并把手机银行作为其业务扩张的目标之一。实际上，手机这个移动终端在技术上几乎可以完成所有的金融服务，只是金融监管束缚了它的发展。信息通信技术对金融发展的影响是深远的，它不仅向人们提供了传统的金融服务，也创造出了新的业务。金融业是信息化的产业，金融业不仅经营对象可信息化，金融活动对信息通信技术的依赖性也非常强，未来金融业的发展是建立在信息化的平台上的。

3. 技术层次

1) SMS 模式

SMS(short message service)模式即利用手机短消息办理银行业务，客户容易接入，手机一般都支持短消息，并且大多数人都会用短消息，短信的主动点播方式也可以用于实现银行交易。但是，这种方式的安全级别很低，在手机里和网络运营商的服务器里都会留下痕迹。

2) STK 模式

STK(sim tool kit)模式是将银行服务的菜单写入特制的 STK 卡,从而便于客户的菜单式操作。STK 卡本身有比较完善的身份认证机制,能有效保障交易安全,但它也有不足之处,体现在以下三个方面。

(1) STK 卡的容量有限,通常只能在卡里写入一家银行的应用程序,而且不能更改,虽然 OTA 空中下载技术可以更新 STK 卡里的内容,对服务进行升级,但操作起来很麻烦。

(2) 同样短信的存储转发机制会使交易在网络运营商的服务器里留下痕迹。

(3) 业务烦琐,对于客户而言,换用 STK 卡成本过高。

3) USSD 模式

USSD(unstructured supplementary service data,非结构化补充数据业务)是新型交互式移动数据业务的非结构化补充数据业务,是一种基于 GSM 网络的新型交互式数据业务,可以用于开发各种业务。USD 消息通过 7 号信令(SS7)通道传输,可与各种应用业务保持对话。USSD 可以将现有的 GSM 网络作为一个透明的承载实体,运营商通过 USSD 自行制定符合本地用户需求的相应业务。这样,USSD 业务便可方便地为移动用户提供数据业务,而增加新的业务对原有的系统几乎没有什么影响。

4) WAP 方式

WAP(wireless application protocol,无线应用协议)方式,是开发移动网络上类似互联网应用的一系列规范的组合。它将使新一代的无线通信设备可靠地接入 Internet 和其他先进的电话业务。由于无线网络系统和固定网络系统不一样,加上移动终端的屏幕和键盘都很小,所以 WAP 不适于采用 HTML(超文本标识语言),而需采用专门的 WML(无线标记语言)。2000 年前后,WAP 技术曾经是 IT 厂商推销的热点,但受制于上网速度及其他因素,很快地没落下来。从 2002 年起,中国移动 GPRS 网络的推出,提升了网络速度,也让 WAP 技术有了发展的新机会。WAP 2.0 实现了由 WAP 终端到 CP 之间的端到端加密,采用 TLS 作为端到端加密的算法。

WAP 方式的优势在于:第一,银行的开发量很小,仅需在网上银行的基础上开发 WML 的版本即可;第二,字符内容浏览,实时交易;第三,GPRS 的出现,改善了浏览速度。

WAP 方式的局限在于:第一,客户需要有 WAP 手机;第二,只能处理文字,可交互性差,界面简单。

5) KJava 方式

KJava 方式是专门用于嵌入式设备的 Java 软件,是 Java 技术在无线终端设备上的延伸。J2ME 平台技术扩大了 Java 技术的使用范围。这种多功能的 KJava 应用程序开发平台,可以开发许多新的功能强大的信息产品。KJava 技术可以使用户、服务提供商、设备制造商通过物理有线连接或无线连接,按照需要随时使用丰富的应用程序。J2ME 的配置和框架使得信息设备的灵活性,包括计算技术和应用程序安装方式方面,得到很大提高。

KJava 方式的优势在于:第一,实时在线,交互式对话;第二,图形化界面,操作非常友好;第三,采用一些 1024 位的 RSA 认证加密技术和 128 位的三重 DES 加解密技术,安全性相对较高。

KJava 方式的局限在于：第一，KJava 手机价格较高，用户较少；第二，对不同型号的手机无法做到统一的显示，需要对不同型号的手机做部分针对性的开发。

6) BREW 方式

BREW(binary runtime environment for wireless，无线二进制运行环境)方式是一种基于 CDMA 网络的技术。用户可以通过下载应用软件到手机上运行，从而实现各种功能。BREW 位于芯片软件系统层和应用软件层之间，提供了通用的中间件，直接集成在芯片上，不必通过中间代码就可以直接执行，在整个系统中仅需约 150 KB 的存储容量。就像可以在 Windows 中添加、删除程序一样，用户可以通过手机下载各种软件实现手机的个性化，运营商也可以通过无线方式为用户下载、升级或回收软件。BREW 支持各种加密算法，开发商只需直接通过 API 接口调用对称加密算法 RC4、非对称算法 RSA、SSL 算法、Hash 函数等基本函数，不用再次开发。BREW 方式的优缺点同 KJava 类似，但在安全性和终端表现的一致性上要优于 KJava 方式。不过，BREW 是高通公司的专利技术，开放性不如 KJava。

4. 业务范围

(1) 账户管理。为客户提供余额查询、当日明细查询、历史明细查询、注册卡维护、账户挂失、默认账户设置等账户管理功能。

(2) 转账汇款。手机汇款是客户通过输入收款人银行卡号或手机号，向已开通手机银行(WAP)的客户默认账户，进行本异地账户转账汇款的功能。

(3) 缴费业务。客户通过此功能可缴纳日常项目费用，并支持客户在非工作时间内进行缴费的预约指令提交，系统会在工作时间内为客户办理业务。缴费成功后可将该项目存入"我的缴费项目"中，客户还可以通过"我的缴费项目"进行个人缴费项目的缴费、查询、增删操作。

(4) 手机股市。客户可通过手机银行(WAP)查询上证、深证的股票信息，并且在"定制我的股票"中输入股票代码定制或删除自己关心的股票。客户可以通过"第三方存管"功能进行银行转证券公司、证券公司转银行和相关查询交易，此外还可以链接到券商WAP 站点页面进行股票交易。

(5) 基金业务。客户以基金公司、基金类型、基金代码及自选基金为条件，查询出某只基金的详细信息(包括：基金代码、名称、类型、净值、历史净值等)，并可将重点关注的基金设置为自选基金的功能，还可以快速便利地进行基金申购、认购、定投、赎回、撤单、余额及历史明细查询等操作。

(6) 贵金属。提供客户查询人民币纸黄金的实时价格(包括银行买入价、银行卖出价)，根据即时人民币纸黄金价格，进行纸黄金买卖交易或设立纸黄金委托交易(包括获利委托、止损委托、双向委托)以及品牌金积存的余额和账户信息查询的功能。

(7) 信用卡业务。提供客户查询信用卡(包括信用卡、贷记卡、国际卡)的余额、交易明细信息，并向本人信用卡账户归还透支人民币、外币透支欠款的功能，同时支持信用卡分期付款功能。

(8) 客户服务。为客户提供余额变动提醒定制/查询/修改/取消、主菜单定制、自助缴服务费、权限管理、修改登录/支付密码、注销手机银行(WAP)、设置客户预留信息、对账单等功能。

手机银行能够真正为客户提供超越时空的"3A(anywhere、anytime、anyhow)"服务、更具个性化和更具安全性的服务。相信随着移动通信技术的发展、移动终端设备智能化以及资费的平民化，必然催化手机高速上网人群的扩大，这种转变将为潜伏已久的手机银行带来巨大的发展契机。艾瑞咨询的最新统计数据显示，截止到 2021 年 12 月中国移动网民规模为 11.67 亿人，2022 年中国移动电商市场交易额将达 31.2 万亿元。若手机银行能和银行已有服务渠道进行有机的整合，并充分发挥无线互联网和手机这种灵巧终端的优势，开发出独特的产品或服务(如定制服务等)，手机银行将能发挥更大的作用。

8.3 第三方支付与移动支付

8.3.1 第三方支付简介

第三方支付是指具备一定实力和信誉保障的独立机构，通过与银联或网联对接而促成交易双方进行交易的网络支付模式。第三方支付平台在电子支付中所处位置如图 8-7 所示。

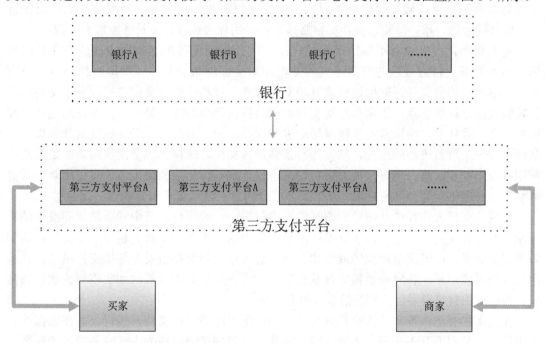

图 8-7　第三方支付平台在电子支付中所处的位置

在第三方支付模式下，买方选购商品后，使用第三方平台提供的账户进行货款支付(支付给第三方)，并由第三方通知卖家货款到账、要求发货；买方收到货物，检验货物，并且进行确认后，再通知第三方付款；第三方再将款项转至卖家账户。

2017 年 1 月 13 日下午，中国人民银行发布了一项支付领域的新规定《中国人民银行办公厅关于实施支付机构客户备付金集中存管有关事项的通知》，明确了第三方支付机构在交易过程中产生的客户备付金，今后将统一交存至指定账户，由央行监管，支付机构不得挪用、占用客户备付金。

2018年3月，网联下发42号文督促第三方支付机构接入网联渠道，明确2018年6月30日之前所有第三方支付机构与银行的直连都将被切断，之后银行不会再单独直接为第三方支付机构提供代扣通道。

1. 第三方支付产生的原因

第三方支付采用支付结算方式。按支付程序分类，结算方式可分为一步支付方式和分步支付方式，前者包括现金结算、票据结算(如支票、本票、银行汇票、承兑汇票)、汇转结算(如电汇、网上支付)；后者包括信用证结算、保函结算、第三方支付结算。

在社会经济活动中，结算属于贸易范畴。贸易的核心是交换。交换是交付标的与支付货币两大对立流程的统一。在自由平等的正常主体之间，交换遵循的原则是等价和同步。同步交换，就是交货与付款互为条件，是等价交换的保证。

在实际操作中，对于现货标的的面对面交易，同步交换容易实现；但许多情况下由于交易标的的流转验收(如商品货物的流动、服务劳务的转化)需要过程，货物流和资金流的异步和分离的矛盾不可避免，同步交换往往难以实现。而异步交换，先收受对价的一方容易违背道德和协议，破坏等价交换原则，故先支付对价的一方往往会受制于人，自陷被动、弱势的境地，承担风险。异步交换必须附加信用保障或法律支持才能顺利完成。

同步交换，可以规避不等价交换的风险，因此为确保等价交换要遵循同步交换的原则。这就要求支付方式应与交货方式相适配，对当面现货交易，适配即时性一步支付方式；对隔面或期货交易，适配过程化分步支付方式。过程化分步支付方式迎合了交易标的流转验收的过程性特点，款项从启动支付到所有权转移至对方不是一步完成，而是在中间增加中介托管环节，由原来的直接付转改进到间接汇转，业务由一步完成变为分步操作，从而形成一个可监可控的过程，按步骤有条件进行支付。这样就可货走货路，款走款路，两相呼应，同步起落，使资金流适配货物流进程达到同步相应的效果，使支付结算方式更科学化、合理化地迎合市场需求。

传统的支付方式往往是简单的即时性直接付转，一步支付。其中钞票结算和票据结算适配当面现货交易，可实现同步交换；汇转结算中的电汇及网上直转也是一步支付，适配隔面现货交易，但若无信用保障或法律支持，会导致异步交换引发非等价交换风险，现实中买方先付款后不能按时按质按量收获标的，卖方先交货后不能按时如数收到价款，被拖延、折扣或拒付等引发经济纠纷的事件时有发生。

在现实的有形市场，异步交换权可以附加信用保障或法律支持来进行，而在虚拟的无形市场，交易双方互不认识，不知根底，故此，支付问题曾经成为电子商务发展的瓶颈之一，卖家不愿先发货，怕货发出后不能收回货款；买家不愿先支付，担心支付后拿不到商品或商品质量得不到保证。博弈的结果是双方都不愿意先冒险，网上购物无法进行。第三方产业支付参与者的类型如图8-8所示。

为迎合同步交换的市场需求，第三方支付应运而生。第三方是买卖双方在缺乏信用保障或法律支持的情况下的资金支付"中间平台"，买方将货款付给买卖双方之外的第三方，第三方提供安全交易服务，其运作实质是在收付款人之间设立中间过渡账户，使汇转款项实现可控性停顿，只有双方意见达成一致才能决定资金去向。第三方担当中介保管及监督的职能，并不承担什么风险，所以确切地说，这是一种支付托管行为，通过支付托管实现支付保证。

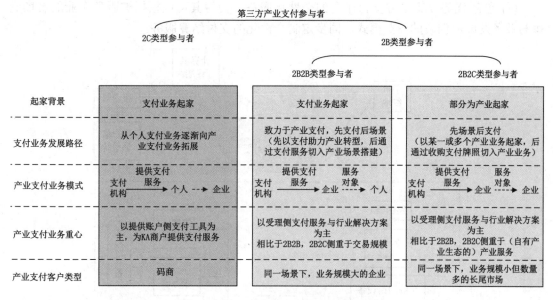

图 8-8　第三方产业支付参与者的类型

2. 第三方支付的特点

(1) 第三方支付平台提供一系列的应用接口程序，将多种银行卡支付方式整合到一个界面上，负责交易结算中与银行的对接，使网上购物更加快捷、便利。消费者和商家不需要在不同的银行开设不同的账户，可以帮助消费者降低网上购物的成本，帮助商家降低运营成本；同时，还可以帮助银行节省网关开发费用，并为银行带来一定的潜在利润。

(2) 较之 SSL、SET 等支付协议，利用第三方支付平台进行支付操作更加简单而易于接受。SSL 是应用比较广泛的安全协议，在 SSL 中只需要验证商家的身份。SET 协议是发展的基于信用卡支付系统的比较成熟的技术。但在 SET 中，各方的身份都需要通过 CA 进行认证，程序复杂，手续繁多，速度慢且实现成本高。有了第三方支付平台，商家和客户之间的交涉由第三方来完成，使网上交易变得更加简单。

(3) 第三方支付平台本身依附于大型的门户网站，且以与其合作的银行的信用作为信用依托，因此第三方支付平台能够较好地突破网上交易中的信用问题，有利于推动电子商务的快速发展。第三方支付平台网络如图 8-9 所示。

在通过第三方平台的交易中，买方选购商品后，使用第三方平台提供的账户进行货款支付，由对方通知卖家货款到达、进行发货；买方检验物品后，就可以通知付款给卖家。第三方支付平台的出现，从理论上讲，杜绝了电子交易中的欺诈行为，这也是由它的特点决定的。

3. 第三方支付的优缺点

1) 优点

(1) 成本优势。支付平台降低了政府、企业、事业单位直连银行的成本，满足了企业专注发展在线业务的收付要求。

(2) 竞争优势。第三方支付平台的利益中立,避免了与被服务企业在业务上的竞争。

(3) 创新优势。第三方支付平台的个性化服务,使得其可以根据被服务企业的市场竞争与业务发展所创新的商业模式,同步定制个性化的支付结算服务。

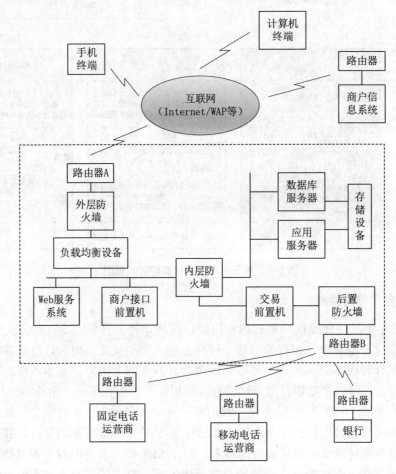

图 8-9　第三方支付平台网络

2) 缺点

(1) 风险问题。在电子支付流程中,资金都会在第三方支付服务商处滞留即出现所谓的资金沉淀,如缺乏有效的流动性管理,则可能存在资金安全和支付的风险。同时,第三方支付机构开立支付结算账户,先代收买家的款项,然后付款给卖家,这实际已突破了现有的诸多特许经营的限制,它们可能为非法转移资金和套现提供便利,因此形成潜在的金融风险。

(2) 电子支付经营资格的认知、保护和发展问题。第三方支付结算属于支付清算组织提供的非银行类金融业务,银行将以牌照的形式提高门槛。因此,对于那些从事金融业务的第三方支付公司来说,面临的挑战不仅仅是如何盈利,更重要的是能否拿到将要发出的第三方支付业务牌照。

(3) 业务革新问题。因为支付服务客观上提供了金融业务扩展和金融增值服务,其业务范围必须要明确并且要大胆推行革新。目前为止，全球拥有手机的人多于拥有电脑的人，相对于单纯的网上支付，移动支付领域将有更大的作为。所以第三方支付能否趁此机遇改进自己的业务模式，将决定第三方支付最终能否走出困境，获得发展。

(4) 恶性竞争问题。电子支付行业存在损害支付服务甚至给电子商务行业发展带来负面冲击的恶意竞争的问题。国内的专业电子支付公司已经超过 40 家，而且多数支付公司与银行之间采用纯技术网关接入服务，这种支付网关模式容易造成市场严重同质化，也挑起了支付公司之间激烈的价格战。由此直接导致了这一行业"利润削减快过市场增长"，在中国，惯用的价格营销策略让电子支付行业吞下了利润被摊薄的苦果。

(5) 法律、法规支持问题。《电子支付指引(第二号)》法规的颁布，将一定程度解决这个问题。

8.3.2 第三方支付平台的交易流程

在第三方支付交易流程中，支付模式使商家看不到客户的信用卡信息，同时又避免了信用卡信息在网络上多次公开传输而导致信用卡信息被窃。

第三方支付交易流程如图 8-10 所示(以 B2C 交易为例)：

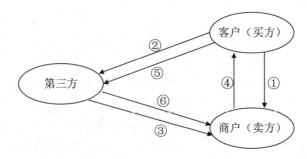

图 8-10 第三方支付交易流程

第一步，客户在电子商务网站上选购商品，最后决定购买，买卖双方在网上达成交易意向。

第二步，客户选择利用第三方作为交易中介，客户用信用卡将货款划到第三方账户。

第三步，第三方支付平台将客户已经付款的消息通知商家，并要求商家在规定时间内发货。

第四步，商家收到通知后按照订单发货。

第五步，客户收到货物并验证后通知第三方。

第六步，第三方将其账户上的货款划入商家账户中，交易完成。

8.3.3 典型的第三方支付平台

1. 行业分类

1) 互联网型支付企业

以支付宝、财付通为首的互联网型支付企业，它们以在线支付为主，捆绑大型电子商务网站，迅速做大做强。

2) 金融型支付企业

以银联商务、快钱、汇付天下、易宝、拉卡拉等为首的金融型支付企业，侧重行业需求和开拓行业应用。

3) 第三方支付公司为信用中介

以非金融机构的第三方支付公司为信用中介，类似银联商务、拉卡拉、嘉联支付这类手机刷卡器产品。这类移动支付产品通过和国内外各大银行签约，具备很好的实力和信用保障，是在银行的监管下保证交易双方利益的独立机构，在消费者与银行之间建立一个某种形式的数据交换和信息确认的支付的流程。乐富支付向广大银行卡持卡人提供基于 POS 终端的线下实时支付服务，并向终端特约商户提供 POS 申请/审批、自动结账/对账、跨区域 T+1 清算、资金归集、多账户管理等综合服务。

2. 主要的第三方支付产品

中国国内的第三方支付产品主要有支付宝、微信支付、百度钱包、PayPal、中汇支付、拉卡拉、财付通、融宝、盛付通、腾付通、通联支付、易宝支付、随行付支付、中汇宝、快钱、国付宝、物流宝、网易宝、网银在线、环迅支付 IPS、汇付天下、汇聚支付、宝易互通、宝付、乐富等。

1) PayPal

PayPal 于 1998 年 12 月由 Peter Thiel 及 Max Levchin 建立，是一个总部在美国加利福尼亚州圣荷塞市的在线支付服务商。

PayPal 也和一些电子商务网站合作，成为它们的货款支付方式之一，但是用这种支付方式转账时，PayPal 收取一定数额的手续费。2018 年 12 月，世界品牌实验室发布《2018 世界品牌 500 强》榜单，PayPal 排名第 402 位。2019 年 10 月 4 日，PayPal 宣布退出 Libra 协会，成为首个退出该组织的成员。2019 年，入选"2019 福布斯全球数字经济 100 强"，排第 33 位。2019 年 10 月，PayPal 在 Interbrand 发布的全球品牌百强榜中排名第 72 位。

2021 年 3 月 8 日，在线支付平台 PayPal 宣布，将收购数字加密货币安全存储技术公司 Curv，以加快和扩大其加密货币和数字资产的计划。

通过 PayPal 付款人欲支付一笔金额给商家或者收款人时，可以分为以下几个步骤。

① 只要有一个电子邮件地址，付款人就可以登录开设 PayPal 账户，通过验证成为其用户，并提供信用卡或者相关银行资料，增加账户金额，将一定数额的款项从其开户时登记的账户(例如信用卡)转移至 PayPal 账户下。

② 当付款人启动向第三人付款程序时，必须先进入 PayPal 账户，指定特定的汇出金额，并提供收款人的电子邮件账号给 PayPal。

③ 接着 PayPal 向商家或者收款人发出电子邮件，通知其有等待领取或转账的款项。

④ 如商家或者收款人也是 PayPal 用户，其决定接受后，付款人所指定之款项即移转予收款人。

⑤ 若商家或者收款人没有 PayPal 账户，收款人得依 PayPal 电子邮件内容指示进入网页注册一个 PayPal 账户，收款人可以选择将取得的款项转换成支票寄到指定的处所、转入其个人的信用卡账户或者转入另一个银行账户。

从图 8-11 所示的 PayPal 支付流程可以看出，如果收款人已经是 PayPal 的用户，那么该笔款项就汇入他拥有的 PayPal 账户；若收款人没有 PayPal 账户，网站就会发出一封通知电子邮件，引导收款者至 PayPal 网站注册一个新的账户。

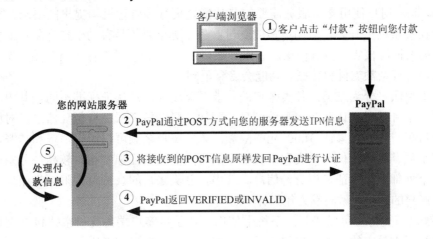

图 8-11　PayPal 支付流程

2) 支付宝

支付宝(中国)网络技术有限公司成立于 2004 年，是国内的第三方支付平台，致力于为企业和个人提供"简单、安全、快速、便捷"的支付解决方案。支付宝公司从 2004 年建立开始，始终以"信任"作为产品和服务的核心。其旗下有"支付宝"与"支付宝钱包"两个独立品牌。自 2014 年第二季度开始，支付宝成为当前全球最大的移动支付厂商。支付宝钱包系统内部架构如图 8-12 所示。

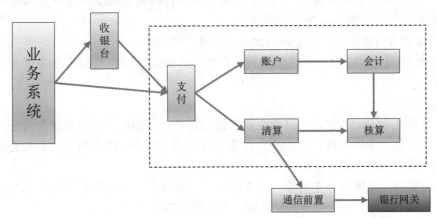

图 8-12　支付宝钱包系统内部架构

支付宝与国内外 180 多家银行以及 VISA、MasterCard 国际组织等机构建立了战略合作关系，成为金融机构在电子支付领域最信任的合作伙伴。

2020 年 2 月，尼泊尔央行向支付宝颁发牌照。7 月，支付宝入选区块链战"疫"优秀方案名单。10 月，支付宝上线"晚点付"功能。

2022 年 3 月 1 日起，手机支付宝不能用于经营收款。

其主要业务如下。

(1) 使用。使用支付宝支付服务需要先注册一个支付宝账户，这里的支付宝账户分为"个人账户"和"企业账户"两类。在支付宝官方网站或者支付宝钱包注册均可。

(2) 认证。用户使用支付服务需要实名认证是央行等监管机构提出的要求，实名认证之后可以在淘宝网上开店，增加更多的支付服务，更重要的是有助于提升账户的安全性。实名认证需要同时核实会员身份信息和银行账户信息。2016年7月1日开始，实名认证不完善的用户，其余额支付和转账等功能会受到限制。

个人支付账户分为三类，各类账户的功能、额度和信息认证标准不同。其中，Ⅰ类账户只需要一个外部渠道认证客户身份信息，例如，联网核查居民身份证信息，对应的付款限额只有自账户开立起累计 1000 元的限额。该类账户余额可以用于消费和转账，主要适用于客户小额、临时支付。Ⅱ类和Ⅲ类账户的客户实名认证强度相对较高，分别通过至少三个、五个外部渠道验证客户身份信息。其中，Ⅱ类账户的余额付款限额为年累计 10 万元。Ⅲ类账户的余额付款限额为年累计 20 万元。

(3) 钱包。支付宝可以在智能手机上使用，该手机客户端为支付宝钱包。支付宝钱包具备了电脑版支付宝的功能，也因为手机的特性，内含更多创新服务。如"当面付""二维码支付"等。还可以通过添加"服务"来让支付宝钱包成为自己的个性化手机应用。支付宝钱包主要在 iOS、Android 上使用，iPad 版与 WP 版正在开发中。

(4) 安全。支付涉及用户的资金安全，因此遵循官方的安全规范至关重要。如安全控件、短信校验服务、数字证书、第三方证书、支付盾、宝令、宝令手机版、安全保护问题、安全策略、手机安全设置等。

(5) 还款。2009 年 1 月 15 日支付宝推出信用卡还款服务，支持国内 39 家银行发行的信用卡。主要优势：免费查信用卡账单、免费还款，还有自动还款/还款提醒等增值服务。

(6) 转账。通过支付宝转账分为两种。

① 转账到支付宝账号，资金瞬间到达对方支付宝账户。

② 转账到银行卡，用户可以转账到自己或他人的银行卡，支持百余家银行，最快 2 小时到账。

3) 拉卡拉支付

拉卡拉成立于 2005 年，以"为经营者创造价值，与创造者分享成果"为使命。旗下拥有拉卡拉支付、考拉科技、产业基金群等业务板块。其中，拉卡拉支付股份有限公司于 2019 年 4 月 25 日在深交所上市。

拉卡拉支付，是国内领先的第三方支付公司。它致力于为商户提供数字化经营服务，从支付、科技、货源、物流、金融、品牌、营销等全方位助力商户。

其主要业务服务如下。

(1) 支付科技服务：拉卡拉自主开发并领先推出的智能 POS、MPOS、收钱宝盒等创新收单产品，全面为线下中小微商户提供支付服务。公司在银行卡收单、扫码受理业务上均处于市场领先地位。截至 2019 上半年，公司覆盖商户数 2100 万户，其中，半数商户分布在华东、华中地区，40%的商户分布在广东、河南、山东、江苏、浙江等 GDP 前五强省份，公司在此类地区的服务体系已经深入县域、农村。

自 2018 年 10 月份以来，公司分别与 VISA、MasterCard、Discover、American Express

签署合作协议，正式成为四大国际卡组织成员机构，开展收单业务合作。拉卡拉成为第三方支付机构中首批全面与国际卡组织合作的少数机构之一。

(2) 金融科技服务：拉卡拉依托于支付，借助公司开放式服务平台和强大的线下推广力量，逐步开始全维度为中小微商户提供经营所需的贷款、理财、保险、信用卡申请等服务，拉卡拉还向中小商业银行输出基于收单、扫码的整体解决方案，包括受理系统、风险监控系统和策略等，为中小商业银行收单、扫码业务赋能，提升其客户服务能力。

(3) 电商科技服务：拉卡拉为商户提供的积分消费运营服务获得较大成长。公司自主开发的积分云，已经接入支持中国移动、中国电信、中国联通、工商银行、建设银行、民生银行、东方航空等40多家头部积分源，并为沃尔玛、华润万家、麦德龙、苏果、肯德基、必胜客等上万家线下品牌商超、连锁餐饮商户赋能客流量导入及积分消费服务。

(4) 信息科技服务：为商户提供会员管理、数据营销等服务。

(5) 金融科技输出：拉卡拉旗下金融科技平台拉卡拉金科自主研发了鹰眼风控引擎和天穹反欺诈云服务体系；已建立起完善的线上全流程信贷风控能力，并在多年信贷业务实践中进行了成功应用和反复验证，可用秒级速度完成对用户的风险画像和风险评估；不仅有效服务于自身业务运营，而且已具备科技输出能力。拉卡拉金科正在推进"双轮驱动"战略。

(6) 征信：考拉征信是由拉卡拉发起，联合国内多家知名上市公司组建的独立第三方信用评估及信用管理机构，是国内仅有的几家同时获得央行许可开展企业征信和筹备开展个人征信业务的征信机构之一，专注于职场行为研究、征信级大数据库资源支持的职业雇佣风险解决方案一站式服务平台。

拉卡拉的个人支付业务如下。

(1) 便民支付业务。拉卡拉社区便民支付服务平台，是拉卡拉自主研发的远程自助银行中间业务系统，可为个人用户提供自助银行、便民缴费、生活服务、金融服务四大民生服务。

(2) 移动支付业务。拉卡拉移动支付业务主要为用户提供互联网增值服务和电子商务服务，涵盖信用卡业务、手机银行业务、生活服务三个方面，为用户提供全面的支付解决方案。

(3) 其他支付业务。近年来，拉卡拉把握市场机会，重点发展了代收、代付、跨境支付等新兴支付业务。

4) 财付通

财付通是腾讯公司于2005年9月正式推出专业在线支付平台，致力于为互联网用户和企业提供安全、便捷、专业的在线支付服务。

用户使用财付通完成在线交易的流程如下。

(1) 网上买家开通自己的网上银行，拥有自己的网上银行账户。

(2) 买家和卖家点击QQ钱包，激活自己的财付通账户。

(3) 买家向自己的财付通账户充值。资金从自己网上银行账户划拨到自己的财付通账户。

(4) 卖家通过中介保护收款功能，选择实体或虚拟物品，如实填写商品名称、金额、数量、类型并提交。提交后系统将通知买家付款，买家付款以后，系统通知卖家发货。

(5) 等待卖家发货。若是实体物品此时可以单击"交易管理"查看交易状态，若是虚拟物品请查收 E-mail，状态以邮件为准。

(6) 财付通向卖家发出发货通知。

(7) 卖家收到通知后根据买家地址发送货物。

(8) 买家收到货物后，登录财付通确认收货，同意财付通拨款给卖家。

(9) 财付通将买家财付通账户冻结的应付账款转到卖家财付通账户。

(10) 卖家提现，卖家只需要设置上自己姓名的银行卡就可以完成提现，没开通网银的卡也可以进行提现。

5) Moneybookers

2003 年 2 月 5 日，Moneybookers(简称 MB)成为世界上第一家被政府官方所认可的电子银行。它还是英国电子货币协会 EMA 的 14 个成员之一。Moneybookers 广泛地被赚钱公司列为仅次于 e-gold 的主要付款形式。更重要的是这家电子银行里的外汇可以转到中国银行账户里的。

用户只要有 E-mail 地址就可以注册 Moneybookers，无须信用卡，最大好处是不用申请美元支票，多个国际中介公司提供兑换人民币的业务。另外，也可以直接把美元、欧元转账到国内的外币存折或卡上，如中行的"本外币一本通"或招行的一卡通借记卡等。Moneybookers 可以直接从账户中申请支票邮寄到自己手中。同时，它还省却了 PayPal 必须用信用卡来激活的麻烦。直接凭借电子邮件地址以及带照片的身份标识，如身份证、护照、驾照传真便可以完成认证。另外，没有付款手续费和低廉的收款手续费是其强大的优势之一。需要注意的是：如果激活了，便可以直接申请支票；如果不能激活，同样可以收款或者发款给别人。

6) 宝付

宝付推出的"我的支付导航"主要分个人支付导航与商户支付导航两大板块。从网上交水电煤等基本生活需要，到旅行买机票火车票订酒店，再到网上购物、通信充值等各种类型的"日常便民服务"，"我的支付导航"不仅为广大个人用户提供了便利生活支付服务，也给企业商户提供了行业解决方案、一站式解决方案及增值服务等产品服务。

7) 国付宝

国付宝信息科技有限公司(以下简称"国付宝")是商务部中国国际电子商务中心(以下简称"CIECC")与海航商业控股有限公司(以下简称"海航商业")合资成立，针对政府及企业的需求和电子商务的发展，精心打造的国有背景的、引入社会诚信体系的独立第三方电子支付平台，也是"金关工程"的重要组成部分。

其主要业务如下。

(1) 大宗交易市场。利用商务部现有的资源优势，结合国内大宗交易市场的现状，推出担保交易为主，辅助以小额信贷的资本操作方式，开发国内的大宗交易市场，开创第三方支付机构与大宗交易市场的新型合作模式。

(2) 行业垂直门户网站。结合 B2B 行业垂直门户的转型期，将电子支付引入到交易流程中，辅助以保证金交易、供应链融资等增值功能，为行业垂直门户定制第三方支付解决方案。

(3) 批发市场商圈融资。利用商务部商圈融资项目，以商务部独家推荐的第三方支付机构切入现有国内 100 多家的批发市场领域，解决批发市场的电子商务建设及小额信贷业务。

8) 迅银支付

迅银支付是由国内金融、支付、科技等领域资深从业人士组成，公司以自有创新技术，努力为国内企业、行业客户和投资者提供安全、便捷、稳定的互联网金融支付科技平台，拥有成熟而完善的管理经验及服务体系。

迅银支付以终端消费群体的需求为核心，其智能终端中还包括信用卡还款、话费充值、水电煤代缴等一系列便民服务，最大化地服务了消费者。除此之外，迅银支付加盟的审批也十分简单，办理较便捷，安装完即能使用。除此以外，迅银支付还拥有金融服务 T+0 平台、商盟生活服务平台、数据外包服务平台等。

迅银支付作为行业中的佼佼者，首先，考虑的是商户的利益，保证商户交易不停、结算不缓。其次要考虑的是经销商的利益，保证经销商分润不停、业务稳定。经销商是迅银支付的核心伙伴。

8.3.4 移动支付

移动支付是指移动客户端利用手机等电子产品来进行电子货币支付。移动支付将互联网、终端设备、金融机构有效地联合起来，形成了一个新型的支付体系，并且移动支付不仅能够进行货币支付，还可以缴纳话费、燃气费、水电费等生活费用。移动支付开创了新的支付方式，使电子货币开始普及。2021 年 2 月 1 日，中国银联发布的《2020 移动支付安全大调查研究报告》显示，2020 年平均每人每天使用移动支付 3 次。

1. 移动支付的定义

移动支付是指使用普通或智能手机完成支付或者确认支付，而不是用现金、银行卡或者支票支付。买家可以使用移动手机购买一系列的服务、数字产品或者商品等。

移动支付是互联网时代一种新型的支付方式，其以移动终端为中心，通过移动终端对所购买的产品进行结算支付。移动支付的主要表现形式为手机支付。

移动支付是第三方支付的衍生品。所谓第三方支付，是指通过第三方支付平台的交易，买方选购商品后，使用第三方平台提供的账户进行货款支付，由第三方通知卖家货款到达并进行发货；买方检验物品后，就通知付款给卖家，第三方再将款项转至卖家账户。有研究者认为，第三方支付实质上作为信用中介，为交易的支付活动提供一定的信用保障，从而消除由于买卖双方信息不对称而产生的信用风险问题。

2. 移动支付的特征

1) 时空限制小

互联网时代下的移动支付打破了传统支付对于时空的限制，使用户可以随时随地进行支付活动。传统支付以现金支付为主，需要用户与商户之间面对面支付，因此，对支付时间和地点都有很大的限制。移动支付以手机支付为主，用户可以用手机随时随地进行支付活动，不受时间和空间的限制。例如，用户可以随时在淘宝等网上商城进行购物和支付活动。

2) 方便管理

用户可以随时随地通过手机进行各种支付活动，并对个人账户进行查询、转账、缴费、充值等功能的管理，用户也可随时了解自己的消费信息。这对用户的生活提供了极大的便利,也更方便用户对个人账户的管理。

3) 隐私度较高

移动支付是用户将银行卡与手机绑定,进行支付活动时,需要输入支付密码或指纹,且支付密码不同于银行卡密码。这使得移动支付较好地保护了用户的隐私,其隐私度较高。

4) 综合度较高

移动支付有较高的综合度,它为用户提供了多种不同类型的服务。例如:用户可以通过手机缴纳家里的水、电、气费;用户可以通过手机进行个人账户管理;用户可以通过手机进行网上购物等各类支付活动。这体现了移动支付有较高的综合度。

3. 移动支付的种类

目前移动支付的分类方式主要包括以下三种。

(1) 根据支付金额的大小,可以将移动支付分为小额支付和大额支付。小额支付业务是指运营商与银行合作,建立预存费用的账户,用户通过移动通信的平台发出划账指令代缴费用。大额支付是指把用户银行账户和手机号码进行绑定,用户通过多种方式对与手机捆绑的银行卡进行交易操作。

(2) 根据支付时支付方与受付方是否在同一现场,可以将移动支付分为远程支付和现场支付。如通过手机购买铃声就是远程支付,而通过手机在自动售货机上购买饮料则是现场支付。

(3) 根据实现方式的不同,可以将移动支付分为两种:一种是通过短信、WAP 等远程控制完成支付;另一种是通过近距离非接触技术完成支付,主要的近距离通信技术有蓝牙(bluetooth)、红外数据传输(IrDA)、RFID、NFC、蓝牙、WiFi 等。

4. 移动支付的流程

在使用移动支付的过程中,大致涉及以下四个方面:消费者、商家、金融机构以及移动运营商。移动运营商的支付管理系统在整个移动支付环节中提供了前提与可能性。维系着移动支付流程中的每一个环节,是一个具有核心纽带功能的重要组成部分。移动支付的典型业务流程如图 8-13 所示。首先由消费者发出商品选择与购买的信号指令,该指令通过对无线运营商支付管理系统的使用,发送到商家的商品交易管理系统。其次商家在收到消费者发出的选择购买商品指令后,通过无线运营商支付管理系统将该指令反馈回消费者的手机终端进行确认工作,只有在得到消费者和确认操作的回复时,购买指令才继续操作,否则该操作将被视为无效而终止。无线运营商支付管理系统只有在得到消费者确认的操作指令之后,才进行交易记录的详细记录工作,同时也将对金融机构发出指令,在消费者和商户之间进行支付的清算工作,并且通知商家提供交易服务。最后一个环节则是商家主动提供消费者所购买的物质产品或服务。

5. 移动支付的发展趋势

1) 进入无现金时代

随着移动支付的不断普及,支付宝、微信支付等支付平台的不断发展,越来越多的用户开始使用手机进行移动支付。现如今,人们已经很少会带现金出门,毕竟随处都可以使用移动支付手段进行付款。例如:人们乘车可以扫码付款,吃饭可以扫码付款,玩乐可以扫码付款，购物也可以扫码付款。移动支付已全面渗入人们的生活当中，有时人们外出游玩仅靠一部手机就足够了。由此看来，我国将会进入到无现金时代。

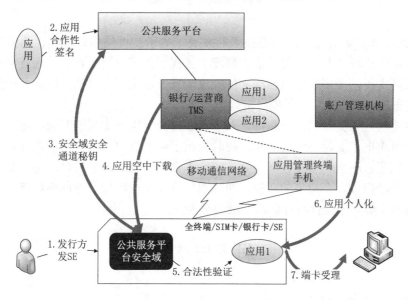

图 8-13　移动支付的典型业务流程

2) 注重信息安全

随着移动支付不断深入人们的生活，人们将会越来越重视其信息安全的问题。移动支付平台与人们的银行卡进行关联，保存了个人的隐私信息，一旦这些信息被泄露，将给人们的生活带来很多的麻烦。例如：个人财产可能会被窃取，财产安全得不到保障；可能会被骚扰，从而影响正常的生活等。这也体现了移动支付信息安全的重要性。未来随着移动支付技术的不断完善和发展，移动支付的信息安全系数将会逐渐提高。

3) 移动支付覆盖范围扩大

移动支付除了在国内快速发展外，其热潮也早已蔓延到了国外，支付宝、微信支付等移动支付平台开始逐渐在国外兴起。随着跨境电商的兴起和发展，国内消费者可以随时随地通过跨境电商平台购买外国的各类产品，当然也就需要通过移动支付平台进行结算支付。除此之外，在出境旅游方面，国内消费者也可以通过携程、同程等旅游电商平台预订国外酒店、机票等，这也需要通过移动支付平台进行结算付款。由此得知，移动支付的覆盖范围正在逐步扩大。

8.4　互联网金融

具体内容请扫描下方二维码。

本 章 小 结

21世纪以来，随着互联网信息技术的发展，电子支付凭借低成本、高效率优势在人们的交易活动中逐渐普及，现在已很大程度上替代了传统现金支付。从银行网银支付，到第三方互联网支付，再到近年来移动支付的逐渐普及，电子支付的发展给我国经济带来了较为全面的影响，并产生了广泛的经济效应。

本章主要从电子支付的含义和特征入手，通过介绍电子支付的概念、电子支付的特点与分类，引申出电子支付系统的定义，同时介绍了电子支付工具、网上银行与手机银行。最后重点介绍了移动支付与互联网金融。通过本章的学习，读者可以对电子支付的基本内容与互联网金融形成一个初步的认识，明确现代企业在现阶段全球网络经济多元化的发展过程中掌握和了解电子支付与互联网金融的必要性。

思 考 与 练 习

1. 简述电子支付的概念。
2. 简述电子支付的特点与分类。
3. 简述电子支付系统的定义。
4. 简述网上银行的优势。
5. 简述手机银行的概念。
6. 简述第三方支付的优缺点。
7. 简述移动支付的定义与特征。
8. 简述互联网金融的含义和主要特征。
9. 分析网络支付的主要功能。

【课程思政】

电子支付和互联网金融作为数字经济的两个重要组成部分，在二十大报告中也得到了高度重视和支持。加快数字化转型改造，推动电子商务、数字支付、互联网金融等领域创新发展，推动数字经济引领高质量发展。政府鼓励企业创新，探索新型的支付和金融模式，借助数字化技术和平台，提高金融服务的普及程度和效率，促进经济高质量发展，助力强国建设。

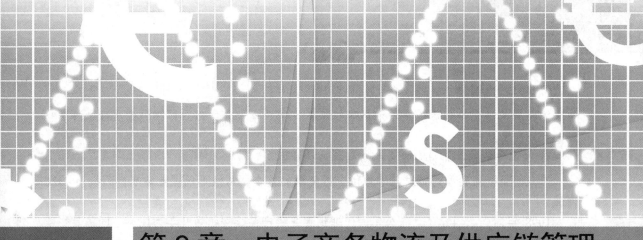

第9章 电子商务物流及供应链管理

【学习目标】

- 掌握物流的概念。
- 掌握物流的功能及其特征。
- 熟悉电子商务物流的新特点。
- 掌握电子商务的物流配送流程。
- 熟悉电子商务物流配送中心的特点。
- 掌握供应链与供应链管理。
- 熟悉供应链管理方法。
- 掌握电子商务环境下加强供应链管理的策略。

【案例导入】

京东集团 2007 年开始自建物流，2017 年 4 月正式成立京东物流集团，2021 年 5 月，京东物流于中国香港联交所主板上市。京东物流是中国领先的技术驱动的供应链解决方案及物流服务商，以"技术驱动，引领全球高效流通和可持续发展"为使命，致力于成为全球最值得信赖的供应链基础设施服务商。

京东物流建立了包含仓储网络、综合运输网络、最后一公里配送网络、大件网络、冷链物流网络和跨境物流网络在内的高度协同的六大网络，服务范围覆盖了中国绝大部分地区、城镇和人口，不仅建立了中国电商与消费者之间的信赖关系，还通过 211 限时达等时效产品，重新定义了物流服务标准。在 2020 年，京东物流助力约 90%的京东线上零售订单实现当日和次日达，客户体验持续领先行业。截至 2021 年 9 月 30 日，京东物流运营约 1300 个仓库，包含京东物流管理的云仓面积在内，京东物流仓储总面积约 2300 万平方米。

2021 年 2 月 16 日晚，京东物流向港交所主板递交招股书，美银证券、高盛、海通国际为联席保荐人，瑞银集团为财务顾问；此前报道称，京东物流估值可能达到 400 亿美元左右；4 月 29 日，京东物流获批香港 IPO；5 月 28 日上午，京东物流在港交所挂牌上市。

作为一个市值超过 7200 亿元的超级电商企业，供应链无疑是京东重要的一环，在上市仪式现场，京东物流 CEO 余睿表示："未来我们希望用技术驱动的一体化供应链，最大化助力实体经济和新兴产业发展，继续为用户提供高品质服务体验，和合作伙伴一起降低社会物流成本，推动商业和社会效率提升。"

【思考与分析】

而这并不是京东物流的第一次转型,在此之前,京东就已经实现了以供应链整合为核心的三次业务转型。

1) 第一次转型:批发与零售供应链资源的整合

京东的第一次转型是批发与零售供应链资源的整合,从线下代理业务起步到线上 B2C 商城。

1998 年刘强东创建了京东公司,代理销售光磁产品,在短短几年内成为全国较具影响力的光磁产品代理商。业务模式主要为线下 B2B 业务,零售业务占比极小。

尽管京东与苏宁一样都是从线下批发起家,但它们在 2003 年以后却选择了线下 B2C 和线上 B2C 两条不同的路径。

2003 年到 2013 年,是线下连锁零售发展的黄金 10 年,苏宁通过"租、购、建、并"在全国快速扩张,展开经营"3C"类连锁综合店面,并推出了"店商+电商+零售服务商"的新模式。

这种商业地产模式,只需要自己搭台,供应商唱戏,就可以很快做大规模,当年苏宁的开店速度是平均 10 天开一家新店。

2003 年,京东面对"非典"对传统零售业的冲击,放弃了全国扩张连锁店面的计划。

京东本可以选择与苏宁类似的尝试,或继续原有的业务模式,但它采取了非常大胆的甚至是令人诧异的转型:2004 年年初成立了"京东多媒体网",放弃原有的线下业务转为线上,由批发业务转型为零售业务。其线上零售选择平台自营模式,即 B2C 模式。

评估一种商业模式,至少要从三个角度综合判断,分别是成本、效率和用户体验。

抛开成本差异,从消费者角度而言,京东模式的用户体验做得更好。大众能明显感知到,2013 年以后消费者对京东普遍的印象就是正品保证,可提供发票,另外支持货到付款的灵活收款方式等。

所以一个商业模式是否成功和具有可持续性,要看其能否更好地平衡成本、效率和用户体验这三者之间的关系。这三者很难兼得,需要企业主动将成本转移到内部,并通过对资源的整合和技术上的持续投入,以及新商业模式和新技术的应用来保障更好的用户体验。

我们发现后来京东的很多战略举措都是以不断优化三者之间的关系为出发点,明白了这点,才能够帮助我们更好地理解其决策背后的战略深意。

2) 第二次转型:仓储物流资源整合和能力建设

从 2007 年京东开始自建物流,并于 2017 年成立了京东物流集团。刚开始这一战略决策遭到了很多人的反对和业内的嘲笑。

彼时,淘宝式的互联网电商轻资产模式为用户和资本市场所认可。把钱烧在被认为是劳动密集型和资本密集型的物流领域是一个投资大、见效慢、回收周期长的做法,大多企业认为可以依赖社会物流服务,其中一个就是苏宁。

但是从 2007 年到 2015 年,京东已经顶住压力和各种非议,持续干了 8 年,甚至在 2015 年之后加快了资本和技术投入。2016 年,京东打造智能仓储物流系统,无人机、无人车、无人仓开始试运营;2017 年建成了首个全流程无人仓;2018 年研发了货运无人机"京鸿",建成国内规模最大的物流机器人仓群;2019 年亚洲一号智能物流园投用超过 23 座,形成亚洲电商物流领域规模最大的智能物流仓群。

如今的仓储物流已经成为技术密集型产业，物流服务能力的提升，反哺电商零售业务的发展。

有顾客曾在京东自营购买了一台豆浆机，收货后发现外壳变形，于是在线发起了换货申请。第二天，之前给顾客送货的京东快递员就带着新的豆浆机上门为顾客办理了换货，整个过程非常方便，就是将原来的豆浆机带走，将新机留下。

回到 2015 年业内对京东自建物流战略的反对、批判，可以说很多人的战略眼光都是不及刘强东的。他们忽视了身为渠道最核心的能力和价值之一就是履约能力，即商品的交付能力，而在交付环节中仓储、物流则是重中之重。

3) 第三次转型：回归线下+双线资源整合

从 2014 年开始，京东开始了第三次转型，从一家电商企业逐步发展为以供应链为基础的技术和服务企业，从京东商城发展为零售、物流、数科的(零售)基础设施提供商。

在苏宁展开苏宁小店"3 年 2 万家"的开店计划，天猫超市开启全国范围内的扩张的前提下，京东便利店在全国范围内大规模招募加盟。

京东便利店采取加盟模式，实行 B2B 分销业务，京东负责供货而不介入便利店的经营和管理，这近乎回归了京东最早的 ToB 业务模式。凭借自营商品在供应链上的优势，京东实现了全国范围内的快速门店布局，增加 B2B2C 模式以触达更多的终端消费者。

这不禁让人疑问以往一直坚持以"用户体验"为核心发展目标的京东，为何在此阶段思路却发生了改变？曾经主打"平台"的阿里却开始追求"用户体验"推出了盒马鲜生，京东却开始打造"平台"。

目前来看，京东便利店的战略是失败的，开店数量很难达到预期，而且大量京东便利店亏损、倒闭。

第一，便利店行业对于资金、发展速度、资源整合能力有非常高的要求。2018 年我国便利店行业前五的公司所占的市场份额为 37.5%，而日本却达到了 94%，在中国即使是头部企业也较难形成规模优势。除此之外，本地化社区超市、大型商超、夫妻老婆店等都在不断分割市场，也造成局部市场竞争的加剧。

第二，便利店的综合成本，特别是物流成本在传统零售业态中是最高的。便利店主营生鲜食品，运营商每天都需要为下辖的数十家门店配货，这些都非常考验物流技术能力和运输成本。京东便利店数量没有形成规模，物流成本相比于使用三轮车的区域二批商还是要高很多。其面向消费者的快递配送能力不适应于便利店每日配送和集货配送这两种送货模式，实际成本会更高。

第三，物流时效优势不足。京东便利店的供货路径是京东掌柜宝接到店主的订单后，商品从京东大仓发货配送到门店，在京东仓储物流基础建设并不完善的很多地区，配送时间一般是 1~2 天。由于京东几乎不参与便利店的运营，预测补货是通过门店要货的方式了解。而便利店内高频、即时类商品的销量往往变动很大，对比当地经销商可以 2 小时送货到店，京东物流显然不具备优势。

第四，具备供应链能力，不具备零售能力。京东只为门店供货，便利店完全由自己经营，商品来源、选品能力等只能凭店主经验，除此之外还缺失数据分析经验、动线设计以及陈列规划等。对比苏宁所选择的直营模式，苏宁小店的置仓配送提高了门店配送和动销效率，同时 O2O 一体化解决方案提高了线上订单数量。虽然带来更多的开店和运营成本，但却可以从运营模式和组织机制上确保用户体验。在线下便利店这一局中，有着强供应链能力的京东未能杀出重围，而有着几十年线下零售经验、投入大量资本的苏宁也未能轻松取胜，可见这个行业需要供应链能力和零售能力的同步增强。

纵观京东便利店这一对外赋能战略，京东只赋能了品牌、供应链资源和仓储物流能力，还不足以与合作者维持相对紧密的协作关系。可能这仅是京东在考虑资本和投入后的一次尝试，未来在合适的时机，京东也许会通过自营模式，掌控零售能力，再次杀入便利店行业。届时京东应该会采用更加开放的心态，整合第三方的供应链资源，并尽快完成双线的业务协同，实现线上运营对线下的赋能。

(资料来源：未来零售. 京东物流上市的背后：成功与失败并存的供应链转型 [EB/OL].
(2021-06-03)[2024-05-30].https://www.sohu.com/a/470320205_121124758)

【引言】

近年来，基于信息技术产业的激烈扩张，现代产业从传统的运输业脱胎换骨，迅猛发展起来，与此同时，以网上交易为核心内容的电子商务也得到迅速发展。

互联网对商务活动过程中的信息流、资金流和商流可在瞬间实现，但对实现物流的能力却是十分有限，互联网只能实现数字化产品的物流活动。适应电子商务物流系统的功能应该是在合适的时间将合适数量的合适产品以合适的价格和合适的成本送达合适的地点给合适的顾客。电子商务物流，使企业间实现实时信息交换时，市场信息即时送达各生产环节，企业与企业间可即时更改订单以适应市场的突变。

近年来，互联网的飞速发展使得网络购物越来越普遍，这也大大促进了我国电子商务的发展，而物流作为电子商务交易过程中必不可少的一环，优质的物流服务可以为消费者带来良好的购物体验，增加顾客好感度，从而为企业带来更多的效益；同时，电子商务弥补了传统供应链管理模式的不足。因此，如何提高物流与供应链服务水平，对增强企业在行业中的竞争力具有重要意义。

9.1 电子商务物流

9.1.1 物流的基本概念及其发展

1. 物流概念的产生

"物流"一词最早起源于美国，1915 年阿奇·萧(Arch Shaw)在《市场流通中的若干问题》一书中就提到了物流一词，他指出"物流是与创造需求不同的一个问题"。因为在 20 世纪初，西方有些国家已经出现生产大量过剩、需求严重不足的经济危机，大多数企业因此提出了销售和物流的问题，此时的物流指的是销售过程中的物流。第二次世界大战期间，围绕战争物资供应，美国军队有两个创举，一个是建立了"运筹学"的理论，另一个是建立了后勤理论，并将其应用于战争活动中。其中所提出的"后勤"是指将战时物资生产、采购、运输、配给等活动作为一个整体进行统一布置，以求战略物资补给的费用更低、速度更快、服务更好。后来"后勤"一词在企业中广为应用，又有商业后勤、流通后勤的说法，这时的"后勤"包含了生产过程和流通过程中的物流，因而是一个包含范围更广阔的物流概念。

日本于20世纪50年代从美国引入了"物流"这一概念。当时日本的企业界和政府为了提高产业劳动率,组织了各种专业考察团到国外考察学习。其中有"流通技术专业考察团",从1956年10月下旬到11月末,在美国各地进行了实地考察,首次接触了"物流"这个新生事物。其于1958年撰写了《劳动生产率报告33号》,刊登在《流通技术》杂志上。物流(physical distribution, PD)的概念,立即被日本产业界所接受,尽管"物流"这个外来语经历了若干年才被正式译为"物的流通",但当时的日本正好处于经济发展的初期,物流革新思想不仅渗透了产业界,同时也渗透到了整个日本社会。从引进物流概念到20世纪70年代的近20年间,日本逐渐发展成为世界上物流产业比较发达的国家之一。

物流概念传入我国主要有两条途径。一条途径是20世纪60年代末直接从日本引入"物流"这个名词,并沿用"PD"这一英文称谓;另一条途径是20世纪80年代初,物流随着欧美的市场营销理论传入我国。在欧美的"市场营销"教科书中,几乎毫无例外地都要介绍PD,使我国的营销领域逐渐开始接受物流观念。20世纪80年代后期,当西方企业用logistics取代PD之后,我国和日本仍把logistics翻译为"物流",有时也直译为"后勤"。1988年中国台湾地区开始使用"物流"这一称谓。1989年4月,第八届国际物流会议在北京召开,"物流"一词的使用日益普遍。我国在引进物流概念的过程中,为了将logistics与PD区分开来,也常常将前者称为"现代物流",而将后者称为"传统物流"。

物流在概念上随着时间的推移也在发生着变化,最初的物流概念主要侧重于商品移动的各项机能,即发生在商品流通领域中的在一定劳动组织条件下凭借某种载体从供应方向需求方的实体流动。这种物流是一种商业物流或者销售物流,具有明显的中介性,是连接生产与消费的手段,直接受商品交换活动的影响和制约,具有一定的时间性。

但是,进入20世纪80年代以来,随着社会经济的高速发展,物流所面临的经济环境也有了很大的变化,主要表现在以下几个方面:

(1) 经济管制的缓和使经济自由的空间越来越大,真正意义上的物流竞争开始广泛开展,从而为物流的进一步发展提供了新的更大的机会。

(2) 信息技术的急速发展和革新,不仅使业务的效率化和作为决策支持的信息系统的构筑成为可能,同时也使部门间、企业间的结合或一体化成为可能。

(3) 企业合并和市场集中化的发展使原来的经济结构发生改变,这种变化要求物流必须具备以最低的成本为顾客提供较高水平的服务的能力。

(4) 随着经济全球化的发展,商品不断向世界市场提供,物流逐步跨越了国境,正因为如此,在要求物流能对生产和销售给予有效支援的同时,也要求物流具备在不同环境国家间充分发挥其业务优势的能力。

在这种情况下,原来的物流(PD)概念受到了严峻的考验。第一,传统的物流只重视商品的供应过程,而忽视了与生产相关的原材料和部件的调达物流,而后者在增强企业竞争力方面处于很重要的地位,因为原材料以及部件的调达直接关系到生产的效率、成本和创新;第二,传统的物流是一种单向的流通过程,即商品从生产者手中转移到消费者手中,而没有考虑到商品消费以后包装或者包装材料等废弃物的回收以及退货所产生的物流活动;第三,传统物流只是生产销售活动的附属行为,并着重在物质商品的传递,从而忽视了物流对生产和销售在战略上的能动作用,特别是以日本为主的及时生产方式(just in time,JIT)在世界范围内的推广,使得以时间为中心的竞争越来越重要,并且物流直接决定了生产决策。

与环境的变化相适应,1984年美国物流管理协会正式将物流概念从 PD 改为 logistics,并将现代物流定义为:"为了符合顾客的需求,将原材料、半成品、产成品以及相关的信息从发生地向消费地流动的过程,以及为使保管能有效、低成本地进行而从事的计划、实施和控制行为。"这个定义更加强调顾客的满意度、物流活动的效率,将物流从原来的销售物流扩展到了调达、企业内和销售物流。此后物流的概念又得到了进一步的发展,1991年11月在荷兰举办了第九届国际物流会议,人们对物流的内涵进行了更多的拓展,不仅接受了欧美的现代物流(Logistics)概念,认为物流应包括生产前和生产过程中的物质、信息流通过程,而且还向生产之后的市场营销活动、售后服务、市场组织等领域发展。现代物流应该是指企业生产和经营的整个过程中所有实物、信息的流通和相关的服务活动,它涉及企业经营的每一个领域。显然,物流概念的扩展使物流不仅包括了与销售预测、生产计划的决策、在库管理、顾客订货的处理等相关的生产物流,还延伸到了与顾客满意相关的各种营销物流活动。

物流一般是指各种物品实体从供应者向需求者的物理移动,它由一系列创造时间和空间效用的经济活动组成,包括运输、配送、仓储保管、包装、搬运装卸、流通加工及物流信息处理等多项基本活动,是这些活动的有机整体。但对于物流的概念,到目前为止仍没有一个统一、公认的定义,各个国家的表述都不尽一致。下面列举几种比较有代表性的物流定义。

(1) 美国物流管理协会(the council of logistics management,CLM)早期的定义是:"物流是为了计划、执行和控制原材料、在制品库存及制成品从起源地到消费地的有效率的流动而进行的两种或多种活动的集成。这些活动可能包括但不仅限于顾客服务、需求预测、交通、库存控制、物料搬运、订货处理、零件及服务支持、工厂及仓库选址、采购、包装、退货处理、废弃物回收、运输、仓储管理。"在20世纪80年代修正为:"物流是对货物、服务及相关信息从起源地到消费地的有效率、有效益地流动和储存,进行计划、执行和控制,以满足顾客要求的过程,这个过程包括进向、去向、内部和外部的移动以及以环境保护为目的的物料回收。"2001年,美国物流管理协会又对物流定义做了进一步修订,修订后的定义是:"物流是供应链过程的一部分,它是对商品、服务及相关信息在起源地到消费地之间有效率和有效益的正向和反向移动与储存进行的计划、执行与控制,其目的是满足客户要求。"

(2) 欧洲物流协会(European logistics association,ELA)于1994年发表的《物流术语》中将物流定义为:"物流是在一个系统内人员或商品的运输、安排及与此相关的支持活动的计划、执行与控制,以达到特定的目的。"

(3) 日本日通综合研究所的《物流手册》中,把物流解释为:"物流是把物资从供给者手里移动到需要者手里,创造时间性、场所性价值的经济活动",它的活动领域是"包装、搬运、保管、在库管理、流通加工、运输、配送等"。物流有种种目的(出货量、目的地、收货人、成本、时间、服务水平等条件),为了达到其目的,需要使用物流技术(包装方法、运输方法、搬运方法、保管方法、信息处理技术等),并且为了有效地操作,需要管理活动。

(4) 中国 2001 年颁布的国家标准《物流术语》中对物流的定义是:"物流是物品从供应地向接收地的实体流动过程。根据实际需要,将运输、储存、装卸、搬运、包装、流通加工、配送、信息处理等基本功能实施有机结合。"

从以上概念中可知,对物流的解释尽管在文字上有所差异,但实质内容是一样的。其实质应该这样理解:首先,物流是一项经济活动,是实现物品空间位移的经济活动,其活动内容包括运输、搬运装卸、仓储、包装、配送、流通加工、物流信息处理等;其次,物流是一项管理活动,通过对物流各环节进行计划、组织、执行与控制,从而有效率、有效益地实现物品从供应者到需求者之间的流动;最后,物流是一项服务活动,是物流企业或物流供给者为社会物流需求者提供的一项一体化服务业务,以满足用户对货物流通多方面的需求。

广义的现代物流如图 9-1 所示,其作业内容包括包装、装卸、搬运、储存、流通加工和信息管理等,涉及了原材料——生产加工——最终顾客的所有过程。它由三个阶段构成。

第一阶段,物资采购与管理(purchase and management),从供应商采购的原材料经过初级处理送达制造中心(生产厂),其中 3PL/TPL(third party logistics)为第三方物流。

第二阶段,物料流(material flow),即企业内部物流,其功能包括储存、搬运、等待或延时、加工或装配。

第三阶段,物质配送(physical distribution),将产品送达用户,其功能包括配送、储存、拣选、销售等。

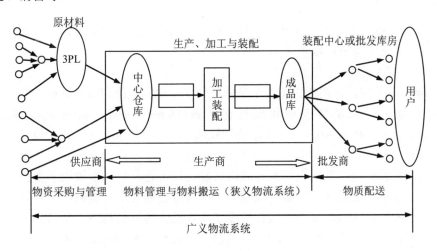

图 9-1 广义物流系统

其中第二阶段可以重复出现,即前面生产的产品(中间产品)作为后续生产的原材料。

这种广义现代物流系统往往被称为社会物流或大物流。而狭义物流是指企业内部的平面布置、仓储、物料搬运等组成的企业内部物流系统,简称企业物流或小物流。

2. 物流业概念的产生与发展

产业是一个相对模糊的概念,在英文中,产业、行业、工业等都可以称"Industry"。产业经济学对产业的定义为:产业是国民经济中以社会分工为基础,在产品和劳务的生产和经营上具有某些相同特征的企业或单位及其活动的集合。根据这个定义，物流业是指国民经济中从事物流经济活动的社会生产部门，是从事物流经济活动的所有企业或单位的集合。

物流产业是物流资源产业化而形成的一种复合型或聚合型产业。物流资源包括运输、仓储、装卸、搬运、包装、流通加工、配送、信息平台等。运输又包括铁路、公路、水运、航空、管道五种资源。这些资源产业化就形成了运输业、仓储业、装卸业、包装业、加工配送业、物流信息业等。这些物流资源也分散在多个领域，包括制造业、农业、流通业等。把产业化的物流资源加以整合，就形成了一种新的服务业，即物流服务业。

物流业的形成是商品经济发展的产物。从整个人类社会发展来看，运输及其他物流活动从生产过程中分离而独立出来，形成一个独立的产业部门，经历了漫长的发展过程。

在人类社会的发展中，第一次社会大分工是畜牧业同农业的分离，使经常的交换即商品交换成为可能。手工业同农业分离是第二次社会大分工，出现了直接以交换为目的的商品生产。第三次社会大分工，出现了专门从事商品交换的商人，使商品经济进一步发展，商品交换的规模有所扩大。起初，由商品交换而产生的运输活动是由商品生产者自己完成的，是为交换而运输的。其后，运输活动和商业活动结合在一起，商人主要从事商业活动而兼搞运输，运输成为实现商品交换的辅助手段，具有明显的依附性质。然而，流通过程中的运输及其他物流活动从商业中分离出来，并形成独立的产业部门，是社会生产力和商品经济发展到一定阶段的产物。

3. 物流的复兴

在 20 世纪 80 年代末和 90 年代初期，结合该时期所出现的超过自工业革命以来的各种变化。这些变化主要表现以下几个方面。

1) 规章制度的变化

1980 年，在美国，按照激进的改革进程筹划了运输的经济和政治基础结构，结果通过了《汽车承运人规章制度改革和现代化法案(Motor Carrier Regulatory Reform and Modernization Act，MCA-80)》及《斯泰格司铁路法(Staggers Rail Act)》。虽然每一个法规的基本意图有着极大的区别，但它们结合在一起就创造了一种运输改革的环境。随后制定的法规所具有的特点是：范围很广的行政诉讼和司法诉讼，进一步放松了由公共承运人和契约承运人提供的有关服务、价格，以及承担义务方面的限制。类似的解除管制的努力还在全世界各国发生。规章制度的修改也改变了允许私人运输的范围。从 1980 年起，美国的运输结构已有了根本性的改变。1993 年通过《协议费率法(Negotiated Rate Act)》；随后 1994 年 8 月，签署了《机场和航空通道改善法(Airport and Airway Improvement Act)》，该法案领先于州内的汽车运输法规；1994 年 8 月 26 日出台的《卡车运输行业规章制度改革法案(Trucking Industry Regulatory Reform Act，TIRRA)》进一步减少了联邦法规的约束。所有这些运输规章的变化，不仅推动了运输业更接近于自由市场体系，而且对物流的发展产生了重大影响。

2) 微处理器的商业化

20 世纪 80 年代以后，微处理器技术的商业化以及分布式数据处理、数据库管理系统等电子技术的逐渐成熟，使物流部门应用这种新分布式的、大功率的计算技术，能低成本地处理数据，并按用户要求完成绝大多数交易、性能控制以及决策支持信息处理，极大促进了物流业的发展。同时，微处理器对综合物流的影响也十分深远。它可以利用计算机把从采购、制造到制成品的配送综合过程作为整个物流来进行管理。这些使用关联数据库的相关领域从事物流资源计划的能力，为取得空前水平的物流表现提供了信息基础。实际上新一代更强大的、费用更低硬件的实现，并结合开放式的系统结构，带动了以信息为动力的物流创新。

3）信息革命

新的通信技术对物流表现的冲击与微处理器的发展齐头并进，各种类型的电子扫描和传输的迅速冲击，提高了几乎有关物流表现的每一个方面的及时信息的可得性。例如，在20世纪80年代期间，企业开始试验用条形码技术来改善物流表现，开始使用电子数据交换，便利商务间的数据传输，开始试验与顾客和供应商进行计算机与计算机之间的连接，及时、精确地传输信息和存取数据。

到了90年代初期，功率更大的计算机技术接近于商业化，传输图像、声音和文字信息的能力越来越普遍而又经济。许多厂商开始试验用声控技术精确而又轻松地存取数据。传真成为广泛使用的通信模式，提供了易用、低成本复制文件的方法。卫星通信的实时跟踪信息的能力，把星球大战的气氛引入了物流作业。这种快速、精确和全面的信息技术的结果引进了以时间为基本条件的物流。以迅速而又可靠的信息交换为基础的作业安排，为取得出色的物流表现的新战略提供了基础。这可以从准时化战略、快速反应战略(quick response，QR)、连续补充战略(continuous replenishment，CR)以及自动化补充战略(automatic replenishment，AR)等方面得到证明。

4）质量创新理念

物流变化最重要的驱动力之一，是整个行业普遍采用的全面质量管理(total quality management，TQM)。在第二次世界大战后的发展和兴旺时期，面对全球激烈的市场竞争和挑战，工业化国家被迫认真地考虑利用质量来参与竞争，从而使产品和服务中的"零缺陷概念"迅速在物流作业中蔓延开来。厂商开始认识到，在其他方面都有出色表现的产品，一旦交付延迟或损坏，就是不可接受的。这就是说，劣质的物流表现可能毁灭产品的质量创新理念。于是，厂商重新设计物流系统，以满足各种顾客的不同期望。例如，一位制造商有20个关键顾客，把他们结合在一起可组成其全部销售额的80%以上时，他就必须懂得，同一水平的物流表现将不会充分满足所有客户的需求。为此，具有领先优势的厂商通常会实行一整套独特的物流解决方案，以适应每一个关键顾客的期望。因此，与质量有关的事情足以驱使最佳的物流思想把注意力从纯效率上转向变成一种战略资源。

5）战略联盟

20世纪80年代的10年，是发展伙伴关系和联盟关系的思想成为最佳物流实践的一个时期。在过去的几十年中，企业间业务关系的特点就是建立在权力基础上的谈判。80年代以后，厂商们开始注意挖掘合作的潜力，考虑将顾客和供应商作为业务伙伴，并认识到合作的最基本的形式是发展有效的组织间的作业安排。这种做法可减少重复劳动和浪费，把注意力集中在核心业务上，有助于取得共同成功。

1984年美国制定的《国家合作研究和开发条例(*National Cooperative Research and Development*)》及1993年的《生产修正案(*Production Amendment of 1993*)》，表示了司法

部门所执行的传统的反托拉斯法发生了根本性的变化,使发展合作性作业安排的做法制度化。厂商们对此迅速做出反应,采取了各种范围很广的创新安排。80 年代中期,基于物流的联盟就成为极为有效的合作安排的例子之一,专家们选择了物流活动作为其外延实践,使之迅速得以发展。

4. 物流的发展过程

国外发达国家物流的发展由于历史背景和经济条件不同,形成了不同的阶段,但其实质是基本一样的,大体上可分为以下几个阶段。

1) 实体分配阶段

20 世纪 50 年代和 60 年代,企业重视产品的实体分配,其目的是对如图 9-2 所示的一系列活动进行管理,以最低的成本确保产品有效地送达顾客。企业重视实体分配的主要原因,一是为了扩大市场份额,满足不同层次顾客的需求,扩张其生产线,不仅同一产品增加了不同品牌,而且在产品的尺寸大小、形状、色彩等方面都实行了多样化,这就大大增加了库存单位(stock keeping units),导致库存成本、订单处理成本及运输成本的增加。二是企业为了对付内部与外部的压力,倾向于生产非劳动密集型的高附加值产品,因为存货成本、包装成本及运输成本的增加,导致物流总成本的增加。

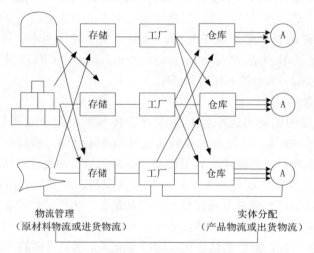

图 9-2 综合物流

实体分配阶段物流管理的特征是注重产品到消费者的物流环节,这是由于市场环境的改变,即由卖方市场变为买方市场,使生产企业不得不把注意力集中到产品销售上。最早对物流的研究,在整个经济活动中是属于销售的范畴,实体分配反映了这一客观现实。

2) 综合物流阶段

到了 20 世纪 70 年代和 80 年代,企业越来越认识到把物料物流与产品物流综合起来管理,可以大大地提高企业经济效益。70 年代后,美国首先进行了运输自由化,承运人和货主能自由定价,服务的地理范围也可以扩大了,承运人与货主之间建立了紧密与长期的合作,增加了企业系统分析物流、降低成本和改进服务的可能。同时,全球性竞争加剧,采用新的物流管理技术、改进物流系统成为必要。例如,零库存(JIT)、全面质量管理(TQM)等方法,大大地改进了物流系统管理。

3) 供应链物流阶段

随着经济和流通的发展，世界各国不同的企业(厂商、批发业者、零售业者)都在进行物流革新，建立相应的物流系统，开始把着眼点放开至物流活动的整个过程，包括原材料的供应商和制成品的分销商(见图 9-3)，其目的是追求通过供应链实现物流服务的差别化，发挥各自的优势与特色。由于流通渠道中各经济主体都拥有不同的物流系统，必然会在经济主体的联结点处产生矛盾。为了解决这个问题，20 世纪 80 年代开始提出应用物流供应链的概念，从而建立联盟型或合作式的新的物流服务体系。供应链物流强调的是在商品的流通过程中企业间加强合作，改变原来各企业分散的物流管理方式，以这种物流体系来提高物流效率，创造的成果由参与企业共同分享。这一时期物流需求信息可直接从仓库出货点获取，通过传真方式进行信息交换，产品跟踪采用条形码扫描，信息处理技术也得到了有效的改善。同时，这一时期第三方物流也开始兴起。

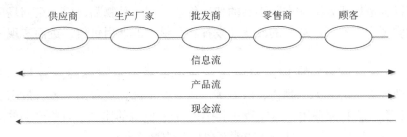

图 9-3 供应链管理

4) 全球物流阶段

20 世纪 90 年代以来，全球经济一体化的发展趋势十分强劲，各国企业纷纷在国外，特别是在劳动力价格比较低廉的亚洲地区建立生产基地，这一趋势大大增加了国与国之间的商品流通量，再加上国际贸易的快速增长，于是全球化物流应运而生。全球物流就是全球消费者(一般指国家)和全球供货源之间的物流和信息流，这一时期的供应链着眼于整体提供产品和物流服务的能力。这一时期物流中心的建设迅速发展，并形成了一批规模很大的物流中心，如荷兰的鹿特丹港物流中心已成为欧洲重要的综合物流中心之一。在供应链管理上采用供应链集成的模式，供应方、运输方通过交易寻求合作伙伴。这一时期物流的需求信息直接从顾客处获取，信息交换采用电子数据交换，产品跟踪采用射频标识技术，信息处理广泛应用因特网和物流服务方提供的软件，这一时期是实现物流现代化的重要阶段。

9.1.2 物流的功能及其特征

1. 物流的功能

根据我国国家标准《物流术语》的规定，物流活动由物品的包装、装卸搬运、运输、储存、流通加工、配送和物流信息等工作内容构成，以上内容也常被称为"物流的基本功能要素"。由此可以看出，现代物流的构成要素不同于传统物流，不仅有实现物品实体空间位移的运输要素和实现时间变化的储存要素，而且更有保证物流顺利进行以及实现物流高效率的装卸、搬运、包装、流通加工、配送、信息处理等要素，它们之间相互联系、相互制约。

1) 运输

运输是指运用设备和工具,将物品从一个地点向另一个地点运送的物流活动,其中包括集货、分配、搬运、中转、装入、卸下、分散等一系列操作。

运输是物流的主要功能要素之一。运输是改变物品空间状态的主要手段,与搬运装卸、配送等活动结合,就能圆满完成物品空间状态的改变。人们最初往往将运输看成物流,其原因就是运输承担了物流中很大一部分责任,是物流的主要部分。

运输是社会物质生产得以进行的必要条件之一。在生产过程中,运输是生产的直接组成部分,生产所需的原材料、辅助材料、零部件等需要通过运输从产地运到生产部门,生产企业的产品也需要通过运输环节才能进入流通领域,运输是生产过程的继续,这一活动连接生产与再生产、生产与消费,连接国民经济各部门,连接不同国家和地区。

运输可以创造场所效用,实现物品的使用价值。同一种物品,由于空间场所不同,其使用价值的实现程度不同。场所的改变能发挥物品最大的使用价值,进而实现资源的优化配置。

运输是"第三利润源"的主要源泉。运输不改变物品的实物形态,不增加产品产量,但运输过程消耗大量的人力、物力、财力等。运费在全部物流费用中占有最高的比例,一般综合分析计算社会物流费用,运输费在其中占将近 50%的比例,有些产品的运费甚至高于产品的生产费,因此,合理组织运输能有效地节约物流费用。

2) 储存

储存,即保护、管理、贮藏物品,是"对物品进行保存及对其数量、质量进行管理控制的活动"。储存是包含库存和储备在内的一种广泛的经济现象,是一切社会形态都存在的经济现象。和运输概念相对应,储存是以改变"物"的时间状态为目的的活动,以克服产需之间时间差异而获得更好的效用。

储存在物流体系中是唯一的静态环节。在社会生产与生活中,由于生产与消费节奏不统一,总会存在暂时不用或留待以后使用的物品,因此,在生产与消费或供给与需求的时间差异里,需要妥善地保持物质实体的有用性。随着社会经济的发展,需求方式出现了个性化、多样化的改变,生产方式也变为多品种、小批量的柔性生产方式,仓库的功能也从单纯重视保管效率转变为重视流通功能的实现。储存是物流中的重要环节,既有缓冲与调节作用,也有创造价值与增加效用的功能。

3) 装卸搬运

装卸是物品在指定地点以人力或机械装入运输设备或卸下;搬运是指在同一场所,对物品进行水平移动为主的物流作业。在实际操作中,装卸与搬运是密不可分的,两者往往相伴而生。搬运与运输的区别在于:搬运是在同一地域的小范围内发生的;而运输则是在较大范围内发生的。

在物流过程中,装卸活动是不断出现和反复进行的,它出现的频率高于其他各项物流活动。每次装卸活动都需花费较长时间,所以往往成为影响物流速度的关键。装卸活动消耗的人力、物力也很多,装卸费用在物流成本中所占比例较高。我国铁路运输的始发和到达的装卸作业费大致占运费的 20%左右,船运占 40%左右。此外,在装卸过程中,也可能造成货物破损、散失、损耗等,因此,装卸是物流中的重要环节。

4) 包装

包装是指为了在流通过程中保护商品、方便储运、促进销售，按一定技术要求而采用的容器、材料及辅助物等的总体名称，也指为了达到上述目的而在采用容器、材料和辅助物的过程中施加一定技术方法等的操作活动。

包装处于生产过程的终端和物流过程的开端，既是生产的终点，又是物流的始点。包装与运输、搬运、保管关系密切。例如，运输杂货时，若用货船载运，则必须用木箱包装，而用集装箱装运时，则用纸箱包装就可以了。

在现代物流条件下，包装对物流服务的成本和效率影响也较大。例如，对存货盘存的控制主要依赖于人工或自动化的识别系统，与商品的包装密切相关，因为商品分选的速度、准确性和效率都要受包装识别、包装形状和作业简便性的影响。

5) 流通加工

流通加工是指物品在从生产地到使用地的过程中，根据需要施加包装、分割、计量、分件、刷标志、拴标签、组装等简单作业的总称。

流通加工有效地完善了流通。尽管流通加工不如运输和储存两个要素重要，但它起着补充、完善、提高、增强的作用，是提高物流水平，促进流通向现代化发展的不可缺少的环节。

流通加工是物流中的重要利润源。流通加工可以达到低投入、高产出的效果，以简单加工解决大问题。实践证明，有的流通加工通过改变装潢来提升商品档次，提高售价；有的流通加工(如批量套裁)可将产品利用率提高 20%～50%，从而获得较大利润。

6) 配送

配送是指在经济合理区域内，根据用户要求，对物品进行拣选、加工、包装、分割、组配等作业，并按时送达指定地点的物流活动。

配送是直接与用户相连的活动，服务对象满意与否，与配送质量直接相关，只有在用户希望的时间内，以希望的方式，送达所需要的物品，用户才会满意。因此，整个物流系统的意义和价值的体现，最终完全依赖于配送功能的价值实现程度。

配送活动大多以配送中心为始点，而配送中心本身大都具备储存的功能。配送活动中的分货和配货作业是为了满足用户要求而进行的，所以经常要开展拣选、改包装等组合性工作，必要的情况下还要对货物进行流通加工。配送的最终实现离不开运输，所以人们经常把面向城市或特定区域范围内的运输也称为"配送"。

7) 物流信息

物流信息是指反映物流各种活动内容的知识、资料、图像、数据、文件的总称。物流活动中会产生大量的信息，现代物流与传统物流最主要的区别就是物流信息。物流信息分为系统内信息与系统外信息。系统内信息对各种物流活动起着相互联系、相互协调的纽带作用，包括车辆选择、线路选择、库存决策、订单管理等。而系统外信息有市场信息、商品交易信息等。要提高物流服务水平，必须有准确的信息保证。现代物流信息以网络和计算机技术为手段，为实现物流的系统化、合理化、高效率化提供了技术保证。

总之，物流系统的存在使生产者与使用者之间实现了无缝连接，物流系统要追求的就是完美服务、快速、及时、准确、节约、规模化、调节库存。

2. 物流的特征

物流一词从"physical distribution"发展到"logistics"的一个重要变革，是将物流活动从被动、从属的职能活动上升到企业经营战略的一个重要组成部分。因而要求对物流活动作为一个系统整体加以管理和运行，也就是说，物流本身的概念已经从对活动的概述和总结上升到管理学的层次。具体来说，现代物流的特征表现在以下几个方面。

1) 物流以实现顾客满意为第一目标

现代物流是基于企业经营战略基础，从顾客服务目标的设定开始，进而追求顾客服务的差别化战略。在现代物流中，顾客服务的设定优先于其他各项活动，并且为了使顾客服务能有效地开展，在物流体系的基本建设上，要求物流中心、信息系统、作业系统和组织构成等条件的具备与完善。具体来讲，物流系统必须做到：第一，物流中心网络的优化，即要求工厂、仓库、商品集中配送、加工等中心的建设(规模、地理位置等)既要符合分散化的原则，又要符合集约化的原则，从而使物流活动能有利于顾客服务的全面展开；第二，物流主体的合理化，从生产阶段到消费阶段的物流活动主体，常常有单个主体和多个主体之分，另外也存在着自己承担物流和委托物流等形式的区分，物流主体的选择直接影响到物流活动的效果或实现顾客服务的程度；第三，物流信息系统的高度化，即能及时、有效地反映物流信息和顾客对物流的期望；第四，物流作业的效率化，即在包装、装卸、加工等过程中应当运用适当的方法、手段，使企业能最有效地实现商品价值。

2) 物流着重整个流通渠道的商品运动

以往我们认为的物流是从生产阶段到消费阶段商品的物质运动，也就是说，物流管理的主要对象是"销售物流"和"企业内部物流"。而现代物流管理的范围不仅包括销售物流和企业内部物流，还包括调达物流、退货物流以及废弃物流。现代物流管理中的销售物流概念也有新的延伸，即不仅是单阶段的销售物流(如厂商到批发商、批发商到零售商、零售商到消费者的相对独立的物流活动)，而且是一种整体的销售物流活动，也就是将销售渠道的各个参与者(厂商、批发商、零售商和消费者)结合起来，来保证销售物流行为的合理化。

3) 物流以企业整体最优为目的

当今商品市场的革新与变化很大，出现如商品生产周期的缩短、顾客要求高效经济的输送、商品流通地域的扩大等发展趋势。在这种状况下，如果企业物流仅仅追求"部分最优"或"部门最优"，将无法在日益激烈的市场竞争中取胜。从原材料的调达计划到向最终消费者移动的物的运动等各种活动，不光是部分和部门的活动，而且是将各部分和部门有效结合发挥综合效益。也就是说，现代物流所追求的费用、效益观，是针对调达、生产、销售物流等全体最优而言的。在企业组织中，以低价购入为主的调达理论、以生产增加和生产合理化为主的生产理论、以追求低成本为主的物流理论、以增加销售额和市场份额扩大为主的销售理论等理论之间仍然存在着分歧与差异(见表9-1)，跨越这种分歧与差异，力图追求整体最优的正是现代物流理论。例如，从现代物流管理观念来看，海外当地生产的开展或多数工厂生产的集约化，虽然造成了输送成本的增加，但是由于这种生产战略有效降低了生产成本，提高了企业竞争力，因而是可取的。应当注意的是，追求整体最优并不是可以忽略物流的效率化，物流部门在充分理解调达理论、生产理论和销售理论的基础上，在强调整体最优的同时，应当与现实相对应，彻底实现物流部门的效率化。

表 9-1　各部门理论

调达理论	生产理论	物流理论	销售理论
低价格购入	生产增加、生产合理化	降低成本	销售额增加、市场份额扩大
短时间购入	较长的生产循环线	大订货单位	高在库水准
大订货单位	固定的生产计划	充裕的时间	进货时间迅速、顾客服务水准高
在库数量少	大量生产	低在库水准	多品种
		大量输送	

4) 物流既重视效率更重视效果

现代物流的变化主要表现在：在物流手段上，从原来重视物流的机械、机器等硬件要素转向重视信息等软件要素；在物流活动领域，从以前以输送、保管为主的活动转向物流部门的全体，即向包含调达在内的生产、销售领域或批发、零售领域的物流活动扩展；在管理上，从原来的作业层次转向管理层次，进而向经营层次发展；在物流需求的对应方面，原来强调的是输送能力的确保、降低成本等企业内的需求，而现代物流则强调物流服务水准的提高等市场需求，进而更进一步地发展到重视环境、交通、能源等社会需求。以上论述表明，原来的物流以提高效率、降低成本为重点，而现代物流不仅重视效率方面的因素，更强调的是整个流通过程的物流效果。也就是说，从成果的角度来看，有些活动虽然使成本上升，但如果它能有利于整个企业发展战略的实现，那么这种物流活动仍然是可取的。

5) 物流是一种以信息为中心，实需对应型的商品供应体系

如上所述，现代物流认为物流活动不是单个生产、销售部门或生产企业的事，而是包括供货商、批发商、零售商等相应企业在内的整个统一体的共同活动，因而现代物流通过这种供应链强化了企业间的关系。具体来说，这种供应链通过企业计划的连接、企业信息的连接、在库风险承担的连接等机能的结合，使供应链包含了流通过程的所有企业，从而使物流管理成为一种供应链管理。如果说部门间的产、销、物结合追求的是企业内经营最优的话，那么供应链管理则通过所有市场参与者的联盟追求流通生产全过程效率的提高。这种供应链管理带来的一个直接效应是产需的结合在时空上比以前任何时候都更紧密，并带来了企业经营方式的改变，即从原来的投机型经营(生产建立在市场预测基础上的经营行为)转向实需型经营(根据市场的实际需求来生产)；同时，伴随着这种经营方式的改变，在经营、管理要素上，信息已成为物流管理的核心，因为没有高度发达的信息网络和信息的支撑，实需型经营是无法实现的。

6) 现代物流是对商品运输的一元化管理

现代物流从供应商开始到最终顾客整个流通阶段所发生的商品运输是作为一个整体来看待的，因为这对管理活动本身提出了相当高的要求。具体来讲，伴随着商品实体的运动，必然会出现"场所移动"和"时间推移"这两种物理现象，其中"时间推移"(though-put time)在当今产销紧密联系、流通整体化、网络化的过程中，已成为一种重要的经营资源。究其原因，现代经营的实需型发展，不仅要求物流活动能实现经济效率化和顾客服务化，而且还必须及时了解和反映市场的需求，并将之反馈到供应链的各个环节，以

保证生产经营决策的正确和再生产的顺利进行。所以说缩短物流时间不仅决定了流通全过程的商品成本和顾客满意，同时通过有效的商品运输为生产提供全面、准确的市场信息，只有这样才能创造出流通网络或供应链价值，并保证商流能持续不断地进行。应当看到，现在所倡导的产、销、物三者的结合，本质也在于此。那么，如何才能实现物流时间的效率化呢？从物流时间形态上来看，主要有从订货到送达消费者手中的时间、在库的时日数、材料工程滞留时间、计划变更允许日、新产品开发时间长度、汽车滞留时间等。任何局部问题的解决都无法真正从根本上实现时间的效率化，只有从整体、全面地把握控制相关的各种要素和生产经营行为，并将之有效地联系起来，才能实现缩短时间的目标。显然，这要求物流活动的管理应超越部门和局部的层次，实现高度的统一管理，现代物流所强调的就是有效地实现一元化管理，真正把供应链思想和企业全体观念贯彻到管理行为中。

9.1.3 电子商务物流的新特点

电子商务时代的新型物流配送能使商品流通实现信息化、自动化、现代化、社会化、智能化、合理化、简单化，使货畅其流，物尽其用，既减少生产企业库存，加速资金周转，提高物流效率，降低物流成本；又刺激了社会需求，有利于整个社会的宏观经济调控。电子商务时代我国物流配送体系与传统物流配送相比，具有以下新特点。

1. 物流外包化趋势

电子商务运作的历史过程，实际上也是物流外包不断运作的过程。在电子商务环境下，各个企业的物流量仍然存在，并且扩大化。但是由于市场竞争的日益激烈，企业不能个个都自办物流，而是要把非核心的物流业务外包。

在电子商务环境下，随着物流外包的运作，第三方物流企业茁壮成长。其集成各种电子商务经营者的外包物流，进行规模化、集约化的运作，不断运作壮大，形成了一些很有实力的第三方物流企业。然后出现了第四方物流、第五方物流，物流外包进一步专业化。

2. 物流资源趋于共享

传统的物流配送企业为了业务的正常开展，通常需要自己配置大面积的仓库，而电子商务系统的虚拟企业将散置在各地的、分属不同所有者的仓库通过网络系统连接起来，使之成为"虚拟仓库"，进行统一管理和调配使用，服务半径和货物集散空间都放大了，实现了资源的共享，提高了企业运营的经济性。

3. 物流业务一体化

在电子商务环境下，物流业务将进一步集约化、一体化。为了提高竞争力，物流企业需要进一步整合，扩大相关业务的联合，增加物流业务的综合效益。

4. 物流信息化

电子商务时代，物流信息化是电子商务的必然要求。物流信息化表现为物流信息的商品化、物流信息收集的数据库化和代码化、物流信息处理的电子化和计算机化、物流信息传递的标准化和实时化、物流信息存储的数字化等。

5. 物流自动化

自动化的基础是信息化，自动化的核心是机电一体化，自动化的外在表现是无人化，自动化的效果是省力化，另外还可以扩大物流作业能力，提高劳动生产率，减少物流作业的差错等。物流自动化的设施非常多，如条码语音射频自动识别系统、自动分拣系统、自动存取系统、自动导向车、货物自动跟踪系统等。这些设施在发达国家已普遍用于物流作业流程中，而在中国由于物流业起步晚，发展水平低，自动化技术的普及还需要相当长的时间。

6. 物流网络化

物流领域网络化的基础也是信息化，是电子商务下物流活动的主要特征之一。这里的网络化有两层含义：一是物流配送系统的计算机通信网络，包括物流配送中心与供应商或制造商的联系要通过计算机网络，另外与下游顾客之间的联系也要通过计算机网络通信，比如物流配送中心向供应商提出订单这个过程，就可以使用计算机通信方式，借助于增值网(value-added network，VAN)上的电子定货系统(EOS)和电子数据交换技术(EDI)来自动实现，物流配送中心通过计算机网络收集下游客户的订货的过程也可以自动完成；二是组织的网络化，即所谓的企业内部网(intranet)。比如，中国台湾地区的电脑业在20世纪90年代创造出了"全球运筹式产销模式"，这种模式的基本点是按照客户订单组织生产，生产采取分散形式，即将全世界的电脑资源都利用起来，采取外包的形式将一台电脑的所有零部件、元器件、芯片外包给世界各地的制造商去生产，然后通过全球的物流网络将这些零部件、元器件和芯片发往同一个物流配送中心进行组装，由该物流配送中心将组装好的电脑迅速发给订户。这一过程需要有高效的物流网络支持，当然物流网络的基础是信息、电脑网络。电子商务物流网络化如图9-4所示。

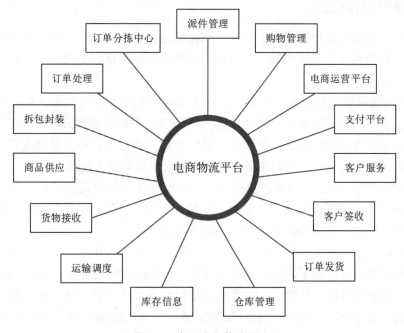

图9-4　电子商务物流网络化

7. 物流智能化

这是物流自动化、信息化的一种高层次应用，物流作业过程中大量的运筹和决策，如库存水平的确定、运输(搬运)路径的选择、自动导向车的运行轨迹和作业控制、自动分拣机的运行、物流配送中心经营管理的决策支持等问题都需要借助于大量的知识才能解决。

8. 物流柔性化

柔性化的物流是适应生产、流通与消费的需求而运作起来的一种新型物流模式，它要求物流配送中心根据消费需求多品种、小批量、多批次、短周期的特色，灵活地组织和实施物流作业，从而实现以顾客为中心的电子商务理念。

9.1.4 电子商务环境下物流的实现模式

具体内容请扫描下方二维码。

9.2 电子商务配送

9.2.1 电子商务的物流配送流程

1. 物流配送流程的定义

物流配送流程是指把物流配送中一系列物流配送作业，按照一定顺序排列而成的连贯环节的集合。这种集合具有交集的一些特征，但物流配送不仅仅是交集的那部分，还包含了原来的整个作业环节。

(1) 物流配送流程的起点是"备货"，而不是电子商务企业发出配送单。电子商务企业向物流配送企业发出配送单是电子商务的一个环节，不是物流配送流程的起点。物流配送企业接受电子商务企业的配送单是一个信息传递的在线指令，还没有进入实际的物流配送活动。只有接受配送单后进行的备货才是物流配送流程的真正起点。

(2) 物流配送流程是按一定顺序排列的。物流配送企业接到配送单后，只能够依据配送单的要求按照一定顺序进行备货、储存、分拣、加工与配装、配送等物流配送作业。流程中可以跳过一些已经完成的作业环节，但顺序不能颠倒。

(3) 物流配送流程的各环节是连贯的。物流配送流程的各环节之间是连贯的，如果物流配送的各个环节作业中断了，就不能称为流程，只是物流配送中的一个单一的作业。

(4) 物流配送流程是一个集合。物流配送流程的各个环节的作业有交叉的地方，又有不交叉的地方。各个环节的综合作用形成了物流配送，它们的集合形成了物流配送流程。

2. 物流配送流程的作业环节

物流配送中心的作业流程如图 9-5 所示。

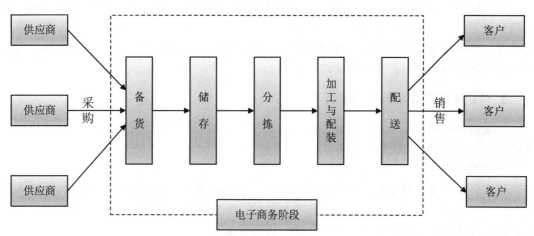

图 9-5　物流配送中心的作业流程

1) 备货

备货是物流配送的基础工作，包括筹集货源、订货或购货、进货和相关的质量检查、款项结算、单据交接等。电子商务环境下物流配送的优势之一就是集中用户的需求进行一定规模的商品准备。备货是决定物流配送是否成功的初期工作，如果备货的成本太高，会大大降低电子商务和物流配送的经济效益。

2) 储存

物流配送储备是按一定时期的物流配送要求，形成对物流配送的一种资源保证。这种类型的商品储备数量大，结构完善。根据货源和到货时间，可以有计划地确定周转储备及安全储备的结构和数量。物流配送储备使电子商务的网上订购问题得到了解决。另一种储存形态是暂存，是接到电子商务的配送单执行配送时，按配送单要求在暂存区进行的少量存储准备。暂存是对周转速度较快的商品进行的一种储存形态，是适应电子商务及时快速的要求而进行物流配送的储存方法。暂存可以减少作业次数，节约劳动力，节省成本。

3) 分拣

分拣是物流配送中很有特点的环节，也是使物流配送成功的一项重要支持性工作。分拣是完善物流配送的准备性工作，是物流配送必不可少的作业之一，也是不同物流配送企业在配送时进行市场竞争和提高自身经济效益的延伸。分拣能大大提高物流配送服务水平，是决定整个物流配送水平的关键环节。

4) 加工与配装

在物流配送中，加工环节不具有普遍性，但它往往有着重要作用。通过加工可以大大提高用户的满意程度。当单个用户在电子商务活动中所购买的商品数量不能达到配送车辆的有效载运负荷时，就存在如何集中不同用户的订购商品，进行搭配装载以充分利用运能、运力的问题，这就需要配装。通过配装可以大大提高物流配送水平并降低物流成本。配装既是物流配送流程中有现代特点的环节，又是现代物流与传统物流的重要区别。

5) 配送

配送处于物流配送流程的末端，是把商品送到目的地的最后一个环节。配送是距离较短、规模较小、频率较高的物流形式，一般使用汽车做运输工具。配送的城市运输由于配送用户较多，交通路线又较复杂，因而如何设计最佳路线、如何使配装和路线有效搭配等，是配送中难度较大的工作。配送中的送达商品和用户交接非常重要，如何有效、方便地处理相关手续，是大有学问的末端管理。

3. 传统商务的物流配送流程

传统商务的物流配送流程是根据生产商的生产来组织物流配送的，这是一种从供应商到消费者以生产确定物流配送的方式。

1) 采购管理

采购管理主要包括采购信息和进货指示两个方面。自交易订单接受之日起，工作人员根据供应货品的要求(即采购信息)进行商品订购，然后依据所制定的采购信息及供应商所提供的较经济的订购批量提出采购单，即下达进货指示。

2) 进货管理

进货管理主要指进货和退货检验。当采购单开出之后，在采购人员进货入库的同时，进货管理要依据采购管理中确定的采购信息和进货指示安排进货，并核查所进货品是否与采购单内容一致，当品项或数量不符时，立即作适当的修正或处理，并将入库资料录入建档。从客户处退回的商品要经过退货检验、分类处理之后再入库。

3) 储存管理

在传统的商务过程中，储存管理主要包括存放和分拣两个方面的工作。对入库的货品按照一定的要求进行存放，如防潮、隔热等，以保证货品的安全，此为存放。在规定的出库日，当库存数足以供应出货需求量时，即可依据需求量印制出库拣货单及各项拣货指示安排分拣。分拣不只包括拣取作业，还要注意拣货架上商品的补充，使拣货作业得以流畅进行而不至于缺货。

4) 出货管理

完成货品的分拣作业之后，即可执行商品的出货作业。出货作业主要包括包装、分类、装货和送货等内容。管理人员根据货品的特点及订单要求对其进行包装、分类，并按照客户的要求进行装货和送货，以满足销售的需要。

5) 运作管理

除了上述物流配送的实体作业以外，良好的物流配送运作更要由较上层的管理者通过各种考核评估来进行物流中心的绩效管理，并制定良好的营运决策及方针，此过程即为运作管理。

4. 电子商务环境下的物流配送流程

电子商务环境下的物流配送流程与传统商务的物流配送流程的基本环节相同，但其物流配送流程包括了补货、组配的作业，传统商务的物流配送则没有这些功能。

1) 整个物流过程中各个环节的连接点

公路货物集散中心是连接长途运输和短途配送的中转基地，港口码头、货运站、机场等则是公路与铁路、水路、空运等各种运输手段的连接点。在这种情况下，物流配送必须具有接单、拣货、分装、倒装、调运的综合功能。

(1) 接单。物流配送中心接到客户订单后，即开始着手从供应商处取货，这一功能完全依靠网络来进行。

(2) 拣货。每张用户订单中都包含一项以上的商品，将这些不同种类数量的商品由物流配送中心取出并集中起来，就是拣货作业。经拣选后的商品全部贴上印有条码的发运标志，激光扫描器读取了纸箱上的条码，获得分拣信息后，发出指令控制分拣机构运作，使商品进入指定的分拣道口。

(3) 分装。为了降低进货价格和进货费用，小商品企业往往采取大批量进货的办法，或者让供应商提供包装数量较大的商品。这样，物流配送中心根据客户的要求，对这些商品进行分装，缩小包装以满足客户的需要。对于鲜活商品和农副产品，供应商往往不提供包装，这也要求物流配送中心进行分装后，再分送给各客户。

(4) 倒装。所谓倒装，就是在物流流程中，为了提高下一流程的效益，从一种包装形式转换成另一种包装形式的作业。倒装作业是配送中心的主要工作内容之一。倒装一般分为两大类：商品倒装和运输倒装。商品倒装是为了美化商品及便于零售，一般可以提高商品的商业价值。而运输倒装仅是为了经济、无损地运输、装卸、保管商品而实施的包装。

(5) 调运。由于客户数量众多、分布地域广，要求物流配送中心具备调运功能。物流配送中心应根据信息网络所得到的各客户的订单信息合理安排调运力量，及时向客户送货，充分满足客户的购买要求，在其服务范围内按时、按量、迅速地将商品送往各个用户。同时，物流配送中心要配备相应的运输设备、装载设备，这是提供良好服务的重要保证。

2) 商流活动的连接点

物流配送中心是生产厂、批发商、零售商和用户之间的连接点。相应的物流配送具有加工、保管、仓储、信息管理、售后服务的功能。

(1) 加工。加工就是物流配送中心先根据客户的需要对货物进行生产前的准备性加工，然后再按照要求定点、定量、定时地送交用户。它把产品加工融于流通行业中，是生产和流通两大领域高度专业化分工与协作的必然产物，在西方发达国家已成为一种普遍采用的高效的物流形式，具有批量大、品种和规格相对集中、客户广、周转快、供应相对稳定的特点，经济效益和社会效益较高，尤其适用于鲜活商品和农副产品。物流配送中心应具备对这类商品进行简单加工的功能，如肉类的分割、计量、分装，蔬菜的分拣、计量、包装等。

(2) 保管。保管是物流配送中心的主要内容之一，它可使商品创造时间效益，同时稳定商品价格，加强售后服务。充分利用仓库的空间可提高储存商品的入出库频率，促使货架向高层化发展，作业向机械化、自动化发展，商品账目管理和货拉拉管理向计算机化发展，物流配送中心与上、下有关部门的信息交换向计算机网络化发展。

(3) 仓储。物流配送中心除了对一些品种多、一次采购批量小、各客户需求不一致的商品集中储存外，对于常年销售、采购数量大的商品，物流配送中心应保持一定的库存储备，以随时满足用户的要求。物流配送中心一定要拥有一至数个巨型仓库，在一个大区域内进行管理。应当指出的是，作为一个社会化的物流配送中心，其仓库面积再大，也无法容纳过往的所有货物，还需要有大量的大小不等、用途不同、分布均匀的属外界所有的仓库，通过广域网进行统一的虚拟化管理，为己所用。数量更大的货物应当保存于散布在地区周边各地的供应商的仓库和运输途中的仓库等这些"虚拟仓库"里，由物流配送中心通过计算机管理系统对这些"虚拟仓库"进行网络化管理。

(4) 信息管理。为了供应商对接业务，并进行必要的理货，然后及时地向众多的用户提供满意的服务，并最大限度地减少物流配送中心的库存，提高工作效率，物流配送中心的信息管理功能是必不可少的。这一功能在整个物流配送中心的各项服务功能中作用十分突出，是核心功能。现代计算机技术和通信技术在我国的迅速发展为物流配送中心管理的信息化提供了条件。

(5) 售后服务。物流配送中心作为唯一直接面对客户的运营实体，应当随时向供应商反馈客户对所送货物的意见，并与供应商协调，根据售后服务规则和客户的要求，解决如产品的安装、使用、维护、维修、更换、退货以及客户投诉等售后服务工作，让客户感到网上购物不仅物有所值，而且可以放心使用。

3) 国内外物流活动的连接点

物流配送中心也可设置为连接国内物流和国际物流的连接点，该连接点具有进口代理、通关报检和保税等特殊服务。

(1) 进口代理。在国际物流运作的过程中，进口业务要涉及很多内容，从准备各种单证到理货，再到制定报关单等，通常会需要很长的时间才能完成。物流配送中心可以根据自身的工作经验来为企业进行代理，这样，既可以使企业从这种繁杂的工作中脱离出来，又可以拓展物流配送中心的业务范围。

(2) 通关报检。国际物流活动的展开必然涉及通关报检作业，这是国际物流活动区别于国内物流活动的明显特征。随着市场的全球化，要求物流配送中心能够为客户企业提供高效迅速的通关报检作业，一方面可以为客户企业提高工作效率，简化工作流程；另一方面也可使物流配送中心提供增值服务，创造新的利润增长点。

(3) 保税。对于一些供加工(进、来料加工)然后出口的货物，或者暂时存放再复运出口的货物，以及经海关批准缓办纳税手续进境的货物，物流配送中心还可以起到保税仓库的作用。

9.2.2 电子商务物流配送中心

新型物流配送中心是一种全新的流通模式和运作结构，其管理水平要求达到科学化和现代化。通过合理的科学管理制度、现代化的管理方法和手段，物流配送中心可以充分发挥其基本功能，从而保障相关企业和用户整体效益的实现。管理科学的发展为流通管理的现代化、科学化提供了条件，促进流通产业的有序发展。此外，也要加大对市场的监管和调控力度，使之有序化和规范化。

1. 配送中心的特点

(1) 配送反应速度快。新型物流配送中心对上、下游物流配送需求的反应速度越来越快，前置时间越来越短。在物流信息化时代，速度就是金钱，速度就是效益，速度就是竞争力。

(2) 配送功能集成化。主要是将物流与供应链的其他环节进行集成，如物流渠道与商流渠道集成、物流功能集成、物流环节与制造环节集成、物流渠道之间的集成。

(3) 配送作业规范化。强调物流配送作业流程和运作的标准化、程式化和规范化，使复杂的作业简单化，从而大规模地提高物流作业的效率和效益。

(4) 配送服务系列化。强调物流配送服务的正确定位与完善化、系列化，除传统的配送服务外，在外延上扩展物流的市场调查与预测、物流订单处理、物流配送咨询、物流配送方案、物流库存控制策略建议、物流货款回收、物流教育培训等系列的服务。

(5) 配送目标系统化。从系统的角度统筹规划一个整体物流配送活动，不求单个物流最佳化，而求整体物流活动最优化，使整个物流配送达到最优化。

(6) 配送手段现代化。使用先进的物流技术、物流设备与管理为物流配送提供支撑，生产、流通和配送规模越大，物流配送技术、物流设备与管理就越需要现代化。

(7) 配送组织网络化。有完善、健全的物流配送网络体系，物流配送中心、物流节点等网络设施星罗棋布，并运转正常。

(8) 配送经营市场化。物流配送经营采用市场机制，无论是企业自己组织物流配送还是社会物流配送，都实行市场化。只有利用市场化这只看不见的手指挥调节物流配送，才能取得好的经济效益和社会效益。

(9) 物流配送流程自动化。物流配送流程自动化是指运送规格标准、仓储、货箱排列装卸、搬运等按照自动化标准实施作业，商品按照最佳配送路线等。

(10) 物流配送管理法治化。宏观上，要有健全的法规、制度和规则；微观上，新型物流配送企业要依法办事，按章行事。

2. 建设条件

(1) 装备配置。新型物流配送中心面对的是成千上万的供应厂商和消费者以及瞬息万变竞争激烈的市场，必须配备现代化的物流装备，如电脑网络系统、自动分拣输送系统、自动化仓库、自动旋转货架、自动装卸系统、自动导向系统、自动起重机、商品条码分类系统、输送机等新型高效现代化、自动化的物流配送机械化系统。缺乏高水平的物流装备，建设新型物流配送中心就失去了起码的基本条件。

(2) 人员配置。必须配备数量合理、质量较高、具有一定物流专业知识的管理人员、技术人员、操作人员，以确保物流作业活动的高效运转。没有一支高素质的物流人才队伍，建设新型物流配送中心就不可能实现。

(3) 物流管理。作为一种全新的物流运作模式，其管理水平必须达到科学化和现代化，通过科学合理的管理制度、现代的管理方法和手段，才能确保新型物流配送中心的功能和作用的发挥。没有高水平的物流管理，建设新型物流配送中心就成了一句空话。

3. 发展前景

从前，我国物流社会化程度低，物流管理体制混乱，机构多元化，导致社会化大生产、专业化流通的集约化经营优势难以发挥，规模经营、规模效益难以实现，设施利用率低，布局不合理，重复建设，资金浪费严重。

利益冲突及信息不通畅等原因，造成余缺物资不能及时调配，大量物资滞留在流通领域，造成资金沉淀，发生大量库存费用。另外，我国物流企业与物流组织的总体水平低，设备陈旧，损失率大、效率低，运输能力严重不足，形成了"瓶颈"，制约了物流的发展，物流配送明显滞后。

新型的物流配送业务可以实现整个过程的实时监控和实时决策，并且这一切工作都是由计算机根据人们事先设计好的程序自动完成的。实践证明，市场经济需要更高程度的组织化、规模化和系统化，迫切需要尽快建设具有信息功能的物流配送中心。发展信息化、现代化、社会化的新型物流配送中心是建立和健全社会主义市场经济条件下新型流通体系的重要内容。我国是发展中国家，要借鉴发达国家的经验和利用现代化的设施，但还不可能达到发达国家物流配送中心的现代化程度，只能从国情、地区情况、企业情况出发，发展有中国特色的新型物流配送中心。随着电子商务的日益普及，中国的物流配送业一定会按照新型物流配送中心的方向发展。

4. 现代化

配送中心的作业流程包括入库、保管、拣货、分拣、暂存、出库等作业，其中分拣作业是一项非常繁重的工作。尤其是面对零售业多品种、小批量的订货，配送中心的劳动量大大增加，若无新技术的支撑将会导致作业效率下降。与此同时，对物流服务和质量的要求也越来越高，致使一些大型连锁商业公司把拣货和分拣视为两大难题。

随着科学技术日新月异的进步，特别是感测技术(激光扫描)、条码及计算机控制技术等的导入使用，自动分拣机已被广泛用于配送中心。自动分拣机的种类很多，而其主要组成部分相似，基本上由下列各部分组成。

(1) 输入装置。被拣商品由输送机送入分拣系统。

(2) 货架信号设定装置。被拣商品在进入分拣机前，先由信号设定装置(键盘输入、激光扫描条码等)把分拣信息(如配送目的地、客户名称等)输入计算机中央控制器。

(3) 进货装置。或称喂料器，它把被拣商品依次均衡地送入分拣传送带，与此同时，还使商品逐步加速到分拣传送带的速度。

(4) 分拣装置。它是自动分拣机的主体，包括传送装置和分拣装置两部分。前者的作用是把被拣商品送到设定的分拣道口位置上；后者的作用是把被拣商品送入分拣道口。

(5) 分拣道口。是从分拣传送带上接纳被拣商品的设施。可暂时存放未被取走的商品，当分拣道口满载时，由光电管控制阻止分拣商品不再进入分拣道口。

(6) 计算机控制器。是传递处理和控制整个分拣系统的指挥中心。自动分拣的实施主要靠它把分拣信号传送到相应的分拣道口，并指示启动分拣装置，把被拣商品送入分拣道口。分拣机控制方式主要是脉冲信号跟踪法。

9.3 供应链管理

9.3.1 供应链与供应链管理

20世纪90年代以后，随着科学技术的飞速进步和生产力的快速发展，顾客(customer)

消费水平和个性化要求不断提高,企业竞争(competition)日益加剧,加上政治、经济、社会环境的巨大变化,整个社会环境的不确定性大大增加。在激烈的全球市场竞争中,企业面对一个变化迅速且无法预测的买方市场,传统的生产与经营模式越来越不能适应快速变化的客户需求。企业为了摆脱困境,研究并采取了许多先进制造技术和管理方法,如计算机辅助设计(computer aided design,CAD)、柔性制造系统(flexible manufacturing system,FMS)、准时生产制(just in time,JIT)、制造资源计划(manufacturing resources planning,MRP)和企业资源计划(enterprise resources planning,ERP)等。虽然这些方法在某一方面取得了一定的实效,但企业整体经营的灵活性、快速响应顾客需求的敏捷性等方面并没有实质性改观。现在,人们终于意识到问题不在于具体的制造技术与管理方法本身,而在于它们仍囿于传统生产模式的框框之内。

随着新的管理模式不断完善,最终形成了以供应链管理为代表的新思想。要想系统理解供应链管理,首先需要理解什么是供应链。

1. 供应链的内涵

供应链是近二十年来逐渐发展起来的一种新的物流运作模式,是围绕核心企业,通过对信息流、物流、资金流的控制,从采购原材料开始,到制成中间产品以及最终产品,最后由销售网络把产品送到消费者手中的,将供应商、制造商、分销商、零售商直到最终用户连成一个整体的功能网链结构模式。它是一个范围更广的企业结构模式,包含所有加盟的节点企业,从原材料的供应开始,经过链中不同企业的制造加工、组装、分销等过程直到最终用户。它不仅是一条连接供应商到用户的物料链、信息链、资金链,而且是一条增值链,物料在供应链上因加工、包装、运输等过程而增加其价值,给相关企业都带来利润。

1) 供应链的概念

供应链是企业供应链的简称,也称网络企业,是指由同行业中具有上下游合作关系的企业组织所形成的企业群体。广义的供应链概念,则包括了从供应商到制造商、经销商和顾客的整个范围,集合其共同的技术和资源,连接成垂直整合的团队以发展和配销产品,完成整个从生产到消费的过程。企业供应链强调企业之间的资源整合,强化专业分工关系,发挥各自的资源优势,实现优势互补。

企业供应链是在市场全球化和信息网络技术迅速发展的背景下产生的。这一背景下的企业外部环境已经发生了重大变化,要求企业必须注重顾客价值的走向,了解顾客的需求,能够快速做出反应,这是促进企业供应链形成的基本动因。新的市场环境向企业提出了如何解决快速反应和不确定性的问题,例如:企业的成功依赖于迅速适应顾客多变需求的能力;经营成本更多地来自供应链中的不确定性,即全球供应和货源的取得、不可预测的需求、起伏的价格策略、较短的产品生命周期和日益减少的品牌忠诚度。

2) 供应链的驱动力

供应链经济是 20 世纪 80 年代末才被人们使用的新概念。企业通常是以规模经济和范围经济(专业化和多样化)来提升竞争力的,立足于企业本身,独享经济成果。供应链经济则不同,只有企业积极与其他企业联合,注重利用企业外部的资源才有获取的可能。例如某行业中有 100 家生产同类产品的企业。如果这些企业各自独立开展经营,都拥有齐全而且相近的功能，每个企业的市场份额都有限。如果经营企业在研究开发等环节上联合起来，在生产过程上进行分工，每个企业都专门生产某种或某几种零部件相互供给，这样就能带来许多好处：一是每个企业的成本都降下来了；二是不需要以往那么多的设备；三是每个企业都可以享受到研究开发和生产过程中的规模效益；四是每个企业的内部管理活动变得简单化。所以说，最理想的供应链经济效果，是建立在整体下分工的规模经济和范围经济基础上的整合。

供应链经济是与信息社会相适应的一种经济。伴随着工业社会向信息社会的转变，顾客需求变得越来越多样化、个性化，产品生命周期越来越短，对生产企业的要求是多品种、小批量生产，重视新产品开发，开展非价格竞争，及时快速供货。在此环境下，供应链经济可以解决规模经济效果与消费需求多样化之间固有的矛盾。由规模经济向范围经济和供应链经济过渡，是社会发展的一种趋势。在市场全球化的进程中，竞争形式出现了新变化，那就是形成了企业群体与企业群体之间、供应链与供应链之间的竞争。例如在汽车制造业，美国的福特汽车公司与日本的马自达汽车公司联手，美国的通用汽车公司与日本的丰田汽车公司联合，美国的克莱斯勒与德国的戴姆勒奔驰公司结盟。不仅如此，美国三大汽车公司还共同组建了网络供应市场。群体之间的竞争与合作，构成了新的全球经济发展格局。哪一家企业不寻求建立或加入供应链联盟，仍然单枪匹马闯天下，将会失去竞争优势。

2. 供应链的特点

1) 相互依赖性

在信息时代，工业时代的企业规模优势不再是竞争力的主要标志，因为它赖以存在的市场环境发生了根本变化。科技发展、信息网络的形成和顾客需求的变化，以及竞争形式的改变，都大大削弱了大型企业控制环境的能力。富于创新并极富灵活性的高科技企业和小型企业越来越多，逐渐对大企业构成巨大的威胁。众多大型企业认识到寻求外部合作伙伴的必要性，在内部实施业务流程和组织再造以消除大企业病，增强快速反应和灵活应变能力的同时，积极开展企业的外部合作，通过建立企业供应链实现优势互补，以形成新的竞争力。

这种新型的合作组织，由于合作各方分属不同的企业单位，各自分工明确、细化，都具有某一方面的特长，而且反应敏捷，重新形成的规模经济性具有了适应市场环境需要的竞争力。在这个企业链条中，彼此的依赖性增强，哪一家独立的企业不与合作伙伴密切合作都无法形成现实的生产力和竞争力。

2) 资源外取

在新的竞争时代，不需要企业处处都强过他人，想处处都具有优势的结果是丧失优势。因此，企业需要一种有别于他人的核心优势，然后联合那些在某一方面具有优势的企业，构成具有整体优势的企业联盟。企业供应链建立的基本出发点就源于这一思想。

企业供应链通常是由一家具有一个或某几个方面关键优势的企业发起建立，这样的企业不仅具有资源外取的能力，而且具有能够很好地控制外部资源的能力，以及实现与企业内部资源的优化配置。企业资源外取，成本和价格因素往往不是唯一标准，而是要综合考虑合作企业在技术、人才、资金、信息和信誉度等一系列资源因素方面所具有的优势，能够长期密切合作是第一位的。

3) 降低经营成本

供应链企业能够形成巨大竞争力,还在于它能够大幅度降低经营成本。信息网络技术的发展为供应链经济提供了最佳的舞台。企业可以通过外联网向全世界范围内征集供应链成员企业,可以在行业内选择世界最具竞争优势的企业加盟。最具行业优势的企业往往在技术、质量、成本、价格和信誉等方面具有优势。而目前在西方企业蓬勃开展的 B2B 电子商务,最大的动力源于降低采购成本。对核心企业来说,通过互联网采购、重组供应链,对降低成本增加盈利以及增强竞争力都具有决定意义。这不仅是简单的价格降低,关键是找到了最好的供货方。目前出现的变竞争为联合的集中采购分销趋势,使供应链上下游企业和广大消费者实现共赢的局面成为现实。

4) 组织规模精简

企业传统的经营方式决定其组织机构和规模十分庞杂。为了完成完整的规模生产所需要的一切生产条件,企业被迫实行前向和后向一体化战略,建立从原材料生产、供应,到运输、仓储、销售和服务等一系列环节的机构和组织。随着各项功能的完备,组织也日益膨胀起来,变成了一个庞大、迟缓和难以管理的系统。当企业建立供应链系统后,可以将大量业务以"外包"的形式转移到企业外部去完成,企业从供应链成员企业那里获得了自身所需要的资源和功能,既可以大大减少自身的经营范围,突出自己具有优势的主业,还可以大幅度降低企业的成本。这样,企业就大大减少了管理内容。

3. 供应链的结构模型

根据供应链的实际运行情况,在一个供应链系统中,有一个企业处于核心地位,该企业起着对供应链上的信息流、资金流和物流进行调度和协调的作用。从这个角度出发,供应链系统的结构可以具体地表示为图 9-6 所示的形状。从图 9-6 中可以看出,供应链由所有加盟的节点企业组成,其中有一个核心企业,可以是制造型企业(如美国通用汽车公司),也可以是零售型企业(如美国的沃尔玛),其他节点企业在核心企业需求信息的驱动下,通过供应链的各项业务职能分工与合作(生产、分销、零售、物流等),以资金流、物流或/和服务流为媒介实现整个供应链的不断增值。

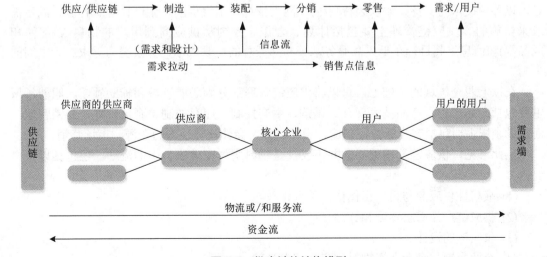

图 9-6 供应链的结构模型

4. 供应链管理的发展

1) 供应链管理产生的背景

供应链理论产生于 20 世纪 80 年代初的美国。其产生的背景有两个。

(1) 市场竞争激烈，企业急需增强竞争能力，才能够占有和扩大市场份额。当时美国受国外纺织品进口急剧增长的冲击，国内的纺织业受到很大压力，市场在急剧收缩。为了纺织、服装企业的生存和发展，企业继续寻找解决问题的办法。通过调查发现，每个纺织、服装企业自身的实力都还不算差，问题就出在企业与供应商之间、企业与分销渠道企业之间的协调上。因此，人们着眼于研究企业之间的协调，于是出现了供应链理论。

(2) 信息技术的发展。企业之间的协调关键在于企业沟通，而企业沟通的关键在于信息沟通。信息沟通最主要的是商务数据的沟通，如销售数据、库存数据、发票、合同、订单等。企业之间有距离，这些数据的传送频次又高，靠人传送是不行的，需要由计算机网络传输。正好 80 年代出现了电子数据交换技术(EDI)，人们利用 EDI 技术传送数据。电子信息技术的出现，不但加强了企业之间在业务上的协调和效率，而且也加深了企业之间相互信任、相互支持的友好关系，促进了供应链理论和技术的形成和发展。

供应链理论的形成和发展大大提高了供应链的效率，让企业尝到了甜头，企业越来越广泛地接受，因此，80 年代中期以后，供应链理论逐渐普及开来。

2) 供应链管理的概念

供应链管理是一种集成的管理思想和方法，它是指利用计算机网络技术全面规划供应链中的商流、物流、信息流、资金流等，并进行计划、组织、指挥、协调与控制。它覆盖了从供应商的供应商到客户的客户的全部过程。供应链管理的目的是通过"链"上各个企业之间的合作和分工，致力于整个"链"上的物流、信息流、资金流的合理化，从而提高整条"链"的竞争能力。所以说，供应链管理是通过前馈的信息流和反馈的物料流及信息流，将供应商、制造商、分销商、零售商直到最终用户连成一个整体的管理模式。

3) 供应链管理涉及的内容及领域

供应链管理主要涉及四个主要领域：供应(supply)、生产计划(schedule plan)、物流(logistics)、需求(demand)，如图 9-7 所示。供应链管理是以同步化、集成化生产计划为指导，以各种技术为支持，尤以因特网/内联网为依托，围绕供应、生产作业、物流、满足需求来实施的。供应链管理主要包括计划、合作、控制从供应商到用户的物料(零部件和成品等)和信息。其目标在于提高服务水平和降低总的交易成本，并且努力寻求二者之间的平衡。

在以上四个领域的基础上，可以将供应链管理细分为职能领域和辅助领域。职能领域主要包括产品工程、产品技术保证、采购、生产控制、库存控制、仓储管理、分销管理。而辅助领域主要包括客户服务、制造、设计工程、会计核算、人力资源、市场营销。

由此可见，供应链管理关心的并不仅仅是物料实体在供应链中的流动，还包括以下主要内容。

(1) 战略性供应商与用户合作伙伴关系管理。

(2) 供应链产品需求预测和计划。

(3) 供应链的设计。

(4) 企业内部与企业之间物料供应与需求管理。

(5) 基于供应链管理的产品设计与制造管理、生产集成化计划、跟踪和控制。
(6) 基于供应链的用户服务和物流管理。
(7) 企业间资金流管理。
(8) 基于因特网/内联网的供应链交互信息管理等。

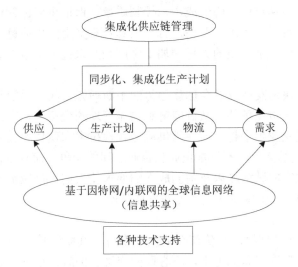

图 9-7　供应链管理涉及的领域

供应链管理注重总的物流成本(从原材料到最终产成品的费用)与用户服务水平之间的关系，因此要把供应链各个职能部门有机地结合在一起，从而最大限度地发挥出供应链整体的力量，达到供应链企业群体获益的目的。

5．我国供应链管理的现状分析

供应链管理作为一种全新管理思想与形式，涉及供应链中各环节的信息、物流、资金等整合与规划，强调制造商、供应商、分销商以及零售商、终极用户等相互之间的协作关系，以不断优化企业成本，提升经济效益与社会效益。但是随着竞争环境的不断变化，我国供应链管理中存在的问题有所凸显，供应链管理的改革与优化势在必行。

1) 供应链管理现状

供应链管理在我国的发展大致可分为以下几个阶段。

(1) 1978 年以前，我国的制造业相对比较落后，企业对"供应链"这个概念几乎是一无所知。企业要生产什么往往不是自己决定，而是被原材料推进，直至成品销售给用户。此时由于计划经济表现为短缺经济，企业拼命技改、抢项目、扩建厂房、更新设备，导致制造能力大量过剩，而销售和供应能力则很弱，是典型的"腰鼓型"呆滞式企业。这个年代又被称作供应链的"推式"时代。

(2) 1972—1992 年，中国的对外贸易蓬勃发展，在这个阶段，企业开始注意充分利用内部资源，客户的需求也逐渐成为影响企业经营活动的重要因素。在客户需求的"拉动"下，企业开始注意对整个经营活动加以控制和管理。这些年又被称作供应链的"拉式"时代。

(3) 1993 年以后，中国的经济体制逐步由计划经济转变为市场经济，市场逐步繁荣，大部分商品已呈现过剩，产品质量等因素在竞争中的优势逐步减弱，成本的竞争优势逐步体现出来。在这种情况下，企业不得不开始考虑如何从原材料采购开始就加以管理和控制，以提高企业的整体效益，从而在激烈的市场竞争中立于不败之地。然而，这还只是刚刚开始了供应链内部集成的阶段，中国对供应链的研究才刚刚起步。过去国内企业对供应链的关注主要集中在供应商或制造商这一层面上，只是供应链上的一小段，研究的内容主要局限于供应商的选择和定位、降低成本、控制质量、保证供应链的连续性和经济性等问题。因此，可以说，目前在我国企业还没有形成真正意义上的供应链。就我国脱胎于计划经济模式的国有企业和中小规模的大量的加工生产企业来说，供应链和供应链管理仍然是比较陌生的概念。

随着国内经济的快速发展以及全球化趋势的不断增强，我国已经具备了发展供应链和物流管理的经济环境和市场条件。从供应链和物流管理的变革，正在改变企业的竞争力格局，生产企业和物流企业越来越多地使用供应链管理技术和现代科技手段，来提升自己的核心竞争力。21世纪的竞争，不仅是企业和企业之间的竞争，而且是供应链和供应链之间的竞争。虽然提高顾客的满意度以及削弱成本的要求使人们对供应链的重要性的认识日益增加，但不可否认的是，中国供应链还处在发展阶段。

2）供应链管理存在的问题

(1) 传统企业的观念制约。从传统企业发展来看，其职能划分明确，如采购、生产、销售等，以"垂直型"管理职能为主，不容职能交叉。同时，这种"垂直型"管理模式，在企业预算中也有明显体现，通过预算加强对各职能的管理工作，避免随意消耗。但是由于整个企业的运行都处于预算控制中，一味增加利润收入，不断增加库存，这样，无形中加大了企业运行的财政负担，不利于流动资金的优化配置。因此，传统企业的运行观念与供应链管理显然不适应，缺乏必要的"透明度"，组织长期处于高水平的聚集状态，不利于供应链的整体发展。

(2) 缺乏统一的管理标准。一直以来，虽然我国在供应链管理的标准化方面不断努力，但还是存在诸多问题。

① 虽然我国在供应链管理方面具备物流标准体系，但是标准落实不到位，没能真正发挥作用。

② 在货物运输过程中，设备缺乏标准化。从国外先进国家的发展状况来看，卡车大小、集装箱尺寸、仓库货架等，均有标准的配套设置，但是我国各种标准参差不齐。

③ 商品信息化规范有待提高。在电子商务运行状态下，供应链管理离不开统一的商品信息，在供应链成员之间实现信息共享与交换。当前，虽然我国一些单位建立了数据库，但是缺乏统一的标准，字段的长度、类型有所不同，"信息孤岛"现象严重。

(3) 技术水平有待提高。

① 条码技术。当前我国大多生产企业没有认识到条码技术的重要性，缺乏对条码技术与条码质量的控制，因此在供应链中应用条码信息比较少。

② EDI技术。我国从20世纪90年代初期已经开始研究EDI技术，并在海关、交通等多个部门进行尝试，但是企业应用EDI技术的实例较少，尤其是EDI应用的法律问题、安全性问题等有待解决。

③ 电子商务与互联网的应用问题。从我国当前电子商务发展来看，一方面缺乏对电子商务的根本认识，很多企业利用网站宣传自己的产品与服务，并将此与电子商务混为一

谈；另一方面物流制约了电子商务的发展，虽然商流活动在网络上广泛发展，由于缺乏完善的社会物流配送体系支持，因此难以实现转移服务。

(4) 供应链管理人才匮乏。一方面，在供应链管理过程中，若想实现可持续发展，离不开人才的支持。但是由于我国供应链管理刚刚起步，再加上涉及跨部门、跨行业管理，对高新技术提出了更高要求，因此专业技术人员仍然匮乏，急需一批既具备供应链管理能力，又具备现代化管理手段的复合型人才。另一方面，由于我国流通行业的运行缺乏统一规范，各行业以自己的标准为主，缺乏统一标准，因此不利于物流现代化的发展，也制约了供应链的发展步伐。

9.3.2 供应链管理方法

1. 供应商管理库存(VMI)

1) VMI 的概念

供应商管理库存(vender managed inventory，VMI)是一种以用户和供应商双方都获得最低成本为目的，在一个共同的协议下由供应商管理库存，并不断监督协议执行情况和修正协议内容，使库存管理得到持续的改进的合作性策略。这种库存管理策略打破了传统的各自为政的库存管理模式，体现了供应链的集成化管理思想，适应市场变化的要求，是一种新的、有代表性的库存管理思想。VMI 在分销链中的作用十分重要，因此便被越来越多的人重视。供应商管理库存的主要概念有以下三个。

概念 1：通过信息共享，由供应链上的上游企业根据下游企业的销售信息和库存量，主动对下游企业库存进行管理和控制的管理模式。

概念 2：是一种在用户和供应商之间的合作性策略，以对双方来说都是最低的成本优化产品的可获性，在一个相互同意的目标框架下由供应商管理库存，这样的目标框架被经常性监督和修正，以产生一种连续改进的环境。

概念 3：VMI 的基本内涵是通过供应商和用户之间实施战略性合作，采取对双方来说能实现成本最低化的方案，并在双方满意的目标框架下由供应商管理库存的方法(见图 9-8)。

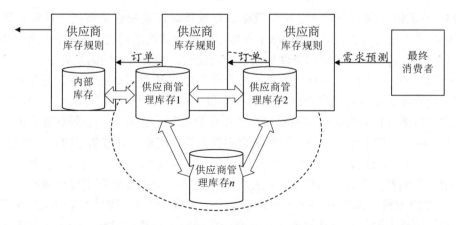

图 9-8 "供应商-用户" VMI 模式

2) 模式特点

(1) 信息共享。零售商帮助供应商更有效地做出计划，供应商从零售商处获得销售点数据并使用该数据来协调其生产、库存活动以及零售商的实际销售活动。

(2) 供应商拥有和管理库存。供应商完全管理和拥有库存，直到零售商将其售出为止，但是零售商对库存有看管义务，并对库存物品的损伤或损坏负责。实施 VMI 有很多优点。首先，供应商拥有库存，对于零售商来说，可以省去多余的订货部门，使人工任务自动化，可以从过程中去除不必要的控制步骤，使库存成本更低，服务水平更高。其次，供应商拥有库存，供应商会对库存考虑更多，并尽可能进行更为有效的管理，通过协调多个零售生产与配送，进一步降低总成本。

(3) 需求准确预测。供应商能按照销售时点的数据，对需求做出预测，能更准确地确定订货批量，减少预测的不确定性，从而减少安全库存量，使存储与供货成本更小。同时，供应商能更快响应用户需求，提高服务水平，使得用户的库存水平也降低。

3) 实施 VMI 应注意的问题

(1) 信任问题。这种合作需要一定的信任，否则就会失败。零售商要信任供应商，不要干预供应商对发货的监控，供应商也要多做工作，使零售商相信他们不仅能管好自己的库存，也能管好零售商的库存。只有相互信任，通过交流和合作才能解决存在的问题。

(2) 技术问题。只有采用先进的信息技术，才能保证数据传递的及时性和准确性，而这些技术往往价格昂贵，利用 VMI 将销售点信息和配送信息分别传输给供应商和零售商，利用条码技术和扫描技术来确保数据的准确性，并且库存与产品的控制和计划系统都必须是在线的、准确的。

(3) 存货所有权问题。确定由谁来进行补充库存的决策前，零售商收到货物时，所有权也同时转移了，变为寄售关系，供应商拥有库存所有权直到货物被售出。同时，由于供应商管理责任增大，成本增加了，双方要对条款进行洽谈，使零售商与供应商共享系统整体库存下降。

(4) 资金支付问题。过去，零售商通常在收到货物一至三个月以后才支付货款，而现在可能不得不在货物售出后就要支付货款，付款期限缩短了，零售商要适应这种变化。

4) 供应商管理存货的运行条件

VMI 要求供应商对下游企业库存策略、订货策略以及配送策略进行计划和管理，所以，不同环境下采用什么模式运作 VMI 就成了当前要解决的问题。企业在实施 VMI 前，应该对自己所处的环境和自身的条件加以分析与比较。主要考虑的因素如下。

(1) 供应链中的地位。即是否为"核心企业"或者是否为供应链中至关重要的企业。它要求实施企业必须具备较高管理水平的人才和专门的用户管理职能部门，用以处理供应商与用户之间的订货业务、供应商对用户的库存控制等其他业务；必须有强大的实力推动 VMI，使供应链中的企业都按照它的要求来实行补货、配送、共享信息等目标框架协议。

(2) 供应链中的位置。VMI 一般适合于零售业与制造业，最典型的例子就是沃尔玛和戴尔集团。它们有一个共同的特点，就是在供应链中所处的位置都很接近最终消费者，即处在供应链的末端。其中有一个主要原因就是，VMI 可以消除"牛鞭效应"（"牛鞭效应"，指供应链上的信息流从最终客户向原始供应商端传递的时候，由于无法有效地实现信息的共享，使得信息扭曲而逐渐放大，导致了需求信息出现越来越大的波动）的影响。

(3) 合作伙伴。VMI 在实施过程中要求零售商(在制造业为生产商)提供销售数据，而供应商要按时准确地将货物送到客户指定的地方，这一点对生产商的要求尤其高。

5) 供应商管理存货的方式

供应商提供包括所有产品的软件进行存货决策，用户使用软件执行存货决策，用户拥有存货所有权，管理存货。

供应商在用户的所在地，代表用户执行存货决策，管理存货，但是存货的所有权归用户。供应商不在用户的所在地，但定期派人代表用户执行存货决策，管理存货，拥有存货所有权。

2. 联合管理库存(JMI)

1) JMI 的含义

联合库存管理(joint managed inventory，JMI)是供应商与客户同时参与、共同制定库存计划，实现利益共享与风险分担的供应链库存管理策略，目的是解决供应链系统中由于各企业相互独立运作库存模式所导致的需求放大现象，提高供应链的效率。

长期以来，供应链中的库存是各自为政的。供应链中的每个环节都有自己的库存控制策略，都是各自管理自己的库存。由于各自的库存控制策略不同，因此不可避免地产生需求的扭曲现象，即所谓的需求放大现象，形成了供应链中的"牛鞭效应"，加重了供应商的供应和库存风险。当前出现了一种新的供应链库存管理方法——联合库存管理，这种库存管理策略打破了传统的各自为政的库存管理模式，有效地控制了供应链中的库存风险，体现了供应链的集成化管理思想，适应市场变化的要求，是一种新的有代表性库存管理思想。

2) JMI 的优点

(1) 由于联合库存管理将传统的多级别、多库存点的库存管理模式转化成对核心制造企业的库存管理，核心企业通过对各种原材料和产成品实施有效控制，就能达到对整个供应链库存的优化管理，简化了供应链库存管理运作程序。

(2) 联合库存管理在减少物流环节降低物流成本的同时，提高了供应链的整体工作效率。联合库存可使供应链库存层次简化和运输路线得到优化。在传统的库存管理模式下，供应链上各企业都设立自己的库存，随着核心企业的分厂数目的增加，库存物资的运输路线将呈几何级数增加，而且重复交错，这显然会使物资的运输距离和在途车辆数目增加，其运输成本也会大大增加。

(3) 联合库存管理系统把供应链系统管理进一步集成为上游和下游两个协调管理中心，从而部分消除了由于供应链环节之间不确定性和需求信息扭曲现象导致的库存波动。通过协调管理中心，供需双方共享需求信息，从而提高了供应链的稳定性。

(4) 这种库存控制模式也为其他科学的供应链物流管理如连续补充货物、快速反应、准时化供货等创造了条件。

3) JMI 的优势

(1) 信息优势。信息是企业的一项重要资源，而缺乏信息沟通也是上述库存管理中出现问题的主要原因。JMI 通过在上下游企业之间建立起一种战略性的合作伙伴关系，实现了企业间库存管理上的信息共享。这样既保证供应链上游企业可以通过下游企业及时准确地获得市场需求信息,又可以使各个企业的一切活动都围绕着顾客需求的变化而开展。

(2) 成本优势。JMI 实现了从分销商到制造商再到供应商之间在库存管理方面的一体化,可以让三方都能够实现准时采购(即:在恰当的时间、恰当的地点,以恰当的数量和质量采购恰当的物品)。准时采购不仅可以减少库存,还可以加快库存周转,缩短订货和交货提前期,从而降低企业的采购成本。

(3) 物流优势。在传统的库存管理中存在着各自为政的弊端,上下游企业之间都是各自管理自己的库存,这就不可避免地会出现需求预测扭曲现象,产生的"牛鞭效应"极大地降低了企业的运作效率并增加了企业的成本。JMI 则打破了传统的各自为政的库存管理局面,体现了供应链的一体化管理思想。JMI 强调各方的同时参与,共同制订库存计划,共同分担风险,能够有效地消除库存过高以及"牛鞭效应"。

(4) 战略联盟的优势。JMI 的实施是以各方的充分信任与合作为基础展开的,JMI 要想顺利有效运行,对于分销商、制造商和供应商而言缺一不可,大家都是站在同一条船上。因此,JMI 的有效实施既加强了企业间的联系与合作,又保证了这种独特的由库存管理而带来的企业间的合作模式不会轻易地被竞争者模仿,为企业带来竞争优势。

4) 库存管理模式比较

联合库存管理是解决供应链系统中由于各节点企业的相互独立库存运作模式导致的需求放大现象,提高供应链的同步化程度的一种有效方法。联合库存管理和供应商管理库存不同,它强调双方同时参与,共同制订库存计划,使供应链过程中的每个库存管理者(供应商、制造商、分销商)都从相互之间的协调性考虑,保持供应链相邻的两个节点之间的库存管理者对需求的预期保持一致,从而消除了需求变异放大现象。任何相邻节点需求的确定都是供需双方协调的结果,库存管理不再是各自为政的独立运作过程,而是供需连接的纽带和协调中心。库存管理模式的比较如表 9-2 所示。

表 9-2 库存管理模式的比较

类别	传统库存管理模式	VIM 模式	JMI 模式
管理实体	各节点企业	供应商	核心企业/联合主体
主要思想	各节点企业独立管理库存	多级库存管理变为单级库存管理	战略供应联盟
优点	降低缺货、需求不确定性等风险及对外部交易的依赖	成本降低;服务改善	同步化运作;供应链稳定;提升管理水平;资源共享、风险共担
缺点	库存量过高;牛鞭效应严重;缺少协调	对供应商依赖高;需要充分协作;供应商风险加大	战略联盟建立困难;监管成本高
适用范围	传统库存;对风险态度保守	下游企业没有能力或不必管理库存;供应商实力雄厚、库存管理能力强	供应链节点企业沟通好、充分信任;大型配送中心,较好配送能力

续表

类　别	传统库存管理模式	VIM 模式	JMI 模式
支持技术	MRP、MRP(Ⅱ)订货点技术	EDI、Internet、条码技术、连续补货系统、企业信息系统	企业内部大型 ERP、SCM、CRM 系统，网络通信系统
实施策略	确定独立需求库存，设置订货库存策略，设定安全库存	建立顾客情报信息系统；建立销售网络管理系统；建立供应商与分销商(批发商)的合作框架协议；组织机构的变革	建立供需协调管理机制；发挥两种资源计划系统的作用；建立快速响应系统；发挥第三方物流系统的作用

3. 快速反应(QR)

1) QR 的产生背景

从 20 世纪 70 年代后期开始，美国纺织服装的进口急剧增加，到 80 年代初期，进口商品大约占到纺织服装行业总销售量的 40%。针对这种情况，美国纺织服装企业一方面要求政府和国会采取措施阻止纺织品的大量进口；另一方面进行设备投资来提高企业的生产率。但是，即使这样，价廉进口纺织品的市场占有率仍在不断上升，而本地生产的纺织品市场占有率却在连续下降。为此，一些主要的经销商成立了"用国货为荣委员会"，一方面通过媒体宣传国产纺织品的优点，采取共同的销售促进活动；另一方面，委托零售业咨询公司 Kurt Salmon 从事提高竞争力的调查。Kurt Salmon 公司在经过了大量充分的调查后指出，纺织品产业供应链整体的效率却并不高。为此，Kurt Salmon 公司建议零售业者和纺织服装生产厂家合作，共享信息资源，建立一个快速反应系统(quick response，QR)来实现销售额增长。

快速反应是供应链成员企业之间建立战略合作伙伴关系，利用 EDI 等信息技术进行信息交换与信息共享，用高频率小数量配送方式补充商品，以实现缩短交货周期、减少库存、提高顾客服务水平和企业竞争力为目的的一种供应链管理策略。

2) QR 的作用

(1) 快速反应关系到一个厂商是否能及时满足顾客的服务需求的能力。信息技术提高了在最近的可能时间内完成物流作业和尽快地交付所需存货的能力，这样就可减少传统上按预期的顾客需求过度地储备存货的情况。快速反应的能力把作业的重点从根据预测和对存货储备的预期，转移到从装运到装运的方式对顾客需求做出反应方面上来。不过，由于在还不知道货主需求和尚未承担任务之前，存货实际上并没有发生移动，因此，必须仔细安排作业，不能存在任何缺陷。

(2) QR 的初衷是为了对抗进口商品，但是实际上并没有出现这样的结果。相反，随着竞争的全球化和企业经营的全球化，QR 系统管理迅速在各国企业界扩展。航空运输为国际的快速供应提供了保证。现在，QR 方法成为零售商实现竞争优势的工具。同时随着零售商和供应商结成战略联盟，竞争方式也从企业与企业间的竞争转变为战略联盟与战略联盟之间的竞争。

3) QR 的实施

QR 的实施分为三个阶段。

(1) 对所有的商品单元条码化,利用 EDI 传输订购单文档和发票文档。

(2) 增加内部业务处理功能,采用 EDI 传输更多的文档,如发货通知、收货通知等。

(3) 与贸易伙伴密切合作,采用更高级的策略,如联合补库系统等,以对客户的需求做出迅速的反应。

4. 有效客户反应(ECR)

1) ECR 的产生背景

有效客户反应(efficient consumer responce,ECR)的产生可归结于 20 世纪商业竞争的加剧和信息技术的发展。20 世纪 80 年代特别是到了 90 年代以后,美国日杂百货业零售商和生产厂家的交易关系由生产厂家占据支配地位转换为零售商占主导地位,在供应链内部,零售商和生产厂家为取得供应链主导权,为商家品牌(PB)和厂家品牌(NB)占据零售店铺货架空间的份额展开激烈的竞争,使得供应链各个环节间的成本不断转移,供应链整体成本上升。

从零售商的角度来看,新的零售业态如仓储商店、折扣店大量涌现,日杂百货业的竞争更趋激烈,他们开始寻找新的管理方法。从生产商角度来看,为了获得销售渠道,直接或间接降价,牺牲了厂家自身利益。生产商希望与零售商结成更为紧密的联盟,这样对双方都有利。另外,从消费者的角度来看,过度竞争忽视了消费者需求:高质量、新鲜、服务好和合理价格。许多企业通过诱导型广告和促销来吸引消费者转移品牌。可见 ECR 产生的背景是要求从消费者的需求出发,提供满足消费者需求的商品和服务。

为此,美国食品营销协会(food marketing institute)联合可口可乐、宝洁、KSA 公司对供应链进行调查、总结、分析,得到改进供应链管理的详细报告,提出了 ECR 的概念体系,被零售商和制造商采用,并广泛应用于实践。

而在当今中国,制造商和零售商为渠道费用而激烈争执,零售业中工商关系日趋恶化,消费者利益日趋受到损害。ECR 是真正实现以消费者为核心,转变相关利益相关对立统一的关系,实现供应与需求一整套流程转变方法的有效途径,日前日益被制造商和零售商所重视。

2) ECR 的概念

有效客户反应是由生产厂家、批发商和零售商等供应链节点企业相互协调和合作,以更低的成本满足消费者需要为目的的供应链管理系统,1993 年 1 月由美国食品营销协会联合可口可乐公司、宝洁公司等 6 家企业与 1 家流通咨询企业所组成的研究小组在其改进食品业供应链管理的报告中首次提出。整个过程由有效新产品导入、有效促销、有效商店空间管理、有效商品补充四部分组成。它可以将市场营销、物流管理、信息技术和组织创新技术有机结合起来,以实现低成本流通,消除组织间隔阂、协调合作以满足消费者需要。

3) 实施 ECR 的原则

要实施 ECR,首先应联合整个供应链所涉及的供应商、分销商以及零售商,改善供应链中的业务流程,使其最合理有效;然后,再以较低的成本,使这些业务流程自动化,以进一步降低供应链的成本和时间。这样,才能满足客户对产品和信息的需求,给客户提供最优质的产品和实时准确的信息。ECR 的实施原则包括如下几个方面。

(1) 以较少的成本，不断致力于向食品杂货供应链客户提供产品性能更优、质量更好、花色品种更多、现货服务更好以及更加便利的服务。

(2) ECR 必须有相关的商业巨头的带动。该商业巨头决心通过互利双赢的经营联盟来代替传统的输赢关系，达到获利之目的。

(3) 必须利用准确、适时的信息以支持有效的市场、生产及后勤决策。这些信息将以 EDI 的方式在贸易伙伴间自由流动，它将影响以计算机信息为基础的系统信息的有效利用。

(4) 产品必须随其不断增值的过程，从生产至包装，直至流动至最终客户的购物篮中，以确保客户能随时获得所需产品。

(5) 必须采用共同、一致的工作业绩考核和奖励机制，它着眼于系统整体的效益(即通过减少开支、降低库存以及更好的资产利用来创造更高的价值)，明确地确定可能的收益(例如，增加收入和利润)并且公平地分配这些收益。

(6) 以消费者为中心。

(7) 以数据为基础。

(8) 与业务伙伴有效协作。

(9) 整体系统推进。

4) ECR 的特点

(1) 新的技术、新方法。首先，ECR 系统采用了先进的信息技术，在生产企业与流通企业之间开发了一种利用计算机技术的自动订货系统(CAO)。CAO 系统通常与电子收款系统(POS)结合使用，利用 POS 系统提供的商品销售信息把有关订货要求自动传向配送中心，由该中心自动发货，这样就可能使零售企业的库存降至为零状态，并减少了从订货至交货的周期，提高了商品鲜度，减少了商品破损率。还可使生产商以最快捷的方式得到自己的商品在市场是否适销对路的信息。其次，ECR 系统还采用了两种新的管理技术和方法，即种类管理和空间管理。种类管理的基本思想是不从特定品种的商品出发，而是从某一种类的总体上考虑收益最大化。就软饮料而言，不考虑其品牌，而是从软饮料这一大类上考虑库存、柜台面积等要素，按照投资收益率最大化原则去安排品种结构。其中有些品种能赢得购买力，另一些品种能保证商品收益，通过相互组合既满足了顾客需要，又提高了店铺的经营效益。空间管理指促使商品布局、柜台设置最优化。过去许多零售商也注意此类问题，不同点在于 ECR 系统的空间管理是与种类管理相结合的，通过两者的结合实现单位销售面积的销售额和毛利额的提高，因而可以取得更大的效果。

(2) 建立了稳定的伙伴关系。在传统的商品供应体制上，生产者、批发商、零售商联系不紧密或相互间较为紧密，发生的每一次订货都有很大的随机性，这就造成生产与销售之间商品流动的极不稳定性，增加了商品的供应成本。而 ECR 系统恰恰克服了这些缺点，在生产者、批发商、零售商之间建立了一个连续的、闭合式的供应体系，改变了相互敌视的心理，使他们结成了相对稳定的伙伴关系，克服了商业交易中的钩心斗角，实现了共存共荣，是一种新型的产销同盟和产销合作形式。

(3) 实现了非文书化。ECR 系统充分利用了信息处理技术，使产、购、销各环节的信息传递实现了非文书化。无论是企业内部的传票处理，还是企业之间的订货单、价格变更、出产通知等文书都通过计算机间的数字交换(EOI)进行自动处理。由于利用了电子数据交换，生产企业在出产的同时，就可以把出产的内容电传给进货方，作为进货方的零售企业只要在货物运到后扫描集运架或商品上的电码就可以完成入库验收等处理工作。由于全面采用了电子数据交换，可以根据出产明细自动地处理入库，从而使处理时间近似为 0，这对于迅速补充商品，提高预测精度，大幅度降低成本起了很大作用。

5) ECR 的重要战略

ECR 包括零售业的三个重要战略：顾客导向的零售模式(消费者价值模型)、品类管理和供应链管理。

(1) 顾客导向的零售模式(消费者价值模型)。通过商圈购买者调查、竞争对手调查、市场消费趋势研究，确定目标顾客群，了解自己的强项、弱项和机会，确定自己的定位和特色，构建核心竞争力；围绕顾客群选择商品组合、经营的品类，确定品类的定义和品类在商店经营承担的不同角色；确定商店的经营策略和战术(定价、促销、新品引进、补货等)，制定业务指标衡量标准、业务发展计划。

(2) 品类管理。把品类作为战略业务单位来管理，着重于通过满足消费者需求来提高经营管理的流程效率。品类管理是以数据为决策依据，不断满足消费者的过程。品类管理是零售业精细化管理之本。主要战术是高效的商品组合、高效的货架管理、高效的新品引进、高效定价和促销、高效的补货。

(3) 供应链管理。建立全程供应链管理的流程和规范，制定供应链管理指标；利用先进的信息技术和物流技术缩短供应链，减少人工失误，提高供应链的可靠性和快速反应能力；通过规范化、标准化管理，提高供应链的数据准确率和及时性；建立零售商与供应商数据交换机制，共同管理供应链，最大程度地降低库存和缺货率，降低物流成本。

6) ECR 的四大要素

(1) 快速产品引进(efficient product introduction)。最有效地开发新产品，进行产品的生产计划，以降低成本。

(2) 快速商店分类(efficient store assortment)。通过第二次包装等手段，提高货物的分销效率，使库存及商店空间的使用率最优化。

(3) 快速促销(efficient promotion)。提高仓储、运输、管理和生产效率，减少预先购买、供应商库存及仓储费用，使贸易和促销的整个系统效率最高。

(4) 快速补充(efficient replenishment)。包括电子数据交换(EDI)、以需求为导向的自动连续补充和计算机辅助订货，使补充系统的时间和成本最优化。

7) ECR 与 QR 的比较

(1) QR 与 ECR 的差异。ECR 主要以食品行业为对象，其主要目标是降低供应链各环节的成本，提高效率。QR 主要集中在一般商品和纺织行业，其主要目标是对客户的需求做出快速反应，并快速补货。这是因为食品杂货业与纺织服装行业经营的产品的特点不同：杂货业经营的产品多数是一些功能型产品，每一种产品的寿命相对较长(生鲜食品除外)，因此，订购数量过多(或过少)造成的损失相对较小。纺织服装业经营的产品多属创新型产品，每一种产品的寿命相对较短，因此，订购数量过多(或过少)造成的损失相对较大。

(2) 共同特征。表现为超越企业之间的界限，通过合作追求物流效率化。具体表现在如下三个方面：贸易伙伴间商业信息的共享；商品供应方进一步涉足零售业，提供高质量的物流服务；企业间订货、发货业务全部通过 EDI 来进行，实现订货数据或出货数据的传送无纸化。

9.3.3 电子商务环境下的供应链

1. 物联网技术下电子商务供应链管理流程优化

信息流管理、资金流管理和物流管理构成供应链管理的三大部分。随着电子商务的广泛应用，通过互联网使得信息和资金透明、快速并准确地在供应链各节点成员之间传递，极大地改善了供应链管理中的信息流管理和资金流管理。

突破改变传统的原材料采购、生产、销售和服务范畴是电子商务环境下的供应链管理模式的必然要求，供应链上的企业不再各自为政，而是把企业内部及与供应链上节点企业之间的各种往来业务视为一个整体功能过程，通过有效透明地协调供应链中的信息流、资金流、物流，将企业内部的供应链与企业外部的供应链有机集成起来管理，形成集成化供应链管理体系，以适应新竞争环境下市场对企业生产管理提出的高质量、高柔性和低成本的新要求。

由于电子商务的核心企业与上游供应商、下游终端客户、银行、物流中心之间通过因特网实现信息的快速交换，同时供应链上各节点企业间也能进行信息互通，通过电子商务的应用，能推翻传统模式而有效地将供应链上各个业务节点孤岛连接起来，实现真正的业务信息集成和共享。在交易环节，电子商务需进一步做好完善物流管理环节，尽量缩减供应链中物流所需时间，使物流管理与信息流和资金流管理实现统一和同步，进而建立起一个真正强大的、反应快速的供应链管理体系。

电子商务环境下的供应链管理模式如图 9-9 所示。

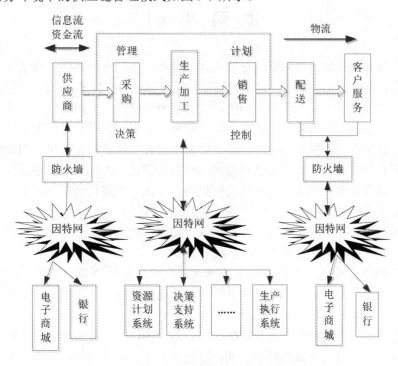

图 9-9 电子商务环境下的供应链管理模式

2. 电子商务环境下加强供应链管理的策略

(1) 采取第三方物流(3PL)方式积极改善企业外部物流情况。所谓第三方物流是指企业与供需方之外的第三方(一般为专业物流企业)签订完成全部或部分物流服务的契约的物流运作模式。第三方物流是电子商务发展的必然结果，适应物流一体化趋势，也是当今世界物流业的发展趋势。

(2) 组建完善的企业网络基础设施，改革企业内部供应链管理模式。供应链管理和电子商务的实现均以完善的网络设施为基础，因此供应链上节点企业内联网和因特网的有机集成，能确保供应链管理中的信息流、资金流畅通，能确保供应链高效运作。

(3) 进行业务流程再造(BPR)，实施 ERP 系统。企业流程再造是对企业的业务流程做根本性的思考和彻底重建。通过流程再造，着重提高企业的生产成本、产品质量、产品服务和物流速度等方面，最大限度地使企业适应以顾客为中心的现代企业经营环境。

(4) 加强协同整合。电子商务环境下的竞争是供应链之间的竞争，而不再是企业各自为政单打独斗的竞争。要想在电子商务环境下生存，要想提高企业竞争优势，企业就必须在供应链范围内加强信息共享的意识。供应链各节点企业之间信息共享，减少错误信息传达，降低浪费，最终提升经营的效率。

(5) 重视客户关系管理(customer relationship management，CRM)建设。客户关系管理是电子商务供应链管理的延伸。客户关系管理突破了供应链节点企业之间的地域和组织限制，将终端客户、供应商、经销商、分销商整合，真正解决供应链中上下游管理问题，将各节点反馈信息折射到供应链的各环节，实现供应链各环节的共赢。

本 章 小 结

物流是指物品在从供应地向接收地的实体流动中，根据实际需要，将运输、储存、装卸搬运、包装、流通加工、配送、信息处理等功能有机地结合起来实现用户要求的过程。

从不同的角度来看，物流具有不同的种类。物流包括许多不同的要素，这些不同的要素在物流活动中发挥着不同功能。物流是国民经济的动脉，保障社会再生产的顺利进行，服务于商流，是实现"以顾客为中心"理念的根本保证。物流的运行可以创造时间价值、场所价值和形态价值。对物流活动进行有效的组织与管理，不仅有利于整个社会经济的发展，而且也可以有效地促进企业竞争能力的提高。因此，提高物流管理水平，实现物流合理化，对于提高宏观经济效益和微观经济效益具有重要意义。

电子商务的任何一笔网上交易，都必须涉及商流、物流、资金流和信息流这几种基本的"流"，而物流活动质量对电子交易起着十分重要的作用。

电子商务物流管理的目的就是使各项物流活动实现最佳协调与配合，以降低物流成本，提高物流效率和经济效益。电子商务物流管理就是研究并应用电子商务物流活动规律对物流全过程、各环节、各方面的管理。

电子商务时代，由于企业销售范围的扩大，企业销售方式及最终消费者购买方式的转变，使物流成为一项极为重要的经济活动，呈现信息化、多功能化、一流服务和全球化的发展趋势。

电子商务作为网络时代的一种全新的交易模式,是交易方式的一场革命,只有大力发展作为电子商务重要组成部分的现代物流,电子商务才能得到更好的发展。本章介绍了物流概念的产生和发展,物流的发展过程、功能和特征,以及现代物流与其他领域的关系;介绍了电子商务物流技术的作用及其评价标准,描述了电子商务物流的实现技术,阐述了供应链与供应链管理的内涵,探讨了物联网技术下电子商务供应链管理流程优化。

思考与练习

1. 简述物流的概念。
2. 简述物流的功能及特征。
3. 简述电子商务物流的新特点。
4. 简述物流配送流程的定义。
5. 简述配送中心的特点。
6. 简述供应链和供应链管理的概念。
7. 简述供应商管理库存的概念与特点。
8. 简述联合管理库存的优点与局限。
9. 简述快速反应的作用。
10. 简述有效客户反应的概念与特点。
11. 分析电子商务环境下加强供应链管理的策略。

【课程思政】

在二十大报告中,电子商务物流和供应链管理被视为优化供给侧结构性改革的重点之一。报告指出,要"深化物流供应链综合配套改革,推动全行业发展智能制造、线上线下融合、服务升级,完善市场体系和监管机制,提升供给体系质量和效率"。了解现代物流与其他领域的关系,探讨物联网技术下电子商务供应链管理流程优化,有利于推动全行业发展智能化、数字化、服务化,提升整个供应链的效率和质量,贯彻创新协同绿色开放共享的发展理念。

附录 A　新零售

阅读新零售方面的内容，请扫描下方二维码。

附录 B　客户关系管理

阅读客户关系管理方面的内容，请扫描下方二维码。

参 考 文 献

[1] 宋文官. 电子商务概论[M]. 3 版. 北京：清华大学出版社，2012.
[2] 阿里学院. 网络整合营销[M]. 北京：电子工业出版社，2013.
[3] 崔立标. 电子商务运营实务[M]. 北京：人民邮电出版社，2013.
[4] 施志君. 电子商务案例分析[M]. 北京：化学工业出版社，2014.
[5] 陈月波. 电子商务盈利模式分析[M]. 杭州：浙江大学出版社，2011.
[6] 姜红波. 电子商务概论[M]. 2 版. 北京：清华大学出版社，2013.
[7] 特伯恩. 电子商务导论[M]. 2 版. 王健，等译. 北京：中国人民大学出版社，2011.
[8] 来有为，戴建军. 中国电子商务的发展趋势与政策创新[M]. 北京：中国发展出版社，2014.
[9] 白东蕊，岳云康. 电子商务概论[M]. 2 版. 北京：人民邮电出版社，2013.
[10] 吴健. 电子商务物流管理[M]. 2 版. 北京：清华大学出版社，2013.
[11] 王鑫鑫. 电子商务概论[M]. 北京：北京大学出版社，2014.
[12] 吕廷杰. 移动电子商务[M]. 北京：电子工业出版社，2011.
[13] 李洪心，刘继山. 电子商务网站建设[M]. 2 版. 北京：机械工业出版社，2013.
[14] 郑丽，付丽丽. 电子商务概论[M]. 北京：北京交通大学出版社，2013.
[15] 黎雪微. 电子商务概论[M]. 北京：清华大学出版社，2013.
[16] 陈拥军. 电子商务与网络营销[M]. 2 版. 北京：电子工业出版社，2012.
[17] 傅俊. 电子商务网页设计与制作[M]. 北京：电子工业出版社，2012.
[18] 李洪心，马刚. 银行电子商务与网上支付[M]. 2 版. 北京：机械工业出版社，2013.
[19] 杨兴凯. 电子商务概论[M]. 大连：东北财经大学出版社，2014.
[20] 贺刚. 电子商务物流[M]. 成都：西南财经大学出版社，2013.
[21] 汪楠，李佳洋. 电子商务客户关系管理[M]. 北京：中国铁道出版社，2017.
[22] 董志良. 电子商务概论[M]. 北京：清华大学出版社，2014.
[23] 张凌. 电子商务安全[M]. 武汉：武汉大学出版社，2013.
[24] 宋艳萍. 电子商务综合实训[M]. 北京：电子工业出版社，2013.
[25] 施内德. 电子商务(英文精编版)[M]. 10 版. 北京：机械工业出版社，2013.
[26] 王珏辉. 电子商务模式研究[D]. 长春：吉林大学，2007.
[27] 张书利. 4G 环境下的移动电子商务模式研究和创新[D]. 济南：山东师范大学，2014.
[28] 李爽. 基于云计算的物联网技术研究[D]. 合肥：安徽大学，2014.
[29] 王鸿. 电子商务安全体系结构及关键技术研究[D]. 济南：山东大学，2006.
[30] 洪新志. 电子商务支付平台的研究[D]. 北京：北京邮电大学，2008.
[31] 刘刚. 电子商务支付体系构建与应用研究[D]. 武汉：武汉大学，2011.
[32] 朱炼. 我国电子商务立法体系的构建[D]. 北京：对外经济贸易大学，2007.
[33] 戴恩勇，江泽智，阳晓湖. 物流战略与规划[M]. 北京：清华大学出版社，2014.
[34] 王海霞. 物联网在电子商务物流中的应用研究[D]. 株洲：湖南工业大学，2012.
[35] 陈洪建. 客户关系管理(CRM)理论、方法与应用研究[D]. 天津：河北工业大学，2003.

[36] 郭小雪. 淘宝网客户关系管理应用研究[D]. 北京：北京交通大学，2012.

[37] 姚芳. 电子商务中的知识产权法律保护[D]. 北京：中国政法大学，2006.

[38] 戴恩勇，陈永红. 物流绩效管理[M]. 北京：清华大学出版社，2012.

[39] 戴恩勇，袁超. 电子商务[M]. 北京：清华大学出版社，2015.

[40] 戴恩勇，袁超. 网络营销[M]. 北京：清华大学出版社，2015.

[41] 鄢章华，刘蕾. "新零售"的概念、研究框架与发展趋势[J]. 中国流通经济，2017，31(10)：8.

[42] 刘虎. 电子支付对我国经济增长影响的实证分析[D]. 上海：上海社会科学院，2020.

[43] 张浩. 基于泛在网络的新零售供应链管理研究[D]. 北京：北京邮电大学，2021.

[44] 蔺苗苗. 基于量子理论的电子支付协议研究[D]. 北京：黑龙江大学，2021.

[45] 熊建平. 基于热门产品分析的跨境电商选品策略研究[D]. 成都：电子科技大学，2021.

[46] 徐嘉骏. 京东"新零售"业务发展对策研究[D]. 桂林：广西师范大学，2021.

[47] 刘雨静. 跨界电商直播的场景传播策略研究[D]. 济南：山东大学，2021.

[48] 朱贤强. 跨境电子商务对中国进出口贸易的影响研究[D]. 北京：对外经济贸易大学，2020.

[49] 李维. 零售业发展新零售模式研究[D]. 石家庄：河北经贸大学，2019.

[50] 刘素敏. 苏宁易购新零售商业模式创新研究[D]. 南京：东南大学，2019.

[51] 任珊珊. 我国移动电商直播的场景化传播研究[D]. 锦州：渤海大学，2021.

[52] 薛慧丽. 移动电商平台多维动态推荐技术研究[D]. 广州：广东技术师范大学，2019.